民法の体系と変動

小野秀誠

民法の体系と変動

学術選書
102
民　法

信山社

はじめに

1 序

　本書は，民法の体系や概念の変動を扱うものである。ローマ法の体系になかった形成権の概念は，1903年，ゼッケル（Emil Seckel, 1864. 1. 10-1924. 4. 26）によって提唱され，民法の権利の体系に付け加えられた。当然，その概念は，1900年のドイツ民法典にも，1898年のわが民法典にも，形式的には存在しない。

　20世紀は，変革の時代であった。1900年に，ようやくドイツに民法典が発効した後，変動の時代が始まった。すぐに，伝統的なパンデクテン法学の不能概念は，積極的契約侵害の概念によって疑問を提起された。すなわち，早くも1902年に，この概念が，商法専門の弁護士シュタウプ（Samuel Hermann Staub, 1856. 3. 21-1904. 9. 2）によって提唱されたのである。比較法学者ラーベル（Ernst Rabel, 1874. 1. 28-1955. 9. 27）による不能論批判の功績も大きい。こうした批判は20世紀を通じて確立され，2002年の債務法現代化法では，統一的な給付障害概念である義務違反（Pflichtverletzung）が採用され，280条の損害賠償や324条の契約解除権の基礎となっている。解除，危険負担の修正も行われた（323条，346条以下）。

　また，第一次世界大戦時からは，行為基礎の喪失が主張された。第一次世界大戦（1914－1919年）後の，ハイパーインフレ，すなわち貨幣価値の下落に対処するものである。エルトマン（Paul Oertmann, 1865-1938）は，1914年の論文「法秩序と取引慣行」において，当事者が予想もしなかったインフレのような事情の変更を契約の解釈において考慮することを試みた。そして，1921年の論文「行為基礎論」において，事情の変更を理由として，当事者間で利益の相当な調整をする新たな制度が必要であるとしたのである。ライヒ大審院は，1922年2月3日に，この理論を採用した。そして，行為基礎の喪失の概念は，以後，判例と学説によって認められ，2002年の債務法現代化法によって，民法313

条に採用されたのである。19世紀のパンデクテン法学が，契約の不安定性への危惧から否定したヴィントシャイト（Bernhard Joseph Hubert Windscheid, 1817. 6. 26 - 1892. 10. 26）の前提論の再生である。

ほかにも，たとえば，2002年の債務法現代化法では，現代化法311条は，法律行為だけではなく，法律行為類似の事実からも債務関係が発生するものとし，241条2項の義務を伴う債務関係（相手方の権利，法益および利益に対する配慮の義務）は，準備行為や社会的な接触によっても，つまり信頼によって生じるものとした（同条2項）。ある意味では，伝統的な意思理論との折衷である。

個別の修正に加えて，民法の体系的な修正も生じた。1933年に，ナチスが政権を掌握すると，ローマ法的基礎を有するものとして民法典に対する全面的な攻撃が加えられた。政治的な論争に言及する必要はないが，民法典のもつローマ法・講壇学的な性格には，パンデクテン法学の時代からの批判もあり（たとえば，ギールケ=Otto von Gierke, 1841. 1. 11-1921. 10. 10），批判はそれを受け継ぐものでもあった。こうして，ローマ法とゲルマン法を統合した新たな体系が試みられた。それを全面的に押し出したのが，いわゆるキール学派であった。彼らは，ナチスの政治的要求に迎合し，あるいは逆にこれを援用する形で，新たな理論の構築を図ったのである。

こうした理論上の動向は，法史論上は，ローマ法史とゲルマン法史の統合という形で，新たな近世私法史の概念を生み出したが，実定法では，必ずしも影響力をもたなかった。いわゆる具体的秩序概念に従って，民法の体系をも，たんに従来の法典の総則，債権法，物権法のような抽象的体系ではなく，商品と金銭，家族と相続人，契約と不法行為，土地のように具体化する試みは挫折し，パンデクテン法学の体系は，基本的には継続した。

形成権概念の採用や，消費者，事業者概念の採用（13条，14条），消費物売買の特則（474条以下），消費者消費貸借の特則（491条）も，体系的には個別の修正にとどまる。また，クーリングオフ権（355条以下），ファイナンス・リース（500条）のようなEU，ひいては，英米法に由来する概念も見いだされるようになっている。

本書で対象とする概念も，重要ではあるが，こうした個別の修正に関する。

もちろん，包括的な検討はできず，ごく一部を検討するにとどまる（形成権や目的不到達，後者に関連して，給付障害と解除，ほかに，債務と責任や物権変動の主義などである。以下，2参照）。

2　本書の課題と簡単な解題

(1)　本書は，3部から成る。

第1部は，私権の体系や概念の変動にかかわる部分である。第1篇の形成権概念が，1903年以降のものであることは，周知のとおりである。ただし，それが広く受け入れられているわりには，今日あまりに当然とされ，検討されることも少ない。ここでは，その生成と，概念提唱者であるゼッケルの体系を示すことに留意した。第2篇では，その提唱者であるゼッケルの人についてふれた。概念とその提唱者の人物は不可分であり，その他の分野においても，同様の作業が必要であろう。本稿は，ほんの端緒にすぎない。

そして，第3篇と第4篇においては，目的不到達論の再検討を行った。ちなみに，これは，筆者の給付障害論の延長でもある。かつて行為基礎論を検討したさいに，目的不到達を論じたことの補充ともいえる。第5篇は，かなり小論であり，その第1章では，形式主義と意思主義の問題を比較法的な見地から見直し，付随して，地役権や二重譲渡の設例的問題を検討した。第2章では，債務と責任の関係を，隠れた担保や財産引受，債務引受の観点から横断的に検討した。第3章と第4章は，危険負担論と解除，厳格責任の問題を簡単に見直した。第5章は，特殊な解除方法をもつ委任の検討である。

(2)　第2部は，利息と信用，倫理に関する。第1篇は，2006年の貸金業法・利息制限法の改正（完全施行は，2010年であった）前後における関連する論点や判例を，たんに特別法としての利息制限法の観点からだけではなく，民法の一般理論から再検討した部分である。2003年以降の判例理論の展開によって，種々の理論が進展したが，そのうちのあるものは，民法の理論としても意義を有する。とくに，不当利得法と不法行為法には応用可能な理論が含まれている。第2篇は，利息制限問題の背景をなす多重債務関係の検討である。

第3篇～第5篇は，EUの消費者信用指令に関する。EUは，種々の個別的領域につき，多数の指令を精力的に出してきた。第3篇は，支払サービス指令

はじめに

と消費者信用指令を，第4篇は，鉄道旅客法を，第5篇は，航空旅客法を扱う。航空旅客については，おりからのアイスランドの火山噴火によるヨーロッパ全体の航空遅滞によっても注目されたが，理論的には，指令の拡大による新たな意義が注目される。19世紀以来の国家による弱者保護の観点は，今日，批判にもさらされている。グローバリズムは，近代初頭における無制限な契約自由の主張の再来である。国民国家に根ざした基本権からの制約を否定することが，グローバリズムの主張である。普遍的な基本権は，なお生成途上にある。基本権のほかに，あわせて国際的な規制（地域的な統一も含め）や自律的スタンダードの構築が考慮される必要がある。

EU指令は，こうした地域的な規制を代表するが，それだけではたりない。新たな倫理や自律的スタンダードを構築しなければ，グローバル化に対抗することはむずかしい。第6篇は，こうした倫理と自律の包括的な検討であり，第7篇も，コーポレート・ガバナンスにおける自律の意義を検討したものである。

(3) 第3部は，法曹養成と司法制度に関する部分である。2004年に発足したわがくにのロースクールは，すでに8年目になろうとし，種々の矛盾が現れている。司法改革の目的とした多様な人材の採用という理論は，ほぼ破綻した。ロースクールにおける未修者の合格率は低迷し（16.2%），制度は魅力を失いつつある。1990年代の専修コースの失敗への反省が不足している。2011年には，新司法試験の合格率は，既修者を含めた全体でも，23.5%に落ち込んだ。司法改革の当初予定した合格者3000人にはほど遠く，2000人程度にとどまっている。改革が後退していることは，深刻な問題である。

二段階法曹養成をとるドイツの制度は，アメリカ型のロースクールとは異なるが，ヨーロッパ全体のボローニア方式との関係で，種々の改革をよぎなくされている。制度設計はまだ中途であるが，じつに多様な方式が提案され，実施に移されている。横並びではない制度の多様性には学ぶべき点が種々ある。創意工夫を拒むわがくにの認証評価制度との違いがいちじるしい。学部の改革についても，比較法的見地から意義のあるところである（第1篇）。なお，第2篇では，2002年の改革法によるドイツの新国家試験の動向を検討した。

第3篇は，わが大審院と類似するドイツの連邦裁判所（通常裁判所，BGH），およびその他の連邦裁判所（連邦憲法裁判所，連邦行政裁判所，連邦財務裁判所，

連邦労働裁判所，連邦社会裁判所）の検討である。BGH の前身は，ライヒ大審院（RG）であり，さらにその前は，1866 年の北ドイツ連邦の連邦高等商事裁判所である。第 4 篇は，第 1 篇とかかわり，司法試験の合格率の低迷の原因となっている弁護士数（その制限）が報酬問題とかかわっていることの検討である。

　第 5 篇では，法学上の特定の人と業績である。第 1 章では，ドイツの法令集の編纂者である Schönfelder, Sartorius を扱い，また，第 2 章では，女性法律家の Bettisia Gozzadini, Emilie Kempin-Spyri, Maria Otto を扱った。それぞれ，大学における最初の女性教授，最初の女性の法学学位取得者，最初の女性弁護士という点に着目した。第 3 章は，Otto Palandt であり，彼は，今日では，民法コンメンタール（Kurzkommentar）の編集者として有名であるが，同時に戦前において法曹養成に大きな影響力をもっていたことが注目される。

3　その他の注意，追記

　収録した論文は，おおむね 2008 年以降のものであり，全面的な修正はなしえなかった。しかし，第 1 部 1 篇の論文は，2004 年，第 2 部 5 篇 4 章のドイツ語論文は，2001 年のものである。やや時間を経ているが，これらもほぼ原文のままである。本としての体裁を統一するために必要な最低限の作業（章節の一致など）や個別的な追加・修正が行われているにとどまる。注なども，基本的にもとのままである（割注を後注に改めたり，番号の修正は行っている）。表現のわかりにくいものや誤りの訂正，若干の加筆・追記を行った。さらに，雑誌の紙数制限から省略したり短縮したところを復活させた部分もある（第 1 部 1 篇，第 2 部 5 篇など）。

　信山社における拙著も，本書で 10 冊目となる。出版をお引き受けいただいた信山社および具体的な作業に精力的にご尽力いただいた同社の渡辺左近氏，柴田尚到氏には，この場を借りてお礼申しあげることとしたい。

2012 年 7 月 1 日

小 野 秀 誠

目　次

第1部　私権の体系の変動

第1篇　形成権の発展と私権の体系 …………………………………3

第1章　はじめに (3)
1　私権の体系 (3)
2　形成権と先占権 (5)
3　形成権の前史 (9)
4　日本法 (11)

第2章　普通法における形成権の発展 (13)
1　自然法的法典 (13)
2　後期普通法 (16)
3　ドイツ民法典 (18)

第3章　ゼッケル (Seckel) による整理と学説の展開 (21)
1　私権体系上の位置づけ (21)
2　形成権の発生と存続 (25)
3　形成権の譲渡性と相続性 (26)
4　形成権の消滅事由――法律行為，停止（失効），目的の到達，外的な偶然 (31)
5　形成権の各論――主体，行使義務，行使方法，判決との関係 (35)
6　形成権の行使の効果 (39)

第4章　むすび――その後の展開 (40)
1　意　義 (40)
2　形成権の態様 (42)
3　形成権の行使と相手方の保護 (42)
4　形成権の保護と財産性 (45)

　　　　5　抗弁権の永久性との関係 (46)
　　　　6　請求権と形成権 (47)

第2篇　ゼッケル（Emil Seckel, 1864. 1. 10–1924. 4. 26）──人と業績
　　　　………………………………………………………………………………66
　　　　1　ゼッケルの法史上の位置 (66)
　　　　2　ゼッケルの生涯 (67)
　　　　3　ゼッケルと形成権 (69)

第3篇　目的不到達の復権──最判平8・11・12民集50巻10号2673頁
　　　　………………………………………………………………………………71
　　第1章　はじめに (71)
　　　　1　債権の消滅原因としての不能とその他の給付障害 (71)
　　　　2　目的不到達の例 (72)
　　第2章　最判平8・11・12民集50巻10号2673頁と，目的不到達の法理 (75)
　　　　1　事実の概要と原審 (75)
　　　　2　最高裁の判旨 (78)
　　　　3　会員権契約と売買契約の関係 (79)
　　第3章　債権の消滅原因としての目的不到達 (82)
　　　　1　2つの契約の運命 (82)
　　　　2　目的不到達 (85)
　　　　3　類似した先例 (91)
　　第4章　むすび (93)
　　　　1　三面契約と契約目的の不到達 (93)
　　　　2　不能と目的不到達 (99)

第4篇　目的不到達再論──最判平19・3・20判時1968号124頁
　　　　………………………………………………………………………………108
　　第1章　はじめに (108)
　　第2章　最判平19・3・20判時1968号124頁と，目的不到達の法理 (110)
　　　　1　最判平19・3・20判時1968号124頁 (110)

目　次

　　　　　2　最高裁判決（113）
　　　　　3　原審と先例（114）
　第3章　目的不到達と帰責事由，代替としての不法行為（117）
　　　　　1　目的不到達と給付不能（117）
　　　　　2　目的不到達と帰責事由（121）
　　　　　3　代替としての不法行為（124）
　第4章　む　す　び（126）
　　　　　1　寄附の受入れと違法性（126）
　　　　　2　競業者でないY（127）
　　　　　3　判決の影響と射程（128）

第5篇　各　　　論 …………………………………………134
　第1章　形式主義と意思主義の狭間（134）
　　　　　1　意思主義の修正・韓国の場合（134）　2　形式主義の変容（134）
　　　　　3　Auflassungの存否（135）　4　ドイツ法との比較（136）
　　　　付　問題解決小論（139）
　　　　　1　地役権と隣地通行権（139）　2　賃借権と二重譲渡類型（149）
　第2章　債務と責任（隠れた担保権，財産引受）（153）
　　　　　1　債務と責任（153）　2　隠れた担保（153）
　　　　　3　財産引受と債務引受（156）
　第3章　危険負担と解除，厳格責任（158）
　　　　　1　危険負担と解除（158）　2　規制緩和と民法（160）
　第4章　Rücktritt und Pflicht zur Rückgabe des Werts des Gegenstandes und der gezogenen Nutzungen（OGH, Urteil des 2. Senates vom 13. 2. 1976（RegNr. 1974-o-1152）, Minshu 30, 1 ff.）（166）
　第5章　委任の任意解除（172）
　　　　　1　序（172）　2　事　例（173）　3　解　説（174）

第2部　利息と信用，倫理

第1篇　利息制限法と民法理論…………………………………181

viii

目　次

- 第1章　はじめに（181）
  - 1　利息制限法の新判例（181）
  - 2　理論の変容と発展（186）
- 第2章　いくつかの論点（187）
  - 1　充当理論と不当利得の返還請求（187）
  - 2　貸金業法旧43条（190）
  - 3　取引の一連性（192）
  - 4　取引履歴の開示（196）
  - 5　期限の利益（198）
  - 6　弁済後の再貸付と充当，時効（206）
- 第3章　不当利得法との関係（213）
  - 1　利得の現存性（213）
  - 2　悪意の受益（219）
- 第4章　不法行為との関係（233）
  - 1　超過利息約定の無効と損益相殺の可否（233）
  - 2　請求の不法行為性（247）
  - 3　704条後段の不法行為の性質（251）
- 第5章　むすび（256）
  - 1　貸付変動時の制限利率の計算（256）
  - 2　破産免責と過払金請求権の失権（262）

第2篇　多重債務問題 …………………………………………279
  - 1　利息制限法の改正（279）
  - 2　多重債務の増加（279）
  - 3　セーフティネット（280）

第3篇　EU消費者信用指令とドイツ民法の改正 ………………282
  - 1　はじめに（282）
  - 2　個別の論点（284）
  - 3　特別法の一般化と日本法への示唆（289）

ix

目　次

第 4 篇　旅客（鉄道交通）の権利・義務に関する EU 指令と
　　　　契約上の地位 ……………………………………………………………295
　　　　1　EU 指令と旅客の権利（295）
　　　　2　改正法の骨子（296）
　　　　3　保護規定と契約上の地位（300）

第 5 篇　航空旅客の補償と保護に関する EU 指令と消費者保護…303
　　　　1　EU 旅客法と旅客の権利（303）
　　　　2　EU 旅客法の骨子（304）
　　　　3　パック旅行（Pauschalreise）におけるフライトの不能の場合（310）
　　　　4　保護規定と契約上の地位（313）

第 6 篇　契約における自律とスタンダード …………………………318
　第 1 章　は じ め に（318）
　　　　1　契約自由とその制限（318）
　　　　2　倫理とスタンダード（320）

　第 2 章　法と倫理，公序（321）
　　　　1　利息制限法と倫理（321）
　　　　2　自律の必要性（323）

　第 3 章　他律から自律へ（324）
　　　　1　労働時間と倫理（324）
　　　　2　スタンダードの台頭（326）

　第 4 章　EU 指令とスタンダード（327）
　　　　1　RoHS 指令と REACH 指令（327）
　　　　2　法による準則の引用（330）
　　　　3　スタンダードと拘束力（331）

　第 5 章　む す び（334）
　　　　1　スタンダードと管理，自律（334）
　　　　2　地位による契約自由の制限（336）
　　　　3　地位，自律，スタンダードの方式の適合性（337）

第7篇　コーポレート・ガバナンス準則報告書（2010年）……….345
　　　1　コーポレート・ガバナンス委員会（345）
　　　2　報告書の特徴（346）
　　　3　基本的態度（347）

第3部　法曹養成と司法

第1篇　法曹養成とマンハイム・モデル……………………………353
第1章　はじめに（353）
　　　1　ドイツの法曹養成と国家試験（353）
　　　2　ボローニア方式との調整，法曹養成制度の改革（354）
第2章　ドイツの新司法試験（354）
　　　1　最初の新司法試験とその結果（354）
　　　2　新試験とその特徴（359）
　　　3　国家試験の沿革（360）
　　　4　旧試験の結果（361）
第3章　ボローニア方式とマンハイム・モデル（364）
　　　1　ボローニア方式と種々の改革モデル（364）
　　　2　マンハイム・モデル（369）
　　　3　マンハイム・モデルへの批判（372）
第4章　むすび（374）
　　　1　大学の変容（374）
　　　2　その他の変化とそれに対する対応（375）

第2篇　ドイツの新司法試験　2007〜2009年の比較 ……………389
　　　1　2008年，2009年の新試験（389）
　　　2　成績区分（390）
　　　3　新試験（全体）における合格者の成績区分（392）

第3篇　ドイツの連邦裁判所の過去と現在 ……………………………394
第1章　はじめに（394）

目　次

　　　　　1　連邦裁判所（394）
　　　　　2　連邦裁判所の部（395）
　　　　　3　ヨーロッパの裁判所（397）
　　第2章　戦前のライヒ大審院とその解体（398）
　　　　　1　日本の旧大審院との比較（398）
　　　　　2　ライヒ大審院（Reichsgericht）（400）
　　　　　3　ライヒ大審院の解体（402）
　　第3章　連邦裁判所の再配置と管轄，刑事第5部の所在（403）
　　　　　1　連邦裁判所の再配置（403）
　　　　　2　連邦裁判所の管轄（404）
　　　　　3　ラント高等裁判所（Oberlandesgericht）（406）
　　　　　4　連邦裁判所長官（409）
　　第4章　む　す　び──連邦裁判所の現在（409）
　　　　　1　連邦裁判所の現代化（409）
　　　　　2　連邦裁判官の構成（410）

第4篇　弁護士の責任と報酬 …………………………………………419
　　　　　1　弁護士報酬の自由化と法曹人口の拡大（419）
　　　　　2　弁護士報酬の制限（422）
　　　　　3　報酬の制限と活動の公共性（425）

第5篇　人と業績 ……………………………………………………429
　　第1章　法令集の編纂者──Schönfelder, Sartorius（429）
　　　　　1　はじめに（429）
　　　　　2　シェーンフェルダーとその生涯（Heinrich Schönfelder,
　　　　　　　1902. 7. 16-1944. 7）（431）
　　　　　3　公法法令集とザルトリウス（Carl Friedrich Sartorius,
　　　　　　　1865. 1. 29-1945. 10. 24）（434）
　　第2章　女性法律家──Bettisia Gozzadini, Emilie Kempin-Spyri,
　　　　　　　Maria Otto（436）
　　　　　1　ベティシア・ゴツツアディーニ（Bettisia Gozzadini,

          1209-1261）と最初の女性教授（436）
        2 エミリー・ケンピン・シュピリ（Emilie Kempin-Spyri,
          1853. 3. 18-1901. 4. 12）と近代以降で最初の女性博士（437）
        3 マリア・オットー（Maria Otto, 1892. 8. 6-1977. 12. 20）と
          最初の女性弁護士（438）
        4 近時のドイツの大学と法曹界における人的構成（440）
   第3章 パーラント（Otto Palandt, 1877.5.1-1951.12.3）と法曹養成，
      民法コンメンタール（Kurzkommentar）（443）
        1 人と業績（443）
        2 法曹養成へのかかわり（444）
        3 パーラント・BGB コンメンタール（445）

本書に登場するおもな人物の年譜
事項索引

初 出 一 覧

第1部　私権の体系の変動
　　第1篇　形成権の発展と私権の体系　　　　　　　　（一橋法学3巻3号）
　　第2篇　ゼッケル（Emil Seckel, 1864. 1. 10-1924. 4. 26））──人と業績＊
　　第3篇　目的不到達の復権──最判平8・11・12民集50巻10号2673頁
　　　　　　　　　　　　　　　　　　　　　　　　　（一橋法学8巻1号）
　　第4篇　目的不到達再論──最判平19・3・20判時1968号124頁
　　　　　　　　　　　　　　　　　　　　　　　　　（一橋法学8巻2号）
　　第5篇　各　　論
　　　　第1章　形式主義と意思主義の狭間　　　　　　（市民と法60号）
　　　　　　付　問題解決小論
　　　　第2章　債務と責任（隠れた担保権と財産引受）（国際商事法務37巻9
　　　　　　　号）
　　　　第3章　危険負担と解除，厳格責任　　　　　　（法時2008年10月号）
　　　　第4章　Rücktritt und Pflicht zur Rückgabe des Werts des Gegenstan-
　　　　　　　des und der gezogenen Nutzungen (OGH, Urteil des 2. Sen-
　　　　　　　ates vom 13. 2. 1976 (RegNr. 1974-o-1152), Minshu 30, 1 ff.)
　　　　　　　　　　　　　（Hitotsubashi Journal of Law and Politics, 29号）
　　　　第5章　委任の任意解除　　　　　　　　　　　（Law Practice II 125頁）

第2部　利息と信用，倫理
　　第1篇　利息制限法と民法理論　　　　　　（一橋法学10巻2号，3号）
　　第2篇　多重債務問題　　　　　　　　　　（消費者法判例百選143頁）
　　第3篇　EU消費者信用指令とドイツ民法の改正　　（現代消費者法4号）
　　第4篇　旅客（鉄道交通）の権利・義務に関するEU指令と消費者保護
　　　　　　　　　　　　　　　　　　　　　　　（国際商事法務36巻12号）
　　第5篇　航空旅客の補償と保護に関するEU指令と消費者保護
　　　　　　　　　　　　　　　　　　　　　　　　（現代消費者法10号）
　　第6篇　契約における自律とスタンダード　（鈴木禄弥先生追悼論集425頁）
　　第7篇　ドイツ・コーポレート・ガバナンス準則報告書（2010年）

初 出 一 覧

(国際商事法務 39 巻 6 号)

第 3 部　法曹養成と司法
　　第 1 篇　マンハイム・モデルとドイツの新司法試験　　（一橋法学 8 巻 3 号）
　　第 2 篇　ドイツの新司法試験　2007〜2009 年の比較
　　第 3 篇　ドイツの連邦裁判所の過去と現在　　　　　　（法の支配 155 号）
　　第 4 篇　弁護士の責任と報酬　　　　　　　　　　　　（市民と法 66 号）
　　第 5 篇　人と業績
　　　　第 1 章　シェーンフェルダー，ザルトリウスとドイツ法令集
　　　　　　　　　　　　　　　　　　　　　　　　　　（国際商事法務 38 巻 2 号）
　　　　第 2 章　女性法律家 ── Bettisia Gozzadini, Emilie Kempin-Spyri, Maria Otto*
　　　　第 3 章　パーラント（Otto Palandt, 1877. 5. 1-1951. 12. 3）と法曹養成，民法コンメンタール（Kurzkommentar）（国際商事法務 40 巻 4 号）
　（*　なお，人と業績の部分は，一橋法学 10 巻 1 号などの一部の抜粋である）。

〔附　　記〕
　以下の拙著は，【　】による略語で引用することがある。分野にまたがる領域，方法論や基礎的文献の引用にあたっては，本書でも参考とするべきものを含んでいるからである。もとの論文には略記の記載があるが，本書で追記した部分には，あらためて記載してはいない。
　　【研究】　　　　危険負担の研究〔1995 年〕日本評論社
　　【反対給付論】　反対給付論の展開〔1996 年〕信山社
　　【給付障害】　　給付障害と危険の法理〔1996 年〕信山社
　　【利息】　　　　利息制限法と公序良俗〔1999 年〕信山社
　　【判例・旧】　　民法総合判例研究・危険負担〔1999 年〕一粒社
　　【専門家】　　　専門家の責任と権能〔2000 年〕信山社
　　【大学】　　　　大学と法曹養成制度〔2001 年〕信山社
　　【土地】　　　　土地法の研究〔2003 年〕信山社
　　【現代化】　　　司法の現代化と民法〔2004 年〕信山社
　　【判例】　　　　民法総合判例解説・危険負担〔2005 年〕不磨書房
　　【債権総論】　　債権総論（本田純一教授と共著）弘文堂〔1997 年＝初版，2000 年＝補訂版，2003 年＝第 2 版，2006 年＝第 3 版，2010 年

初 出 一 覧

　　　　　　　　　　＝新装版〕
【倫理】　　　　民法における倫理と技術〔2006 年〕信山社
【自由と拘束】　契約における自由と拘束〔2008 年〕信山社
【理論】　　　　利息制限の理論〔2010 年〕勁草書房

第1部

私権の体系の変動

第 1 篇　形成権の発展と私権の体系

第 1 章　はじめに

1　私権の体系

 (1)　私権の体系は，外見ほどには確固としたものではない。古典的なものでは，賃借権の物権化にみられるような物権と債権との中間的権利の生成があり，また，より古くには，Jus ad rem の展開と消滅という現象もみられた[1]。そして，比較的新しくは人格権の承認という現象もある。さらに，先端医療の発展とともに，臓器などの身体の一部に対する権利は，たんなる物権というよりも，人格権との中間的な権利としての性格をもつものと位置づけられつつある[2]。

　形成権も，比較的新しい概念であるが，その承認は19世紀に遡る。一般的な私権の概念は，それ自体が比較的新しい学問的な産物である。訴権（actio）を実体法上の私権と訴訟法上の訴求可能性とに分離した体系にもとづくからである。そして，日本民法は，基本的に私権の体系を（個別の条文以上に）ドイツ民法典から引き継いでおり，そこでの理論の展開は無視することができない。

　1900年のドイツ民法典（その原規定）は，私権の意味での「権利」という言葉を850回も使用しているといわれる。私権は，2つの要素，すなわち法秩序によって保護される物や人に対する具体的な力と法的に保護される利益の要素から特徴づけられるが，ここで私権の本質論や哲学的な考察に立ち入る必要はあるまい[3]。主体や客体による分類がより機能的である。ここでの私権の種類は，普通法と伝統的なドイツ私法の理論と連続していることから，ドイツ民

法典の体系がまったく新たな産物というわけではないのである。

　まず，私権を権利の客体（Objekt）によって分けると，人，人の団体，目的財産，物，特有の財産，無体財産のいずれを規制するかにより，債権（請求権），物権，家族法上の，あるいは団体法上の権利といった区別ができる。また，特定財産に関する家族法上，相続法上の権利，発見物への権利，著作権，名前への権利などを区別することができる。人格権もこれにつけ加わる。

　また，区別は，権利の主体（Subjekt）によってもなされ，ここには権利の主体に帰属する私権と主体なき私権がある。たとえば，出生前の胎児や胎児の監護者の法律関係である。

　さらに，権利を内容によって分類することもある。絶対権と相対権の区別である[4]。

　ドイツ民法典の制定からほぼ100年後の，20世紀末における私権の分類方法も，細部においては変遷があるものの，その基本線はそれほど異ならない。たとえば，ラーレンツはそのテキストにおいて，権利をつぎの11種類に区分した。①人格権（Persönlichkeitsrecht），②人格的家族権（Persönliches Familienrecht），③物に対する支配権（Herrschaftsrecht an Sachen），④無体財産権（Immaterialgüterrecht），⑤債権（Forderung），⑥協同権（Mitwirkungsrecht），⑦形成権（Gestaltungsrecht），⑧先占権（Aneignungsrecht），⑨帰属および期待権（Anfalls- und Anwartschaftsrecht），⑩権利に対する権利（Recht an Rechten），⑪反対権〔抗弁権〕（Gegenrecht）である。

　これらは，権利を作用や享有する利益によって分類したもので，わが法のもとでも，もっと大雑把に，支配権，請求権，形成権，抗弁権，あるいは身分権，人格権，財産権，社員権といった分類が認められている。したがって，一部のものを除いて，これらの周知の概念について，本篇で繰り返す必要はないであろう[5]。なお，2002年の債務法現代化法も，これらの私権の体系自体に，大きな変更を加えるものではなかったことを付言する必要がある（以下，4の日本法以外の条文はドイツ民法典であるが，とくにわが民法と区別する必要がある場合にのみ，ド民と略する）。

　(2)　これらのうち，⑩の権利に対する権利は，権利に対する利用権や（1068条），権利に対する質権（1273条）など，広義の権利の利用に関する権利であ

り，対象となる権利は，債権や著作権のような準物権でもかまわない。③が，有体物を対象とするのに対し，これを権利に拡張するものであり，機能的には支配権の一部と位置づけることができる。

また，②は，夫婦や親子といった親族関係にもとづいて発生する権利である。家族法上の権利であり，やや古めかしい言い方をすれば，身分権というカテゴリーに属する。⑥の協同権は，組合や会社の意思形成や活動に共同して参加する権利である。広義の社員権（Organschaftsrecht）を指している。

その他の一般的な概念である①人格権，③支配権，④無体財産権，⑤債権，⑨期待権，⑪抗弁権などにふれる必要はないであろう。

さらに，⑦形成権は，わが民法上も受容されている概念であり，また，⑧先占権もそれ自体としては知られている。しかし，後者が，たんなる物権法上の個別の概念としてではなく，私権の体系において形成権の一部として扱われることの意義については，検討する必要がある。

2 形成権と先占権

(1) 形成権は，一方的な形成行為により，他人との間の法律関係を形成しまたは内容的に確定し，変更，破棄する権利である。その多くは，受領を必要とする意思表示により生じる。形成権の特徴は，権利者に，その意思のみにしたがって法律効果を惹起する法的な「力」を付与することである。そのような変更は，他人の権利にも関係するので，通常はその他人の同意を必要とする。そこで，これを不要とする場合に，形成の相手方である他人の側では，形成権による拘束をうけることになる。

このような形成権は，法律によって生じるが，他人との契約によって付与されることもある。一方的な行為で他人との法律関係を基礎づける形成権は，オプション権（Optionsrecht）といわれ，典型的なものとして，先買権（Vorkaufsrecht）や買戻権（Wiederkaufsrecht）がある（旧504条および497条，現463条および456条）。

債務関係の詳細な内容を決定する権利は，たとえば，選択債務における選択権にみられる（262条）。給付内容や反対給付の範囲を契約当事者（315条，316条）や第三者（317条）が決定する契約上の定め，あるいは法律で認められた

法的救済の中から，たとえば，解除と損害賠償（旧325条，326条，現326条，283条），瑕疵担保解除と減額請求を選択することも（旧462条，旧634条1項3号），あるいは2002年の債務法現代化法のもとでは，追完請求，解除，減額請求，または損害賠償の方法を選択することも（現437条以下，現634条），含まれる。

　法律関係の変更をする場合としては，契約上の合意により，賃貸借契約の期間を更新するオプションが付与された場合がある（Verlängerungsoption）。賃貸借に関する旧556b条，556c条，565d条（556bは，2001年の賃貸借法現代化法で基本的に廃止，後二者は現574c，576aに相当[6]）の更新請求権（Weitere Fortsetzung des Mietverhältnisses）は，形成権とはみられていない。一方的な形成力の代わりに，これらでは，賃貸人との合意が予定され，それができない場合に賃借人の請求権が法定されているだけだからである（締約強制，Kontrahierungszwang）。もっとも，契約で合意された更新のオプション（Verlängerungsoption）によって継続的関係の更新を生じうる場合には，形成権となる。

　法律関係の解消に向けられた形成権もある。ここでは，継続的債務関係が将来に向かって消滅する告知権と，1回または多数の給付に向けられた債務関係の破棄または解除による返還関係への変更である解除権が区別される。取消は，遡求的に意思表示の効果が除去される場合である（142条）。法律行為の効果を無効とする形成権には，ほかに，忘恩行為による贈与の撤回の場合がある（530条）。撤回権は民法（109条，178条，530条）だけでなく，かねて特別法により発展した消費者保護法規によっても定められていた（旧訪問販売1条，旧消費者信用7条，旧通信販売4条，KAGG（KapitalanlagegesellschaftenG，投資会社法）23条，AIG（Akteneinsichts- u. InformationszugangsG，株式閲覧および情報アクセス法）11条など。2002年の債務法現代化法では，前3者は，民法典にそれぞれ312条，355条，312b条として組み込まれた。さらに，旧・期間割の住居契約に関する485条参照）。形成力は，契約の破棄に主眼があるが，同時に，未確定の契約の無効（schwebende Unwirksamkeit）を確定的な無効（endgültige Unwirksamkeit）に転換する点にも意味がある。なぜなら，当初の未確定の無効は，撤回権が行使された場合にも，もはや有効とはならないからである。この種の撤回権は，民法109条，178条，530条のほか，通説によれば，旧訪問販

売法1条と旧消費者信用法7条にもあるとされる[7]。

(2) 形成権の行使は，原則として，相手方に対する意思表示によって行われる（143条1項，263条1項，315条2項，318条1項，349条，旧497条1項＝現456条1項，旧505条1項＝464条1項，531条1項など）。もっとも，若干の場合に，形成訴訟を提起することによって，裁判官による形成が必要とされている。たとえば，子どもの嫡出の否認（旧1593条，現1600条による父性の否認）や離婚の場合である。この場合に，権利者は，みずから直接に権利関係を形成することはできず，「形成訴訟の権利」を有するにとどまる。これも，最終的には，権利者の意思的な行為による形成であるから，訴訟の提起を要するとしても，広義では形成権（提起権）といえる。裁判所が関与するのは，他人の法的な地位に対する侵害の重大性と公益のためである。

形成権と形成訴訟の提起権は，原則として独立しては譲渡できず，当該の法律関係からの法的な地位に結びついている。この地位が譲渡されると，それに伴って承継される。しかし，オプション権は，独立して譲渡される。もっとも，先買権（旧514条＝現473条）は，別段の合意なしには，譲渡も相続もできない。取消権は，譲渡されないが，通常は相続可能である[8]。

(3) 先占権（Aneignungsrecht）は，形成権と類似した点を有する。ドイツにおいて，これが形成権の1つに数えられるのは，普通法以来の伝統にもとづくものである（後述3参照）。日本法上の無主物の先占よりは広義の概念であって，債権的な先買権や買戻権の物権的なものを包含する。形成権の沿革の1つである「取得権」の系譜をひくものである。日本法ではいささか疎遠な観点となっているので，以下に検討しよう。

無主の物に対する物権的な先占権は，権利者に，先占行為によって排他的な権能を与える。無主の動産は，誰でも自主占有（Eigenbesitz）によって所有権を取得することができるのである（958条1項，*Res nullius cedit occupanti*）。しかし，他の者の排他的な先占権がある場合には，所有権を取得することはできない（同条2項）。狩猟権（Jageberechtigt），漁業権（Fischereiberechtigt），鉱業権（Berechtigt an Bergrechtlichen Mineralien），および所有者が放棄した不動産に対する国庫の先占権（928条2項）がこれに属する[9]。新たに生じる権利関係は，物に対する所有権である（Eigentum an der Sache）。

他方，反対説によれば，先占権は，形成権に包含されず，無主の物に対する固有の物権的な権利であるか，あるいはその性質上物権に近いものとされる(10)。それは，ただちに物を確定的に支配可能にするわけではないから，物権のように，ある物を権利者に関連づけるのではないが，先占権者は，すべて他の者を当該の物から排除する絶対権を有するのである。そして，先占によって，他の者を物から排除することは，先占権の本質的な機能である。そこで，先占権は，類型的に，形成権でも物に対する支配権でもなく，それは物に関係し，その「絶対的な」効力から物権に近いが物に対する支配権である物権とは異なるグループに属するのである。ちなみに，日本法の構成は後者に近く，国家の許可をえて鉱山を採掘し，あるいは漁業により物を取得する権利である鉱業権や漁業権は，準物権と位置づけられている。

物の産物（Erzeugnisse）とその他の構成部分（sonstige Bestandteile）に関する先占権はやや異なる。許容された者（Gestattungsempfänger）に主物（Muttersache）の引渡がされない場合に，956条1項のいわゆる「先占許容」（Aneignungsgestattung）がされる（「所有者が物の産物その他の構成部分の収取を許容した場合には，許容された者は，物の引渡があるときにはその分離によって，そうでない場合には占有の取得によって所有権を取得する」）。この場合に，許容された者は，これらの物を占有によって取得することができる。本来，物の産物その他の構成部分は，分離されても，物の所有者に属するが（953条）。許容がある場合には占有（Besitzergreifung）によって取得されるのである。この先占権の意義は，先占によってすべての他者を排除するのではなく，許容者（Gestattenden）＝所有者の拘束（Gebundenheit）だけをもたらすということである。所有者にとっては，占有による先占を甘受しなければならず，所有権の変更をも甘受することを意味する。そこで，先占権は，形成権の1つに数えられるのである。

ただし，所有者が許容された者に主物の占有を移転した場合には，後者には，当該の産物と他の部分の所有権は，主物からの分離（Trennung）によって帰するのである。この場合には，たんなる先占権でなく，取得権あるいは帰属権（Erwerbs- oder Anfallsrecht）の問題となる。

先占権の機能は，先占が権利者の取得意思（Erwerbswillen）のみでなしうる点にある。先占権によっては，他人との法律関係も生じることはなく，物との

関係を基礎づけるだけのものもある。それは，絶対的効力の点から物権に近接している。もっとも，先占の前には，物に対する支配はないから，物権法一般の，既存の物への支配権とは異なる。また，他人を介せず，誰もがなしうる無主物の先占（958条1項）のほか，取得権である先買権もこれに属する（464条，1098条）。この場合には，法律行為的な行使の意思表示を必要とし，権利の主張を確実にするためには仮登記が必要となる。しかし，無主物の先占では，物への自己占有者の取得の意思が必要である。これは，法律行為的な意思ではなく，自然的な意思である。取得意思は，所有権の取得そのものではなく，自己占有（Eigenbesitz）の取得のみを目的とすることでたりる[11]。

3　形成権の前史

(1)　いわゆる形成権は，普通法上みられた私権の一種であり，実務的な重要性があるにもかかわらず，ゼッケル（Emil Seckel, 1864. 1. 10-1924. 4. 26）の講演にいたるまで，確定した名前も理論も確立していなかったのである。その講演は，1903年5月23日であったから，1900年の民法典には，「形成権」に対応する包括的な概念は欠けており，たんに権利と呼ぶにすぎない。もっとも，ゼッケルの前にも，対象とする権利は存在していたし（後述第2章の諸法参照），「形成権」について実質的に論じた者がなかったわけではない。ましてや，それ自体が，ゼッケルの創作によるというわけではない。すなわち，学説は，法典と実務において先行した権利を体系づけたにすぎないのである。

「形成権」は，法律行為上の意思表示によって行使され，特定財産や無体財産に関する直接の支配を内容としていない点に特徴を有する。また，支配権やその他の法的関係を一方的に基礎づけ，破棄し，変更するものである。他の権利とは異なり，支配権の根拠づけのために行使されるが，支配権そのものではなくその基礎づけをなしているにすぎない。

(2)　ゼッケルの研究の当時，学説では，Gegenrecht, negatives Recht, Erwerbsberechtigung など種々の対応する概念があった[12]。学説上は，まだ種々の用語が用いられていたのである。チーテルマン（Ernst Zitelmann, 1852. 8. 7-1923. 11. 28）は，「法的な可能性の権利」（Recht des rechtlichen *Können*）という用語を使用していたが，その用語は，形式的にも長すぎるとの欠点があった。また，

実質的には，法的な可能性はすべての権利に共通して存在するとの疑問があった。可能性は「形成権」についてだけではなく，チーテルマンのいう法的な *Dürfen* (= absolutes Herrschaftsrecht) についての権利と，法的な *Sollen* (= relatives Herrschaftsrecht) についての権利（つまり絶対権と相対権）にも共通した性質である。支配権や請求権にも，「可能」(Können) という契機は含まれているからである。

エンデマン (Samuel Wilhelm Endemann, 1825. 4. 24-1899. 6. 13, Allgemeiner Teil des BGB) によれば，民法典は，Können という用語を，これら権利の分類である Kannrechte, Darf- und Sollrechte について一般的に用いている。イェリネック (Georg Jellinek, 1851. 6. 16-1911. 1. 12, System des subjektiven öffentlichen Rechts, 1892) も，「すべての私権は，不可避的に Dürfen を含み，同様に Können をも含んでいる」とし，「Können なしには，Dürfen もありえない」という。チーテルマンの Darf-, Soll-, Kannrechte の権利の3分法は，Dürfen, Können の権利が積極性の側からだけ，Sollen の権利が消極性の側からだけ特徴づけられているところに欠陥がある[13]。

そこで，ゼッケルは，従来の用語を否定して，形成権と名付けることを提案したのである。そして，この名前は，この権利の特徴をよく現し，言語的にも広い造語能力があり，訴訟法的な形成判決 (Gestaltungsurteil) ともよく対応しているものとして一般に受容されたのである (Schrutka von Rechtenstamm, Stein, Hellwig など[14])。

これら学説の相違はたんに用語の相違にあったというだけではなく，形成権の範囲をどこまで認めるかにかかわっている。もっとも狭義のものは，法律関係の解消や阻止を求めるものに限定し，広義のものは抗弁権や取得権をも包含した。これらは，従来の Gegenrecht, negatives Recht, Erwerbsberechtigung に対応している。日本法が継受した形成権は，このうち狭義の概念であって，取消権や解除権を典型としているが，ドイツ法には，もっと広義の概念がなお残されており，たんに形成権といっても，対象は必ずしも同一ではないのである。

(3) 権利とその実現の一般的な体系という観点からみれば，形成権は，一種の自力救済的テクニック (Selbsthilfetechnik) である[15]。そこで，形成権の発

展の歴史は，この自力救済的な性格の実現の歴史であり，取消権や解除権も形成権として規定されたのは比較的新しい現象なのである（後述第2章参照）。

　形成権と形成訴訟，請求権の機能的な統一関係がドイツ法やこの概念を受け継ぐ法体系の特徴となっている。この構造は日本法にも共通する。すなわち，権利の実現のために法が本来予定している救済装置は，訴訟である。しかし，訴訟にも，給付を求める場合のほかに，確認や形成のみを求める場合があるように，当事者の関係の確認には，意思表示のみでたりる事例がある。当事者間の関係において，権利を実現するためには，必ずしも訴訟は必要ではない。実現される対象が権利の形成や破棄そのものである場合には，形成権の付与でたりるのである。しかし，その自力救済的効果が強すぎる場合には，裁判を予想させるような一般条項（相当な事由の要件）や説明義務，開示責任といった要件が附加される可能性がある。一定の方式が必要となる場合もある。離婚訴訟において，形成訴訟の前提として調停が附加されるのもその延長にある。これらは，形成権の自力救済的な性格を緩和するための装置と位置づけられる。そこで，形成訴訟が必要となる場合は，本来的な権利救済方法への回帰にすぎないのである（後述第2章のフランス法をも参照）。

4　日本法

　(1)　わがくにでも，形成権の概念は，比較的早くに肯定されている。民法の起草者は，必ずしも請求権との区別を認識せず，「請求権」について述べるにとどまる。形成権は請求権の前提にすぎず，権利者の権利の実質が請求権にほかならないからである[16]。

　しかし，民法起草後第1期のフランス法的解釈が衰退し，ドイツ法の解釈が優勢になるにつれ，請求権と形成権の区別は，ほとんど当然のこととされている。「形成権」概念が，多くのテキストに当然のものとして登場している。

　起草者のなかでも，富井政章・民法原論（1巻・1922年，1985年復刻）133頁は，早くに形成権につきふれた。「形成権トハ一方的行為ニ因リテ一定ノ法律関係ヲ形成スルコト即チ主トシテ或権利ノ創設，変更又ハ消滅ヲ生セシムルコトヲ目的トスル権利ヲ謂フ」。その例として，無権代理における追認権，選択権，取消権，解除権をあげる。従来独立の権利とはせずに，「他ノ権利ノ効果

又ハ作用ニ過キサルモノ」とされていたが、ドイツの学説では「原権ト離レテ別個ノ存在」としたとする。しかし、抗弁権と先占権を包含するかには、議論があるという。

中島玉吉・民法釈義（1巻・1912年）53頁は、チーテルマンの可能権、エンネクツェルスの変更権にふれ、ゼッケルの形成権の語が妥当とする。「形成権ハ前述ノ支配権、請求権其ノモノニ非スシテ之等ノ権利ノ発生変更消滅ヲ到サシムル権利ナリ、故ニ前者ト之レヲ区別シテ独立セシムルハ至当ナリ」。ただし、権利の作用からは形成権といえるが、内容からみて、請求権、支配権と対照するには「可能権ノ観念ヲ取ラサル可ラス」とする（同書55頁）。

学説に大きな影響を与えたのは、石坂音四郎「形成権（私権ノ新分類）」京都法学会雑誌2巻10号である。この論文は、ドイツの学説のほか、その性質、他の私権との関係、内容の分類、発生、行使について述べている。詳細なわがくにへの紹介であるが、内容的には、ゼッケルに従うところが大と思われるので、ここで詳述することは避けよう（第3章以下のSeckelの見解を参照[17]）。

戦前にもっとも影響力があったテキストである鳩山秀夫・日本民法総論（1927年）31頁は、「形成権（Gestaltungsrecht）トハ一方的意思ニ依リテ一定ノ法律効果ヲ発生セシムル権利ヲ謂フ。例ヘバ取消権、解除権ノ如シ。其意思表示ヲ受領スベキ地位ニ在ル者アレド此ノ行為ヲ目的トスルモノニアラザルガ故ニ請求権ト異ル」とする。そして、形成権なる名称は、「近時我ガ学界ニ於テ漸ク広ク用ヒラルルニ至レル」が、なお他の名称を用いる者もあるとし、また変動権（Recht auf Rechtsänderung. Hellwig, Enneccerusによる）、可能権（Kannrecht. Zietelmannによる）および得有権（Erwerbsrecht）の名称があるとする。このうち、得有権は、独占的先占権については適当であるが、取消権については穏当ではないという。そして、意思表示によって法律関係を形成しうる場合を狭義の形成権とし、単独行為によって法律関係を形成しうる権利を包含する場合には、広義の形成権とする。

(2) しかし、第二次世界大戦後は、形成権概念を当然の前提とするが、詳細にふれるものはむしろ減少した。また、取消権、解除権などの権利消滅的な形成権がおもに念頭におかれることが多く、ドイツでも争いのある先占権や抗弁権は、ほぼ無視されている。戦後のもっとも標準的なテキストである我妻栄・

民法講義Ⅰ（1965年）は，支配権，請求権，形成権の種類について言及するが，内容については，それぞれの典型的な権利について説くべしとし，おもに，取消権の除斥期間についてふれるにとどまる（439頁，496頁）。川島武宜・民法総則〔1965年〕48頁，四宮和夫・民法総則（1986年）26頁は，比較的詳細に記述していたが，後者の第5版からは「私権の種類」に関する一般的な記述は消えた。

谷口知平編・注釈民法1（1964年）59頁〔田中実〕，谷口知平＝石田喜久夫編・新版注釈民法1（1988年）59頁〔田中実＝安永正昭〕もごく簡単に言及するにとどまる。ほかにも，形成権を包括的に検討するより，取消権や解除権の個別の権利の検討によるとするものが多い。たとえば，幾代通・民法総則（1984年）443頁は，126条の期間との関係でふれ，鈴木禄弥・民法総則講義（2003年）29頁も同様である。星野英一・民法概論Ⅰ（1983年）72頁は，簡単に言及するが，形成権につき，独自の権利と認めるべきか学説上議論があるとする[18]。

近時でも，形成権の概念そのものを肯定することにつき，あまり異論はないが，詳細に言及されることはまれである。たとえば，川井健・民法概論Ⅰ（2000年）21頁，北川善太郎・民法講要Ⅰ（2001年）35頁などがある。後者はごく簡単に言及するのみである[19]。

広中俊雄・民法綱要総論上（1989年）109頁は，近時のテキストとしてはもっとも詳しく，①権利者の単独の意思表示によって法律関係の変動を生じさせる形成権と，②裁判上の行使を必要とし勝訴判決の確定によって法律関係の変動を生じさせる形成権とを区別し，①につき，解消的な形成権，変更的形成権，創設的形成権，所与の債権関係で期待された変動を導く権利（選択権など）の区別をする。

第2章　普通法における形成権の発展

1　自然法的法典

(1)　以下（第2章）で対象とする形成権は，おもに解除権と取消権である。

これらにおいては，19世紀に，形成権としての制度的転換がみられたから，とりわけ注目に値する。それ以外の権利，たとえば先買権や買戻権などには，普通法上も相当するものがなかったわけではないが，各法によって内容が多様であり，反面，権利の性質上，文字通り現在のものと基本的には異ならないものが観念されていたこともあり，いちいち立ち入る必要性に乏しい。また，先占権は，その位置づけについて前述のような争いがあり，これについても立ち入る必要はあるまい。

(a) フランス民法典（1804年）は，少なくとも法文上，形成権としての解除権をもたない。法典上の制度としては，合意解除のみが認められている。ただし，明示の合意は必要ではなく，双務契約には当然に解除条件が包含されているものとする。

1184条「(1) 双務契約にはつねに，2当事者の一方が約束を履行しない場合に対する解除条件が包含されている。

(2) 前項の場合には，契約は当然に解除されるものではない。約束が履行されなかった当事者は，相手方に対して，合意の履行が可能なときにはこれを強制するか，あるいは損害賠償とともに〔契約の〕解除を請求する選択権を有する。

(3) 解除は，裁判上請求されなければならない。裁判所は，事情によって，被告に猶予期間を与えることができる」。

双務契約は，当事者の一方が債務を履行しない場合には，つねに解除条件が包含されている，とみなされている（同条1項）。つまり，当事者の一方の履行は，相手方の履行がなされることを条件としているのであるから，相手方が履行しない場合には，給付をうけない当事者は，明示に解除条件を付した場合と同じく，当該の契約がみぎの解除条件の成就によって解消された，とみなすことができる。もっとも，この場合に，契約は当然に解消されるのではなく（同条2項），その主張は裁判上の請求によらなければならない（同条3項）とされる。

しかし，この1184条は，2面において拡張されている。第1に，同条は，本来契約の不履行につき不履行当事者に帰責事由がある場合を予定しており，判例や学説でも，伝統的にはそのように解されていた[20]。しかし，その後，

判例は，19世紀から20世紀の初頭にかけて，不履行が偶然あるいは不可抗力によって（つまり当事者に帰責事由なくして）生じた場合にも，1184条の適用を認める立場をとったのである[21]。これは危険負担への解除権の転用と拡張である。

第2に，法文上それは当事者の解除につき裁判上の請求を必要とするが，請求の前提となる解除の意思は裁判外にも存在するとして，実質的に拡張されたのである。また，当事者間において約定解除は可能である。しかし，この拡張によっても，比較法的に形成権としての解除権の機能が限定されていることは否定しえない。また，法定解除に比して，信義則などの制約をうけやすいのも当然である。

債務不履行による解除権以外に，瑕疵担保解除の可能性もある。その性質は法定解除の一種である。ここで，その内容の詳細に本篇で立ち入る必要はあるまい（1641条以下）。瑕疵担保解除権（action résolutoire）は，ローマ法の解除訴権（action rédhibitoire）の系譜をひくものであり，対象は限定されている（1644条[22]）。

(b) 詐欺または強迫による取消（1109条，1117条）にも，訴訟上の行使が必要とされる。したがって，ここでも，形成権としての機能は限定されている。

(2) ALR（プロイセン一般ラント法典，1794年）は，債務不履行による損害賠償のみを認め（1部5章393条），法定解除権は例外的に認められたにすぎない（1部5章377条，396条〜399条）。普通法は，一般的な解除権を認めなかったからである。ただし，個別の解除規定は存在する（売買に関する1部11章129条，130条，207条，938条，1001条[23]）。

また，ALRは，詐欺などによる取消を肯定したが，これにも裁判上の請求が必要とされていた（1条4章45条，46条，85条，92条）。

(3) ABGB（オーストリア一般民法典，1811年）は，920条において，一般的に，契約の解除を認めた。「義務者の過失またはその責めに帰すべき偶然により，履行が挫折した場合には，相手方は，不履行による損害賠償を請求するか，契約を解除することができる（vom Vertrag zurücktreten）。一部の挫折（Vereitlung）の場合には，行為の性質上，または義務者に知られた給付の目的上，一部履行が利益をもたないと解されるかぎり，解除権が帰属する」。

自然法的な法典において，一方的な解除を認め，かつ裁判上の手続を必要としないとした点において，ABGB は画期的な意義を有する。

2　後期普通法

(1)　19世紀の中葉まで，多くの立法例も，瑕疵担保解除の場合を除き，形成権としての解除権にはいたらず，合意解除の方式にとどまっていた。

一方で，1861年のバイエルン民法典草案は，一般的な解除権を認めた。

債務関係（第2部）の138条1項「双務契約において，一方の当事者が履行を遅滞する場合には，相手方は，履行，あるいは契約を解除し（Auflösung），すでに給付されたものを返還し損害賠償を請求する選択権を有する」。

ここでは，解除は，一般的な救済方法と位置づけられており，訴訟を必要とすることもない。これは，つぎの第2項が訴訟による特別規定となっていることから明らかとなる。「原告が契約の解除を求め，被告が訴訟の通知後ただちに事情による給付のための期間を裁判官に求めるときには，被告の請求は，原告に利益のある限度でのみ認められる」。

他方，取消権については，原則として裁判上の請求を必要とした（第1部・法律行為の83条，84条）。83条「それ自体は正当に存在するが，その破棄（Aufhebung）が当事者により求められる法律行為は，取消可能である。どのような要件のもとで，法律行為が取消されるか，誰に取消権が帰属するか，いかなるときに訴訟の方法によって主張されるかは，法典の当該の場所に定める[24]」。

(2)　他方で，一方的な解除権を肯定する傾向は必ずしも支配的なものではなく，たとえば，ザクセン民法典（1865年）は普通法に従い，一般的な解除権を否定した。すでに，19世紀も半ば以降であった。このザクセン民法典は，普通法に忠実であり，あまり進取の傾向が強くない（危険負担の債権者主義もみられる。866条。これは，19世紀のドイツ法系の立法には破格の構成であった）。

864条「相手方が履行しないこと，または契約が締結された事情が変更し，あるいは給付と反対給付が不均衡になったことを理由として，一方的に契約を解除しまた履行を拒絶することはできない。ただし，別段の合意または法定の規定により権限のある場合を除く」。ここでは，一般的な債務不履行解除のみ

ならず，普通法的な事情変更と給付の均衡を理由とする解除も否定されているのである[25]。

しかし，取消権について，ザクセン民法典は，意思表示のみによる取消権の効力を肯定した（107条，849条）。

849条「無効な契約は，無効の意思表示を必要とすることなく，最初から法的な効力をもたない。取消は，権利者が相手方に対して契約を取消すとの意思表示をしたときに初めて効力を生じ，契約は双方当事者に対して解消される[26]」。本条によりザクセン民法典は，形成権としての取消権の発展にとって先駆的なものと位置づけられる。

(3) ウィーン体制下で成立したドイツ連邦（1815年～1866年）の立法作業では，ドレスデン草案（1866年，Dresdener Entwurf eines allgemienen deutschen Gesetzes über Schuldverhältnisse, 1866（Neud. 1973））は，債務不履行の一般的な救済としては，損害賠償を規定したにとどまり（273条），一般的な解除権については規定しなかった[27]。

273条1文「義務の履行が債務者の過失によって全部または一部不能になったときには，その義務は存続し，債権者は，義務の不履行によって直接または間接にこうむった財産的損失と失った利益を理由として，223条と224条〔不法行為における損害賠償の算定方法〕の規定の方法により，損害賠償を請求することができる」。債務不履行に対する一般的な救済方法は損害賠償とされる。一般的な解除権に反対する普通法の呪縛はなお強かったのである。

他方，取消権については，ドレスデン草案も，形成権としての構成を肯定した（139条以下）。139条1項「取消しうる契約は，権利者によって取消されるまで，正当に存続するものと扱われる」。取消権者の意思表示により取消されることが前提となっている。形成権の発展にとっては，取消権の効果が先行したのである。

しかし，ほぼ同年代のドイツ普通商法典（ADHGB, Allgemeines Deutsches Handelsgesetzbuch, 1861, ライヒ法になったのは，ドイツ統一時の1871年）は，債務不履行による一方的な解除権を定めた。商行為の売買に関する規定のうち，買主の遅滞に関する254条と売主の遅滞に関する355条がこれを定めた。一般的な解除権の発展にとっては画期的な法典と位置づけられる[28]。迅速を尊ぶ商

事関係の法律として，フランス民法のような裁判を要件とすること，また裁判官の裁量による期限の猶予を与えることを避けたのである。

354条「買主が売買代金の支払につき遅滞となり，商品が引渡されない場合には，売主は，契約の履行と遅滞による損害賠償を請求するか，343条の規定を考慮し〔売主の保管義務と買主の受領遅滞，供託，自助の公売〕履行に代えて，商品を買主の計算で売却し，損害賠償を請求するか，契約が締結されなかったようにこれを解除するか（von dem Vertrag abgehen）の選択権を有する」。裁判は必要ではなく，当事者の意思表示のみでたりる[29]。356条によれば，その要件は通知（Anzeige）である。解除の効果は，遡及的（*resolutio ex tunc*）なものとされる。

355条「売主が商品の引渡につき遅滞した場合には，買主は，履行の遅延による損害賠償とともに履行を請求するか，履行に代えて，不履行による損害賠償を請求するか，契約が締結されなかったように〔締結されなかった状態を回復するために〕これを解除する選択権を有する」。この場合にも，要件は，通知であり（356条），解除（Rücktritt vom Vertrag）の効果は，遡及的である（*ex tunc*）。ちなみに，いずれの解除の場合にも，権利者は，解除とともに損害賠償を請求することはできない。これは，1900年のドイツ民法典（旧325条）が解除と損害賠償を選択的にしか認めなかったことの淵源の1つとなり，2002年の債務法現代化法まで影響したのである（新325条は両立を認めた[30]）。

これらの条文は，フランス民法典1184条の影響をうけながらも，解除権の行使につき，裁判上の解除の方式を採用せず，裁判外の解除を認めたことから，形成権としての解除権が肯定されたのである[31]。しかし，普通商法典は，商事特別法（商事総則，商事会社，匿名会社，商行為）にとどまったことから，取消権に関する一般規定は存在せず，これが同法典の限界であったといえる[32]。

3 ドイツ民法典

(1) ドイツ民法典（1900年）は，法定の解除を認めたが，その原始的な規定において（1900年法。以下の2002年法までの説明は1900年法による），主として合意解除を規定し，法定解除には合意解除を準用する方式を採用していた。すなわち，327条において，325条，326条の法定解除権にも，346条から356条

の約定解除権の規定を準用するとして，意思表示による解除を一般的なものとしたのである[33]。

第1草案426条「契約当事者が契約解除を留保した場合には，権利者が相手方に解除の意思を表示したときに解除される。

その意思表示は撤回できない」〔ド民349条相当。同条では，解除は，相手方に対する意思表示により行うとする〕。

解除の効果については，つぎの規定がある。

第1草案427条〔ド民346条，347条相当〕「解除権の行使により，契約当事者は，契約が締結されなかったように互いに義務づけられ，権利を取得する。とりわけ，いずれの当事者も，契約により取得するべき給付を請求することができず，いずれの当事者も，相手方に対し受領した給付を返還しなければならない。

受領した金銭は，受領時から利子を付して，その他の目的物は，増加したものと利用を返還しなければならない。通常の家父（Hausvater）の注意をすれば利用（Nutzungen）をえることができ，毀損を避けるべき場合において，収取しなかった利用と毀損には，賠償することを要する。

返還義務をおう者は，利用について（wegen Verwendungen），所有者に対する占有者の権利を有する。

受領者が目的物を返還できない場合でも，故意も過失もないときには，賠償給付を負担しない[34]。」。

そして，つぎは，一般の約定解除権の発生に関する規定である。

第1草案369条〔ド民325条・不能の規定および326条・遅滞の規定に相当〕「双務契約上の給付が，債務者の責に帰すべき事由により不能となったときには，債権者は，不履行による損害賠償を請求するかまたは契約を解除する選択権を有する。給付が一部のみ不能となったときには，債権者は，不能となっていない給付の部分につき利益がない場合にのみ解除権を有する。

同243条の場合〔ド民283条相当。債務者が確定判決をうけた場合に，債権者は，相当の期間を定めて，期間経過後は受領を拒絶する意思を表示することができる〕ならびに給付が債務者の遅滞中に，債権者にとって利益がなくなった場合も同様とする〔解除権が発生する〕。

426条ないし431条，433条〔ド民349条以下。解除の一般規定である〕の規定は，本条の解除権に準用される」。

第1草案は，給付障害について，不能の一元的体系をとっていたことから，解除権の発生事由も不能によっていたが（第1草案369条），1900年のドイツ民法典では，遅滞と不能の二元体系に改められ，解除権の発生原因も，この2つからとなったのである（不能に関する325条と遅滞に関する326条[35]）。

形成権は訴訟上の権利のこともあり，必ずしも私権としての性質だけをもつとはいえない。取消権について，民法典では，純粋な私的な権利とするが，Protokolleでは必ずしもそのような権利とみていない[36]。

(2) 2002年の新債務法現代化法においては，解除は，約定解除とともに，当然に法定解除をも対象とする方式に改められた。解除の効果に関する346条1項がこれを定めている。「契約当事者が契約により解除権を留保または法定の解除権を有するときには，解除の場合には，受領した給付を返還し，収取した利用を返還しなければならない」。

そこで，合意解除の規定を法定解除に準用する327条は，削除された[37]。しかし，解除権の形成権としての性格には変更がない。349条「解除は，相手方に対する意思表示によって行われる」。

また，約定解除権の発生は，不能と遅滞によるのではなく，給付の不履行によるものと修正された。323条1項「双務契約において，債務者が履行期の到来した給付をしないとき，または契約に従ってしないときには，債権者は，債務者に対し給付または追完のための相当の期間を定め，これが徒過された場合には，契約を解除することができる」。この問題は，給付障害の事由の修正（一般的給付障害法の生成）としては大きな問題であるが，本篇の対象からははずれるので，立ち入らない[38]。

(3) 取消権については，第1草案113条1項が存在する。「法律行為の取消は，取消権者から相手方に対して与える意思表示により生じる」。相手方は，双務契約においては，他の契約締結者である（同条2項）。これは，現行143条の基礎となっている[39]。

取消権の行使については，1900年のドイツ民法典以降，2002年の債務法現代化法による改定後も，規定の変更はない。143条1項「取消は，取消の相手

方に対する意思表示により効力を生じる」。したがって，その内容については，とくに立ち入る必要はないであろう⁽⁴⁰⁾。

第3章　ゼッケル（Seckel）による整理と学説の展開

19世紀後半の段階では，事実上，形成権に相当する概念は，各地域の法や草案に広く存在したが，その私権の体系上の位置づけは，必ずしも明確ではなかった。また，その具体的な要件・効果の基礎づけも十分ではなかった。ここで，形成権の概念の整理や発展に対して多大の貢献をしたのは，前述のゼッケルであり，以後の学説への影響も大きい。そこで，以下の第3章においては，おもにゼッケルに従い，形成権を概観しよう。なお，ゼッケルの理論は，形成権の最初の（成功した）体系化であることから，やや錯綜した点と歴史的な限界もみられる。第4章において近時の到達点と比較する必要から，やや詳細に跡づけることにしよう。

1　私権体系上の位置づけ

(1)　まず，ゼッケルは，形成権の意義，他の権利との区別，類型化を行った。形成権の行使により形成される具体的な法律関係は多様であり，発生する支配権，形成権との相互的な結合，具体的な負担，義務，責任などが問題となる。

形成の方法も多様であり，一方的な意思表示によるが，生存者によるものでも，死亡を原因とするものでもたりる。また，それが有効なためには(Gültigkeitではなく，Wirksamkeit)，国家の行為（形成判決や訴訟）が必要な場合も，不要な場合もある。さらに，形成権の概念は，とくに私法において意義が大きいが，私権に限られず，公法においても役割を果たすことがある⁽⁴¹⁾。

形成権も私権であるから，私権としての一般的な要件をみたすことが必要である。たんに申込をし，財団を設立し，死亡による処分をするようなことは，「権利」というにはあたらない。誰もがなしうることは，何らの具体的な力ともいえないからである。権利というのは，可能なことに対する一種の優先権・特権（Vorrecht）であり，他の者には帰属しない力を意味する。

形成権は，特定の支配権または形成権あるいは特定の義務と関係することが

21

多い。しかし，行使してもその主体がなお保持する場合も，移転したり消滅したりする場合もある（このように広く定義づけられるのは，Seckel の形成権が抗弁権などを含む広い概念だからである）。これは，すべての解除権や，変更権，回復権などにあてはまる。もっとも，先買権のように，まだ具体的な権利や義務と関係しないものもある。

(2) 形成権を整理するためには，種々の分類方法がある[42]。

形成権は，法律関係に及ぼす効力によってグループ化でき，それによれば，形成権は，設定権，変更権，破棄権に分けられる。比較的著名な分類方法である。

この分類の欠点は，権利を設定すると同時に破棄するような形成権があることである。いずれか 1 つに分類することはむずかしい。たとえば，解除権は，既存の契約の効力を破棄し，またそれは受領した給付の返還に関する新しい債務関係を基礎づける。しかし，移転型取引（Übereignungsgeschäft）の取消は，取消の相手方の所有権を消滅させ，また前の所有者の所有権（不当利得）を基礎づける。贈与の撤回も，贈与の原因を終了させ，不当利得を発生させる。そこで，破棄の効力のみが発生し，返還は，独立した（法定の）効力として生じるにすぎない[43]。

行使された形成権の効力による分類もある。すなわち，発生する法律関係ではなく，影響をうける権利の範囲や権利主体への効力によるものである。

一定の形成権は，他人の権利の範囲にはほとんどあるいは間接的にしか影響しない。これは，自分のための形成権（Eigengestaltungsrecht）といわれる[44]。権利の取得または確定的な権利取得にさいし，他人の負担となることがない場合である。たとえば，主体なき物の先占権，相続分の受領権である。これを Zugriffsrecht（獲取権）という。他方，行使のさいに，直接に他人の権利に影響を与える形成権もある。これを Eingriffsrecht（侵襲権）という。

もっとも，Zugriffsrecht と Eingriffsrecht とを必ずしも区別できない領域もある。先占はときに Zugriffsrecht となり，Eingriffsrecht となる。たとえば，狩人の権利としての Zugriffsrecht の行使は，（無主物先占の場合に）他人の所有権を侵害することはないが，占有者の分離権の行使，所有者の枝の剪除権，造作の収去権に包含される Eingriffsrecht は，他人の所有権の取得を導くからで

ある[45]。

(3) 他人に影響を与える Eingriffsrecht （侵襲権）は，さらにつぎのように区別することができる。

(a) たんに利益を与えるだけの Eingriffsrecht は，他人に負担を強いることなしに，自分の利益にだけ行使される。たとえば，利息のない消費貸借の告知，給付の減額（Herabsetzung），譲受（Übereignung）の取消，物権的な負担（dingliche Belastung）の権利者側からの取消（自分の不利益になる場合もある），取消者が債務者である一方的な債務関係の取消である。

(b) 不利益的な Eingriffsrecht は，権利の行使が，自分の不利益になり，他人の権利には利益に働く場合である。たとえば，負担のない遺言の拒絶，第三者のためにする契約上の権利の拒絶，受贈者による贈与の取消，物権的な負担の権利者側からの一方的な破棄，不動産の放棄である。

(c) 利益と不利益を与える Eingriffsrecht は，負担の交換による2つの権利の行使をするものである。自分と他人に，有利と不利の2面に働く。他の権利に対して，権利の喪失や義務の発生を導くものである。たとえば，相殺，離婚，双務的な債務関係の取消である[46]。

(d) 中立的な Eingriffsrecht は，その行使によって，自分の権利範囲には影響がなく，利益も不利益も生じないものである。たとえば，第三者の決定権，相続欠格者（Erbunwürdigen）に対する次順位者の取消権である。

(4) 形成権の実行方法は，意思表示である。意思表示は受領を要しない。意思の表現が，自然的行為の形態をとるときには（たとえば，先占），表示ではなく，自然的行為でもたりる。実現の効力からみると，形成権の対象は，形成される法律関係またはそれによる客体（ないし当事者）の中に見いだされる。「義務者」は，法律関係が形成される前はまだ義務者ではなく，あらかじめ形成権の権利者と対峙しているわけではないからである。そこで，先買権の行使の前に，法が，先買の「義務者」について述べるのは正しくない。停止条件つきの義務を，すでに存在するものとして認めることになる。形成権の行使によってはじめて，請求権を生じるのである。たとえば，請求権を基礎づける解除の例がある。

そして，形成権では，その享受（利益）は，法律行為による行使にある。享

受と処分はここでは，同一になる[47]。

(5) 形成権かどうかについて，学説上，争いもある場合もある。この論争は，前述のように現在まで継続している（前述第1章2，3参照）。

(a) チーテルマン（Zitelmann, 1852-1923）は，法的な可能性（Können），および権利に対する権利（Rechte an Rechten）であることを形成権の属性とみる。そこで，権利に対する権利の属性として，ときとして支配権（Darf- od. Soll の権利）も包含されてしまう。そうすると，支配権への権利，たとえば債権質も形成権の概念のもとにおかれる。しかし，債権質は一方的な法律行為によって行使されるのではないから，形成権ではない。

(b) ヘルヴィッヒ（Hellwig）は，民法的な意味での永久的な抗弁をもって形成権の属性とする。彼は，権利者の債権を行使したことを前提とする給付拒絶権の裁判上あるいは裁判外の行使によって，停止された権利の消滅を認める。そこで，抗弁権（Einrede）は，取消権や，請求権を無効とする権利と類似する。ドイツ民法典にもこのような無効説に有利な表現はあるが，法の内容からすると，民法上の抗弁が行われても，必ずしも無効をもたらす効力が生じるわけではない（とくに1169条の規定参照）。裁判上・裁判外の抗弁の行使は，請求権の行使可能性につき個々の主張の効力を失わせるにすぎない[48]。

(c) ヴィントシャイト（Windscheid, 1817-92）は，処分権（Verfügungsrecht）をもって形成権の属性とした。しかし，形成権と処分権とを区別する必要がある。処分権は，自分または他人の権利を自分の名前で処分する権利と代理権（すなわち他人の名前の法律行為によって他人の権利範囲に効力を生じる権利）であり，必ずしも一方的な意思表示によって行使されるわけではない。たとえば，夫が，（妻の）物に関する処分権の効力として，その物を自分の名前で第三者に譲渡したときには，物権契約あるいはたんなる契約があるのであって，これは，契約と一方的な法律行為によるわけではない。形成権は，関係によるのではなく，しばしば密接な依存関係により形成権者のその他の現在の権利に属している。

(6) 形成権には，独立のものも，非独立のものもある。独立の形成権は，原始的な形成物であることも，他の権利（支配権，形成権）の遺物であることもある。非独立の形成権は，他の権利や受動的な位置（義務や負担）と結合して

いる[49]。

　この結合の密接性には相違がある。形成権は，構成部分となることも，他の権利関係のたんなる従となることもある。もっとも密接な関係は，形成権が主物から分離できないような場合にあり，すなわち独立して譲渡できず，独立した放棄によって消滅させられない。他の結合関係では，形成権は，独立して放棄できるが，存続や少なくとも発生が主たる関係に依存することもある[50]。

2　形成権の発生と存続

(1)　形成権の発生については，ゼッケルは簡単にふれるにとどまる。独立した形成権は，支配権ではないから，不法行為や遺言 (Vermächtnis, 1939 条, 2174 条) によっては発生しない。この2者は，人に対する支配権である債権の要件のみをみたすからである。独立でない形成権は，たとえば，過失による離婚権や組合員に対する除名権，詐欺・強迫による取消権は，違法な行為によって生じるが，これも，狭義の不法行為法によって生じるわけではない。

　そこで，私法的な発生原因としては，法律行為と法規のみが残る。多くの形成権は，現行法では法律行為によってのみ生じる (買戻権)。法律の規定によって生じることもあるが (取消権, 離婚権, 相殺権, 一方的放棄, 先占)，法律行為と法律の双方によって生じるものもある (告知権, 解除権, 撤回権, 先買権[51])。

　法律によって規定された形成権以外に法律行為による発生が可能かどうか，それとも物権法のような閉ざされた体系があるか (物権法定主義)，すなわち形成権の数が限定されているかという疑問に対しては，広く発生を肯定するべきである。私的な新しい形成権の概念，たとえば，先借権や先雇権のような権利も理論上考えられないわけではない。

(2)　一般に，形成権と類似の法的な権利では，法律行為による条件の附加を認めることができる。可能な条件の設定によって，たとえば回復のための権利が生じうる。一方的な買戻権と，買戻の特約がこれにあたる。権利者が所有権を取得したいとの意思表示をすることのできる条件の下で譲渡する特約は，先占権の取得と類似する。しかし，必ずしも同一ではない。というのは，契約の成就は，それが意思表示でされるとしても，形成的要件によるわけではない。

上の例で，所有権は条件の下の一方的な取得の意思表示の効力としてではなく，過去の譲渡契約の効力として移転するにすぎない。すなわち，停止条件つきの期待権は（形成的な一方的な法律行為による）形成権ではなく，また，そのような期待権は，契約の成就によって，実行され消費されるのではなく，完全な権利に転換されるだけである(52)。

(3) 多くの非独立の形成権は，本質的部分である権利を発生させたのと同じ，かつ目的的に同じ要件によって（zugleich mit demselben und bestimmungsgemäß durch denselben Tatbestand）生じる。また，同じ要件によって，しかし目的的には同じ要件によらずに（zwar zugleich mit demselben, aber nicht durch denselben Tatbestand）生じるものもある（たとえば，取消権）。さらに，まったく同じでも，目的的に同じ要件でもなく(weder zugleich mit demselben, noch durch denselben Tatbestand）生じるものもある（たとえば，離婚権，組合の解散権(53)）。

3 形成権の譲渡性と相続性

(1) 形成権の譲渡可能性と移転に関して，一般的な原則を立てることには多くの困難がある。とくに取消権については困難がある(54)。

相続性のあることについて比較的問題はないが，相続できないものもある（夫婦関係の取消権）。そして，形成権の一般承継が許されるからといって，特定承継が許されることにはならない。ドイツ民法典は，「法律が別段の定めをしないかぎり，債権の譲渡に関する規定は，他の権利の譲渡に準用される」とする（413条）。また，民法典は，形成権について，それ自体としては規定していない。そこで，形成権の譲渡，とくに方式のない契約による譲渡も可能であると解されている。これは，買戻権におけるように，他人に影響を与える形成権の行使でも同様である(55)。

しかし，明文規定により形成権の譲渡が排除されることもある（先買権，旧514条＝473条。別段の合意ある場合を除く），また，性質上，譲渡可能性のないことが明らかな場合もある。そして，形成権だけの独立した譲渡可能性は，存在しないことも多い（後述(56)）。なぜなら，形成権は，多くの場合に他の権利関係と結合し，その部分あるいは附加として機能するからである。そこで，選択権，確定権，告知権，第三者のための契約における第三者の拒絶権，過度の

給付の引下げ権，撤回権（たとえば，懸賞広告と消費貸借の予約において，これと結合した撤回権）は，結合した本体関係とともにだけ移転する。

また，独立でない形成権は，主たる権利関係が特定承継されるときには，必然的に主たる権利関係とともに移転することが多い。人的な性格から譲渡性のないのは，贈与者の撤回権，人的な家族法上の取消権，家族財産法上の撤回権などである。

(2) 独立して譲渡可能な形成権と，譲渡できないあるいは独立しては譲渡できない形成権とがある。前者の例としては，契約による先買権，これは物権的なものでも（争いがある）あるいは債権的なものでもよい，後者としては，譲渡しない合意がある場合（*pactum de non cedendo*）の買戻権，事情変更による解除権などである（以下のＡ１b,2 d 参照）。

法文上，譲渡可能性が明らかな例もある。被相続人が，第三者によって他の物にある物Ａが結合（添付）された結果，Ａの所有権を喪失したが，添付した物Ａを収去する権利を留保したときには，物Ａの遺贈は，Ａの収去権の遺贈に転換する。相続人は，収去権（*ius tollendi*）が遺贈の受領者に譲渡されるよう義務づけられ，それは，譲渡も可能である。先占権も，譲渡と先占を包含する全権利の本質的部分として移転する[57]。

(3) ゼッケルは，とくに解除権と取消権を例にして詳細な検討を加えている。この部分は，契約上の地位の移転に関する議論と混同されており，必ずしも明確に整理されていない。もっとも，分類は詳細であるが，今日的な見地からは，むしろ契約上の地位の移転がある場合には，これらの権利も譲渡可能ということに帰結しよう。つまり，形成権の固有の譲渡の問題というよりも，契約の解釈が問題なのである。また，解除権の効果についても，古い直接効果説的な考慮の残滓がみられる。

(A) まず，解除権では，契約が片務契約か双務契約か，および解除権者がすでに給付したかどうかによって区別されている。

(1 a) 片務契約の債務者（贈与契約）が，悔悟権（Reurecht, 悔悟による解除権である）を留保し，かつまだ給付していないときには，解除権は，債務の本質的部分であり，債務の引受によってのみ移転し，単独では移転しない。なぜなら，解除権は，ここでは Rekuperation （回復）の機能ではなく，Liberation

（解放）の機能のみを有するからであるとされる。つまり，ここでは，契約上の地位の移転のみが問題である。

　(1b)　同じ例で，債務者がすでに給付したときには，履行のための債務関係は消滅する。解除権の行使は，義務から解放するためにではなく，たんに債権を基礎づけるために［返還請求］，また解除者に有利に働く。そこで，解除権単独の移転に反対する理由はないとする(58)。

　(2a)　双務契約（売買）が，解除権者（売主）によって履行され相手方の給付（代金の給付）が行われていない場合には，売主による解除権の行使によって，買主は義務から解放され，代わりに受領した物（売買物）の返還債権が生じるから，解除権は独立したものではなく，代金に対する契約上の債権とともに譲渡される(59)。

　(2b)　双務契約（売買）が解除権者（売主）によって履行されておらず，相手方（買主）が履行した場合には，解除権は，解除権者の解放のために用いられる（1a参照）。しかし，解放するかどうかの判断（権，つまり解除権）が第三者のために譲渡されることには意味がないから，解除権は単独では譲渡されない。また，解除されれば，相手方によって履行された給付の回復には，最初の債務者（売主）ではなく，債務の譲受人が義務づけられる。後者が当事者となるからである(60)。

　(2c)　双務契約が，解除権者（売主）によっても，相手方（買主）によっても履行されていない場合には，上の2aと2bの結合から，第三者への解除権は，債権譲渡によってこの者が全債務関係に加入した場合のみ移転される。すなわち，地位の移転がある場合にだけ，解除できるとするものである。

　(2d)　双務契約が，解除権者（売主）によっても，相手方（買主）によっても履行されている場合には，履行のための関係は消滅する。1bで述べたことの結果，解除権の独立した譲渡可能性が主張されうる。解除権の行使は，解放のためではなく（nicht befreiend），たんに債権を発生させるように（sondern lediglich forderungsbegründend）機能する(61)。

　おおむね，移転可能性は，未履行の場合の解放では否定的に，既履行の場合の返還請求権については肯定的にとらえられる。

　(B)　取消権においても，同様の区別をすることができる。

（1a）　債務者が，取消可能な片務の契約によって（贈与約束）義務をおい，債務がまだ未履行の場合に，債務者の取消権は，債務の本質的部分として独立しては譲渡されず，債務引受によって債務と同時に（＝A 1 a）のみ譲渡される。最初の債務者が取消理由を知る前に，債務引受がされたときには，（詐欺による）取消権は最初の債務者にとどまるか，法律上当然に新たな債務者に移転するかが問題となる[62]。

　Schollmeyer（およびCrome）は，引受人が債権者に対して債権者と旧債務者の間の法律関係から生じた抗弁を主張できる場合でも，取消権（および追認権も。Bestätigungsrecht）は最初の債務者にあるものとする。さらに，Schollmeyer は，「詐欺の抗弁」（Einwendung des Betrugs）を否定する。このうち，詐欺の抗弁の否定は，不当である。なぜなら，詐欺により，最初の債務者は，取消権のほかに，明らかに不法行為上の解放（Liberation）の権利を有する〔不法行為上の権利により実質的に解放される〕。また，これに相当する拒絶の抗弁（853条，加害者が不法行為によって被害者に対する債権を取得したとき，被害者は履行を拒絶できる）をも取得する。そして，債務引受人は，この抗弁権を，債権者に対しても主張できる。抗弁により可能なことは，Eingriffsrechtでも可能でなければならない。さらに，最初の債務者は，この贈与の例では，取消につき実質的な利益をもたない。彼が，詐欺を宥恕し，その行為を追認しても，この認容によって自分のふところが痛むわけではないからである[63]。

（1b）　債務者が，取消しうる片務の契約によって（贈与約束に）義務づけられ，義務のある給付が，彼によって履行された場合には，取消しただけでは十分ではない。なぜなら，債務は，履行によって消滅したが，債権を発生する原因としては消滅していないからである。取消権はそれ自体としては純粋の無効化権（Vernichtungsrecht）であるが[64]，取消は，（贈与）の原因を遡求的に消滅させ，履行の原因の瑕疵は，不当利得を基礎づける。取消権の単独の移転は，ここでは意味がない。なぜなら，取消は，譲受人にではなく，譲渡人に不当利得の権利を生じるからである（直接効果説で法定の返還請求権）。取消は，原因を除去するが，解除の場合のように（解除では原状回復請求権），返還請求権を形成権者［譲受人たる］に基礎づけないからである。しかし，取消権と，取消により間接に行われる将来の不当利得請求権との結合された譲渡を否定するも

のではない。「全法律関係への立ち入り［つまり引受］」(Hellwig) は，将来の不当利得の発生を前提とする(65)。

　(2a)　つぎは，取消しうる双務契約（売買）において，取消権者（たとえば売主）により履行されたが（4000 の価値の目的物の引渡がすんだ），相手方の給付（600 の代金）は，まだされていない場合である。取消事由を知る前に，売主が債権を新債権者に（贈与目的で）譲渡したとする。

　取消の結果，売買は遡って無効となる。贈与をうけた譲受人に取消権を認めると，彼は，贈与された金の取得を安定させようとする。そこで，むしろ追認によって取消権を失わせ，詐欺者に対し詐欺の成果を承認するであろう。逆に，贈与をした譲渡人，売主に，取消権を与えれば，彼は，自分の損失がないように，売買物の価値を取り戻すために取消権を行使するであろう。そこで，2人のいずれに，取消権を与えるべきかにつき，ゼッケルは，取消権は，売主にとどまるべきであるとする。売主が引渡したことに重きをおくべきでなく（B1b，取消は解除と異なり，法定の関係で譲渡人に不当利得の権利を生じるだけであるからである），不知の売主（600 を贈与した）は，将来の不当利得（4000 の価値）の請求権を贈与してはいないとみるからである(66)。

　譲受人は，ここで，いわば弱い権利を取得したにすぎず，譲渡人の全地位を承継したのではない。ただし，売主が，取消権を知っており，将来の不当利得（ないし vindicatio）が，売買代金請求権とともに受贈者に譲渡された場合には，解除権の譲渡の場合（A2a）と同じく，すべての権利は，譲受人に移転する。

　(2b)　さらに，取消しうる双務契約（売買）が，取消権者（買主）により履行されず，相手方によって履行された場合がある。取消理由（詐欺）のみつかるまえに，第三者が買主の債務を引き受けたとする。取消の結果，売買は遡求的に失効する。債務引受人が取消できるとすれば，同人は，引き受けた義務から免責される(67)。

　そして，買主は，当然に売買物の返還義務をおう。取消権が買主に保持されるとしても，彼は，贈与（第三者が贈与として引き受ける場合，*causa donanti*）による利益との選択をしなければならない。買主が売買を追認すると，彼は，自分の給付なしに売買物を保持し，代金を譲渡人からえることができる。しかし，買主が取消すと，代償をえることなく，えたもの（物を受領しているか

ら）を失う。ここで，取消権は，買主にとどまるべきである。贈与の趣旨で債務を引き受けた者が，最初の債務者の他人の財産に関して形成力を取得する必要はない。そして，買主に取消権が帰属するとすると，引受人には，保証法の類推により，売主の債権に対する延期的抗弁が帰する。もっとも，取消権を買主が知っている場合には，売買債務の引受と取消権の譲渡が一括して行われるとするよちはある(68)。

（2c）取消しうる双務契約（売買）が，取消権者（売主）からも，相手方（買主）からも履行されていない場合には，取消権は，第三者に，代金債権の譲渡と債務の引受によって，取消権者の全地位が承継されたときにのみ，移転するという。これも，契約上の地位の譲渡があれば，移転することをいっているにすぎない。

（2d）取消しうる双務契約（売買）が，取消権者（売主）からも，相手方（買主）からも履行された場合には，取消権の譲渡は，買主に対する売主の将来の不当利得請求権の譲渡と売主の将来の不当利得債務の引受によってのみ生じる。

以上のゼッケルの分類した諸場合を総括すると，債務関係の特定承継では，取消権は，その行使が，権利の譲渡人の権利の範囲に関係するときには，移転しない。しかし，取消権の効果が承継者の固有の権利の範囲にかかわるときには移転するということになる(69)。

  4　形成権の消滅事由──法律行為，停止(失効)，目的の到達，外的な偶然

(1)　形成権が消滅する理由の第1は，法律行為である。形成権は行使により消滅する。形成権は消費的な権利であり，消費による消滅は当然である。

そこで，ゼッケルは，べつの消滅事由である放棄をおもに扱う。たとえば，追認して取消権などを放棄する場合である。もっとも，ドイツ民法典は，普通法と同様に，あまり放棄行為につき詳しくなく，形成権の放棄についても，わずかしか規定されていない(70)。

形成権の多くは，私的自治の効果として放棄可能であるが，放棄できない Eingriffsrecht もある。放棄は，一方的あるいは双方的な法律行為により生じる。方式が必要な場合も不要な場合もある。また，生存者の行為による場合も，死

亡によって生じる場合もある，さらに，受領を必要とすることも，任意に行われる意思表示によって生じることもある。

一方的な放棄行為は，法律上も豊富に現れる。取消権者の方式なき追認によって，多くの取消権は，消滅する。生存中のまたは死亡後の認知によって，嫡出否認権は放棄される。認容によって，方式なしに，相続の拒絶権と財産共同体の存続を拒絶する権利は，放棄される(71)。

法が一方的な放棄権を認めていないところで，どのような方法で形成権を放棄するかは，明確ではない。学説は，形成権の数が限定されていることから，一方的な放棄を法律またはその類推が許すところでのみ認め，その他の場合には，放棄契約のみを認める。相殺については，相殺しない約束（*pactum de non compensando*）によってのみ放棄される。他の非独立の形成権では，たとえば告知権や解除権では，契約によるほかはない。なぜなら，債務関係の変更には，通常，当事者の契約が必要だからである。先買権や買戻権，贈与者の撤回権などの独立した形成権では，破棄するとする契約によってのみ消滅する。先占権も同様である。夫婦の財産権上の形成権の放棄には，夫婦契約の方式が必要である。

契約による放棄は，免除ではないが，免除と形成権を無効とする放棄行為は，性格のうえで接近する(72)。

(2) 第2は，黙示〔Verschweigung＝不行使〕による消滅である。この部分は，形成権の期間制限に関し，日本法でも比較的著名な部分である（権利の失効）。すなわち，形成権は請求権ではないから，時効にかからないが，あまりに長い継続は不当になる。長期間の権利の不行使には制限が必要であり，ここから，一定の除斥期間（Ausschlußfrist）内に行使されなければ，形成権は当然に消滅するとの理論が生じる。消滅の効力が生じる期間は，法定されるか，形成権者の相手方によって一方的に設定されるか，あるいは契約による。民法上の法定の除斥期間（Präklusivfrist）には，絶対的なもの（確定の始期）と相対的なもの（浮動の始期）とがある。多くのEingriffsrechtは，法律上，絶対的な期間を付されていない。その種の期間がないことが多く，法律が期限を付しているところでも，期間の長さは異なる。もっとも長いものは，30年である。相対的な期間は通常短い。もっとも短い期間は，錯誤による一般的取消権である

(119条, 121条[73])。すなわち，取消原因を知った後，遅滞なく (ohne schuldhaftes Zögern (unverzüglich)) 取消すことである。

　形成権が時効にかからないとの理論は，ゼッケルの提唱にかかるものであるが，請求権ではないからという形式的な理由のほかに，その実質的な理由は必ずしも明確ではない。請求権との性質の違いは，せいぜい期間の短縮や多様性の承認につながるものであっても，完全な否定までが帰結されるわけではないからである。普通法的な長い期間を回避し，またその多様性を肯定することに意図があったと考えられる。

　法定の除斥期間がない場合，また契約による期間が定められていない場合でも，形成権者の相手方からする一方的な法律行為によって期間が補充されることがある。相手方の期間の設定によって（相手方の催告権である），形成権の行使には制限が生じる。

　法定の行使期間があっても，それはかなり長い期間となっている。たとえば，詐欺による取消の期間は，1年である（124条）。騙された者が，たとえば土地の売買を取消しうる場合に，1年間，詐欺者の負担で投機することを認めるべきかが問題となる。ドイツ民法典は，詐欺者には期間設定権を否定したので，法は，騙された者に投機の利益を与えたようにみえる。しかし，訴訟法が欠缺を補充している。強制執行の反訴（Vollstreckungsgegenklage）について，民訴法は「主張される理由が，主張されなければならない口頭弁論の終結後にはじめて生じたときにのみ，そのような抗弁（Einwendungen）が許される」とする。形成権のある者も，このような「抗弁」をうける[74]。

(3)　第3は，目的到達による消滅である。形成権は，債権と同様に，目的権（Zweckrecht）である。目的である権利の形成が，形成権以外の方法で達成されたなら，目的権は消滅する。もっとも，形成権の目的は，権利の行使以外の方法でいつでも達成されるわけではない。当事者の法律行為による権利実現が他の方法によって生じることは，形成判決が必要な場合には，とくにそれを必要とした理由によって排除されることもある。また形成権が遡及効をもつ場合，Zugriffsrechtでも排除される。その他の場合には，他の権利の行使が先にされることは，相手方の一方的な行為によっても，あるいは当事者の契約によってもありうる[75]。

33

このような形成権の目的の先行到達は，形成が，形成行為と形成判決の二重の要件を前提とする場合にも生じる可能性がある。控訴審でもなお可能性があり，そして，判決後，形成判決の既判力をえるまでにも生じる。1審または2審の裁判所から出された形成判決が前提とするものをもたない場合には，判決は，不要であるだけではなく，目的不在となる[76]。

(4) 第4に，外的な偶然の場合がある。

(a) たとえば，相続できない権利に関し，形成権者が死亡した場合や，後発的な不能と混同の場合である。前者は，主体の欠缺であるから，とくに説明する必要はない。

形成が不能になると，目的権の目的が達成できずに，形成権は行使されないまま消滅する。他方の配偶者が死亡し，または婚姻が無効となったときには，離婚権は消滅する。他方配偶者の死亡後の離婚判決には意味がないからである。夫婦関係の確認も，夫婦関係が無効となりあるいは取消されたときには，不要となる。対立する債権の一方が消滅したときには，取消権も存続しない。組合が消滅したときには，組合員の除名権も無意味となる。先買権，買戻権，先占権も，相手方の帰責事由なくして目的物が消滅したときには，消滅する[77]。

(b) 混同は，形成権と形成の相手方との一体化である。たとえば，形成権者（債権的な先買権，買戻権，取消権などの）が相手方を相続した場合，あるいは逆の場合に，形成権は消滅する。権利者は，みずからを相手方として権利を行使しえない，しかし，遺産の分離が行われた場合には，形成権は遡求的に存続する。これは，ドイツ民法典の規定によるというよりも，性質上の帰結である。法典は混同につき「権利と義務または，権利と負担の一体化」のみを規定するが，形成権と形成権の相手方の一体化も同様である。

そして，混同の例外は，第三者の法的地位にも影響するので，形成権者と形成権の相手方の一体化についても同じ考慮が必要である。所有者Aが，相手方Bから引渡を強迫されBにとられた物について，さらに第三者Cが，強迫の事実を知って取得したとする。取消権のある所有者Aが相手方Bを相続した場合に，悪意の第三取得者Cも守られる。なぜなら，取消権者Aには，もはや相手方がないからである。しかし，遺産が特別財産（たとえば，Bの遺産管理により）となったときには，この一体化はなく，取消権者は，遺産管理人

を取消の相手方として（独立した特別財産を形成の相手方として）取消し，前の所有権を，悪意の第三者から回復することができる[78]。

5 形成権の各論——主体，行使義務，行使方法，判決との関係

(1) 形成権は，一方的な意思表示により法的な効果を生じる権利である。意思表示のほかの要件が必要な場合があり，補助的な要件，とくに国家的な行為，たとえば既判力ある判決が必要な場合もある[79]。

(a) 行使の主体は，形成権者およびそれと同視される者である。形成権がなければ，形成は生じない。たとえば，密猟者が占有したり，収去権者以外の者が設備を先占したとしても，所有権の取得は生じない。

権利者が多数生じる場合もある。形成権の分割が可能なとき，連帯的なとき，合有的なときである。共有の種類は，非独立の2次的な形成権では，形成権に関係する基本的な法律関係についての共有の種類に従って定められる。たとえば，業務執行をする組合員または夫が，共同体の主として騙されたときには，取消権は，構成員に共同的に生じる。しかし，単純な共有物で，共同所有者の1人が強迫をうけたときには，取消権は，共同所有者に持分についてだけ生じる。最初から単独の権利も，多数の承継人への移転によって共同権の対象に変形する。一部の特定承継の場合も同様である[80]。

特定の場合については，ドイツ民法典に規定がある。解除権，買戻権，先買権が多数人に共同的に帰属する場合に，Eingriffsrecht は，すべての者から合有的にのみ行使される（解除権などの不可分性）。権利が1人のために消滅すると，解除権は他の者についても消滅する。しかし，買戻権と先買権は，この場合には，すべての共同権利者に付着し消滅しない。全権利者が権利を行使しないと，解除権は行使されないが，買戻権と先買権では，この場合でも可能である。権利の存続に関してだけ不可分性が機能するのである。日本法では，地役権の不可分性がこれに近い（日民284条，292条参照）。

(b) 形成権を行使するかどうかは，通常は，権利者にとって自由である。行使の義務は，契約または法律によって生じるだけである。

このような義務を生じる契約も，法律の制限の範囲でのみ有効である。そこで，夫婦は，離婚や婚姻取消権の行使を義務づけられない。しかし，義務の対

象である物を売った売主は，担保責任を実現するうえで，実質的に取消権の行使を義務づけられることになろう。

法の規定による場合もある。生存配偶者には，再婚の場合に，かつての財産共同体を消滅させる Eingriffsrecht を行使する私法的な行使義務があり，また，夫婦関係の無効訴訟につき提起義務のある検察官にも，公法的な行使義務がある[81]。

(c) すべての形成権の行使は，一方的な法律行為による。この行為は，つねに処分行為であり，私法的な法律行為である。形成権を行使する行為は，訴訟の提起や形成判決を要する場合でもつねに必要である。

形成行為は，通常は方式によらず，例外的にのみ方式を要する。すなわち，訴訟の提起の方式が形成行為に必要な場合である。形成の一方的な意思表示は，多くの場合に受領を必要とする。多くは，私法的に受領が必要であり，例外的にのみ官憲による受領が必要である。受領を必要としない意思表示の例は，死亡による第三者のための契約における補充指定（Substitution），取消しうる夫婦の子どもの認知，先占のための意思表示である[82]。

通常，形成には，たんなる意思表示でたりるが，先占権の行使では，現実行為（Real-od. Naturalakt）による意思の確認が必要である。

形成行為は，原則として，意思表示について代理を許す。ただし，当事者の意思を重視するとの要請から，家族法と相続法の代理は排除され，同じことは形成権の行使にもあてはまる。

形成の法律行為が，全部要件の場合には（つまり訴訟などのべつの要件を必要としない場合），形成は，ただちに生じる。そこで，条件と期限を付することは，多くの形成権につき法律的に排除されている（bedingungsfeindlich）。たとえば，取消権，子どもの認知，相続と遺贈の承認と放棄，遺言執行者の認容と拒否である。法律上排除が述べられていなくても，しばしば条件や期限の許されないことは，形成行為の性質から明らかである。たとえば，告知や解除の場合である（相殺に関する日本民法506条1項但書参照）。

(2)(a) 有効な形成のために，私法的な意思表示のみではたりない場合には，意思表示は要件の一部となるにすぎない。二重要件による形成（法律行為と国家行為）の場合である。法律行為に加えて，国家行為が附加されなければなら

ない。とくに形成判決である。附加付加される国家行為も，一部の要件にすぎない。形成行為と国家行為が合致してのみ，形成が生じるのである。後者は，学説上争われている（後述(83)）。

　取消が訴訟と判決によって生じるとしても，夫婦関係の取消，夫婦性・夫婦の承認が私法的な取消行為であることは争うよちはない。相続排除といった，相続分を取得することの取消（訴訟が必要）についても，同じことがいえる。

　(b)　形成判決を生じる他の場合については，争いがある。ここでは，反対説によると，効果を生じるには，形成的な判決が唯一の原因であり，それだけが「決定的な」要素である。したがって，原告の意思は，たしかに効果を生じるための条件であるが，訴訟や判決の一契機にすぎない。また，訴訟は，手続的であり，権利の変更の原因である民法的行為を包含しない，といわれる(84)。

　このテーゼの理由は，明確ではないが，訴訟も，原告の意図した直接の効果ではなく，当事者の意思は間接的なものであるとの考え方にもとづく。直接の私法的な法律行為による効果ではないとする。また，たとえば，Auflassung（物権的意思表示）による所有権移転の効果も，法律行為にではなく，登記に結合されているとする。そして，養子契約でも，養子は，裁判所の確認行為により効果を生じるとするのである。取消訴訟も，法律行為の直接の効果を惹起するわけではない。しかし，一般の見解では，取消訴訟でも，訴えは，民法的な意味の取消を包含するのである。

　ゼッケルの立場では，形成権の行使は，私法的な法律行為に属する。期限の定めのない組合の告知のため，事務遂行権と代理権を否定するために，また組合員の除名のために，私法行為が民法上必要である。商法では，私法行為の必要性は，会社関係において訴訟と判決が必要であることから不明確となっている。しかし，私的自治がより大きい古い夫婦法では，離婚は私法的な告知行為により生じる。たしかに，終極的な効果は，離婚判決によって生じる。しかし，夫婦財産の解消は（生存配偶者による財産共同体の破棄），私法的な法律行為によって生じるものである(85)。

　法律行為が判決の必要性によって「吸収されている」ことは多い。法では，しばしば訴訟の提起が求められている。しかし，判決は，私法行為の排除をしたり代行しているわけではない。それは，私法との二重要件を実現しているの

37

である。訴訟と判決の要件は，私法的なマイナス（Minus）ではなく，訴訟的なプラスを与えているにすぎない。訴訟的なプラスは，司法行為の訴訟的な形式においてなされ，また判決も必要となる。しかし，私法行為と判決は，同価値の原因である。

　完全な効果は，二重要件によってはじめて満たされる。目的とされた効果は私法行為ないし訴訟の提起によってではなく，形成判決によってはじめて生じるというのが正しい。そこで，私法上の法律行為は，「実質的に意義がない」ことにはならない。結果の発生は，私法行為のみの効果でないとしても，その行使の効果によるものでもある[86]。

　(c)　形成権は，それが争われるかぎりでは，不確定的に行使され（pendent），効果も不確定である（pendenti）。このような不確定さ（Pendenz）から，訴訟によって形成されず（すなわち訴の棄却, *absolutio abe instantia*）解決されるときに，私的な行為が効果を生じえないこともある（形成判断以外の方法で解決される場合である）。さらに，不確定に（pendant）行使されること，すなわち，不確定に行使された形成権が，なお法律行為，目的，形成の不能などによって，覆滅されることもある（前述）。

　国家行為の完成によって（形成判決の既判力），不確定な行使の効果は，確定的なものに変わる。先行する私法行為と結合した国家行為は，単独で形成する法律行為と同様の形成行為であるから，たんなる執行行為ではない。

　形成判決には，たんに形成行為の実現として意義があるだけではなく，確定行為（Feststellungakte）としての意義がある。既判力ある形成判決は，原告の形成権が被告に対し最後の弁論終結時に存在し行使されるものを，将来的に確定するのである[87]。

　(d)　そこで，形成判決は，(α) 形成される法律関係が全然存在しないか，(β) 判決の既判力発生時に存在しない場合には，無効である。最終の口頭弁論と既判力発生時の間に，(α) 行使された形成権が消滅するか（放棄，目的の到達，離婚事由の宥恕あるいは婚姻障害事由からの後発的な免責など），(β)（訴訟に含まれる）形成行為が取消されるかしたときも，無効である[88]。

6　形成権の行使の効果

(1)　形成権の行使の効果は，将来的な場合も，遡求的な場合もある。また，直接・物権的なことも債権的なこともある。特定の形成権が物権的権利となるかどうかは，実定法により定められる。ドイツ民法典では，物権的な形成権は1つしかない。すなわち，土地の物権的な先買権または地上権取得である。第三者に対する物権的な効果は，予約権の範囲でのみ生じる[89]。

予約は，予約債権者のために形成の相手方の処分権の制限という効果を生じる。先買権による制限は，相手方に給付させない可能性を生じるからである。もっとも，たんなる予約権は，消極的な支配権であり，形成権によってのみ生じるものではない。

(2)　行使の効果の破棄や否定も可能である。形成の破棄は，将来的にも，あるいは遡求的にも可能であり，形成された法律関係は，前の状態をふたたび回復し，それが形成されなかったように扱われる。そこで，形成権も，可能であるかぎり回復される。

形成される法律行為や形成される国家行為に欠陥があるが，法律行為ないし，二重要件が必要なときで，かつ法律行為または国家行為の1つがすでに行われた場合には，遡及的に破棄の効果を認めることはむずかしい。たんなる法律行為が取消されたときには，はじめから無効なものとみなされるが，既判力ある形成判決がある場合には，それが再審によって除去されたときに，はじめから無効とみなされる[90]。

有効な形成判決がある場合の取消による形成行為の除去を，より詳細に考察すると，形成される法律関係が判決の既判力発生時に存在せず，あるいは最終の事実審口頭弁論の終結後，既判力発生前に実質的な形成行為が取り消されたときでも，形成判決ははじめから無効となる。この立場からすると，形成された法律関係が遡及的に脱落したときには，形成判決は，既判力の生じたあと（効力を生じたあと）でも，後発的に無効となりうるのである[91]。

取消は，既判力に反するものではない。形成される法律関係は，確定(Feststellung)の効果とは関係しない。既判力のある判決は，最終口頭弁論後に形成権が有効に行使されたことを確定するのである。しかし，判決は，原告がみずか

ら行為を取消しえないように行使行為が生じることを確定するわけではない。判決が原告から取消権を排除してしまうと，原告は，訴の基礎を撤回して自分の権利を追及することができなくなる。たとえば，形成行為は，錯誤，強迫または詐欺によって取消可能である。形成は，訴訟外では，それ自体で完結した法律行為によってなされ，また，訴訟中なら，形成行為の要件と形成判決によって生じるが，最後の場合には，取消によって行為は無効となり，判決も無効となるのである[92]。

第4章 むすび——その後の展開

1 意 義

(1) ゼッケル以後，ほぼ1世紀の間，形成権は，比較的限定的に列挙され説明されてきた。包括的な検討や修正は行われなかったといってよい。そのため，性格づけには，ほとんど本質的な進展はない。ただし，ゼッケルが重きをおいたが，あまり注目されていない部分もあり，そのかぎりでは変遷がみられる部分もある。以下，主題にそくして，ドイツ法の現状を概観しよう。

形成権は，一方的な行為（durch einseitigen Akt）により，他の者との権利関係を成立させ，内容的に確定し，変更あるいは消滅させる権利である。通常は受領を必要とする意思表示（eine empfangsbedürftige Willenserklärung）による。権利者が義務者の行為（作為または不作為，194条）を請求し，その協力を求める請求権とは異なり，形成権は，他人の協力なしに，権利を行使でき，その意思のみで法的効果を生じさせることができる。これは，相手方からすれば，自分の権利の範囲内において，一方的に形成の拘束が生じることを意味し，受忍を求める権利となる。当事者の権利の領域への一方的な介入のためには，相当性を必要とする。その基礎は，法律あるいは契約によって形成権が生じることにあり，それゆえ一方的な決定に従うのである（Unterwerfen[93]）。

(2) 形成権の基礎にある一方的な形成力は，人が同等の地位を有する市民社会では，無制限に存在するよちはない。一方的な形成権は，拘束力の根拠につねに当事者の合意を必要とする合意主義の例外である。それが生じるには，一

定の要件を必要とする。たとえば，取消権，法定解除権，重大な事由による告知権のような法定の形成権である。また，期間の定めなき継続的債務関係において特別な事由を必要としない告知もある[94]。

形成の理由は，契約自由の内容でもあるから，基本的に自由な合意が可能である。たとえば，約定解除権である（旧346条はこれを解除の原則とした。現346条は法定解除と共通の規定）。告知権も同様である[95]。

オプション権の行使には，その理由づけは必要ではない。しかし，賃貸人や使用者の告知権は，社会法的見地から一定の制限に服する（旧564条b＝現573条，573a条，573b条）。そして，その行使の事由は必ずしも一義的に明確ではないから，理由づけられることが必要である。しかし，このように法律が理由づけを義務づけている場合は例外である。

そこで，形成権の行使のために，一般的にそれを説明する義務を課すことは当然には導かれえない。相手方にとっては権利の防御にとって不便に感じられることもあるが，逆にこれを義務づけると，権利者にとって，権利を失う危険を生じる可能性がある。そこで，理由が明確でない場合には，相手方がそれを探求しなければならないこともある。そして，形成権者に対して積極的に義務づけることはできなくても，消極的に相手方に理由を求める権利を認めることは可能である（108条2項，174条1文，177条2項の趣旨[96]）。そして，権利者が答えない場合には，形成権の行使が無効となり，また権利の濫用にあたるとすれば，形成権の消滅をもたらすこともありうる。立法者は，意思表示者ではなく，相手方が理由を求めることを予定しているのである[97]。

また，一般的に，重大な事由による告知権は放棄が制限される。当事者にとって処分が自由でない法律関係，たとえば，夫婦や親子関係については，形成の合意も自由というわけではない。

(3) 単独の法律行為の類型は，法秩序により定められる。そこで，権利の法定（物権と同様に法定される。*numerus clausus*）によることから，法律行為による合意によっては，法の規定に反して拡大されたり，内容的に変更されることはできない。もっとも，生存者間の単独行為と同じ効果は，法定の単独行為に代えて，契約によっても実現することはできる。この方法は，行為が単独のものとしては実現されえないときには，意義がある。たとえば，行為能力の制限

された者に対する単独の告知は無効であるが（111条），契約による告知は，法定代理人によって同意されうるのである[98]。

2 形成権の態様

(1) まず，形成権は，法律関係の基礎づけを行う。法律関係を基礎づける形成権には，物権的な先占権（dingliches Aneignungsrecht）があり，これについては，前述のような争いがある（第1章2(3)参照）。繰り返さない。

つぎに，債務関係の内容の詳細を決定し，また，法律関係の変更を行い，さらに，法律関係の解消を行うものがあり，これらについても，前述した（第1章2(1)）。

(2) ほかに，形成権に入れられるものとして，反対権（Gegenrecht）がある。これは，権利者に対する他人の権利を中立化し（neutralisieren），その効力を失わせるものである。ここでは，とくに，債務者に付与される給付拒絶権がある（時効に関する現214条1項，旧222条1項＝現214条。ドイツ民法上の消滅時効は，給付拒絶権である。273条1項＝留置権，Zurückbehaltungsrecht，320条1項＝同時履行の抗弁権。旧478条1項の瑕疵の抗弁権＝現438条の瑕疵に関する時効）。これによる形成の効力は，権利者が請求権の貫徹可能性を失わせる法的な地位の変動をもたらす点にある。もっとも，抗弁権の特殊性として，その行使は，法律行為的な意思表示によるのでなく，事実的な意思の表明にすぎないことである[99]。

また，特殊な形成権として，形成反対権（Gestaltungsgegenrecht）がある。これは，他人の形成権の効果を差し止めあるいは緩和するものである。たとえば，賃貸人の告知に対し，賃借人は，旧556a＝現574条，574a条，および旧565d条＝現576a条により異議権を有する。この異議権は，賃貸人のした告知の効果を緩和し，賃貸借関係の終了ではなく，賃借人の更新請求権を生じる。2001年の賃貸借法改正により，その適用は縮減された。さらに，111条2項，174条の拒絶権も，形成の表示に対するものであり，形成反対権となる[100]。

3 形成権の行使と相手方の保護

(1) 形成権の行使は，原則として，相手方に対する意思表示によって行われ

る（143条1項，263条1項，315条2項，318条1項，349条，旧497条1項＝現456条1項，旧505条1項＝464条1項，531条1項など）。形成の意思表示は，相手方に権利の変動を知らせるためである。それゆえ，これは，抗弁の主張を例外として，受領を必要とする意思表示である（empfangsbedürftige Willenserklärung，130条，到達主義）。しかし，抗弁の主張では不要であり，また，先占権でも，それが絶対権であり，物に対する法律関係を基礎づけることから，相手方に対する意思表示は必要ではない。先占意思の一般に認識できる可能性は必要であるが，これは占有の取得により獲得される。

　また，形成権の行使をする者は，前述のように（2参照），一般にはその理由を述べる必要はない。しかし，それが拒絶され，訴訟に持ち込まれた場合には，形成権を主張する者は，それを基礎づける事実を証明しなければならない。

　多くの場合に，権利者はその主張をするだけではなく，形成訴訟を提起し，裁判上の形成を求めなければならない。離婚（1564条），嫡出の否認（旧1599条以下，現1600条），婚姻の無効（旧婚姻法（1938年）28条以下＝現1313条以下）にみられる。ほかに，会社法でも，多くみられる。業務遂行権，代表権の剥奪（商法117条，127条），社員の除名（同140条），会社の引き受け（同142条），会社の解散（同133条），株式会社の無効（株式法275条，277条），株主総会の決議の取消（同243条，246条，248条），有限責任会社（GmbH）の解散（GmbHG 61条）などである。

　これらの場合に，権利者は，形成訴訟を提起する権利をもつだけである。これも広義においては，形成権といえる。なぜなら，形成は最終的に判決によるが，権利者の訴訟提起に依存し，相手方は，判決による形成の効果を受忍しなければならないからである。

　裁判所の関与は，相手方の権益への侵害が重大であること，および明確に認識できる法的状態への公益的要請から，法律関係の形成を確実かつ明確に判断するために，あらかじめ裁判官による判断を介し，また法律の求める要件を既判力をもって確定できるようにしているのである[101]。

　なお，権利の行為者は，本人のみが原則であるが，1357条により日常家事にもとづく行為につき夫婦が他方の行為につき権利・義務を有する場合には，他方の配偶者も，また，179条により，無権代理人が代理権を証明できずに責

任をおう場合には，その無権代理人も包含される[102]。

(2) 形成権者は，一方的な形成力を認められているから，相手方の利益の保護を要する。相手方の権利への侵害が予見可能であり，合理的な範囲に限定づけられることが必要である。

第1に，権利行使の効果を予見可能にするために，当事者に対して形成の意思表示が行われ，また条件づけられないことが必要である（日民506条1項但書参照）。条件が禁じられるのは，形成の効力が生じるのかどうかにつき不確定かつ不安定な状態を生じるからである。そこで，相手方が容易に確定でき，とくにその意思のみにかからせる条件は，可能である。時期による明確な期限も可能であるが，始期や終期が相手方に不確定な期限は許されない。さらに，撤回できない（130条参照）。行使の意思表示よりも早く撤回が到達した場合には，撤回できる。また，相手方が形成権の有効性を争う場合にも，撤回が可能である。というのは，その場合には，相手方が主張する状態に帰するだけであるからである。

また，予備的な撤回（Eventualwiderruf），すなわち，消費者保護撤回権において，消費者が，第1次的に契約の無効を主張し，それが功を奏しない場合に撤回するとすることは許される[103]。

第2に，形成権による相手方の利益の侵害は，形成の事由によっても限界づけられる。これが契約により合意されたなら，契約の自由から，相手方は，みずから契約を限定することができるし，形成権が法定のものである場合には，限界は法規により定まる。とくに賃貸借法と労働法では，告知事由の制限により，特別の社会的な存在保障が行われている（旧564b条＝現573条，573a条，告知保護法＝Kündigungsschutzgesetzの1条）。346条による一般の解除権は，原則として自由に合意でき，継続的関係の告知権でも同様である。しかし，賃貸人や使用者の告知権は，賃借人の住居保護，および労働者の保護という社会的利益から，法定の告知事由により制限され，賃借人や労働者に不利な合意はできない。告知期間なき告知では，重大な事由という要件が必要である（569条，626条）。これらの理由は，任意に拡大させることはできず，重大事由による告知権も原則として放棄することはできない。夫婦や親子関係のように当事者が自由にできない法律関係でも，形成の事由は，自由に合意できるわけではない。

第3の限界は，形成権の行使に関する。形成権は，行使（消費，Verbrauch）により消滅する。また，形成権の多くは，特定の期間内に行使しなければならず，期間経過後には，消滅する。たとえば，錯誤による取消権は，最長30年の期間中は行使できるが，錯誤を発見した後「遅滞なく」（unverzüglich）行使しなければならない（121条）。先買権は，469条2項で行使期間が定められている。そして，この期間は，その経過後権利を失わせる除斥期間（Ausschlußfrist）である[104]。

　また，現代化法350条（旧355条）によれば，期間設定による解除権の消滅（Erlöschen des Rücktrittsrechts nach Fristsetzung）が認められ，約定解除権を行使するための期間につき合意がない場合には，相手方から権利者に対して，その行使のために相当の期間（eine angemessene Frist）を定めることができ，その期間内に解除の意思表示がされない場合には，解除権は消滅する。

　第4の限界は，不可分性である。多数の当事者から一方的な法律行為が行われる場合には，多数者の意思表示は，総体として（insgesamt）1つの法律行為である。たとえば，複数の借主のいる賃貸借である。告知は，すべての借主がうけた場合にのみ有効である。不可分の告知の意思表示が，総体として一方的な告知の行為となるのである[105]。

4　形成権の保護と財産性

　形成権は，絶対権ではないから，823条1項の保護をうけない。また，1004条の類推による不作為（妨害排除および差止）請求権による保護をうけない。形成権は，権利者によってのみ行使され，無権利者の行使によって影響をうけないから，これらの保護を必要としないのである[106]。

　形成権は，原則的には，独立した財産権ではない。そこで，単独で譲渡できないし（nicht isoliert übertragen），関係した当該の当事者や地位と結合している。形成権は，この法律関係が移転されてはじめて譲渡できる。しかし，オプション権は，単独で譲渡可能である。別段の合意がなければ，先買権は，旧514条（現473条）によれば譲渡できず，相続もできない。破産管財人は，破産財団に法律関係が属している場合には，形成権を行使できる。債権者は，質にとった財産権の換価に必要なかぎり，形成権を質にとることもできる[107]。

45

5　抗弁権の永久性との関係

　ドイツ民法 2083 条によれば，給付を義務づける終意処分 (letztwillige Verfügung) を取消しうる場合には，たとえ 2082 条によって取消権が消滅したときでも（終意処分の取消は，取消権者が取消原因を知ったときから 1 年内にすることを要する），義務者は義務を拒絶することができる。権利には期間の制限があり，これを行使しえない場合でも，もとの形成権には，弱い防御的な効力が認められる[108]。わが法上は，抗弁権の永久性として知られている法理の明文化である。形成権者は，給付拒絶権のみを有する。矛としての形成権を失っても，楯としての抗弁権を保持することができ，しかも，この抗弁権によって，すでに履行した給付は不当利得として返還請求するよちもある（813 条）。

　前述のように，ドイツ法上は，抗弁権をも形成権の属性の一部とみる考え方があることから，この見解のもとでは，このような縮小された形成権として抗弁権をみることが比較的容易である。日本法のもとでも，その理由と性格づけは参考となろう。

　しかし，この 2083 条の抗弁をどこまで一般化できるかには争いがある。これを法政策上のものとし，あるいは 2083 条を相続法に特有なものであるとすれば，答えは消極的になる。そして，総則の取消権の制限は，もっと終局的なものだという位置づけとなる[109]。逆に，広く解する立場では，142 条 1 項の取消権にも同様の抗弁が拡大される。これによれば，事実上，121 条，124 条の期間制限は無意義となる。ライヒスゲリヒトの判例には，124 条を適用した場合の厳格さを緩和するために拡大を認めた場合があった[110]。すなわち，詐欺により生じた契約上の債権につき，取消権の制限期間後でも（損害賠償請求権の時効期間も経過），その履行を拒絶しうるのである。

　折衷的な見解として，Becker によれば，124 条では，123 条（詐欺・強迫による取消）において，取消の相手方の危険領域に取消の原因があるから，この特別な考慮が正当化されるとする。他方，121 条の取消では（内容の錯誤，伝達のための人または設備による不正確），取消権者の危険領域の意思表示の瑕疵が問題となっているとする。また，後者では，124 条のように 1 年内に行使することを要するのではなく，取消原因を知ったのち遅滞なく行使することが必

要とされており，必ずしも確定的ではない。そこで，構成上124条とは異なり，取消可能性の抗弁は許されない。もっとも，許される場合でも，先の2083条と異なり，形成権と抗弁権の併存ではなく，取消がなお可能なら，それのみが許されるのである。また，抗弁権によった場合にも，122条にしたがって，相手方に対して賠償義務が生じる場合もあるとされる[111]。

　この問題は，形成権の期間制限に関する一般論とも関係する。形成権は請求権ではないから，時効にかからないとされるが，あまりに長い継続は不当になり，長期間の権利の不行使には制限が必要であるとされる。ここから，一定の除斥期間内に行使されなければ，形成権は当然にあるいは失効の原則により消滅する。逆に，消滅の期間が法定されることもあるが，それがあまりに短期の場合には，内容を限定し存続させる必要も生じるのである。この場合には，権利の存続期間と保護されるべき利益と取消されるべき危険の衡量が必要となる[112]。存続期間後も縮減された効力を認める理論は，この延長と位置づけられる。

6　請求権と形成権

（1）　前述（第1章3(3)）したように，形成権と形成訴訟，請求権の機能的な統一関係がドイツ法やこの概念を受け継ぐ法体系の特徴となっている。ここで，簡単に，形成権と請求権の関係にふれておこう。論点となりうる形成権には，①瑕疵担保の場合の減額請求権，不能のさいの対価減額請求権，②賃料増減請求権，③行為基礎の喪失，④債権者取消権，⑤小作料の減免請求権などがあるが，以下では，②③（関連して⑤）にふれる。

　相手方の給付を必要としないで効果が生じるとするところに，形成権の最大のメリットがある。これに反し，請求権では，改訂を求め，さらに改訂された内容の請求という2度のてまがある。しかし，具体的な給付が必要な場合には，結局，個別の請求権の行使をまたなければならない。

　そうであれば，むしろ請求権の行使を認めたほうが簡便な場合もある。また，そのほうが，権利性や，当事者のイニシアティブを明確にする効果もある[113]。

（2）　賃料，小作料の減免請求権の性質や内容については，古くから争いがある。本篇では立ち入りえない[114]。ここで，減免請求権が，解除権とならんで

行為基礎の喪失を理由とするものとすれば，その性質は，契約の改定請求権である。これは，「請求権」という名称とは異なり，形成権であると目される。概念の区別のない時代の産物だからである。

わが法上も，旧借地法の地代増減請求権（12条），あるいは旧借家法の借賃増減請求権（7条）の性質をめぐって争いがある。これらについては，これを事情変更の原則の一適用とし，その法的性質についても，形成権であるとすることが一般的である[115]。そこでの議論が参考となろう。

すなわち，多数説によれば，①地主の借地人に対する増減の意思表示によって，借地人の承諾の有無にかかわらず，地代は，相当な額まで増額され，②借地人は，この時点以降，増減された地代を支払う義務をおい，これを支払わないときには，履行遅滞の責を問われ，③増額の成否ないしその幅について，当事者間に争いがあって，裁判所の判断が求められる場合には，増減請求の結果形成された地代債権の存在確認請求，ないしは，これを前提とする地代支払請求，あるいは，その地代の不払いを理由とする解除権にもとづく土地明渡請求の形で訴訟が行われる[116]。

もっとも，これを「請求権」とする見解もないではない。すなわち，昭41年の，借地法12条2項の追加によって，②が修正され，増減請求の結果，その効力に争いがあれば，借地人には，従来の地代の提供，供託によって契約解除をうけるおそれがなくなった。この見解によれば，①地主の増減請求は，借地人に増減を承諾する意思表示を請求する性質のものであり，②借地人の承諾まで，増減は生じないから，借地人は，従来の地代額を提供していればたり，③借地人が承諾しないときには，地主は，借地人の承諾の意思表示を求める訴訟を提起し，その勝訴判決によって，増減が遡及的に生じることになるのである[117]。

(3)　借地借家法〔1991年〕11条および32条は，実体法上は，基本的に旧法をうけついだから，同様の問題は残されている。

すなわち，借地借家法では，旧借地法7条「土地ニ対スル租税其ノ他ノ公課ノ増減若ハ土地ノ価格ノ昂低ニ因リ又ハ近隣ノ土地ノ地代若ハ借賃ニ比較シテ不相当」，あるいは旧借家法七条「土地若ハ建物ニ対スル租税其ノ他ノ負担ノ増減ニ因リ，土地若ハ建物ノ価格ノ昂低ニ因リ又ハ近隣ノ建物ノ借賃ニ比較シ

テ不相当」を要件としていたのに比較すると，これらの要件に「その他経済事情の変動により」を付加したにとどまる[118]。

(c) 1992年のドイツ債権法改定草案理由書は，行為基礎の喪失にもとづく請求権の性質を一般的に検討している。すなわち，草案は，契約の改定が請求されうる（Anpassung des Vertrags verlangt werden）（306条1項）あるいは契約の解除を請求しうるとしたが（Vertrag zurücktreten），理由書によれば，これは，「請求権」と解されているのである[119]。

すなわち，行為基礎の喪失の要件が存在する場合には，法的効果として，改定請求権（Anspruch auf Anpassung）が認められるのである。この構成によると，請求権者は，まず改定を認める相手方の意思表示を求め，しかるのちに改定された内容の実現を求めなければならない。

しかし，改定委員会の見解によれば，当事者は，まずみずから改定の交渉をしなければならないが，訴訟においては，売買契約の瑕疵担保解除によって発展した判例理論である回復説（Herstellungstheorie）によって，直接に改定された給付を求めることが可能であるとされ，この二重の手続が緩和されるとされている[120]。つまり，権利の成立として請求権が，しかし，効果としては形成権と同じものが目ざされている。

2002年のドイツ民法現代化法313条は，この構成を引き継いだ。すなわち，「(1)契約の基礎となっていた事情が契約締結後にいちじるしく変更し，かつ当事者双方が当該変更を予見することができた場合において，契約を締結せず，または内容の異なる契約を締結したであろうときには，個々の場合における諸般の事情，とくに契約上または法律上の危険の分配を考慮して，契約を改訂しないで当事者の一方を拘束することを期待しえないかぎり，契約の改訂を請求することができる（Anpassung des Vertrags verlangt werden）」。（2項省略——契約の基礎となっていた本質的な観念が誤りであると判明したときも同様とする）。また，「(3)契約の改訂が可能でなく，またはそれを当事者の一方に期待できないときには，不利益をこうむる当事者は，契約を解除することができる（vom Vertrag zurücktreten）。継続的債務関係については，解除権の代わりに，解約告知権が発生する（das Recht zur Kündigung）[121]」。

その効果は，具体的には解釈によって決せられよう。すなわち，その効果が

第 1 部　私権の体系の変動

変更あるいは喪失によって当然に生じ，事情変更ないし行為基礎の喪失の主張は，その変更された効果を求めるものだとすれば，請求権でたりることになるし，当事者の意思表示によってはじめて生じるものだとすれば，形成権と構成することが率直であろう。行為基礎の喪失の理論に対しては，前者の理解が有力であるが，わが実定法上の増減請求権に関する理解としては，後者が素直である。

（1）　私権の体系につき，Ono, A Comparative Study of Property Right in Japanese Civil Law (2)-A Transfer of Property Right in Japanese Civil Law on Comparative Perspective, Hitotsubashi Journal of Law and Politics, vol.32, 2004, p.1（V 1）．とくに，Jus ad rem については，好美清光「Jus ad rem とその発展的消滅」一橋大学研究年報・法学研究 3 号（1961 年）179 頁以下参照。
　　賃借権の物権化に対応するのは，所有権の債権化であり，古典的なものでは，住宅の所有権については，賃料の収取権に化している場合がこれにあたる。近時のマンションの所有権については，所有者とはいっても，各種の共同的負担が強化された結果，実質的には賃貸マンションと異ならない状況が多数生じており，これも所有権の債権化の一種といえる。拙稿「所有権概念の変遷と課題」【倫理】第 2 部 1 篇所収。
（2）　身体の一部や臓器については，大陸法的には，人格権との融合を認める見解が多いと思われるが，他方で，より即物的な把握をする英米法的な発想がある。拙稿「先端医療と法」一橋法学 3 巻 3 号参照。人由来物質につき，12 頁，59 頁。また，司法の現代化と法（2004 年）49 頁，97 頁（以下【現代化】と略す）にも所収。
（3）　Seckel, Die Gestaltungsrechte des Bürgerlichen Rechts, 1903（Neud.1954), S.5. 1903 年 5 月 23 日に，Seckel は，ベルリン法曹協会（Berliner Juristischen Gesellschaft）において，「民法における形成権」という講演を行い，これは，この協会の会長を長く務めた Richard Koch への献呈論文集（Festgabe für Koch, S. 205-253）に掲載された。その講演において，ゼッケルは，形成権の一般的性格づけを行った。
　　形成権は，現在では，比較的限定的に列挙され説明されるにとどまるが，ゼッケルは，包括的な定義づけを行っている。そのため，講演の前半には，権利に関する法哲学的議論も含まれ，比較的わかりづらい。また，講演記録であったことによる表現的・技術的な制約もあり，必ずしも包括的に検討されることがなかったように思われる。
　　それからほぼ半世紀後に，同じベルリン法曹協会で行われた講演が，ゼッケルの講演の歴史的な意義づけを行っている。Vgl. Bötticher, Gestaltungsrecht und Unterwerfung im Privatrecht, Vortrag gehalten vor der Berliner Juristischen Gesellschaft am 8. November 1963,（Schriftenreihe der juristischen Gesellschaft e.V. Berlin, Heft 17），

1964 S.1 ff.

　さらに，ゼッケルの講演からほぼ１世紀をへた今の時期に，形成権をあらためて概観しておくことは，民法学の歴史にとって意義のあることであろう。なお，vgl. Dölle, Juristische Entdeckungen, Verhandlung des 42. DJT（1958），Bd. II, Teil B. S. 11 f.

（４）　Seckel, a.a.O., S.6-7.

（５）　Larenz, Schuldrecht, Allgemeiner Teil（1975），§ 13 I 7（S. 174 ff.）．同書のオリジナル版としては，この版を引用する。また，（2004）S. 249 ff.

　しかし，Wolf は，Larenz-Wolf, 2004, S. 230 ff.；S. 249 ff. の版において，Absolute Herrschaftsrecht（絶対的支配権①，③，④），Persönliche Familienrechte（人格的家族権②），Forderungsrechte（債権，⑤），Ansprüche（請求権），Gestaltungsrechte（形成権，⑦，⑪），Anteils- und Mitgliedschaftsrechte（持分的，共同体権⑥），Erwerbsrechte（取得権，⑧，⑨），Teilhaberrechte（公的・社会的な共同〔関与〕権）の 8 分類をとっている（括弧内の数字が Larenz のオリジナルの分類にほぼ対応している）。本篇との関係では，先占権が，形成権から取得権に改められた点が新しい。

（６）　ドイツの賃貸借法現代化法につき，拙稿「ドイツ賃貸借法における保護規定と投資，労働流動性，環境保護」国際商事法務 29 巻 11 号参照。2001 年の改正により，定期賃貸借が広く導入された結果，更新請求権の実質的機能は縮小された。

（７）　Larenz, a.a.O.,（1997）S. 308；（2004）S. 267；Becker, Gestaltungsrecht und Gestaltungsgrund, AcP 188（1988），S. 35 f. 本篇の以下の部分は，後述第 4 章によってもカバーされるので，必要な限りで形成権を概観するにとどめる。

（８）　Larenz, a.a.O.,（1975），§ 13 I 7（S. 176）；（1997）S. 309 f.；（2004）S.271. Flume, Allgemeiner Teil des BGB, I-2, 1979, §11 3（S. 136 ff）．形成権の譲渡については，かねてゼッケルが詳細に論じたところである（後述第 3 章参照）。なお，未確定無効については，山本弘明「ドイツにおける消費者保護撤回権（クーリング・オフ権）の現状」国際商事法務 30 巻 6 号 743 頁参照。解釈上，撤回権が行使されるまで，未確定的に有効とする見解と，未確定的に無効とする見解があり，後者は，これにより，売主の履行請求権がないことを理由づけた。しかし，逆に，買主の目的物確認権を保障するためには，未確定な有効が望ましいことから，2001 年の民法典改正，2002 年の債務法現代化法は，未確定な有効を原則とした。

（９）　以上につき，Larenz,（1975），§ 13 I 7（S.176）；（1997）S. 307；（2004）S. 267. Enneccerus/Nipperdey, Allgemeiner Teil des Bürgerlichen Rechts, 1959, §73 I 3 a,und § 79 II；Enneccerus（1843-1928），Rechtsgeschäft, Bedingung und Anfangstermin, 1888. S. 600 ff.；ders. Lehrbuch des Bürgerlichen Rechts, I, 1926, §98 は，形成権に相当するものとして，Erwerbsberechtigung（取得権）といって，Jagdrecht, Fischereirecht, Recht des Finders, Expropriationsrecht, Retractsrecht などを扱っている。Enneccerus/Nipperdey, a.a.O.（AT）§ 73（S. 441）は，形成権または変更権という（Recht auf Rechtsänderung）。ほかに，形成権説は，von Tuhr, Der Allgemeine Teil des Deutschen Bürger-

第 1 部　私権の体系の変動

　　　lichen Rechts, I, 1910, §7（Recht des Könnens）, 8 I（Aneignungsrechte）, S.171 ff.；
　　　Medicus, Allgemeiner Teil des BGB, 1992, Rdnr 80（S. 37）．なお，国庫の先占権につ
　　　いては，性質上，私法上のそれとは異なる位置づけをする見解が多い。
(10)　Westermann, Sachenrecht §58 III 2. Wolff/Raiser, Sachenrecht §2 III 3 a, §79 Anm.
　　　11 は，先占権を形成権とすることに反対する。v. Tuhr, a.a.O.（前注（9）），§8 I, Anm.
　　　6. は，どちらかというと取得権とする。
　　　　先占権の形成権的な把握は，無体財産権あるいは準物権の構成とは異なり，国家に
　　　よる形成や承認をその本質としない。これは，国家の統一，ひいては権利の根源とし
　　　ての国家の形成の遅れたドイツ法に特有の思考形式を反映したものであり，時代的・
　　　場所的な限界をもっている。高権的な構成ができない場合に，私法的な構成にもちこ
　　　むものである。ただちに，わがくにで参照するべきものではない。
(11)　Larenz, a.a.O.,（1975），§13 I 7（S. 177）；(2004) S. 275.
　　　　近時の分類によれば，スイスにおいても，形成権は，①法律関係を基礎づける（be-
　　　gründe）場合として，たとえば，提供の認諾（Annahme der Offerte），代理の認可
　　　（Genehmigung des Vertretenen，スイス債務法38条1項），②法律関係を変更する
　　　（ändernde）場合として，たとえば，遅滞した給付の拒絶と損害賠償の請求，履行延
　　　期の告知（Kündigung einer Forderung zur Bewirkung ihrer Fälligkeit），③法律関係
　　　を終了させる（aufhebende）場合として，債権関係の告知，解除（同541条），委任
　　　の撤回（同404条1項），相殺（Verrechnung，同120条，124条1項）のように分類
　　　される。Schulin und Vogt, Tafeln zum Schweizerischen Obligationenrecht I, 1993, 6 A.
(12)　Seckel, a.a.O., S. 8-9. ゼッケルも，同人が形成権と名付けた権利について，チーテ
　　　ルマンは，その国際私法（Zitelmann, Internationales Privatrecht, II 1, 1898. ただし，1912
　　　年版による。S. 32 ff.），および民法総則（Das Recht der BGB, Allgemeiner Teil des BGB,
　　　1900, S. 23 ff.）において，またヘルビッヒも，その論文（Hellwig, Anspruch und Kla-
　　　grecht, 1900；Rechtskraft, 1901；Lehrbuch des Civilprozeßrechts, I, 1903, S. 232 ff.
　　　ただし，1912年版による。S. 291 ff.）においても論じているとする。Zitelmann は，Rechte
　　　des „rechtlichen Könnes" の中に，Anfechtungsrechte, Sonstige Rechts blossen rechtli-
　　　chen Könnens, Aneignungsrecht, Recht an Rechten, Anwartschaftsrechte を包含せし
　　　めている（a.a.O., S. 32 ff.）。Hellwig のそれは，当時の権利保護請求権（Rechtsschutzan-
　　　spruch）の一部としてである。
　　　　さらに，クローメ（Crome, System des deutschen bürgerlichen Rechts, I, 1900, S. 160
　　　ff.）は，「反対権」（Gegenrecht）という概念を用い，ベッカーは消極的権利（negatives
　　　Recht）という概念を用いた（Bekker, 1827-1916, Die Aktionen des römischen Privat-
　　　rechts, S.1 ff.；ders. System des heutigen Pandektenrechts, Bd. 1, 1886, S. 76 ff.；ders.
　　　System und Sprache des Entwurfes eines BGB, 1888（Neud. 1974), S. 29 ff.）。しかし，
　　　クローメは，チーテルマンのした権利概念の分類を抽象的すぎるとし，「反対権」の
　　　概念のもとに，取消権，相殺権，解除権，買戻権，告知権，離婚権，収用権と抗弁権
　　　を考えたのである。

石坂音四郎「形成権（私権ノ新分類）」京都法学会雑誌2巻10号は，わがくにで，形成権を詳細に紹介したもっとも早い研究である。これらのドイツの諸学説（チーテルマン，エンネクツェルス，ベッカー，クローメ，エンデマンなど）についても言及している。
　永田真三郎「形成権概念の成立過程」関法23巻4・5・6合併号185頁は，ゼッケルの引用した者をも含めて，トーンの権能（1878），ベッカーの消極権（1886），エンネクツェルスの取得権（1888），チーテルマンの可能権（1898），クローメの反対権（1900）の順に検討している。以下，同論文によって，ゼッケルの整理を若干補完しよう。
　トーンの権能（Befugnis）は，ゼッケルによっても言及されないものであり，形成権概念を遡る点で意義深い。永田・前掲書によれば，「権能」は法的可能を意味し，その行使によって初めて法的な効果を生じるとする点で，形成権の先駆といえる（同書・189頁以下，Thon, Rechtsnorm und subjektives Recht, 1878（1964），S. 147 f.）。
　これに対し，ベッカーの消極権は，一般の権利である積極権の効力を破る権利であり，抗弁的なものである。そこで，その行使が権利者の意思にかかっている点で，形成権と共通するにすぎない（同書・192頁以下）。クローメの反対権はこの発展である。法は，法律要件を充足しない事実がある場合に，直接これを否定する場合と，一定の者が援用することによって否定する場合があり，後者において，その者に帰属する権能はその者の権利である（取消権，解除権など）。（同書・207頁以下）。
　エンネクツェルスは，支配権と請求権による権利の分類が不十分なものとして，第3のカテゴリーとして，取得権を提唱した。取得権は，所有権を取得する権利であり，物の直接の支配ではなく，権利の取得可能性を本質とする点において，物権とも異なるとする。しかし，この概念は，たんに所有権の取得のみに向いており，形成権に比して限定的である（取消権，解除権を包含しない。Enneccerus, a.a.O.（Rechtsgeschäft, 前注（9）），S. 600-1；ders. Lehrbuch des Bürgerlichen Rechts, 1926. 同書・198頁以下）。
　チーテルマンの可能権は，ゼッケルによっても評価されており，今日の形成権概念にもっとも近い。すなわち，権利には，財産に対するもの以外に，法的可能性に関するものがある。後者は，法的な効力に対する力であり，その典型は取消権である。そして，取消可能性は，たんに取消が有効にされうるという事実ではなく，権利である。このような権利には，たんに権利の取得に向けられたものだけではなく，義務からの解放に向けられたものもある。この権利は，意思表示によって有利な効果を生じるか，不利な効果を意思表示によって阻止するのである（同書・201頁以下）。チーテルマンの可能権の概念がゼッケルのそれときわめて近いことは，ゼッケル自身が認めている（後注(48)参照）。

(13)　Seckel, a.a.O., S. 12. ほかに，von Tuhr が，可能権（Können）の概念を用いる。a.a.O.（前注（9）），S. 159 ff.
(14)　Seckel, a.a.O., S. 12.
(15)　Vgl. Becker, a.a.O., S. 24 ff.（S. 25）. 後注(97)参照。すなわち，形成訴訟が必要な場

第1部　私権の体系の変動

　　　　合は，法律関係の変動は裁判によるが，形成の要件はもっぱら実体法により定められるから，裁判所は適用されるべき事実の存否を確定するにとどまるのである。Vgl. Medicus, Bürgerliches Recht, 1975, S. 8.（なお，本書16版には，河内宏・河野俊行監訳「メディクス・ドイツ民法（上）」1997年がある（16頁参照）。

(16)　取消権の時効に関する126条の注釈に関し，梅謙次郎・民法要義（1巻・1911年，1984年復刻）324頁参照。これにつき，四宮・後掲（4(2)，注18の本文部分）27頁。

(17)　石坂論文は，たんにドイツの学説を紹介するだけではなく，形成権の説明に関し，日本法の条文を詳細にあてはめている。

(18)　ほかに，比較的新しいテキストとして，内田貴・民法 I（1995年）266頁，283頁，山本敬三・民法講義 I（2001年）466頁も，除斥期間との関係で言及するが，大村敦志・基本民法 I（2001年）122頁では，形成権という言葉も登場しない。学説史としては，前注(12)の永田論文があり，詳細である。

(19)　さらに，辻正美・民法総則（1999年）28頁参照。

(20)　拙著・危険負担の研究〔1995年〕48頁，54頁注16（以下，【研究】と略する）。

(21)　同・48頁以下。そして，この方法が，20世紀後半の転換点において，広く採用された構成となった。1964年のハーグ統一国際動産売買法，1980年のウィーン統一国際動産売買法，1997年のLando委員会のヨーロッパ契約法原則（The Principles of European Contract Law, 1997）（なお，1998/99年に改定），1994年のUNIDROIT（Principles of International Commercial Contracts, 1994），2002年のドイツ民法典の改正法（債務法現代化法）などにおいて，採用されたのである。

(22)　解除権をローマ法の解除訴権とは区別する見解では，形成権的な行使（de plein droit）が可能となるが（効果も絶対効），区別せずに解除訴権を売買上の合意にもとづくものとする見解では訴訟が必要となる（効果も相対的）。比較的新しい学説は，前者による。Cf. Planiol-Ripert, Traité pratique de Droit civil français, t.X, 1956, nº 34 (p. 150). なお，1644条によれば，買主は，代金減額権との選択権を有する。また，1647条に関連して，【給付障害】112頁，146頁参照（以下，拙著・給付障害と危険の法理（1996年）をこのように略する）。

　　　　形成権の発展が，ドイツ法においては法典先行型であるとすれば，フランス法においては，実務・学説先行型である。訴権体系の古い法典において請求権や解除条件の形式しか備わっていないにもかかわらず，実務上，実質的に意思表示の本質性が認められたからである。しかし，ドイツ法的に，逆の立場からあらかじめ形成権の存在が容認されていたとしても，相手方が形成の効果を肯定しない場合には，訴訟が必要になる点は同様であるから，両者の相違は見かけほどには大きくはないのである。

(23)　ただし，その草案268条，275条は，契約の一般的な解除権を認めたという。これにつき，本田純一「近世ドイツ立法史における形成権の基礎」一橋論叢74巻2号228頁。なお，同論文は，19世紀の諸立法例についても詳しい。Vgl. Richter, Studien zur Geschichte der Gestaltungsrechte des deutschen bürgerlichen Rechts, 1939, S. 132；Leser, Rücktritt vom Vertrag, 1975, S. 7 ff.

(24) Entwurf eines bürgerlichen Gesetzbuches für das Königreich Bayern, Theil II. Recht der Schuldverhältnisse, 1861. S. 58（Artikel 138）; Theil.I Von den Rechtsgeschäften, S. 18（Artikel 83）; Motive zum Entwurf eines bürgerlichen Gesetzbuches für das Königreich Bayern, 1861, S. 94 ff.（Art. 138）; S. 37（Art. 83）.
(25) Entwurf eines bürgerlichen Gesetzbuchs für das Königreich Sachsen nebst allgemeinen Motiven und Inhaltsverzeichniß, 1860, S. 143. 草案889条がこれに対応する。
(26) Ib., S. 140. 草案874条がこれに対応する。本田・前掲論文233頁をも参照。
(27) ドレスデン草案は、ドイツ民法典第1草案の債権編の基礎となったことから意義の大きい立法作業であるが、ナポレオン没落後に成立したドイツ連邦（1815-66）の脆弱さから、債権法のみを対象としたこと、および政治的にはプロイセンが参加しなかった点に制約を有していた。
(28) Leser, a.a.O.（前注(23)）, S. 10. ただし、先例としては、プロイセンとオーストリアの商法草案にも、一般的な契約解除権が定められていた（Ib., S. 11）。
(29) Reyßner, Allgemeines Deutsches Handelsgesetzbuch nach Rechtsprechung und Wissenschaft, 1878, S. 368 ff. S. 374 Anm. 23. フランス法とは異なり、権利者の決定のみでたりるのである（durch bloße Entschließung des Berechtigten）。
(30) Reyßner, a.a.O., S. 374 ff., S. 379 Anm. 12. 解除と損害賠償の両立は、すでに1992年の債務法改定草案でも肯定されていた（327条）。これにつき、【給付障害】232頁参照。
(31) Reyßner, a.a.O., S. 368 ff.
(32) 普通商法典が民法的な事項を直接規定することを避けた例としては、たとえば、危険負担の345条があり、そこでもラント法の規定に委ねるものとした。ただし、遠隔売買では、運送人への引渡により危険が移転するとする。ド民447条に相当するものである。
(33) ただし、相手方に責がない事由により解除権が発生する場合には、相手方は、不当利得法による返還の義務を負担するにとどまる。すなわち、818条3項＝日民713条の利得の喪失規定が適用され、返還義務が軽減されるのである。327条2文。
(34) Motive II, S. 280 f. = Mugdan II, Die gesamten Materialien zum Bürgerlichen Gesetzbuch für das Deutsche Reich, 1899, S. 155 f.; Leser, a.a.O.（前注(23)）, S.29 ff.
(35) 給付障害の一元的体系はモムゼンに由来し、普通法上の支配的見解であったが、しだいに、遅滞がべつの類型とされ、そして、1900年の民法典成立後、1906年にシュタウプにより、積極的契約侵害の類型が分離するにいたるのである。【現代化】176頁以下参照（以下、拙著・司法の現代化と民法（2004年）をこのように略する）。
(36) Seckel, a.a.O., S. 18.
(37) 新債務法の基礎となった1992年の債務法改定草案に関連して、拙稿「ドイツ債務法改定草案における清算」【給付障害】212頁所収（214頁）、「ドイツ債務法改定―解除と危険負担、給付障害論」同405頁所収。
(38) 拙稿「不完全履行・積極的債権侵害」【現代化】176頁所収。

(39) Motive, I, S. 220 f. = Mugdan, I, S. 474 f. 意思表示の効力を失わせる意思を随意に表示しただけでは（eine beliebige, auf die Entkräftung des Rechtsgeschäftes gerichtete Willenskundgebung）十分でなく，相手方に対して取消権者の拘束力のある意思表示をすること（gegenüber dem Anfechtungsgegner abzugebende, den Anfechtenden bindende Willenserklärung）が必要とする。

(40) Motive, I, S. 220 f. = Mugdan, I, S. 474 f.

(41) Seckel, a.a.O., S. 13. これは，公法的な性質の形成権（Amtgestaltungsrecht）といわれる。既述のものでは，たとえば，国庫の先占権である。なお，以下第 3 章の部分では，ゼッケルの理論の検討であることから，ドイツ民法の条文は，基本的に 1900 年のそれである。これは，2002 年の債務法現代化法が債権総論を中心とする改正であることから，形成権に関する部分の修正が少ないことにもよる（もう 1 つの対照には，【現代化】219 頁以下を参照されたい）。

(42) Seckel, a.a.O., S. 14. 永田・前掲論文（前注（12）参照）210 頁以下は，ゼッケルについては，その本質論（I「形成権の意義，他の権利との区別，類型化」）の部分を紹介している。

(43) この解除権の説明は，直接効果説によるものであり，近時の類型論でいけば，給付利得の返還請求権は，たんに履行請求権の変形であるから，権利変更型の形成権となる。また，直接効果説的な説明は，解除権や取消権の譲渡でも差異を生じる（後述）。ここでは立ち入らない。

(44) Seckel, a.a.O., S. 15.

(45) Seckel, a.a.O., S. 16.

(46) Seckel, a.a.O., S. 17. 離婚は，被告である配偶者への支配権を原告から失わせるが，同時に被告である配偶者の支配権から原告の免責をもたらすものである。

(47) Seckel, a.a.O., S. 18.

(48) Seckel, a.a.O., S. 19. 永田・前掲論文（前注（12））214 頁は，ゼッケルの理論は，チーテルマンの理論におうところが多く，その功績は，チーテルマンの確立した概念に，「受容され易い，精確な名前を付したということにとどまるとさえいえるかもしれない」とする。

(49) Seckel, a.a.O., S. 20. Vgl. Windscheid-Kipp, Lehrbuch des Pandektenrechts, I, 1906. S. 155 ff. Kipp による改訂版では，とくに，S. 156 Anm. 3 および S. 165. Verfügungsrecht（Recht der Berfügung über ein Recht）は，Gestaltungsrecht として肯定的に言及されている。

(50) Seckel, a.a.O., S. 21. たとえば，良俗違反の無効の法律関係では，取消権が生じるわけではない）Vgl. Windscheid-Kipp, a.a.O., S. 155 ff. の分類では，Vermögensrecht, Anspruch, Einrede, Rechte an Rechten である。

(51) Seckel, a.a.O., S. 22. ただし，私見によれば，遺言で先買権を付与することは，技術的には不可能ではない。遺言の効力が発生したあとは，遺言者ではなく負担は相続人につき生じるが，不利な立場も相続されるとすれば，義務者がみずから負担すること

を不可能とする必要はない。ただし、ド民旧514条のようにその譲渡や相続が政策的に禁止されるのは、べつの問題である（別段の合意や権利の期間制限があれば、相続は可能。同条2文参照）。また、相続できない場合に、遺言による付与も禁じられることは解釈の問題である。

　Becker, a.a.O.（前注（7）），S. 27 ff. は、形成権の発生原因を、法律行為、高権行為（Hoheitsakt）、判決、形成可能性の抗弁（Einrede der Gestaltbarkeit）とする。第1、第3にふれる必要はあるまい。第2のものは、行政行為によるものである（vgl. §§35 S. 1, 39, 42 Abs. 1 VwVfG）。第4のものは、2083条にあるが、第4章でふれる。

(52) Seckel, a.a.O., S. 23.
(53) Ib.〔全体的要件と部分的要件が同一のものも、前者のみ同一のものも、両者とも違うものもある。〕
(54) Seckel, a.a.O., S. 24.
(55) 買戻権は、Eingriff の権利であり、その行使により土地所有権の譲渡の義務を生じる。ドイツ法では、所有権移転は、予約の完結だけでは生じないから、所有権移転のための優先権を生じさせる物権的な先買権に意味がある。登記があれば、優先権も確保される。日本法では、売買の一方の予約でも所有権移転を生じるから、これと区別された先買権にそれほどの利点はない。
(56) Seckel, a.a.O., S. 25. 非独立の形成権については譲渡性のないことは当然である。ただし、独立の形成権では、先買権の譲渡が明文で制限されていることによるのであり（514条），性質上不可能とまではいえない。なお、前注（51）の私見をも参照。
　オプションや先買権など、独立した価値を有するものが増大した近時にあっては、譲渡可能性を認めるべき要請が強まっている。Vgl. Schürnbrand, Gestaltungsrechte als Verfügungsgegenstand.（同論文は、もっぱら形成権の譲渡可能性を問題とする。ただし、一般的な譲渡可能性を認めるのではなく、類型的な可能性を検討する。この限りでは、Seckel の方法に近い。すなわち、人的な権利については否定（717条の組合上の権利の譲渡不能と同様），債権に関連づけられた権利（forderungsbezogene Gestaltungsrechte）では、401条に従い担保や保証と同様に債権とともに譲渡され、契約に関連づけられた権利（vertragsbezonene Gestaltungsrechte）では、債権の譲渡とは関係づけずに譲渡可能になるとし、独立した形成権では、413条、398条に従い譲渡性を認めるとする。
(57) Seckel, a.a.O., S. 26. 無主物の先占では意味はないが、優先取得権では、譲渡の意味がある（たとえば、鉱業権である）。
(58) Seckel, a.a.O., S. 27. つまり、必ずしも契約上の地位の譲渡は必要ではないというのである。
(59) Seckel, a.a.O., S. 27. つまり、売主が履行して、解除して取り戻すための返還請求権の譲渡には意味があり、解除権は、これといっしょなら譲渡できるとするが、その趣旨は、むしろ返還請求権の譲渡である。
(60) Seckel, a.a.O., S. 28. ここでも、解除権は譲渡されず、売主が解除するのは、契約上

第 1 部　私権の体系の変動

　　　の地位の譲渡が必要だからである。
(61)　Seckel, a.a.O., S. 28. ここでも，取戻権があると，譲渡に意味があるとする見解である。
(62)　Seckel, a.a.O., S. 29.
(63)　Seckel, a.a.O., S. 30. 未履行の場合でも，実質的に移転される場合である。
(64)　前述したように，直接効果説的な見解である。
(65)　Seckel, a.a.O., S. 31. 解除権は，既履行の場合には譲渡された（原状回復請求権と不可分だから）。しかし，取消では，不当利得は譲渡人に生じるから，取消権だけの譲渡には意味がなく，不当利得権といっしょになら譲渡できるとする。この点，類型論的に考えれば，取消も給付利得を生じることになり，解除と同じく，譲渡可能となろう。もっとも，問題の本質は，契約上の地位の移転にある。
(66)　Seckel, a.a.O., S. 32.
(67)　Seckel, a.a.O., S. 33.
(68)　Seckel, a.a.O., S. 34. これは，契約上の地位の移転がある場合である。
(69)　Seckel, a.a.O., S. 35. 債権的な取消に関するのと同じ原則は，債務法以外にもあてはまる。取消権の移転の前提は，契約上の地位の移転に対応する物権的な地位の移転である。そこで，物的負担に関する取消権は，つねに物の取得者に移転する。この場合に，その取消権は，主観的・物的権利（subjektiv-dingliches Recht）と位置づけられる。
　　　　AのBに対する動産所有権の移転の合意が取消しうる場合には，Cへの所有権の譲渡によって取消権も譲渡できる（新所有者による取消権の行使）。所有権移転の合意と，引渡の代償としての，将来の遡及効のある物の返還請求権の譲渡が結合していることが必要である。これも契約上の地位の譲渡ということになろう。なお，取消しうるとしても，所有権移転の形式主義の要件をCが具備することが必要であり，不動産の所有権移転を取消す権利は，譲渡可能ではない。
(70)　Seckel, a.a.O., S. 36.
(71)　Seckel, a.a.O., S. 37.
(72)　Seckel, a.a.O., S. 38.
(73)　Seckel, a.a.O., S. 39. 形成権は時効にかからないが，一定の除斥期間内に行使されなければ，形成権は当然に消滅するとの理論には，その後かなりの進展があるが，本篇の主題からはそれるので立ち入らない。
(74)　取消権については，多数の学説があり，解除権については，Schollmeyer, Hellwigの説があり，causa ex tunc を無効とする撤回権については，Abrahamの説がある。Seckel, a.a.O., S. 40.
　　　　解除権の付与により，解除権者に相手方の危険で投資する機会を与える可能性があることはつとに指摘される。解除権者は，買主の場合も売主の場合もあるが，近時では，金融サービス給付に関する通信取引契約において，株式投資の通信販売にクーリングオフの権利を与えるかが問題とされ否定された。拙稿「通信販売と金融サービス

給付」国際商事法務 32 巻 4 号参照。
(75) 形成判決が必要なのは例外である。Seckel, a.a.O., S. 41. なお，債権の目的到達については，一般的に【研究】198 頁，【反対給付】155 頁参照（拙著・反対給付論の展開（1995 年）をこのように略する）。
(76) Seckel, a.a.O., S. 42.
(77) Seckel, a.a.O., S. 43. ただし，対立する債権の一方が消滅したときには，取消権も存続しないとの理論は，再考のよちがある。取消による危険の転嫁の可能性があるからである。解除による危険の転嫁については，【給付障害】87 頁，230 頁参照。
(78) Seckel, a.a.O., S.44. 本文の混同による形成権の消滅に関する説明は，かなり資格あるいは人格融合説的である。本人と無権代理人の相続の議論によれば（対象はおもに追認権や追認拒絶権であるが），わが法のもとでは，もっと資格併存説的な考慮が働くよちがあろう。
(79) Seckel, a.a.O., S. 45. 形成判決の必要な場合については，立ち入らない。
(80) Seckel, a.a.O., S. 46. 建設共同体で，主たる企業体の倒産にさいし，他の構成員も商法 511 条（多数債務者間の連帯）で責任をおうとするのが，わが最判平 10・4・14 民集 52 巻 3 号 813 頁や一部の下級審判決である。この結論のもとでは，主企業の詐欺の場合の取消権に関する本文の考慮は参考となろう。拙稿「団体の法人格の有無とその構成員の責任」国際商事 32 巻 10 号参照。
(81) Seckel, a.a.O., S. 47.
(82) Seckel, a.a.O., S. 48.
(83) Seckel, a.a.O., S. 49.
(84) Seckel, a.a.O., S. 50-51.
(85) Seckel, a.a.O., S.52. Auflassung による所有権移転の効果については，公法的な側面を強調する場合があり，プロイセンのパターナリズムを強調する見解にみられ，法文上もそごがみられたが，今日では，登記官の面前での受領が廃止され，公証人に委ねられることとなったから，その私法的性格が明確になったといってよいであろう。拙著・専門家の責任と権能（2000 年）161 頁。なお，拙稿・公証 138 号 3 頁以下にも再録。
(86) Seckel, a.a.O., S. 53.
(87) Seckel, a.a.O., S. 54. そこで，破棄されるか変更される法律関係が，たんに当該の時に存在することのみを確定するわけではない
(88) Seckel, a.a.O., S. 55. ただし，形成判決の無効の問題は，学説ではあまり扱われていない。放棄や宥恕については，争いがある。Motive は，訴訟法上，事実を主張できる限りは，有効な宥恕を主張できるとした。
(89) Seckel, a.a.O., S. 64.
(90) Seckel, a.a.O., S. 65.
(91) Seckel, a.a.O., S. 66. ただし，この部分は，形成訴訟の性格を公権的に考慮すれば反対のありうるところである。

第 1 部　私権の体系の変動

(92)　Seckel, a.a.O., S. 67.
(93)　Larenz, (1997), V 1 (S. 306)；(2004) S. 267；Bötticher, a.a.O.（前注（3）Gestal-tungsrechte), S. 2 f.
(94)　日本民法典上の未履行双務契約の解除と，これを整理した類型的な契約の終了事由については，拙稿「契約の終了事由と当事者の履行能力」【反対給付】351 頁参照。

　　　解除権の系譜は，おもに 3 つある。その中心は，① 伝統的な相手方の帰責事由を理由とするものであるが (541 条，543 条)，ドイツ民法債務法現代化法 (2002 年) およびドイツ債務法改定草案 (1992 年) 323 条は，この帰責事由の要件をはずした (①^2)。また，これとはべつに，継続的契約における自分の側の事由を理由とする解除が，個別の契約には認められており (②)，さらに，これらとはべつに，もっぱら当事者間の公平のみを理由とする事情変更の原則による解除権もありうる (③)。

　　　民法典上は，⑴債権者の破産の場合について，債務者のする解除（賃貸人，被用者など）が規定されているだけで，債務者の破産の場合については，とくに規定がない。これは，⑵破産法上の破産管財人のする解除によってカバーされるが，破産の場合の解除は，規定の体裁がやや一般的であるから，内容上は 2 種類がありうる。1 つは，①の系譜につらなるものであるが，もう 1 つは②の系譜につらなるものであり，破産管財人の解除は，この②の系譜に属する。たんに，①を否定して，②の系譜のみに一元化することはできないのである。

　　　なお，これら諸場合について，第 1 部 5 篇 5 章の表参照。

(95)　Larenz, a.a.O., S. 310；(2004) S. 267.
(96)　Becker, a.a.O.（前注（7），AcP 188), S. 44, S. 47 f. この点に関し，わが法では，借家人が賃料を不払いをする場合に，転借人に代払いの機会を与えるべきかとの議論があり，最判昭 63・7・1 判タ 680 号 118 頁は，「借地上の建物の賃借人はその敷地の地代の弁済について法律上の利害関係を有すると解するのが相当である」とした。これにつき，拙稿・判タ 695 号 101 頁参照。

　　　そして，第三者弁済ができるのは，転借人が賃借人の不払，あるいは建物の賃借人が土地賃借人の不払の事実を知りえたときだけであり，代払の機会がなく賃貸借が解除されてしまった場合には，転借人あるいは建物の賃借人は，建物から退去して土地を明け渡さざるをえない。そこで，不払のある場合に，解除の前提として，これらの弁済をなしうる者にも，代払の機会を与えることが必要かどうかが問題となる。これにつき，最判昭 37・3・29 民集 16 巻 3 号 662 頁は，賃貸人は，賃借人に催告をすればたり，転借人にまで支払の機会を与える必要はないとする。また，最判平 6・7・18 判時 1540 号 38 頁も，転貸借関係は，賃貸借契約の存在を前提とするものであり，転借人もそのことを承知しながら契約していることを理由としてこれを踏襲した。

　　　ここでも，解除権者に対して積極的に代払いの機会を与えるよう義務づけることはできないが，消極的に相手方に説明や理由を求める権利を認めることは可能であろう。一方的な権利である形成権は，法律上その事由を加重することによって制限されるが，ついで理由を課すことによっても制限される。この中間として，形成権者に対して，

消極的に相手方に理由を求める権利を認める形態もありうる。さらに，より制限が必要な場合には，判決を必要とする方法，あるいは形成権を請求権に引き下げることによっても行われるのである。前述第1章3(3)および後注(100)参照。なお，競売の場合につき，債務者が地代の支払わない場合の，建物の差押債権者による代払（民執56条）をも参照。

(97) Becker, a.a.O.（前注（7）），S. 44 f. S. 67. そして，訴訟法上，権利の貫徹のために，理由づけが必要なことは当然である。

(98) Flume, a.a.O.（前注（8）），I-2, S. 137. 法定解除の要件はそれ自体としては変更しえないが，それとは別に合意解除は可能ということである。

(99) Becker, a.a.O., S. 27 ff.; Larenz, S. 310;（2004）S. 267 f.; Medicus, a.a.O.（AT. 前注（9）），Rdnr.85（S. 39）.

(100) Larenz, S. 308 f.;（2004）S. 267-8. これは，おもに，Midicus, a.a.O.（AT）Rn 86. の提唱にかかる概念である。

(101) Larenz, S. 309 f.;（2004）S. 268-9; Becker, a.a.O., S. 50 ff.
　形成権においては，立証の転換が問題となる。立証責任は，権利主張者が負担することが通常であるが，形成権では，実体上の権利は意思表示のみで当然に発生するから，立証は形成権の存在と意思表示の点に限定される。権利の具体化を容易にするとの自力救済的な性格が反映されている。そこで，もしこれを限定しようとする場合には，形成権者による負担を増加させるために，実体的に「正当事由」の具備や権利を基礎づける説明義務を課すことになる。後者は，相手方の防御を容易にする機能をも有している。前述第1章注(15)参照。形成権の行使を容易にし，他方で，相手方の防御をも容易にするための中間的な妥協として，形成権の行使に一定の方式を必要とするとの方法もありうる。消費者保護法的なクーリング・オフの権利に，書式を求める例がこれである。
　二重効との関係では，かねてキップ（Theodor Kipp, 1862-1931）のつぎの指摘がある。Vgl. Kipp, Über Doppelwirkungen im Recht, insbesondere über die Konkurrenz von Nichtigkeit und Anfechtbarkeit; in Festschrift der Berliner Juristischen Fakultät für Ferdinand von Martitz zum fünfzigjärigen Doktorjubiläum am 24. Juli 1911, S. 211 ff.（S. 216）.
　キップは，実体法から導き出される司法法（Justizrecht）が存在することを前提として，それが裁判官を義務づけるとし，実体法と司法法の区別は，立証責任に関しても以下のような意義を有するとする。
　すなわち，権利発生のための私人の行為の基礎としての事実は，一般に立証の必要がない。人が，他人に行為を請求しうる場合は，その請求は，明示であれ黙示的であれ，法によって基礎づけられたものとして現れるからである。人が，他人をある場所から追い出そうとするときには，その主張が権利により保護され，たんなる感情や越権によるのではないことが認識できればたりる（一般的な説明義務はない。特別な説

明義務は民法典成立後の課題となった)。たとえば,人が,医者の待合室で,他人から,もっている新聞を要求されたときには,それが自分のもってきたものであり,医者がおいておいたものでないことを教えなければならないが,権利の正しい表示までは必要ではない。私法上は,この原則を超えて,権利の主張のために相手方に対する特定の証明が必要なことは,まれである (111 条, 174 条, 179 条, 410 条, 413 条, 1160 条 2 項など)。逆に,相手方が,権利者に対して権利の行使をしやすくするための規定があり,その規定の効力として,相手方は,権利者に対し,通知,計算,開示の宣誓によって,権利の主張を助けなければならない (259 条以下, 2027 条, 2057 条)。Vgl. Kipp, a.a.O., S. 218.

　しかし,裁判官の判決理由としての事実は,争いのある場合には,つねに証明を要する。判決をする裁判官は,当然には事実を知らず,原則として,いずれの当事者をもその相手方以上に信じてはならないからである。そこで,争いのある場合には,証明を請求しなければならないのである。この証明責任は,司法法的な問題である。かつて, Wach, Gaupp-Stein などは,立証責任を訴訟法におき, Leonhard は,それを実体法においた。しかし,立証責任は,訴訟法に属するのではない。なぜなら,それによって手続ではなく,裁判官の判決の内容が義務づけられるからである。Kipp, a.a.O., S.219. これにつき,【現代化】135 頁。この論理は,裁判規範としての民法の性質を指摘したものであり,わがくにの要件事実論が主張するところに近い。

(102) Vgl. Dauner-Lieb, Schuldrecht, 2002, S. 534.
(103) Medicus, Allgemeiner Teil (前注 (9)), Rn. 849 f. (S. 315); vgl. ders. a.a.O. (前注 (15)), S. 8. (訳 16 頁以下参照)。この場合には,形成力の破棄に関する合意があるともいえる。合意は,形成権の基礎でもあるから,その有効性を認める必要がある。法定の形成権の場合でも,形成権の不行使は,相手方をより不利にするほど働くことはないであろう。
　消費者保護撤回権については,さらに, vgl. Dauner-Lieb, a.a.O. (102), 2002, S. 534.
(104) Larenz, S. 311 f.; (2004) S. 269-270.
(105) Flume, a.a.O. (前注 (8)) I-2, S. 137. わが法では,解除権の不可分性についてだけ規定がある (544 条 1 項)。なお,不可分性の効果として,解除権は,当事者の 1 人につき消滅すると,他の者についても消滅する (同条 2 項) が,地役権の不可分性では,時効取得の場合には他の共有者も取得し (284 条 1 項),消滅時効の中断があった場合には,他の共有者のためにも中断する (292 条)。この違いは,当該の権利については反対であるが,解除権の基礎となっている権利 (たとえば,賃借権) にも着目すると,権利の存続で一貫している。ここにも,形成権の自力救済的な性格と,それに対する制限が表現されている (前注 (15), (100) 参照)。
(106) Larenz, S. 312; (2004) S. 271.
(107) Larenz, S. 312 f.; (2004) S. 271. 財産権としての形成権については,前注 (56) の文献 (Schürnbrand) 参照。
　2002 年の現代化法による 355 条の撤回権 (クーリングオフ権) も,相続可能であ

り，消費者契約から生じた権利・義務とともに譲渡することができる（別個にはできないが）。Vgl. Dauner-Lieb, a.a.O.（前注102），S. 534.
(108) この2083条と類似する規定は，不当利得の821条，不法行為の853条にもある。すなわち，人が不法行為により被害者に対し債権を取得した場合には，債権の破棄を求める権利が時効によって消滅しても，被害者は履行を拒絶することができる。典型的なのは，不法行為が詐欺の場合で，詐欺取消権が時効消滅した場合である（不当利得では，法律上の原因なくして義務を負担した者は，その義務を免れるための権利が時効にかかっても，履行を拒絶できる）。ただし，後注(109)のように，121条，124条と853条の適用の範囲については争いがある。
(109) Vgl. Münch-Komm BGB, Bd. 6 (hrsg. v. Skibbe), §2083 Nr.1 (1982, S. 780; 1989, S. 843) (Leipold). 本規定の一般的な合理性を疑問とする。
(110) Vgl. RGZ 79, 194 (Urt. v. 1912. 3. 29); RG JW 1928, 2972 (Urt. v. 1928. 4. 24); RGZ 60, 294 (Urt. v. 1905. 3. 15); 130, 215 (Urt. v. 1930. 11. 7). などである。強迫に関する第3判決以外は，詐欺の典型例であり，不法行為により締結した契約の履行につき，詐欺取消権の時効消滅後に被害者が拒絶できるか（前注(108)の853条による請求の拒絶の適用）が問題となっている。
(111) Becker, a.a.O., S. 33 f. ただし，この問題は，今日でも必ずしも解決されていない。本篇では立ち入りえないが，詐欺取消の規範的効力の射程ということになろう。解除権の消滅については，【給付障害】87頁以下，219頁以下参照。
(112) 形成権の期間制限につき，前注(73)参照。
(113) 法による内容の形成に対し，当事者の権利性を確認するために，新たに再交渉義務などと構成する方法もあろうが，現象のみをみた理論で，より根本的な問題は，請求権と形成権の峻別にある。
(114) 減免請求権の性質とその比較法的な位置づけについては，拙稿「賃料・小作料の減免請求権」【反対給付論】232頁参照。瑕疵担保解除のさいの減額請求権については，【給付障害】406頁，409頁，注17ほか。また，「給付障害の体系」一橋法学4巻3号758頁，786頁，注42ほか。
(115) 星野英一・借地・借家法（1969年）241頁，鈴木禄弥・借地法（下・1971年）〔3282〕880頁以下参照。
(116) 鈴木・前掲書880頁。借地法11条1項の「請求」が「形成」であるとすれば，形成権説の根拠となろうし，同条2項によって，「請求」によっても，必ずしも履行遅滞が生じないとすれば，「形成」的効果は生じないことになろう。
(117) 同881頁。もっとも，同書は，形成権が請求権かの争いは，実益がないとする。すなわち，いずれの説をとっても，増減請求権行使の具体的効果に差が生じるわけでもないからである。「増額請求権は，12条所定の効力を与えられている特殊な類型の権利であるとすれば，それで足りる」される。
(118) なお，手続法上は，調停前置主義（民事調停法24条の2），調停条項の裁定制度の導入（同24条の3）などの改定がみられる。

(119)　Vgl. Abschlußbericht der Kommission zur Überarbeitung des Schuldrechts, 1992, § 306, S. 150.

(120)　改訂草案につき, Ib., S. 150. すなわち, 草案は, 瑕疵担保の場合の解除権, 減額請求権を, 新たな草案439条, 440条において, 形成権として定めたが (Ib., S. 216 (§439 VI 1 b); Ib., S. 218 (§440 VI 1)), 従来の民法典462条による瑕疵担保解除権, 減額請求権は, 請求権と解されていたのである (vgl. Jauernig, BGB, 1984, S. 469 (§462 Anm. 2)。他方, 行為基礎の喪失のさいの改定は, 瑕疵担保の旧法に準じて, 請求権とされたのである。

2002年の現代化法については, 437条に, 追完, 解除, 減額権, 損害賠償請求権の総論的な規定があり, 440条, 441条が解除, 減額権を定める。行為基礎の喪失の規定は, 313条に移動している。これは, 瑕疵と異なり, 行為基礎の喪失の性質がより不明確なためである。これについては, 本書第1部第3篇参照。

(121)　ドイツ債務法改定草案の理由書によれば, 行為基礎の喪失による効果の発生は, 当然に生じ (kraft Gesetzes), 主張されたことによって権利が形成された結果ではなく (kein Akt der Rechtsgestaltung), 行為基礎の喪失の主張は, 権利の確定手続 (Rechtsfeststellung) にすぎないとされる (Ib., S. 148)。それゆえ, 改定された給付を直接に求めることが可能なのである。

また, フラストレィションの場合にも, その効果は当然に生じるとみられているから, 内容的には, 後者に近い。契約は, 取消とは異なり, 当事者の権利の行使によってではなく, 当然に, なんら当事者の主張なしに (ただちに, 自動的に, forthwith and automatically) 効力を失うのである。Hirji Mulji v. Cheong Yue Steamship Co., Ltd., [1926] A. C. 497. (傭船契約の目的たる船が政府によって徴用されたケースである)。学説でも, 古くから争いがない (Anson's Law of Contract, 1975, pp. 497)。

結局, 争点は, 権利をどのようにとらえて, 一方で2度の請求の手間を回避し, 他方で改定された内容を権利者の権利として構成するかである (これは, わが法のもとでは, 債権者取消権の構成に類似するものがある)。形成権と構成すると, 前者の回避は可能となるが, 他方で, その権利性や当事者のイニシアティブが希薄となる。しかし, 請求権と構成すると, 2度の請求の手間 (まず改定を請求し, ついで改定された内容の実現を請求する) が生じる可能性がある。そこで, 請求権の構成のもとでも, ただちに回復された内容の給付を請求できるとするか (ドイツ法), あるいは効果じたいは当然に生じているとするのである (イギリス法)。

	請求のてま	権利性	対策
請求権	二度の請求のてま（改定を請求し，ついで改定された内容の請求）　→＊	相手方に対する権利性。当事者の内容に対するイニシアティブ	＊→回復された内容をただちに請求（ドイツ法）あるいは効果は当然に生じる（フラストレイション）
形成権	改定された内容をただちに請求できる（⇔給付が必要な場合には請求も必要）	形成された内容に対する当事者のイニシアティブが希薄となる	

第2篇　ゼッケル（Emil Seckel, 1864. 1. 10-1924. 4. 26）
　　　　——人と業績

1　ゼッケルの法史上の位置

　E・ゼッケルは，1864年に，ハイデルベルク近郊（現在はその一部となっている）の Neuenheim で生まれた。父親の Georg Seckel は薬屋であり，その前に長らくペルーにいて薬局をしていた。ハイデルベルクからシュトットガルト（現在は，いずれも Baden-Württemberg 州であるが，当時は別々の王国であった）に移転し，そこでも，かなり大きな薬局を経営した。のちに，肺病をわずらい，しばしばスイスに療養に出かけた。

　ゼッケルの生まれた前々年に，二重効で著名なキップ（Theodor Kipp, 1862. 3. 7-1931. 7. 24）が生まれ，翌年には，行為基礎論のエルトマン（Paul Ernst Wilhelm Oertmann, 1865. 7. 3-1938. 5. 22）が生まれており，のちの民法学上の重大な概念の発見者・変革者の誕生の時期であった。法学以外でも，M・ウェーバー（Max Weber, 1864. 4. 21-1920. 6. 14）と，その生涯はほぼ同時期である。

　ゼッケルやほぼ同年代のL・ミッタイス（Ludwig Mitteis, 1859. 3. 17-1921. 12. 26）は，ちょうどローマ法学の転換点にあたっている。すなわち，一方には，解釈学である現代ローマ法（すなわち民法）の流れがあり，他方には，法史学の対象となる古典ローマ法の流れがあり，19世紀の後半以降，これらが分離し，1900年の民法典発効により確定するのである。ゼッケル自身は民法をも対象としたが，その後継者はローマ法学者となり，また，L・ミッタイスも，法史学者であったが，その弟子には，ラーベル（Ernst Rabel, 1874. 1. 28-1955. 9. 27）のような現代法の解釈学者も現れた。いまだローマ法学が未分化だったからである。ヨーロッパ，とくにドイツやイタリアの解釈学が，法史学と密接に関係していることの現れであり，また，そのことによって，解釈学が国民国家

第2篇　ゼッケル（Emil Seckel, 1864. 1. 10–1924. 4. 26）——人と業績

のわくに閉じ込められていた時代にあっても，ローマ法の世界的性格によって超国家的・比較法的観点が存続しえたのである。初期の比較法がローマ法学の基礎を有したことは見過ごされるべきではない。解釈学と法史学が当初から分離しているわが法学とは，異なった観点であり，一面においては，しばしば法史的理解が解釈学に混在する危険性をもはらんでいるが（たとえば，危険負担の買主主義），他面では，多彩な学際的思考の出てくる根拠ともなっている。また，それが，ラーベルにみられるように，みのり豊かな結果をもたらしたのである。

2　ゼッケルの生涯

ゼッケルは，シュトットガルトの Eberhard-Ludwig ギムナジウムに通い，1882年に，卒業試験に合格した。その後，チュービンゲン大学で法律学を学び，そのおりに，チュービンゲンの学生団体である Akademische Gesellschaft Stuttgardia のメンバーとなった。当時，この団体は，南ドイツのリベラリズムの特徴を有していたといわれる。1883年には，ザクセンのライプチッヒ大学に移り，Windscheid, Binding, Wach, Hellwig, Stobbe などの講義や演習に参加した。とくに，Winscheid の講義には感銘をうけた。また，チュービンゲン大学に戻り，1885年には，古典および中世ローマ法に関する大学の Degenkolb 賞の論文を作成し，この論文は，のちに学位論文となった。1887年には，第一次国家試験に合格した（評点 I b）。1889年までは，修習生としてシュトットガルトに留まり，父親の病気のために，しだいに薬局の管理や家族の問題にかかわるようになった。

1889年に修習を終えると，シュトットガルト以外のドイツの他の図書館や，イタリアやスイスの図書館にも出かけるようになった（総計で50あまりになる）。1889年に，父親は亡くなったが，幸いにも，研究を続ける資力はあった。1893年に最初の論文（Bd.I Der Scripta anecdota Glossatorum, von Palmieri in Gaudenzis Bibliotheca iuridica medii aevi, KrVJSchr. N. F. 16, 1893, S. 11 ff.）が公刊され，ほかにも業績があった（KrVJSchr. N. F. 17, 1894, S. 361 ff, S. 378 ff.）。1895年2月に，公刊されていた論文にもとづき，優等（summa cum laude）の成績で学位をえた。チュービンゲン大学が学位を出さない場合には，ベルリン大学

が出す用意があったといわれる。つまり，わずか4か月後の6月に，ベルリン大学で，教会法学者の Paul Hinschius（1835. 12. 25-1898. 12. 13）の推薦により，ハビリタチオンを取得した。14世紀の注釈学派のバルトルス（Bartolus de Saxoferrato, 1313? - 1357. 7. 13）は，教授職につくまでに5年かかったが，ゼッケルは，ハビリタチオンを取得するまでに，6年かかったのである。つまり，特定の指導教師（Doktorvater）はいない。

1895年から，チュービンゲン大学の私講師となり，同年，ベルリンで，Hinschius の娘 Paula と結婚した。3年後の1898年に，ベルリン大学の員外教授となり，1901年に，ベルリン大学のローマ法の正教授となった。1909年に，枢密顧問官（Geheimer Justizrat），1911年12月7日に，プロイセンの学術アカデミー会員となった。

ゼッケルは，1920/21年に，歴史家の Eduard Meyer（1855. 1. 25-1930. 8. 31）の後を継いで，ベルリン（フンボルト）大学の学長となった。ちなみに，後任は，1921/22年に，化学者の Walther Nernst（1864. 6. 25-1941. 11. 18）であった。

ゼッケルの主要な研究領域は，とくにローマ法であった。一般には，民法というより，法制史家として著名である。Heumann und Thon, Handlexikons zu den Quellen des römischen Rechts, 1907（1958年に10版）の改訂は，なお今日でも意義を有している[1]。また，9世紀の法文書である Benedictus Levita の文書の収集と編集を行った。Monumenta Germaniae Historica の監修や，新たな版の出版をも1896年から行った。

なお，Monumenta Germaniae Historica の編集には，戦後，法史学者の Karl August Eckhardt（1901. 3. 5-1979. 1. 27, 1933年にキール大学，1935年からベルリン大学教授，1945年に占領軍により免職となった後，教授職につくことなく）が，長らくたずさわった[2]。ユダヤ系でローマ法学者のレーヴィ（Ernst Levy, 1881. 12. 23-1968. 9. 14）は，1906年に，ゼッケルのもとで学位をえて，教授資格も獲得した。そして，レーヴィの弟子が，クンケル（Wolfgang Kunkel, 1902. 11. 20 -1981. 5. 8）である。

1923年に，突然肺病の兆候が，ゼッケルに現れた。父親と同様に，結核であった。シュヴァルツバルトの Todtmoos （バーデン・ヴュルテンベルク）への

転地療法も功を奏さなかった。1924年に，スイス国境近くの，このTodtmoosで亡くなった。まだ，60歳であった。その墓も，Todtmoosにある。

3 ゼッケルと形成権

1903年5月23日に，ゼッケルは，ベルリン法曹協会（Berliner Juristische Gesellschaft）において，「民法における形成権」という講演を行い，これは，この協会の第2代会長を長く務めたRichard Koch（1882-1909, ライヒスバンク総裁。その後任は，Otto von Gierkeであった）への献呈論文集（Festgabe für Koch, S. 205-253）に掲載された。その講演において，彼は，形成権という命名とその一般的性格づけを行った[3]。

形成権は，現在では，比較的限定的に列挙され説明されるにとどまるが，ゼッケルは，包括的な定義づけを行っている。そのため，講演の前半には，権利に関する法哲学的議論も含まれ，比較的わかりづらい。また，講演記録であったことによる表現的・技術的な制約もあり，著名なわりには，必ずしも包括的に検討されることはなかった[4]。

ゼッケルの民法学に対する貢献は，形成権概念の確立である。実定法の解釈論では，ほとんど唯一の貢献であるが，民法学上の重要事項といってよい。いわゆる形成権は，普通法上みられた私権の一種であり，実務的な重要性があるにもかかわらず，ゼッケルにいたるまで，確定した名前も理論も確立していなかった。民法典には，「形成権」に対応する包括的な概念は欠けており，たんに権利と呼ぶにすぎない。もっとも，ゼッケルの前にも，対象とする権利は存在していたし，「形成権」について実質的に論じた者がなかったわけではない。ましてや，それ自体が，ゼッケルの創作によるというわけではない。すなわち，学説は，法典と実務において先行した権利を体系づけたのである[5]。

ゼッケルの時代は，ローマ法の普通法としての性格と歴史的性格との分岐点であった。彼の貢献は，なお両者にまたがっていたが，その後継者は，おおむねローマ法史学者として知られている[6]。

（1） Kleinheyer und Schröder, a.a.O., S. 509 f. Genzmer, Emil Seckel, ZRG (RA) 46

(1926), S. 216 ff.; Dölle, a.a.O., S. 10 f. なお，ゼッケルの蔵書は，東北大学に収蔵されている（ゼッケル文庫）。
（2） Nehlsen, Karl August Eckhardt, SZ (Ger), 104 (1987), 497.
（3） Seckel, Die Gestaltungsrechte des Bürgerlichen Rechts, 1903 (Neud. 1954), S. 5. これにつき，Genzmer, a.a.O., S. 231 f.
（4） それからほぼ半世紀後に，同じベルリン法曹協会で行われた講演が，ゼッケルの講演の歴史的な意義づけを行っている。Vgl. Bötticher, Gestaltungsrecht und Unterwerfung im Privatrecht, Vortrag gehalten vor der Berliner Juristischen Gesellschaft am 8. November 1963, (Schriftenreihe der juristischen Gesellschaft e.V. Berlin, Heft 17), 1964, S. 1 ff.

　　この法曹協会は，かつて，キルヒマン（Julius Hermann von Kirchmann, 1802. 11. 5 -1884. 10. 20）が，1847年に，著名な「法律学の学問としての無価値性」(Die Werthlosigkeit der Jurisprudenz als Wissenschaft) を行い，ほかにも多くの著名な講演が行われている。1859年に，現在の形で新たに設立され，Heinrich Dernburg, Otto von Gierke (1909-1921年に会長), Rudolf von Gneist, James Goldschmidt, Eduard Lasker, Hugo Preuß, Franz von Liszt など，著名な法学者が参加した。のちに，二重効で著名なキップ（Theodor Kipp, 1862. 3. 7-1931. 7. 24）が，1929年から1931年には，会長となっている。また，1931年－1933年の会長は，Ernst Heymann (1870. 4. 6-1946. 5. 2) であり，1933年のナチスの政権掌握後は，1958年まで中断した。
（5） 第1篇参照（一橋法学3巻3号1頁以下）。諸学説については，石坂音四郎「形成権（私権ノ新分類）」京都法学会雑誌2巻10号参照。これは，わがくにで，形成権を詳細に紹介したもっとも早い研究である。ドイツの諸学説（チーテルマン，エンネクツェルス，ベッカー，クローメ，エンデマンなど）についても言及し，また，永田真三郎「形成権概念の成立過程」関法23巻4・5・6合併号185頁は，ゼッケルの引用した者をも含めて，トーンの権能（1878），ベッカーの消極権（1886），エンネクツェルスの取得権（1888），チーテルマンの可能権（1898），クローメの反対権（1900）などを検討している。
（6） 本文でみたように，レーヴィ（Ernst Levy, 1881. 12. 23-1968. 9. 14）が弟子であり，クンケル（Wolfgang Kunkel, 1902. 11. 20-1981. 5. 8）はその弟子である。いずれも，ローマ法学者として著名である。

第3篇　目的不到達の復権——最判平 8・11・12
民集 50 巻 10 号 2673 頁

第1章　はじめに

1　債権の消滅原因としての不能とその他の給付障害

(1)　最判平 8・11・12 民集 50 巻 10 号 2673 頁は，AB の二当事者間に甲乙両契約があり，その甲契約の債務につき債務不履行が行われた場合に，乙契約も合わせて解除できる場合があるものとした。契約の目的とするところが相互に密接に関連付けられていて，社会通念上，甲契約または乙契約のいずれかが履行されるだけでは契約を締結した目的が全体としては達成されないと認められる場合であることを要する。

複数の結合された契約の影響関係を肯定したことの意義は大きい。しかし，債権の変動原因たる固有の給付障害（不能，遅滞，積極的債権侵害など）が存在しないのに，契約が解消され消滅にいたることの理由づけは必ずしも十分ではなく，したがって，その要件・効果も不確実なままとなっている。たんに複合した契約の密接性をいうだけでは十分ではなく，類似の問題が，個別の当事者間の三面契約にも生じうることから，その射程も問題となり，三面契約による検証も必要である。本篇は，これらの場合の債権消滅の原因の位置づけを行い，ひいては給付障害の要件と効果を検討し，同様の問題が三面契約にも存在することを確認しようとするものである。

(2)　541 条以下の契約の解除は，債務の「不履行」を要件とする。債務不履行を，講学上，より具体的に不能，遅滞，積極的債権侵害などに類型化するのが，従来の一般的な見解である。帰責事由については，近時の立法例との関係

71

で疑問があるものの，これらの要件は，415条の債務不履行にもとづく損害賠償請求の要件とも共通する。そして，後発的な無責の給付障害を律する制度である危険負担においても，その出発点は「不能」である（536条1項参照）。これらが，伝統的な大陸法の構成に忠実な解釈であることは，繰り返す必要はないであろう（債務法現代化前の，ド民旧323条，325条，326条，249条以下，346条以下参照）[1]。

　伝統的な構成とは異なり，解除の要件としては，「重大な契約違反」(fundamental breach) といった別個の要件をたてる例（ハーグ条約やウィーン条約），あるいは，2002年のドイツ債務法現代化法のように，複数の解除事由をたてる場合もある。後者は，323条以下の通常の解除権のほかに，313条による行為基礎の喪失の場合の解除権，314条による継続的債務関係における重大な事由による告知（Kündigung von Dauerschuldverhältnissen aus wichtigem Grund）などの諸場合を一般的な類型としても予定している[2]。そして，英米法においても，目的の不到達は，約因の不成就と並んで，独立した債権の消滅原因とされている[3]。

2　目的不到達の例

(1)　解除に「不履行」の要件をおく構造を維持する場合には，その内容をなす概念を明らかにしておく必要がある。とりわけ，不能や遅滞，積極的債権侵害といった伝統的な事由が十分でない場合には，これを補充する概念を検討しなければならない。ここで登場するのが，目的不到達や行為基礎の喪失といった概念である。これらは，どのような場合に「不履行」に包含されうるのであろうか。

　普通法には，不能とは異なる債権の消滅原因として，目的到達・不到達の法理があった。不能を中心とする普通法の体系に柔軟性を与えるためである。1900年のドイツ民法典は，給付障害について不能と遅滞の二元体系をとり，目的到達・不到達の概念は法典には採用されなかったが，それは，民法典制定後に発展した行為基礎論の萌芽となった。そして，ドイツ民法典制定後に，シュタウプ（Staub, 1856–1904）の積極的契約侵害論が提唱され受容されたことを，あらためて繰り返す必要はないであろう。

㋐　不能以外に，給付に障害が生じるとされるいくつかの場合がある。また，遅滞や積極的契約侵害とも異なる類型である。

(a)(i)　①急病患者Aは，治療のために医者Bを呼んだが，Bの到着する前に死亡してしまった。

②Aは，座礁した自分の船を離礁させるためにBの船を要請したが，その到着の前に座礁したAの船は沈没してしまった。

③家庭教師Bは，子どもAに教える契約をしたが，Aが病気になったので，教えることができなくなった。

(ii)　Aは，戴冠式の行列をみるために道路わきのBの家の部屋を借りる契約をしたが，予定された戴冠式と行列は中止された（戴冠式事件）。

(b)(i)　①患者Aは，医者Bを呼んだが，Bの到着する前にみずから健康を回復した。

②Aは，座礁した自分の船を離礁させるためにBの船を要請したが，その到着の前に座礁したAの船は，高波によってみずから離礁した。

③Aは，凍結した水道管の解凍をBに依頼したが，水道は気温の変化によってなんら損傷することもなく使用可能となった。

(ii)　Aは，その所有する自動車が動かなくなったことから，自宅まで牽引するようBに依頼した。しかし，その後自動車は，みずから動くようになった(4)。

㋑　これら㋐の諸事例において，債権者・注文者（あるいは委託者）Aの意図した当初の給付は，その後の状況の変化によって，あるいは契約の目的が達せられずに（(a)），あるいは目的を達成して（(b)），いずれも無意味なものとなっている。

そこで，これらの諸場合について，パンデクテン法学は，「目的到達あるいは不到達」（Zweckerreichung od. Zweckvereitelung）という特殊な概念を債務の消滅原因として認めることによって，すでに無意味になったBの債務は消滅するとしたのである(5)。

この目的到達あるいは不到達という考え方は，通常の不能とは把握しえない障害に関しても，これに不能と同様の効果（あるいはそれに準じた効果）を与えようとするものであった。そこで，債務者・請負人（あるいは受任者）である

Bの給付能力の失われない(ア)の諸事例において「不能」を認めないとしても，同人の債務の運命に関する問題が，法律学上放置されていたというわけではなく，この法理が，不能を補完する役割をはたしていた[6]。そして，間接的な目的の挫折による給付の障害も，対象とされてきたのである。

(2) しかし，目的到達・不到達の法理は，不能とは独立した債務の消滅原因と位置づけられていたために，不能との関連性は明確にはされなかった。

その原因は，パンデクテン法学が特定のローマ法法源を基礎としたこと，そこでその一般化がはかられなかったことによる。すなわち，ローマ法法源によって認められたおもな事例は，無償原因の競合（concursus duarum causarum lucrativarum）といわれるものであった。この概念は，無償で物を与える義務をおっている者Aは，債権者Bがそれを他の法律上の事由によってえたときには，義務を免れる（Jurianus, D. 44, 7, 17）とする[7]。たとえば，AがBに遺贈をなし，BがAの生存中にその物を他から取得した場合に，Bが有償で取得したのでなければ（たとえば贈与をうけた），AのBに対する債務は消滅する。すなわち，2つの無償の取得原因は，同一人に同じ物に関しては，競合しないとするのである（I. 2, 20, 6）[8]。こうして，特殊な場合を出発点として目的到達・不到達の法理を構成したために，それを一般化することも，不能との関連性を探ることも，必ずしも必然的な課題とはならなかったのである[9]。

また，学説の主張する目的到達・不到達の法理は，ドイツ民法典の採用するところともならなかった。その理由は，無償原因の場合にみられるように実用性に乏しいこと，法的安定性を害すること[10]，そしてなによりも学説の主張・評価が一致せずに，その適用の要件・効果・範囲も不明確であったことによる[11]。しかし，行為基礎の喪失など一定の場合に，「目的」の到達または不到達を理由として債権が消滅しうることは，おりにふれて登場することになったのである[12]。

第2章　最判平8・11・12民集50巻10号2673頁と，目的不到達の法理

1　事実の概要と原審

(1)　不動産の売買等を目的とする株式会社であるYは，兵庫県佐用郡に別荘地を開発し，いわゆるリゾートマンションである本件マンションを建築して分譲するとともに，スポーツ施設である本件クラブの施設を所有し，管理している。

X_1・X_2は，平3年11月25日に，Yから，持分を各2分の1として，本件マンションの一区分である不動産を代金4400万円で買い受け，同日手付金440万円を支払い，同年12月6日に残代金3960万円を支払った。そして，本件売買契約では，売主の債務不履行によって買主が契約を解除する場合には，売主が買主に手付金相当額を違約金および損害賠償として支払う旨が合意された。X_1は，売買契約と同時に，Yから本件クラブの会員権1口である会員権を購入し，登録料50万円および入会預り金200万円を支払った。

Yが作成した売買契約の契約書には，表題および前書きに「佐用フュージョン倶楽部会員権付」との記載があり，また，特約事項として，買主は，本件不動産購入と同時に本件クラブの会員となり，買主から本件不動産を譲り受けた者についても本件クラブの会則を遵守させることを確約する旨の記載がある。また，Yによる本件マンション分譲の新聞広告には，「佐用スパークリンリゾートコンドミニアム（佐用フュージョン倶楽部会員権付）」との物件の名称と共に，本件マンションの区分所有権の購入者が本件クラブを会員として利用することができる旨の記載がある。さらに，本件クラブの会則には，本件マンションの区分所有権は，本件クラブの会員権付きであり，これと分離して処分することができないこと，区分所有権を他に譲渡した場合には，会員としての資格は自動的に消滅すること，そして，区分所有権を譲り受けた者は，Yの承認をえて新会員としての登録を受けることができる旨が定められていた。

(2)　Yは，本件マンションの区分所有権および本件クラブの会員権を販売するさいに，新聞広告，案内書等に，本件クラブの施設内容として，テニスコー

ト，屋外プール，サウナ，レストラン等を完備しているほか，さらに，平4年9月末に屋内温水プール，ジャグジー等が完成の予定である旨を明記していた。その後，Yは，Xらに対し，屋内プールの完成が遅れる旨を告げるとともに，完成の遅延に関連して60万円を交付した。Xらは，Yに対し，屋内プールの建設を再三要求したが，いまだに着工もされていない。そこで，Xらは，Yに対し，屋内プール完成の遅延を理由として，平成5年7月12日到達の書面で，本件売買契約および本件会員権契約を解除する旨の意思表示をした。そして，Xらは，それぞれYに対し，本件不動産の売買代金から前記の60万円を控除し，これに手付金相当額を加えた金額の半額である各2390万円の支払を求め（つまり4400万円－60万円＋手付金440万円で，合計4780万円の半額が2390万円である。手付金分は倍額になるが，これは，売主不履行の場合に倍額を違約金として支払う合意があったからである。一審判決の「第2　事案の概要」の「1　争いのない事実」の「記(3)」参照），また，X₁は，Yに対し，本件会員権の登録料および入会預り金の額である250万円の支払を請求した。

(3)　一審・大阪地裁は，売買契約と会員権契約の関係について，「マンション購入者がマンションに滞在しながらその周辺に存在する娯楽施設，スポーツ施設を利用することは，当然のこととして予定され，その前提として，マンション区分と倶楽部会員権が帰属を一にするものとされているから，本件売買契約と本件会員権契約は不可分的に一体化したものと考えるべきである」とした。

また，「Yの，これら一体の付帯施設の利用を売り物にしたマンションの購入勧誘行為は，たんなる販売のための口上としてその施設の未完成が不問に付される性質のものではなく，相当期間内にその完成が確約されたものとしてマンション購入者に理解されてしかるべきである」。「仮に，Xらの本件不動産の購入目的がほかにあったとしても，そのこと故にYの屋内プールの完成義務が到底免除されるものではない。なぜなら，Yが建設を約束した各種施設のうち，いかなる施設を利用する目的でマンションが購入されたかに関しては，Xらのみならず，他の購入者らについても真の意図は奈辺にあるか当該購入者以外の者には明確でないのが常態であって，右真意を詮索する必要はないし，施設の完成は本来，Yの約諾した債務であって，その履行は一にYの意思にか

かっている関係上，未完成について正当の事由なくＹの責任を不問に付すことは到底容認されるべきでないからである。
　したがって，Ｘらが本件不動産を購入した日から相当期間内に屋内プールを建設して，これをＸらに利用させるＹの債務は，本件会員権契約のみならず，本件売買契約にとっても必須の要素たる債務である」とした。
　そこで，Ｘらによる売買契約と会員権契約の解除はいずれも有効であるとして，売買代金等の返還を肯定した。
　(4)　他方，原審は，以下のとおり判示して，Ｘらの請求を認容した一審判決を取消し，Ｘらの請求をいずれも棄却した。
　「会員権の購入契約は，不動産の売買契約と同時に，これに随伴して締結されるのが通例であったことが認められるけれども，本件不動産と本件会員権とは財産権としては別個独立のものであり，売買契約の客体としても別個のものであることは明らかであって，『会員権付きのコンドミニアム』というのは通俗的かつひゆ的な表現にすぎないから，本件不動産と本件会員権とが一個の客体として本件売買契約の目的となっていたものとみることはとうていできない。すなわち，法律的には，本件契約は本件不動産の売買契約と本件会員権の購入契約の二個の契約より成り，両契約が『一体のもの』と認めることはできない」。
　そこで，解除については，「二個の契約のうち一方の契約上の義務の不履行を理由に他方の契約を解除することができないことは当然のことであるが，本件のように，会員権の購入契約が不動産の売買契約を同時に，かつそれに随伴して締結されたような場合であって，会員権購入契約にもとづくＹの義務が約定どおり履行されることが不動産の売買契約を結んだ主たる目的の達成に必須的でありかつそのことが売買契約において表示されていたのにこれが履行されないときには，いわゆる付随的義務の不履行の場合と同様，売買契約の要素をなす債務が履行されない場合に準じて，その不履行を理由に売買契約を解除することができるものと解するのが相当である」。
　しかし，Ｘらとしては，クラブの「屋内プールを利用することが本件不動産購入の重要な動機となっていたことが窺われないではない」が，この「事情は本件不動産の売買契約において何ら表示されていなかった」。そこで，屋内プ

ールの完成の遅延が会員権契約上のYの債務不履行にあたるとしても，Xらがこれを理由に「不動産の売買契約の要素をなす債務が履行されない場合に準じてこれを解除することはできない」。

　　2　最高裁の判旨

　最高裁は，原判決を破棄し，一審判決を正当として是認，Yの控訴を棄却すべきものとした。

「1　本件クラブにあっては，既に完成しているテニスコート等の外に，その主要な施設として，屋外プールとは異なり四季を通じて使用の可能である屋内温水プールを平成4年9月末ないしこれからそれほど遅れない相当な時期までに完成することが予定されていたことが明らかであり，これを利用し得ることが会員の重要な権利内容となっていたものというべきであるから，Yが右の時期までに屋内プールを完成してXらの利用に供することは，本件会員権契約においては，単なる付随的義務ではなく，要素たる債務の一部であったといわなければならない。

　2　前記一3の事実によれば，本件マンションの区分所有権を買い受けるときは必ず本件クラブに入会しなければならず，これを他に譲渡したときは本件クラブの会員たる地位を失うのであって，本件マンションの区分所有権の得喪と本件クラブの会員たる地位の得喪とは密接に関連付けられている。すなわち，Yは，両者がその帰属を異にすることを許容しておらず，本件マンションの区分所有権を買い受け，本件クラブに入会する者は，これを容認してYとの間に契約を締結しているのである。

　このように同一当事者間の債権債務関係がその形式は甲契約及び乙契約といった二個以上の契約から成る場合であっても，それらの目的とするところが相互に密接に関連付けられていて，社会通念上，甲契約又は乙契約のいずれかが履行されるだけでは契約を締結した目的が全体としては達成されないと認められる場合には，甲契約上の債務の不履行を理由に，その債権者が法定解除権の行使として甲契約と併せて乙契約をも解除することができるものと解するのが相当である。

　3　これを本件について見ると，本件不動産は，屋内プールを含むスポーツ

施設を利用することを主要な目的としたいわゆるリゾートマンションであり，前記の事実関係の下においては，Xらは，本件不動産をそのような目的を持つ物件として購入したものであることがうかがわれ，Yによる屋内プールの完成の遅延という本件会員権契約の要素たる債務の履行遅滞により，本件売買契約を締結した目的を達成することができなくなったものというべきであるから，本件売買契約においてその目的が表示されていたかどうかにかかわらず，右の履行遅滞を理由として民法541条により本件売買契約を解除することができるものと解するのが相当である。

四　したがって，Xらが本件売買契約を解除することはできないとした原審の判断には法令の解釈適用を誤った違法があり，右違法は原判決の結論に影響を及ぼすことが明らかであるから，この点をいう論旨は理由があり，原判決は破棄を免れない。そして，原審の確定した事実によれば，Xらの請求を認容した第一審判決は正当として是認すべきものであって，Yの控訴を棄却すべきである」[13]。

3　会員権契約と売買契約の関係

(1)　本件においては，屋内プールの完成がYにとってどのような債務内容になっていたかが問題となり，第1に，債務性を肯定すると，甲契約である会員権契約の解除が可能となり，第2に，これとの関係で乙契約の解除の可否が問題となる。

第1の問題については，屋内プールの建設が，会員権契約上どう位置づけられていたかが論点である。スポーツクラブには種々の施設があり，プールの建設は，契約書に明記された義務というわけではない。しかし，広告の記載内容や，スポーツクラブにおける重要な施設としての位置づけからすれば，Yの債務になっていたことは明らかであり，判旨1は，これを肯定した。

541条によって契約を解除するには，遅滞した債務が付随的債務ではなく，要素たる債務であることを必要とする。古くに，大判昭13・9・30民集17巻19号1775頁は，売買契約にさいして，公租公課の義務を負担した買主が，その支払義務を怠ったとしても，このような付随的債務の不履行を理由として契約を解除することはできないとした。また，最判昭36・11・21民集15巻10

号2507頁も，買主が契約をなした主たる目的の達成に必須ではない付随的義務の履行を怠った場合について（固定資産税の負担），その義務の不履行を理由として売主が契約を解除することを否定した。

ただし，売買契約締結の目的に必要不可欠なものではなくても，売主にとっては代金の完全な確保のために重要な意義をもち，その不履行が契約締結の目的の達成に重大な影響を与える場合には（代金完済までは売買目的の土地に建物その他の工作物の築造をしてはならないとの約款に反し，買主が建物を新築し，売主が契約を解除したケース），外形上は付随的約款で定められた義務の不履行であっても，解除は可能である（最判昭43・2・23民集22巻2号81頁）。契約の外見にはよらず，その不履行があれば契約の目的が達成されない債務は，要素たる債務になるのである[14]。

本件判旨も，屋内プールを「利用し得ることが会員の重要な権利内容となっていたものというべきであるから，Yが右の時期までに屋内プールを完成してXらの利用に供することは，本件会員権契約においては，単なる付随的義務ではなく，要素たる債務の一部」とする。この部分まで，ほとんど争いはないであろう。

(2) 第2の論点は，会員権契約上の債務が履行されないことが，ひいては売買契約の解除事由になるかである。これを肯定する場合でも，論者によりその論理はかなり異なる。

この2つの契約が，別個の契約ではなく，不動産の売買契約にスポーツクラブの会員権契約が付加された混合契約であるとすれば，屋内プールを建設して会員に使用させるYの債務は，混合契約でも要素たる債務となるから，Xが契約を解除することが可能となる。これは，一審の構成でもある。

しかし，スポーツクラブの施設は，当然にマンションの共用の施設になっているわけではなく，不動産の売買契約により当然にスポーツクラブに入会するわけではない。スポーツクラブの施設を利用するには，別途クラブに入会する必要がある。区分所有権を譲り受けても，新会員としての登録にはYの承認が必要とされている。両契約が密接に関連付けられていることは確かであるが，むしろ性格上は別の契約というのが率直である。そこで，原審は，この立場にたって，不動産の売買契約の解除を否定した。

もっとも，不動産の売買契約とスポーツクラブの会員権契約が別個の独立した契約であることを認めても，必ず前者の解除が否定されるわけでもない。ここで，一方甲契約上の債務の不履行を理由として，他の乙契約を解除できるかが問題となる。

　(3)　541条は，1個の契約の債務不履行のさいの契約解除を前提としており，従来ほとんど検討されたことのない論点である。前提とする契約の不履行が他の契約の解除の理由となるかは，明らかではない。本判決を契機として，多数の学説が主張されている[15]。

　類似の先例としては，東京地判平4・7・27判時1464号76頁がある。Aが不動産の小口持分をBに売買し，買主から借り上げる賃貸借契約につき（借主たるAが賃料を不払），当該契約は，持分を買い受ける方法により出資し，これに対し相当の利益配分をうけるものとして，持分の売買と賃貸借が不可分的に結合した一種の混合契約と解された。そこで，Aが賃料を一口当たり年額6000円しか支払わない場合には，Bは，全体の契約を解除して，Aに交付した金額（本件では30口，900万円）の返還を求めることができるとした[16]。他方，その控訴審である東京高判平5・7・13金法1392号45頁は，売買契約の部分と賃貸借契約の部分は可分であり，賃貸借契約の不履行により売買契約の効力を左右する条項はないとして，解除を否定した。しかし，同事件の契約関係は，受戻しのない譲渡担保に類似した関係であり，むしろ全体として一個の契約というべきであろう。

　これに対し，平8年判決においては，売買契約と会員権契約の2つの契約が別個のものであることが一般であり，同事件のように結合されていることは，むしろ稀なケースである。しかし，最高裁は，契約が2個であるという形式によらずに，実質的には1つの契約におけると同様に，甲契約における不履行を理由として，乙契約をも解除できるものとした。「同一当事者間の債権債務関係がその形式は甲契約及び乙契約といった二個以上の契約から成る場合であっても，それらの目的とするところが相互に密接に関連付けられていて，社会通念上，甲契約又は乙契約のいずれかが履行されるだけでは契約を締結した目的が全体としては達成されないと認められる場合には，甲契約上の債務の不履行を理由に，その債権者が法定解除権の行使として甲契約と併せて乙契約をも解

除することができるものと解するのが相当である」。すなわち，その要件は，契約の密接な関連付けと，社会通念上の目的の不到達である。

　本判決に関する調査官解説によれば，同一当事者間の契約解除の可否をみるさいに，契約の個数は本質的ではないことが理由とされている。形式的には2個以上の契約に分解できるとしても，二者の目的とするところが密接に結合されていて，社会通念上，一方の契約のみでは契約の目的が達成されない場合には，一方の契約の債務不履行を理由に他の契約も解除できるのが，当事者の意識にも適合するとする[17]。

　しかし，いくら密接とはいえ，他の契約の債務不履行は，当該の契約の障害事由ではないから，最高裁が，新たに解除事由を追加したのか（また，どのような事由なのか），あるいは541条の解除の構造そのものを変更したのかを検討する必要がある。

第3章　債権の消滅原因としての目的不到達

1　2つの契約の運命

　契約が独立したものであれば，給付内容も異なり，それぞれが独立した運命に服するとするのが民法の原則である。両者は，独立して消滅するだけであるから，固有の消滅原因がなければ，当然に消滅することはない。その例外は，双務契約における給付の牽連関係だけである（536条1項）。これ以外に，どのような例外がありうるかが問題である。

　(1)　形式的には別の契約Aに属する債務の不履行が，B契約にも影響することを認める方法の1つは，平8年判決の一審の行った構成にみられる。実質的には1つの契約上の債務と構成して，A契約だけではなくB契約の解除を認めるものである。1つの契約に複数の給付があることを前提に，また，当該の給付が，双方の契約にとって本質的であることを認めるのである。主物・従物の発想に近く，法律家の思考には適合したものとなろう[18]。ただし，この構成には，契約そのものが定型的ではないこと，給付の内容も多様であることから，その本質性は，水掛け論になりやすいとの問題がある。制度的には，契

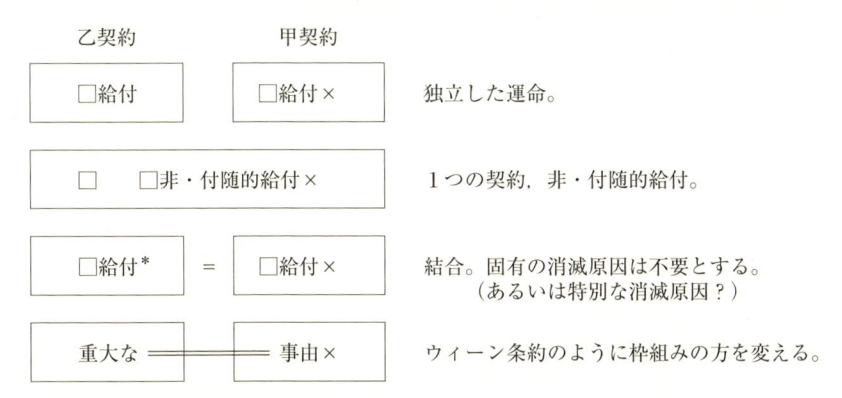

乙契約	甲契約	
□給付	□給付×	独立した運命。
□	□非・付随的給付×	1つの契約，非・付随的給付。
□給付*	= □給付×	結合。固有の消滅原因は不要とする。（あるいは特別な消滅原因？）
重大な	══ 事由×	ウィーン条約のように枠組みの方を変える。

＊給付そのものは可能でも，目的が不到達となる。

約を膨らませることの是非が問題となる。言い換えれば，必要な場合には，すべてが特殊な契約として処理されてしまう可能性がある。三面契約であるリースやクレジット契約において，抗弁の接続を認めるためにもしばしば用いられる方法である。

そこで，少なくとも形式的には，複数の契約を単一のものとする方法は便宜的とみなされるよちがある。しばしば結論を導くための議論になりがちだからである。しかし，形式論で反対するのは容易であるが，影響関係の否定にも問題があることは，抗弁の接続の場面と同様であり，一定の要件のもとでは，影響関係を肯定することが必要となる。もっとも，形式論においても，たんに契約書が別であれば自動的に別の契約と認めるわけではない。そうすると，どこで契約の単数・複数を決定するのかがあいまいになったり，契約の個数だけによることが妥当かという問題も生じる。

平8年判決では，契約の個数論との違いが強調され，したがって「契約の一体性」によってあえて不履行義務に取り込む必要はないのであるが，その内容は，「契約の結合性」によって実質的に不履行義務に取り込むということであろう。そこで，付随義務を本質的義務に昇進させるとの発想は，共通している。

また，折衷的には，いわゆる枠契約論が主張されることもある[19]。形式的には別個の契約であっても，実質的には，枠構造としての上位の契約があるとするものである。別契約であることを前提にして，他方で影響関係を認めるための構成であるが，便宜的に上位と下位の契約を使い分けるところに問題が生

じよう。上位の契約を解除のために利用することは，一体化論と同じ発想だからである。

(2) 近代法は，給付の単純を主眼としたから，典型契約においても，主たる給付のみが記載されている場合が多い。たとえば，売買の555条では，財産権の移転と代金の支払である。ギールケの批判以来，給付には，付随義務があることが正面から承認されているが（ド民618条（Pflicht zu Schutzmaßnahmen）は，明文をもって使用者に労働者の生命と健康を保護する義務を課し，スイス債務法典旧339条にも同旨がある。＝現328条，die Persönlichkeit des Arbeitnehmers zu achten und zu schützen）[20]，初期の近代法は，むしろ意図的に，付随義務のような非定型であいまいなものを排し，契約上の地位から生じる複雑な関係を捨象しようとしたのである。法律関係の単純化と安定をねらったものである。単純化をねらう場合には，契約に影響を与えるものは，本質的な給付義務のみとなる[21]。これにつき，古い法のもとでは，たんに取引形態が単純であったからとするのは誤解であり，普通法においても，利息制限法の回避をねらった定期金売買に種々の類型があったように，複合型の契約は，決して少なくはなかったのである[22]。

契約に影響を与える理論は，別の構成によっても可能となる。すなわち，解除の構成の方を修正するものである。541条とは異なり，厳密な「給付」の障害を要件としなければよいのである。たとえば，ハーグ条約やウィーン条約である。ウィーン条約49条，25条によれば，そもそも契約が解除されるのは，売主の義務の重大な不履行である[23]。この場合には，契約にもとづいて期待できるものが失われる場合には，重大な義務違反となる。契約違反の枠組みそのものを拡大する構成といえる。すなわち，以下の規定がある。

49条1項「買主は，次のいずれかの場合には，契約の解除の意思表示をすることができる。(a)契約又はこの条約に基づく売主の義務の不履行が重大な契約違反となる場合…」。

64条1項「売主は，次のいずれかの場合には，契約の解除の意思表示をすることができる。(a)契約又はこの条約に基づく買主の義務の不履行が重大な契約違反となる場合…」。

25条「当事者の一方が行った契約違反は，相手方がその契約に基づいて期

待することができたものを実質的に奪うような不利益を当該相手方に生じさせる場合には，重大なものとする。ただし，契約違反を行った当事者がそのような結果を予見せず，かつ同様の状況の下において当該当事者と同種の合理的な者がそのような結果を予見しなかったであろう場合は，この限りでない」。〔本篇の脱稿後，ウィーン条約が批准され，国際物品売買契約に関する国際連合条約として，2009年8月に発効した。〕

２　目的不到達

(1)　541条の法定解除権においては，「債務を履行しない」ことが要件の1つとされており，その場合に，契約の目的を達成できないことは，明文上は必要とされていない。後者が明文に現れているのは，給付そのものは可能でありながら目的が達成されない場合，すなわち，542条の定期行為の遅滞による解除の場合だけである。543条でも，要件は，履行の「不能」である。

しかし，ささいな不履行を理由とする解除が可能といえないことも明らかであり，これは，上述の付随的債務を理由とする解除が許されないことにも現れている。また，本質的な債務においてすらも，そのごく一部が不履行になったときには解除が制限されるとすることはありうる。

たとえば，大判昭14・12・13判決全集7輯109頁によれば，履行遅滞にある債務者が債権者からの催告に対し誠意をもって履行に努力しその誠意が認められる場合には，僅少部分の不履行の事実があっても解除権の行使は許されず，最判昭35・12・15民集14巻14号3060頁においても，弁済の提供が僅少な額不足したとしても，当然に弁済提供および供託の効果を否定することはできない（消費貸借上の債務の弁済のため供託された元利合計15万3140円が，正当な元利合計額に1300余円不足した場合）。

これをもっと敷衍して，上述のハーグ条約やウィーン条約のように，解除の要件そのものを組み換えて，「重大な契約違反」(fundamental breach) とする方途もある（売主の義務違反，ウィーン条約49条1項(a)，買主の義務違反，同64条1項(a)）。もっとも，それではやや抽象的であるから，それを具体化する方法として「契約により相手方が期待できたものを達成できない場合」を重大な契約違反の表徴とすることも可能である（ウィーン条約25条）。さらに，じっさい

の契約では，もっと具体化され，詳細な違反事由が契約書に列挙されることが多いであろう。

(2) 契約の目的は，本来，契約の直接目的，すなわち，双務契約であれば，反対給付の取得を指すものである。付随義務論にもそのことは現れている。付随的な義務の不履行を理由とする解除が許されないのは，それによって反対給付の獲得が阻害されないからである（大判昭13・9・30前掲，最判昭36・11・21前掲。また，最判昭47・11・27裁判集（民）107号265頁）。そこで，農地売買で，買主が知事の許可申請手続をしない場合には，売主には，ひいては売買代金をとれない可能性が生じるから，解除が可能であり（最判昭42・4・6民集21巻3号53頁），また，代金完済まで築造しないとの約款に買主が違反したときにも，代金完済が危殆に瀕するから，売主は解除をなしうるのである（最判昭43・2・23民集22巻2号81頁）。

逆に，山林の売買で，山林を使用する債務は，売買の目的である立・倒木の引渡のために必要であるから，使用できない場合には，買主の解除が認められるのである（最判昭45・3・3判時591号60頁）。また，農地法の許可の場合でも，買主が許可申請手続に協力しなくても，すでに代金を支払っている場合には，売主の反対給付の獲得は実現されているので，売主の解除は認められない（最判昭51・12・20民集30巻11号1064頁）。

同じく給付の拡大（その不達成）の方法によるのが，以下の事例である。

最判平11・11・20判時1701号69頁，金判1088号25頁は，XがYの債務不履行を理由にゴルフクラブの入会契約を解除したとして，Yに支払った入会金，預託金等の返還を求めた事件である。原審は，ゴルフプレーを行うために必要不可欠でない施設の完成の遅延を理由に会員が入会契約を解除することは許されないとしたが，最高裁は，原審には法令の解釈適用を誤った違法があるとして，原判決[24]を破毀差戻した。

また，最判平11・11・30金判1088号32頁も，同様の事件であり，Yの経営するゴルフ場の正会員となる旨の入会契約を締結したXが，債務不履行を理由に契約を解除し，入会金，預託金等の返還を求めた事件である。Yが，ゴルフ場に会員用の高級リゾートホテルが建設されることを強調して会員の募集をしたものであり，Xも，そのことを考慮して契約を締結したことから，Yが

リゾートホテルを建設してＸの利用に供することが，契約上の債務の重要な部分を構成するとし，Ｘがその債務の履行遅滞を理由として契約を解除することができるとした（上告棄却）。

「1　原審の認定したところによれば，Ｙが会員の募集のために作成したパンフレットには，本件ゴルフ場に高級ホテルが建設されることが強調されていたというのであるから，Ｘが，Ｙとの本件ゴルフ場の入会契約を締結するに当たり，右のパンフレットの記載を重視した可能性は十分あるものと解される。また，前記事実関係によれば，本件ゴルフ場の入会金及び預託金の額は前記パンフレットに記載された本件ゴルフ場の特徴に相応して高額になっていたが，実際にＹによって提供された施設はその規模や構造等において右のパンフレットの記載には到底及ばず，このためにＸが本件入会契約を締結した目的を達成できない可能性のあることがうかがわれる。これらの事実は，Ｙにおいて前記パンフレットに記載されたホテル等の施設を設置して会員の利用に供することが本件入会契約上の債務の重要な部分を構成するか否かを判断するに当たって考慮される必要のある事実である。

2　そうすると，右の事実の存否等についての審理を尽くさず，ゴルフプレーを行うために必要不可欠ではない施設の完成の遅延を理由に会員が入会契約を解除することは許されないとの見解に立ってＸの請求を棄却した原審の判断には，法令の解釈適用を誤った違法があり，右違法は原判決の結論に影響を及ぼすことが明らかである。この趣旨をいう論旨は理由があり，その余の論旨について判断するまでもなく，原判決は破棄を免れない」。

これらでは，契約の個数ではなく，むしろ，給付の個数が問題とされ，給付義務を膨らませることによって契約上の債務の不履行が肯定されたのである。

(3)　しかし，乙契約の給付を甲契約の給付に取り込むのではなく，乙契約の給付が，直接には障害をうけなくても，甲契約の給付障害に関連して，同時に目的を失い，間接的に障害をうけることを評価する可能性もある。これが，目的不到達や行為基礎の喪失の理論である。

すなわち，給付には，しばしばそれをするための間接目的の達成が意味をもつ場合がある。すなわち，目的には，契約上の給付，たとえば物や代金を受領するだけではなく（直接目的），特定の用途に使用しようとする意図が結合す

る場合がある（間接目的あるいは使用目的）。たとえば，売買であれば目的物を使用し，土地の賃貸借であれば，その土地を特定の用途，すなわち耕作なり建築に用いようとする目的である。

　契約当事者は，およそ契約によって給付を取得しようとする場合には，このような使用目的を有している。そこで，その実現が後発的事由によって妨げられるときには，給付は価値を失い，目的挫折として債務の運命に関与することができるのである。その端的な例が，直接目的の挫折である不能である。したがって，不能は，危険負担の制度のもとでは，当然に反対給付義務を消滅させ（536条1項），当事者にイニシアティブを与える制度のもとでは，契約解除権を導くのである（543条）。間接目的の挫折は，行為基礎の喪失の場合となる。

　しかし，直接目的は当事者にとって明白であるが，間接目的である目的の挫折は，必ずしも明白ではない。そこで，後者である使用目的が考慮されるためには，それが契約の双方当事者にとって共通なものとならなければならない。その理由は，以下のとおりである。

　(4)　すなわち，双務契約において契約がなされた直接の目的は，反対給付を取得することにある。そして，給付と反対給付との交換が行われるのも，この目的のためにほかならない。ところで，そのような場合に，契約当事者は，おのおのが有する第一義的な目的を実現するために，相手方当事者の目的，すなわち反対給付の獲得という目的をも共有する。そこで，かりに直接の目的の一方が達せられなくなるとすれば，他方の給付義務も消滅するというのが妥当である。その場合には，交換が実現されなかったのであり，したがって反対給付を実現する必要も失われる。そして，この関係こそが，給付不能にもとづく牽連関係である。すなわち，ここでいう給付不受領による目的挫折は，給付不能を意味するのである[25]。

　しかし，当事者が契約をした目的が達せられなくなるのは，狭く給付不能の場合だけではない。この第1の目的（直接目的）には，第2・第3の目的（間接目的）が結合することもある。そして，給付債権者が有する使用目的も，これに属するのである。たとえば，ある物の買主は，売買の目的物を特定の用途に利用しようとするであろうし，また家の賃借人も，それを特定の用途に利用しようとするであろう[26]。

もっとも，給付債権者がいかなる目的をもっていても，それは原則として相手方にとっては無関係のことである。給付相互の交換という第1の目的とは異なり，第2・第3の目的は，給付の受領や反対給付の実現と直接には関係していない。そこで，第2・第3の目的は達せられなくても，不能とは異なり，給付相互の交換は障害をうけるわけではない。そこで，一般に給付債権者はなお給付を受領し，反対給付を履行しなければならない。すなわち，同人は，目的にしたがって使用しえない危険（Verwendungsrisiko，使用危険）を負担しなければならないのである[27]。

　しかし，契約の相手方も給付債権者のこのような広い目的を共通にすることがありうる[28]。たとえば，請負において，注文者が特定の仕事を特定の目的のもとに注文する場合である。そのような場合に，仕事は，その目的の達成に適した方法でしあげられることを要求される[29]。そこで，注文者の利用目的は請負人にも知られ，後者はそれにしたがって仕事をすることを引きうけ，目的は給付内容となる。こうして，使用目的は客観的な契約目的となるので，たんに注文者個人の意図であるだけでなく，契約にとっても本質的なものとなる[30]。もっとも，それが契約そのものの内容にまで高められる必要はない。というのは，そうなったとすれば，行為基礎をもち出すまでもなく，その挫折は，契約の挫折，すなわち不能を意味するであろうからである[31]。

　しかしながら，目的が契約の内容にまで高められることはなくても，それが契約にとって本質的なものとなれば，その挫折によって，不能の場合と同じように，当事者を当初の契約に拘束しておくことは不当なものとなる。

　(5)　同じことは，請負にかぎらず，賃貸借でもいえる。たとえば，家が特定の用途のために賃貸され，その用途が無用になった場合である（上述第1章2(1)(ア)の戴冠式事件）。相手方は，その特定の用途と当事者の意図を知り，相当賃料の算出の基礎とするであろう[32]。そして，相手方が目的に応じた利益をえているとすれば，その目的が挫折した場合に，その不利益をも共有させることは不当とはいえない[33]。

　もっとも，これらの諸場合には，契約の類型による差がみられる。売買は，一般にこのような関係に親しみにくいであろう。というのは，売主は，買主の使用目的にかかわりなく，物が売買目的物として有するべき態様を，瑕疵担保

の規定にしたがって保証するにとどまる[34]。というのは，売買では，特定の目的は交換される給付の取得そのもののなかに解消されているからである（日民570条・566条1項参照）[35]。つまり，第2目的は，物が通常有する性質をもち，それによって第1目的が達成されるかぎり，実現される。他方，目的物が通常有する性質を備えるとすれば，買主には有用であるとみなしうるし，売主としてかかわりのないことである。そこで，第2目的の挫折が意味をもつのは，売買ではまれであり，賃貸借でも少なく，多くは雇用や請負にみられるのである[36]。

(6) こうして使用目的が，契約の存続を左右しうるとすると，その効果が問題となる。ここでも，不能との対比が有用である。すでにみたように，反対給付義務の消滅という不能の効果は，給付交換という契約の中心的目的の障害からもたらされる（給付債務者の債務からの解放）。これに反し，使用目的の障害では，給付交換は，なお可能である。そして，契約上の義務からの解放は，おもに給付債権者のために行われる。そして，債権者は，みずからの目的が挫折したために契約の拘束を免れることを望むとしても，たんに目的を共有したにすぎない相手方は，債務の存続を望むであろう。したがって，牽連関係に準じて[37]，使用目的を失った給付債権者に反対債務からの免責を認めても，なお応分の負担を求めなければならない。

請負を例にとると，注文者の支払うべき報酬には，給付の準備のために費やされた支出への償還と，労務への対価とが含まれている。そこで，注文者の使用目的が達成されない場合に，同人が労務の対価の支払を免れることまでは認めることができる。しかし，支出費用の償還さえもうけられないとすれば，請負人にとって過酷であろう。というのは，そうだとすると，他人のために事務管理を行う場合よりも，同人にとって不利となるからである。そこで，少なくとも同人に支出費用の賠償を認めるべきことになる[38][39]。

もっとも，契約が結合された場合には，契約の客観的評価により間接目的の達成は，計算ずみであるから（売主がみずから使用利益，プールの利用を宣伝して，売買契約の成立を図っている），こうした賠償は，多くの場合に不要である。ある意味では，直接目的と間接目的の関係が，逆転しているからである（付加価値をつけることによって売買を促進している）。この場合に，間接目的は，買主

にとって重要であると同時に、売主にとっても「売り」であり担保するべき状況である。

　契約解除のための給付障害は、第一義的には不履行（不能と遅滞、積極的契約侵害）であるが、甲乙契約の結合の結果、乙契約にとっては間接目的である甲契約の履行が、包含されることもある。この場合には、乙契約の間接目的が甲契約の不履行によってひいては挫折することになり、契約解除の事由ともなる。すなわち、乙契約の直接目的が達成可能であり、狭い意味での給付障害が存在しない場合でもたりるのである。

　もっとも、甲乙両契約が同列の契約の場合ばかりではなく、甲契約に対して乙契約の比重がはるかに高い場合など、甲契約の不履行がつねに乙契約の間接目的を達成不可能にするわけではない（たとえば、老人ホームの入居が主たる契約で、代替可能な付随する別契約が不履行になるような場合）。間接目的の達成にさいしても、直接目的、すなわち給付の不能のさいの付随義務論は有益である。そこで、現象的には、甲乙両契約を一体とみる契約観と結論的にはあまり異ならない結果となることも多いであろう。逆に、直接目的の挫折した乙契約の比重が高い場合には、同時に、付随する甲契約の間接目的を達成不可能とすることになる。この場合には、乙契約が中心となることから、「間接」目的の挫折はあまり視野に入らないことにもなろう。

3　類似した先例

(1)　間接目的の不到達の先例のすべてを検討することは、本篇の課題ではない。本篇では、間接目的の達成が、第2の契約に結合され、あるいは付随的債務として主たる債務に結合されている場合のみを検討する。複合契約の場合は、たんに当事者の共通の前提として間接目的が包含されている場合よりも、外形的に明確な場合が多い。等しく売買に間接目的が付着しているといっても、たんに当事者が前提としたというだけではなく、別の、しばしば同時に締結された契約が存在し、そこから客観的に推察できることが多いからである。ここに、たんなる目的不到達や行為基礎という以上に、契約目的が考慮されるよちが存在する。

　最判昭50・2・20民集29巻2号99頁においては、Aが、建物を区分して

ショッピングセンターとして青物，果物等の店舗として賃貸している場合に，Aが，その建物の一区画を賃借しているBに対し，（Bに，粗暴な言動を用い，またはみだりに他人と抗争する行為などを禁止する特約に違反する行為があったとして）賃貸借契約を無催告解除した上で，建物部分の明渡し等を求めた事案である。Bがショッピングセンター内で他の賃借人に迷惑をかける商売方法をとって他の賃借人と争うなどした行為が，たんに上記特約に違反するだけではなく，そのため本件賃貸借契約についてのAとBとの間の信頼関係が破壊されるに至ったとして，Aによる本件賃貸借の無催告解除を認め，上告を棄却した。

同事件において，賃料の取得という直接目的は，不払がない限り達成されているが，平穏な使用という賃貸借の使用目的（賃借人の使用目的につき賃貸人が利益をもつ場合）が害されることが解除の理由になっているのである。信頼関係の破壊の理論には，しばしばこのような間接目的の不到達の事例が混在している（特約は必ずしも不可欠ではない）。正面から行為基礎の喪失を肯定しない場合でも，信頼関係の破壊の理論は，裏口からこれを認める方途となっているのである。

(2)　近代法は，法律関係の単純化の目的のために，物理的な給付の障害である不能を中心とする給付障害論を構築した。契約の目的や動機は極力排除されている。複合した契約を必ず結合しようとする場合には，むしろ明示的に条件づけておくことが期待されているのである。そして，1900年のドイツ民法典も，不能と遅滞の二元体系を採用したから，伝統的な給付障害は，不能と遅滞である。しかし，1902年のシュタウプの積極的契約侵害論以降は，これに，積極的契約侵害あるいは積極的債権侵害が付加された。給付障害は，決して閉ざされた体系ではない。

解除事由となる債務不履行においても，これらが前提とされるが，それ以外に考慮すべき概念がないわけではない。その1つが，前述した普通法上の「目的不到達」の場合である。また，経済事情の変動のさいに繰り返し登場した「経済的不能」の場合がある（Oertman, 1865-1938）。契約結合の場合に登場する契約目的の不到達も，こうした債務消滅原因の1つと位置づけられる。

第4章　むすび

1　三面契約と契約目的の不到達

(1)　同一当事者間の契約においても，公序良俗の問題では，結合関係による間接目的の喪失は肯定されやすく，古い例としては，芸娼妓契約と前借金契約の関係がある（最判昭30・10・7民集9巻11号1616頁ほか）。初期の大審院時代の判例には古く芸娼妓契約を無効とするものもあったが，その後の判例は，おおむね芸娼妓契約を金銭消費貸借と人身拘束の2つの部分に分け，後者を無効とし前者を有効とする一部無効の処理をしてきた（大判大7・10・12民録24輯1954頁，大判大10・9・29民録27輯1774頁）。しかし，たんなる給付障害とは異なり，とりわけ公序良俗に反する場合には，消費貸借自体においても間接目的が顕在化することから，公序良俗の判断の対象に取り込むことが容易なのである。動機の不法の理論は，契約目的を既存の法律行為の理論に対象を取り込むための方途と位置づけられる。

(2)　2つの契約の影響関係が問題とされるのは，2当事者間の複合契約の場合だけではなく，3当事者間の契約の場合にもみられる。

　この場合でも，人身売買のための消費貸借といった例では，影響関係が肯定されやすいであろう。たとえば，芸娼妓契約において，Aが直接Bに金を貸して拘束するのではなく，Cが代わって支払うような場合である。この場合にも，BC間の消費貸借契約は，AB間の人身拘束の契約の維持を目的としたものであり，間接目的は公序良俗に違反する。顕在化した間接目的が法律行為の無効をもたらすのである。間接目的といっても，公序違反の効果は重大である。

　また，人権侵害といった重大な事由にいたらなくても，詐欺的商法のための消費貸借のような場合でも，消費貸借自体が公序良俗に反し，間接目的が考慮されることがありえよう。たとえば，AがBに効能のない薬をいちじるしく高価に売りつけ，その代金をCが融資する場合である[40]。Cが，こうしたAの意図を知りながら貸した場合には，消費貸借契約は無効というべきであろう。これも，間接目的が顕在化し法律行為に影響を与える場合である。

さらに、リースやクレジットなどの三面契約では、抗弁の接続に関する重要な論点がある。もっとも、これらには、そもそも三者の関係を1契約とみるか、もっと分析的にみるかという根本的問題があるが、この点には立ち入らない。2契約の場合と同様に、複合した契約を1つとみれば、影響関係を認めることは容易になろう(41)。

(3) 1つの契約ではなく、三面契約によるとの構成から出発した場合には、契約間の影響関係を肯定する問題は、おもに抗弁の接続の問題となる。上述の例では、AからBが目的物の引渡をうけない場合や瑕疵のある物を受領したときに、Aに対する抗弁をもってCに対抗しうるかが問題となる。

判例は、この場合には、等しく契約相互の密接な関係を肯定しても、容易には影響関係を認めない。平8年判決とは異なる点である。多くの下級審判決があるほか、最判平2・2・20判タ731号91頁は、クレジット取引における売買契約と立替払契約の関係で、抗弁の接続を限定的に解した。

「購入者が割賦購入あっせん業者（以下「あっせん業者」という。）の加盟店である販売業者から証票等を利用することなく商品を購入する際に、あっせん業者が購入者との契約及び販売業者との加盟店契約に従い販売業者に対して商品代金相当額を一括立替払し、購入者があっせん業者に対して立替金及び手数料の分割払を約する仕組みの個品割賦購入あっせんは、法的には、別個の契約関係である購入者・あっせん業者間の立替払契約と購入者・販売業者間の売買契約を前提とするものであるから、両契約が経済的、実質的に密接な関係にあることは否定し得ないとしても、購入者が売買契約上生じている事由をもって当然にあっせん業者に対抗することはできないというべきであり、昭和59年法律第49号（以下「改正法」という。）による改正後の割賦販売法30条の4第1項の規定は、法が、購入者保護の観点から、購入者において売買契約上生じている事由をあっせん業者に対抗し得ることを新たに認めたものにほかならない。したがって、右改正前においては、購入者と販売業者との間の売買契約が販売業者の商品引渡債務の不履行を原因として合意解除された場合であっても、購入者とあっせん業者との間の立替払契約において、かかる場合には購入者が右業者の履行請求を拒み得る旨の特別の合意があるとき、又はあっせん業者において販売業者の右不履行に至るべき事情を知り若しくは知り得べきでありなが

ら立替払を実行したなど右不履行の結果をあっせん業者に帰せしめるのを信義則上相当とする特段の事情があるときでない限り，購入者が右合意解除をもってあっせん業者の履行請求を拒むことはできないものと解するのが相当である」。

　物品供給と結合した消費貸借における抗弁の接続は，わがくにでは，部分的に割賦販売法旧30条の4（1984年改正），同35条の3の19で採用されたが，種々の問題が残されてきた。従来，指定商品以外のものが対象とされていないことから，被害が生じた後に後追い的に拡大適用される傾向があり，また，立替払やローン提携販売以外の契約方式は包含されない。カードによらない，買い物のたびに契約を結ぶ個品割賦で，近時，被害が多発してきた。割賦の形式が必要であり，ボーナス一括払では対象とならない。管轄の省庁間のみぞが大きいことにも由来する。とりわけ大きな問題は，適用される場合でも，抗弁の接続に限られ，既払金の返還請求ができないことである。解釈論には限界があるため，包括的な消費者信用法が必要である。これらは，三面契約においては，必ずしも契約の密接性だけでは問題が解決されないことの証左となっている。

　たんに複合的な契約として構成するだけではたらず，実質的にA　Cが同一人格である場合や，Cの不法性が高く，消費貸借契約がそれ自体として公序良俗に反する場合（上記(2)の場合）でないかぎり，一般的な影響関係を認めることはむずかしいであろう。

　もっとも，2008年6月11日に成立した割賦販売法，特定商取引法の改正では，過量販売のクーリングオフ権が定められたほか（改正特商法第9条の2），指定商品制が廃止され（改正割販法2条），個別式クレジットでは既払金の返還が可能とされた（改正割販法35条の3の12～16）。割賦の定義を見直し，2か月以上後の1回払い，2回払いも規制対象にされた（改正割販法2条）。

　比較法的には，ドイツの債務法現代化法358条では，もっと一般的な規定をしており，消費者保護法規としてはベターである。

　①消費者が，事業者による物の引渡またはその他の給付の履行に関する契約締結に向けられた意思表示を有効に撤回したときには，その消費者は，その契約の締結と結合した消費者消費貸借契約に向けられた自分の意思表示に拘束されない。

また，②消費者が，消費者消費貸借契約の締結に向けられた自分の意思表示を有効に撤回したときには，その消費者は，その消費者消費貸借契約と結合した物の引渡またはその他の給付を履行する契約の締結に向けられた自分の意思表示にも，拘束されない。消費者が結合契約の締結に向けられた意思表示を撤回できる場合には，1項のみが適用され，495条1項による撤回権（消費者消費貸借のクーリングオフ）は，行使できない。消費者が，消費者消費貸借契約の撤回を表示したときには，1項による事業者に対する結合契約の撤回とみなす，として，売買契約と消費貸借契約との，いずれに向けられた意思表示についても，その一方が撤回されたときには，他の意思表示も拘束力をもたないとしている。

　(4)　上述の最判平2・2・20は，割賦販売法30条の4第1項の規定が創設的なものであることを前提に，その要件が満たされない場合に，容易には抗弁の接続は肯定されないものとした。例外は，特別の合意がある場合と，抗弁の接続を「信義則上相当」とする場合のみである。

　この「信義則」の中に，複合的な二面契約と同じ問題が包含されている。二面契約と三面契約との相違は，信用供与契約の貸主が，必ずしも売買契約の内容に精通していないことである。そこで，同一当事者間におけるとは異なり，簡単に契約が「相互に密接に関連付」けられていること（平8年判決）のみから影響関係を肯定することはできない。

　平8年判決の原審は，ここで，「会員権購入契約にもとづくYの義務が約定どおり履行されることが不動産の売買契約を結んだ主たる目的の達成に必須的でありかつそのことが売買契約において表示されていた」ことを求めた。契約目的が相手方にも表示され認識されていることを要件とするのは，動機の錯誤と同じ発想であり，目的が共有されていることの1つの表徴となる。しかし，目的の共有は，必ずしも表示される必要はなく，契約の密接性から当然に明らかな場合もある。必要なのは，一方当事者の動機にとどまることなく，共通の基礎となることである。最高裁が，この要件を不要としたのには意味があるが，それに代わるべき要件を明示しなかったことは，説明づけとして不十分である。たんに契約の密接性のみではたらず，進んで目的の共有を要すると解される。「社会通念上，甲契約又は乙契約のいずれかが履行されるだけでは契約を締結

した目的が全体としては達成されないと認められる場合」とは，こうして，共通の目的が行為の基礎となっている場合をいうのでなければならない。不当利得の因果関係と同様に，抽象的な概念である「社会通念」だけでは不十分であろう（最判昭49・9・26民集28巻6号1243頁参照）。

三面契約において，目的が行為の基礎となる場合は限定されるから，多くの場合に，抗弁の接続，あるいは複合した契約の不履行を理由とする解除が否定されてきたことは，二面関係で「契約の密接性」による影響を認めることと，必ずしも矛盾するものではない。しかし，二面契約との比較によれば，三面関係においても，「契約の密接性」による影響を肯定するには，たんに信用供与者が他の契約を知っているだけではたらず，進んで目的が共有されていることを要するのである。もっとも，これは，売主と貸主が同一人格であることまで必要というわけではない。

このような契約目的の共有による，契約の影響を認めたと位置づけられるのは，次の裁判例である。

(5) 福岡高判平4・1・21判タ779号181頁

Yは，警備会社Aとの間で，警備機器を用いる警備委託契約を結び，機器をXからリースしていた。Aが倒産したので，機器のリース料の支払を止めた。そこで，Xがリース契約を解除し，残リース料相当の損害金の支払を請求した事件である。一審はこれを肯定。Yが控訴したものである。

警備機器は，Aのする警備業務と不可分であるから，警備しないかぎり不要なものであり，このことはY・A間の（ひいてはX・A間でも）契約の前提でもあった。リース契約に先立ち，Xは，Aとの継続的取引契約にもとづきリース申込，契約締結事務代行の権限をAに授与し，市場の拡大を追求していた。また，リース料算定の基礎となった機器の価額が「異常に高額」であり，工事費や金利などを考慮しても，リース料総額78万1200円は相当ではなく，「本件リース料の実質はその大半が警備料であると認められる」。

そこで，警備契約の「実態は，YとA間の本件警備契約の本質的要素である警備実施という債務の履行は同社に委ねながら，YはAのすすめるままに本件リース契約を締結し，その大半が警備料に相当する金員をリース料名目でXに支払うことを約したものにほかならず，本件警備契約に占める本件警備機

器の前記した機能を考慮すると，動産（本件警備機器）の所有者たるＸが賃貸人となって，賃借人たるＹにその使用・占有を認め，その対価としてＸがＹから使用料を徴収するという法形式たるリースに馴染むものかどうか極めて疑問」とされている。

また，本件は，Ｙの「金融の便宜のための，いわゆるファイナンスリース契約というべきものではなく」，むしろＡが，代行権限を利用し，金融の手段として，「法形式上，警備契約を，ＡとＹ間の『警備契約』とＹとＸ間の『リース契約』に分離し」，ＡとＹ間の警備料を低額にし，ＸとＹ間の「警備機器の売買価格を極めて高額に設定してリース商品とし，ＹがＡに対して有する法律上の抗弁をＸがＹから対抗されないような手段を講じて，Ｘから金融を得やすくする手段としたものと推認される」から，警備の実施と，リース料の支払は，「社会経済上，密接不可分に関連していたものである」。

もっとも，他方で，機器は，2，3万円の改造費をかければ，同種の警備会社が使用することができるから，「無用の長物」ともいえず，Ｘの負担する1か月1万円相当の料金がまったく，警備の対価のみともいえず，その一部は，「やはり同機器のリース代金に相当する」。

そこで，「本訴請求中，社会通念上相当と認められる購入価格から算定される本件警備機器の適性なリース料相当損害金を超える部分の支払を命じることは，信義則に反して許されないと解するのが相当である」。具体的には，社会通念上相当と認められる本件警備機器の購入価額およびリース料について，当初のリース金額をほぼ半減させた（総額78万1200円の契約の損害金を37万8000円とした）[42]。

本件では，警備契約と警備機器のリース契約の関係が，たんに，「社会経済上，密接不可分に関連」していただけではなく，ＡとＸの関係から，Ａ・Ｙの警備契約のみならず，Ｘ・Ｙのリース契約においても，当然の前提になっていたことが窺われる。つまり，警備契約の不履行は，リース契約の目的をも不到達にするものである。信義則の内容として，行為基礎の喪失が肯定されているといえる。ここで，その要件は，たんに「密接不可分」であるだけではたらず，債権者と債務者による目的の共有である。目的の共有には，人格の同一性までは必要ではないが，たんに知っているだけではたらず，その密接性を利用し何

らかの利益をえようとする関係が必要である（その利益は財産的である必要はなく，具体的に利益をえた必要もない）。リース契約においても，警備契約の実施が共通の利益の基礎とされていたのである。必ずしも表示される必要はないが，前提となっていなければならない。

目的の不到達において，相手方がその契約のもとで期待しえたものを実質的に失わせる不利益を生じさせることが要件とされる（ウィーン条約25条参照）のは，目的の共有に由来するのである。問題が同一であることが認識されれば，三面契約においても，こうした目的の到達の有無をきちんと認定していく必要性が明確となろう。

目的不到達を単独で債務の消滅原因とすることには，争いもある。行為基礎論にも賛否がある。しかし，複合契約で行われていることは，じっさいには，目的不到達の考慮である。したがって，この場合をも考察すれば，目的不到達の考慮されている場合は，かなり広範囲に及んでいるものともいえよう。

2　不能と目的不到達

不能による解除において，給付義務者の帰責事由を必要とするかについては，ハーグ条約以来の争いがあり，2002年のドイツ債務法現代化法はこれを不要とし（nicht erbrachte Leistung，不履行のみを要件とする）[43]，わがくにでも，帰責事由を不要とする見解もしだいに散見されるようになりつつある。目的不到達をも，不能の延長でとらえれば，同じ問題が存在する。不能においてこの要件をはずせば当然，そうでないとしても，目的の共有による影響関係は，より広く肯定されるべきであろう。二面関係であれば，甲契約の不履行に責任があれば，乙契約の目的不到達にまで責任がある必要はない。三面関係においても，より限定される可能性はあるが，同様である[44]。

また，不能と同様に，一部解除や損害賠償による解決の可能性もある。上述の福岡高判平4・1・21にみられるように，一部目的到達の場合に，比例的な解除やそれを前提とする減額請求もありえよう。解除するほど重大でない場合には，たとえば，平8年判決において，自分が利用するならば室内プールも必要であるが，転売するのであれば第三者には不要であるという場合に，値下がりした部分を損害賠償でカバーすることも考えられるが，これは，目的不到達

の理論というよりは，契約の保護効の範囲の問題となる（契約締結上の過失の問題）。

いうまでもなく，特殊な利用が保証されていたとか，条件や付款になっていれば，その効果として，解除や損害賠償が可能となることはいうまでもない。そうでなければ，表示され（前提となっている場合は不要），当事者双方の契約の基礎になっていることが必要である[45]。

（1） Ono, Die Entwicklung des Leistungsstörungsrechts in Japan aus rechtsvergleichender Sicht, Hitotsubashi Journal of Law and Politics, Vol. 30, 2002, S. 15.

（2） 拙稿「契約の終了事由と当事者の履行能力」（反対給付論の展開・1996年，以下【反対給付】で引用）351頁所収。ほかに，信頼関係の破壊や，相手方の人的事由を理由とし，帰責事由を要件としない解除，瑕疵担保解除の場合がある（後者は，ドイツの債務法現代化法では廃止・一般の解除と統合）。

（3） 拙稿「牽連関係と危険負担」（危険負担の研究・1995年，以下【研究】で引用）67頁所収。後述2（1）（ア）（a）（ii）の戴冠式事件参照。

（4） これらの諸事例は，おもに，Fikentscher, Schuldrecht, 1976, S. 175; Wieacker, Leistungshandlung und Leistungserfolg im Bürgerlichen Schuldrecht, Fest. f. Nipperdey z. 70. G., 1965, S. 783 ff. によるものである（一部修正した）。また，(a)(ii)は，イギリスの著名な裁判例である戴冠式事件（コロネーション・ケース）をもとにしたものである（Krell v. Henry, [1903] 2 K.B. 740 ほか）。Vgl. Schlechtriem, Schuldrecht, Allgemeiner Teil, 2003, S. 209.【研究】68頁参照。

（5） 目的到達一般については，末川博「目的の到達に因る債権消滅―Peter Klein, Untergang der Obligation durch Zweckerreichung―の紹介」末川博論文集III（債権）所収（1970年），磯村哲・注釈民法（12）債権の消滅・前注（1970年）。さらに，これに関する詳細な研究として，半田吉信「目的到達法理の史的発展」千葉大法経論集4―7号（1975年―1978年）を参照されたい。本篇では詳細をこれらにゆずり，複合契約と解除に関連するかぎりで，目的不到達の概括的な整理をするにとどまる。シュタウプについては，【現代化】（後注（38）参照）176頁参照。

（6） すなわち，目的到達・不到達の法理は，一面でそれが認められることによって不能の適用を限定するとともに，他面ではその効果を緩和するものでもあった（反対給付の運命については，【研究】200頁参照）。

（7） D. 44, 7, 17 (Alle Schuldner, die einen bestimmten Gegenstand aus einer bereichernden Ursache verschulden, werden von ihrer Verbindlichkeit frei, wenn derselbe aus einem bereichernden Grunde an die Gläubiger gelangt ist).

利得する原因〔無償の原因〕によって特定の目的物を負担している債務者〔贈与

第3篇　目的不到達の復権——最判平 8・11・12 民集 50 巻 10 号 2673 頁

者〕は，利得する原因〔無償の原因〕によって同じ物が債権者〔受贈者〕に取得されたときには，その義務〔贈与義務〕を免れる。Otto, Schilling und Sintenis, Corpus iuris civilis, 7 Bde, 1831-39, Bd. 4 (1832), S. 579. Vgl. Corpus iuris civilis, Institutiones (recognovit Krüger) & Digesta (recognovit T. Mommsen), 1886.

　パンデクテン法学上のテキストでも，目的到達・不到達についてほとんど言及しないものも多いが，そのなかでも無償原因競合だけには，あまり争いがない(Windscheid-Kipp, Pandekten, II, 1900 (Neud. 1997), §361 (S. 497 ff.)；Wächter, Pandekten, II, 1881, S. 428；vgl. Mommsen, Die Unmöglichkeit der Leistung, 1853 (1997), §22, S. 252ff. (Wirkliche und vermeintliche Ausnahmen von der für die casuelle Unmöglichkeit geltenden Regel. - Fälle wahrer Ausnahmen. - Insonderheit von dem sog. *concursus duarum causarum lucrativarum*)。比較的新しく，これに言及するものとしては，Wieacker, a.a.O., S. 809；Esser-Schmidt, Schuldrecht, 1975, I-1, §23 III 1. 2. 2. (S. 264)；Enneccerus-Lehmann, Recht der Schuldverhältnisse, 1958, §77 II 2 b (S. 305)。

　とりわけ，ヴィントシャイトは，条件とは異なる「前提」による契約の修正の可能性を認めていた。Windscheid, Die Lehre des römischen Rechts von der Voraussetzung, 1850, S. 143 ff.；ders. Pandekten, I, 1900 (Neud. 1997),§§97 (S. 435 ff.)。これにつき，後注 (10) をも参照。

(8)　B が有償で取得したとすれば，A にその代価を請求しうるのである。

　I. 2, 20,6. 他人の物が遺贈され，受贈者が，遺言者の生存中に，その所有者になったとする，彼が，その物を売買によって取得したときには，遺贈の訴訟によりその価値を取得できる。しかし，彼がその物を無償で取得したときには，たとえば，贈与または他の類似の事由によるときには，訴訟を提起することはできない。というのは，2つの無償の取得原因が同一人に同じ物につき競合することはないのが古い法 (nam traditum) だからである (duas lucrativas causas in eundem hominem et in eandem rem concurrere non posse)。そこで，2つの遺言によって，ある者に対し同じ物が負担されているときには，遺言によって物と価値のいずれを取得したのかが重要となる。なぜなら，彼が物をえた場合であれば，彼は無償の取得原因によっているから，もはや訴訟をなしえないし，価値をえた場合であれば，訴訟を提起しうるからである。〔法文の後半は，無償原因の競合の生じない場合についての記載である〕。Vgl. Otto, Schilling und Sintenis, a.a.O., Bd. 1(1830), S. 81. Behrendes/ Knütel/ Kupisch/ Seiler, Corpus Iuirs Civilis, Die Institutionen, 1993, S. 105.

(9)　目的到達による債権の消滅の理論のわがくにへの影響は，ほとんどみられないが，わが民法解釈のうえで積極的に肯定するものとして，たとえば，松坂佐一・民法提要（債権総論／1976 年）277 頁がある。Hedemann, Schuldrecht des Bürgerlichen Gesetzbuchs, 1949, S. 127. の影響と思われる。

(10)　これは，目的不到達と同様の機能を有する行為基礎論に関してもいわれる。すなわち，ドイツ民法典の立法者たちは，ヴィントシャイトの前提論を否定したのである (vgl. Windscheid, a.a.O. (Voraussetzung, 前注 (7) 参照), 不当利得との関連でこれ

にふれたものとして，五十嵐清「事情変更の原則と不当利得」谷口教授還暦記念・不当利得・事務管理の研究（3・1972年）87頁以下参照）。目的到達の理論への消極性も，これに共通するものであろう。

(11) 諸学説の内容には立ち入りえないので，詳細は，磯村・前掲論文および半田・前掲論文（前注（5））参照。

(12) Windscheid - Kipp, a.a.O., II, S. 264; Hedemann, a.a.O., S. 127; Enneccerus-Lehmann, a.a.O., S. 305 ff.; Brox, Schuldrecht, I, Rdnr. 197 (S. 104); vgl. Larenz, Schuldrecht, I, 1976, §21 I (S. 258); 1987, S. 315 f.: Schlechtriem, a.a.O., S. 209. こうして目的到達あるいは不到達の法理がまったく不能と切り離されてとらえられたことによって，この法理は不能の効果の見直し（とくに不能と受領遅滞との区別）の問題に具体的な解決を与えることも，それと関連付けられることさえもなかったのである。

しかし，近時の学説の多くは，目的到達・不到達の事例のうち多くを行為基礎の喪失のほか，不能に位置づけている(vgl. Wieacker, a.a.O., S. 783; Emmerich, Inhalt des Schuldverhältnisses, Leistungsstörungen, Grundlagen des Vertrags- und Schuldrechts, I, 1974, §3 I 1 (S. 302); Looschelders und Olzen, Staudinger Kommentar（Buch 2, 2006），§242 Rdnr 714 (S. 504))。不能・行為基礎の喪失との関係については，【研究】199頁，210頁，212頁参照。

(13) 本件判決に対しては，多数の解説・評釈があり，判決の結論にはおおむね肯定的な評価が与えられている。近藤崇晴・ジュリ1107号130頁，同・法曹時報49巻8号261頁（判解民平8年950頁所収），河上正二・判例セレクト97（1998）20頁，同判評470号175頁，金山直樹・法教201号114頁，大村敦志・平成8年度重要判例解説68頁，池田真朗・NBL 617号64頁，北村實・法時69巻12号103頁，同・民法判例百選・債権（5版）100頁，本田純一・私法判例リマークス16号（1998上）35頁，原啓一郎・平成9年度主要民事判例解説〔判タ978号〕70頁，山本豊・判タ949号48頁，水辺芳郎＝清水恵介・日本法学64巻2号223頁，渡辺達徳・法学新報104巻4・5号161頁など。

(14) 浜田稔「付随的債務の不履行と解除」契約法大系I（1962年）307頁，315頁，谷口知平＝五十嵐清編（山下末人）・注釈民法（13巻・2006年）818頁など。なお，後者は，平8年判決について，「判断の基本は上〔付随義務論〕と同様であろう」とするが，詳細は不明である。

(15) 前注(13)参照。最高裁判決の結論を肯定するものは多いが，その論理に賛同するものはあまり多くはない（近藤・前掲論文962頁。原・前掲論文71頁もこれか）。その論理が不透明であるからであろう。一方の契約の不履行がそのまま他方の契約の解除事由となるのではなく，どのような不履行になるかが不明とするものが多い（北村・前掲論文107頁，本田・前掲論文38頁）。契約の個数論によるべきとするものが多いようである（金山・前掲論文114頁，山本・前掲論文51頁，大村・前掲論文68頁）。水辺＝清水・前掲論文230頁，渡辺・前掲論文177頁は，契約を実質的に一個，あるいは一体不可分な場合とみるようである。これらは，伝統的な契約内部の不履行

の構成を志向するものである。

　　最高裁も，後述の平11年の2つの判決では，給付の個数による構成にもどっている（もっとも事案は同一ではない）。
(16)　同事件につき星野豊「不動産小口化商品の解約」ジュリ1067号131頁。控訴審の分析的な方法と一審の一体的な方法を比較し，解除以外にXの期待すべき投下資本の回収を図る途も，契約全体を解除しないとの意思もないとし，契約を1個の投資契約と把握する一審を妥当とする。
(17)　近藤・前掲論文962頁参照。契約が2個以上であるといって，1の契約の債務不履行で他の契約を解除できないというのは短絡的であり，契約関係いかんによっては，「条理に照らして」解除を許す場合があるとする。契約の個数が「契約の一体性」の問題であるのに対し，ここで要求されるのは「契約の結合性」であって，一体性がない場合でも，結合性があれば，甲契約上の債務不履行を理由に乙契約の解除も認めうるという。
(18)　ここには契約の個数の判定は，事実問題かとの争点がある。実務的には，このような方法が好まれるかもしれない。事実認定の問題に解消すれば，上級審で破られるおそれが減少するからである。

　　池田・前掲論文67頁は，原審の混合契約としての把握に対し，新たな取引形態としての複合契約とする判決の結論に賛成するとし，この場合には，契約の複合性につき当事者の主観的意思が明らかでなくてもよく，客観的に判断されるとする。本田・前掲論文38頁は，一方の債務不履行を理由に他方の契約を解除できる根拠を社会通念に求める判決の理由づけは不十分で理論的解明が必要であるとし，判決の射程として，マンション購入にさいし，介護つき老人ホームの入居予約契約を同時に締結した場合に，後者の建設不能は，前者の解除事由になるが，その老人ホームへの入居がマンション居住者に限定されていなくてもいいとし，しかし，有料老人ホームへの入居契約を締結するさいに，他人所有のスポーツクラブの利用契約をした場合には，後者の不履行は，前者の解除事由にはならないとする（契約間の密接な関連性と目的実現の支配可能性の相違）。
(19)　河上・前掲論文16頁は，基本的な枠組みを形成する1個の契約の中に，複数の契約が並列する場合も想定しうるとしている。
(20)　Gierke, Der Entwurf eines bürgerlichen Gesetzbuchs und das deutsche Recht, 1889 (1997), S. 247 f. スイス旧債務法341条2項のような使用者の保護義務（Fürsorgepflicht in Krankheitsfällen）の欠如を批判している。なお，ギールケによる民法第1草案の夫婦財産制については，拙稿・判時2020号3頁参照。なお，同書の399条は，ギールケの誤解で，339条（現328条）が正しい（die Persönlichkeit des Arbeitnehmers zu achten und zu schützen）。
(21)　したがって，付随義務論において，パンデクテン法学が付随義務を見落としたというのは誤解であり，予測可能性の観点から，むしろそれは意図的に無視されたのである。概念法学といっても，利益考量はしているのである。

第1部　私権の体系の変動

(22)　定期金売買や，為替，手形など利息制限法潜脱のための種々の手法については，拙著・利息制限法と公序良俗（以下【利息】で引用）78頁，388頁，520頁参照。もっとも重要なものは，定期金売買（Rentenkauf od. Gültkauf）である。おもに都市の不動産の所有者が金融をえようとするときに，借金の返済までまたは支払期日に返済しなかったときにはその時以降，その不動産から生じる利益を貸主に譲渡するとするものである。所有者は，不動産そのものではなく，その収入を売却するのである。たとえば，所有者が200グルデン相当で所有地の収益を譲渡して，買主＝貸主が毎年の賃料として10グルデンを受領するとすれば，貸主は実質的に年5％の利子をうることができる。そこで，貸主からみると，所有者に交付した代金を元本として，定期金の形で利息をうけとることができ，徴利の禁止を回避する手段となりえた。種々の変種があり，これらも形式的には，売買と賃貸借・消費貸借の複合契約と位置づけられる。

(23)　Vgl. Schlechtriem/Schwenzer, Kommentar zum Einheitlichen UN-Kaufrecht – CISG – , 2004, S. 307 ff.
　　　契約の結合関係は，いずれの方法とも異なる。そこで，そもそも不履行になった給付を含まない契約が，なにゆえ影響をうけるのかを説明する必要がある。この方法は，いわば不能，遅滞，積極的債権侵害といった解除事由を拡大するものであるから，その性質を確定しなければならない。

(24)　原審は，前記の事実関係の下において，次のとおり判示して，Xの請求を棄却した。すなわち，「（一）預託金会員制のゴルフクラブの会員の本質的な権利は預託金返還請求権とゴルフ場の施設利用権であり，右の施設利用権とは一般の利用者に比べて有利な条件で継続的にゴルフプレーを行うために当該ゴルフ場の施設を利用する権利をいうと解されるから，ゴルフプレーを行うことと直接の関係のない施設を提供することは，ゴルフクラブの入会契約の要素たる債務とはなり得ないと解すべきである。（二）したがって，ゴルフプレーを行う本質的な権利が会員に保障されている場合には，特段の事情がない限り，ゴルフプレーを行う上で必要不可欠ではない施設の内容の変更や完成の遅延等を理由に会員が入会契約を解除することは許されないと解するのが相当である。（三）Yは，ゴルフコースのほか，クラブハウスを完成させ，その中に一定の格式を有した客室やレストランを確保しており，右のクラブハウスはホテルの代替施設としての役割を果たしていると認められ，本件ゴルフ場は会員のゴルフプレーのために必要な施設を一応備えているというべきであるから，本件附帯施設が整備されていないことを理由にXが本件入会契約を解除することは許されない」。

(25)　Larenz, Geschäftsgrundlage und Vertragserfüllung, 3. Aufl., 1963（以下，GGとして引用），S. 104 ff.（契約目的の到達不能性・Die Unerreichbarkeit des Vertragszwecksは，同書3章C4でおもに扱われている）。同書については，勝本正晃校閲＝神田博司＝吉田豊訳・K・ラーレンツ・行為基礎と契約の履行（1969年。以下，「訳」として引用）がある（訳152頁）。

(26)　Larenz, a.a.O.（GG），S. 105.（訳153頁）。

(27)　Larenz, a.a.O.（GG），S. 105.（訳153頁）。Vgl. Emmerich, a.a.O., I, S. 459；Westermann, Die causa im französischen und deutschen Zivilrecht, 1967, S. 93.

(28) したがって，売買代金（金銭）のように，給付と使用目的とがつねに一致するものでは，後者を問題とするよちは，通常はないであろう（政策目的の低廉な売買ではありうる。後注（36）と逆の場合である）。これに対し，賃貸借では，賃料よりも貸すことに意義のある場合がしばしばある。前掲・最判昭50・2・20民集29巻2号99頁参照。

(29) もっとも，給付するものの性質上，目的が推測されることもあろう（特定の目的のための物の製作など）。つまり，目的の不到達は，普通法学説がいうような特別の場合だけではなく，かなり一般的な理論たりうる性質のものである。ドイツ民法典に比して，普通法学説の積極性が指摘されることが多いが，むしろ普通法学説自体が，かなり限定的だったのである。

(30) Larenz, a.a.O. (GG), S. 106. (訳154頁)。

(31) 一般の不能となる。このような場合には，目的の挫折についての解除条件が付されていると解するよちもある。たとえば，特定の業務の能率化のために機械の導入を請負わせたが，請負人の供与した機械がそれだけの能力を有しなかった場合である。

(32) イギリスの裁判例である戴冠式事件がこれにあたる（(1)(ア)(a)(ii)参照）。

(33) Emmerich, a.a.O., I, S. 459.

(34) Larenz, a.a.O. (GG), S. 105. (訳153頁)。さらに，ド民旧495条，現454条（Kauf auf Probe）参照。試験売買は，買主の特定の目的に適った利用を保証するための取引形態である。Westermann, a.a.O., S. 93.

(35) 買主は売買の目的物に隠れた瑕疵があって「契約をした目的」を達しえないときには，契約を解除して代金支払義務を免れうる。この場合には，給付の交換そのものは不可能ではないから，契約目的の障害が給付の交換をも否定しうる能力を与えられていることになる。すなわち，目的は，給付の意味を失わせる限度で契約内容にとりこまれているのである。

わがくにでは，瑕疵担保責任は原始的な瑕疵への救済手段とされており，他方で，行為基礎の喪失は，後発的障害への救済の1つであると理解されている。したがって，目的の障害の効果は必ずしも同一ではない。そこで，行為基礎の喪失がすべて瑕疵担保責任によってカバーされている，とはいえない。むしろ，売買で目的喪失が重要な意味をもたないのは，担保責任の存在ゆえだけではなく，売買の1回的性質のゆえ，原始的に目的障害があったといえる場合が多いためと考えられる（570条・566条参照）。契約成立後，引渡までの後発的障害は，瑕疵担保でカバーされない。後発の目的不到達には，行為基礎の喪失を認める必要がある。

さらに，そうだとすると，原始的障害と後発的障害とをパラレルに扱うためには，後発的な目的不到達にそくして行為基礎の喪失を認める必要がある（目的の原始的障害については，立ち入らない）。

(36) しかし，売買でも，例外的には，第2目的が考慮されることがある。たとえば，婚約指輪の売買をしたが，婚約が破棄された，といった場合である。このような売買に

105

第1部　私権の体系の変動

おける目的不到達については、拙稿「不能・行為基礎の喪失と反対給付」（1996年、以下【反対給付】で引用）155頁所収。
(37) 牽連関係に準じた把握を行うのは、ラーレンツよりも、むしろボイティエン（【研究】216頁参照）であるが、債務が消滅する、とする点では同じになる。
(38) 行為基礎論では、ド民670条・675条・683条・713条・1390条・1648条・1835条が参考とされる（Larenz, a.a.O. (GG), S. 179, 訳・255頁参照）。
　　請負の場合に、日本法では、641条において、任意の解除が認められ、他方、損害賠償が義務づけられているのは、こうした目的挫折の簡易な処理方法と位置づけられる。委任の解除（651条）も同様である。
　　なお、給付交換が障害をうける不能との相違として、目的不到達の効果として、当然に給付義務が消滅し（ド民旧275条）、反対給付義務も消滅するのではなく（日民536条1項）、解除権が利用される。これは、給付交換は可能であるから、債権者がそれを甘受すれば、その判断を否定する必要はないからである。
　　こうした相違は、ドイツ債務法の改定に反映されている。すなわち、当初は、給付義務も反対給付義務も解除により消滅するとの全面的な解除権の採用が意図されたが、2002年の現代化法では、不能の場合に、給付義務は当然に消滅すること（275条）、その他の障害では、債務者の履行拒絶権が発生すること、反対給付義務についても、当然に消滅すること（326条1項）が肯定された。不能以外の場合には、すべての債務は、解除により消滅することが原則とされるのである（323条）。行為基礎の喪失の効果も、まず、契約への適合（Anpassung des Vertrags）であり、ついで解除である（313条1項、3項）。これらにつき、拙著・司法の現代化と民法（2004年、以下【現代化】で引用）196頁以下、および拙稿「給付障害の体系」一橋法学4巻3号9頁、15頁、30頁参照。
(39) 雇用については、つぎのように考えられる。使用者の一身的事由によって給付が障害をうけると、同人の給付受領には、労務を特定の方法で用いるという目的が付着しているので、その目的は挫折する。しかし、被用者の給付の能力はなんら失われていないから、不能は生じない。したがって、被用者には反対給付の請求権が発生する（これに関連して、【研究】211頁の注1参照）。
　　しかし、その効果として、請負との相違を認めるかどうか明らかではないが、労務が追完しえない給付であるとの性質を考慮して、対価請求権を保持する、と解することはおそらく可能であろう。
(40) 東京地判平16・8・27判時1886号60頁、これにつき、拙稿・リマークス32号（2006上）参照。小野編・ハイブリッド民法総則（2007年）234頁をも参照。
(41) 前述第3章1(1)参照。平8年判決の一審の構成に相当するものである。新しい類型の契約か複合契約かは、新たな取引形態にはつねにつきまとう問題である。
　　リースについても、古くに問題とされている。私法学会シンポジウム・私法38号（1975年）17頁、40頁以下（安藤、鈴木、幾代、広中各教授による研究）。鈴木禄弥・債権法講義（2001年）538頁参照。

また，本田・前掲論文38頁は，契約間の密接な関連性と目的実現への支配可能性が妥当する限り，平8年判決は，契約主体が同一の場合だけではなく，ローン提携販売や立替払契約のような契約主体が異なる場合にも及ぶとする。河上・前掲論文18頁も，同一当事者間の債務関係のみに議論の射程を限定する理由はあまりないように思われるとする。

(42)　一部解除や減額請求を認めることは可能であろうが，当該の事案について，機器にこのような過大な利益を認めることには問題があろう。転用はそう容易ではなく，主たる契約の不到達と同時にほとんどの価値を失うことが多いからである。

　　コンピューター機器の使用利益については，最判昭56・4・9判時1003号89頁，金判621号3頁，裁判集（民）132巻531頁が参考となろう。これは，Xが，Aリース会社を介してYから電子会計機を代金1548万円で購入した（リース総額1939万3200円）。会計機の性能不足から，Xが使用を中止しYに引き取りを求めた後，会計機が台風による水害のためXのもとで使用不能となった事件である。そこで，Xは，Xが支出した費用とリース料の合計2075万円余を，Yとの損害担保契約にもとづき請求した。一審判決は，Xが会計機の代金に相当する1548万円の実質的価値を取得しているとしたが，原審判決は，Xの有する会計機の実質的価値は，会計機を利用できた期間のリース料相当額377万0900円にすぎないとした。最高裁は，Yの上告を棄却し原審の損益相殺を肯定した。これにつき，拙著・危険負担の判例総合解説（2005年）210頁参照。

(43)　前掲「給付障害の体系」一橋法学4巻3号15頁，1992年の改定草案に関して，拙稿「ドイツ債務法改定－解除と危険負担，給付障害論」（「給付障害と危険の法理」所収・1996年）407頁。

(44)　不能と行為基礎の喪失のパラレルな関係から，給付障害の要件・効果を検討することが必要である。これにつき，【反対給付】155頁以下参照。ただし，必ずしも効果は同一ではない。双務契約において，給付不能の反対給付義務に対する影響は，その排除（536条1項）ないしは解除（543条）であるが，目的不到達の事例においては，必ずしも反対給付義務は全面的には排除されず，ときに反対給付義務を存続させるのである（受領不能の場合，受領遅滞＝536条2項の類推，あるいは一部不能の類推などの操作を必要とする）。【研究】221頁，224頁参照。平8年判決と目的不到達の関係については，【利息】502頁参照。

(45)　Windscheid, a.a.O., I, S. 435. によれば，契約の「前提」は，展開・明示されていない「条件」である（eine unentwickelte Bedingung）。英米法でも，黙示の条件・約款（implied term）の構成がとられたことがある。この場合に，フラストレイションが法律行為の解釈を基礎とした点で，大陸法の行為基礎論と類似した面をもったといえる。明文規定のないところでは，法律行為の解釈から出発せざるをえなかったことで共通している。

第4篇　目的不到達再論——最判平19・3・20判時1968号124頁

第1章　はじめに

　最判平19・3・20判時1968号124頁においては，Y_1がY_7に乙地上の児童遊園を寄附したことによって，Xが近くの甲地上にパチンコ店を出店する営業許可がえられなかった場合に，Y_1が寄附した目的がXの出店阻止にあったことから，Y_1の不法行為責任を肯定した。
　民法において，契約の目的が問題とされる例は，多い。重要なものでは，瑕疵担保責任における契約目的の達成（570条，566条1項）や，定期行為の契約の解除における契約目的（542条）などがあり，理論のうえでも，たとえば，動機の不法では，契約目的が公序良俗の判断対象となる場合がある。動機の錯誤は，表示されれば，法律行為に影響を与えることが肯定されており，契約目的の介在するよちがある。たんなる動機と契約の目的は必ずしも同じではないが，法律行為そのものではないものが，ときとして法律行為に影響を与える可能性は皆無とはいえない。契約の類型によっては，当事者の目的や意図が契約解釈上重視される場合がある。また，債権侵害や詐害行為，不法行為の相関関係論のもとでの不法行為においても，行為の目的や意図は，それらの成立にかなりの影響を与えるのである。
　本篇はそのような「目的」の障害を対象とするものである。筆者は前篇（「目的不到達の復権——最判平8・11・12民集50巻10号2673頁」一橋法学8巻1号1頁）において[1]，不能と目的不到達のパラレルな関係を，契約の解除にそくして検討した。いわば目的不到達は，不能の延長として，不能，遅滞，積極的契約侵害に続く，第4の給付障害として，契約に影響（解除，損害賠償，契

第 4 篇　目的不到達再論——最判平 19・3・20 判時 1968 号 124 頁

約の改定など）を与えるものと位置づけられる。

　本篇は，その延長として，どちらかというと不適切な目的の不到達が，法律行為に影響を与え，あるいは不法行為責任を生じる場合を対象とする。不能においては，当事者に帰責事由のある場合とない場合とがある。帰責事由のない場合は，契約の無効（原始的不能）や危険負担（536 条 1 項）の契機となるが，有責の場合の効果は異なる。債務者に帰責事由があるときには，損害賠償と解除が問題となり（415 条後段，543 条），債権者に帰責事由があるときには，536 条 2 項の危険負担が問題となる。目的不到達でも，帰責事由がある場合には，たんなる法律行為の解消（無効の場合と解除の場合とがある）や改定のほかに，不法行為責任も生じうる可能性がある。

　目的が考慮されることは，とりわけ贈与のような無償の契約において多い。土地の贈与の場合であれば，学校の敷地とするために寄贈するといった使用目的が機縁となることが多いからである。受贈者が学校の敷地として使用できない場合には，たんに受贈者の使用目的が不到達になるだけではなく（もっとも，無償であれば，債権者の目的の不到達やその利益の喪失はあまり意味をもたない），それによって，贈与者の契約利益も失われることがあろう。そのような場合に，債権者目的の不到達を理由として，利益を失う債務者の保護を図る必要が生じる。明示に解除条件が付されることも多いが（学校敷地としないなら返還する），黙示的に同様の条件が類推されることもある。債務者は，売買のように対価の取得のみを目的とするわけではなく，債権者による特定の使用を目的とするからである[2]。

　贈与に限らず，低額の売買においても，債務者・売主の目的は，対価の取得にあるわけではなく，給付に結合された間接の目的に重点があるのである。同様のことは，売買のみならず，賃貸借でも生じよう（学校の敷地にするために低額で貸す）。

　なお，目的不到達は，必ずしもそれによって債務者（貸主や売主）の利益だけが害されるわけではない。たとえば，婚約指輪の売買のケースでは，婚約が破棄されると，それによって婚約を表象させようとする債権者（買主）の目的が挫折し，かつ債権者の利益も失われる。この場合に，目的不到達による解除権は，債権者に発生するのである。いずれの当事者に権利が発生するかは，

もっぱら利益の喪失によるものであるから，当事者の目的の挫折とは区別しなければならない[3]。

第 2 章　最判平 19・3・20 判時 1968 号 124 頁と，目的不到達の法理

1　最判平 19・3・20 判時 1968 号 124 頁[4]

(1)　Xは，北海道稚内市内にパチンコ店の出店を計画していたが，同市内のパチンコ業者であるY₁〜Y₆，亡A（以下「Yら」），Y₇（社会福祉法人）が，Xの出店を阻止する目的で出店予定の甲地の近くに児童遊園を設置するなどしたため，Xの出店予定地におけるパチンコ店の営業につき風俗営業等の規制及び業務の適正化等に関する法律（以下，風俗営業法）3条1項の許可をうけることができなくなり，損害を被ったと主張して，Yらに対し，共同不法行為にもとづく損害賠償を求めた。その詳細は，以下のとおりであった。

風俗営業法4条2項2号は，同3条1項の許可の申請に係る営業所が都道府県の条例で定める地域内にあるときには，その許可をしてはならない旨を定める。これをうけて，風俗営業等の規制及び業務の適正化等に関する法律施行条例は，4条2項2号にいう都道府県の条例で定める地域について，児童福祉法7条所定の児童福祉施設の敷地の周囲100mの区域内の地域と定めている。

Xは，1999年（平11年）3月中ごろ，稚内市内でのパチンコ店の出店を計画し，4月1日，その出店予定の甲地につき，所有者との間で，代金を2億7000万円とする売買契約を締結し，4月8日，甲地につき残代金を支払い所有権移転登記を了した。この甲地は，Yら所有の乙地の周囲100mの区域内にある。

Yらは，Xの売買契約締結の事実を知り，4月6日，Y₇に対し，その近隣にある乙地をY₇に寄附する意向があることを伝え，その受入れを打診した。Yらは，4月に，乙地上に児童福祉施設等，公衆便所を建築することについて建築確認申請をし，4月20日，同申請にもとづく建築確認がされた。その後まもなく児童福祉施設等の建築が開始された。

そして，Yらは，5月5日までに，Y₇に対し，児童福祉法7条所定の児童福祉施設に該当する児童遊園として，Yらの乙地，同土地上の建物と遊具一式等

第4篇　目的不到達再論——最判平19・3・20判時1968号124頁

を寄附することを申し入れた。この寄付は，乙地が施行条例の定める風俗営業の制限地域内に位置するようにすることで，風俗営業法4条2項2号の規制を利用して，Xが本件甲地上でのパチンコ店の営業について同法3条1項の許可をうけることができないようにすることを意図したものであった。

Y_7 は，5月13日，理事会を開催し，本件寄附の受入れを決定した。そこで，Yらは，5月14日，Y_7 に対し寄附をし，Y_7 は，同月21日，乙地について共有者全員持分全部移転登記を了し，同月27日，乙地上に建築した児童福祉施設の建物等についても，Y_7 名義の所有権保存登記を了した。そして，Y_7 は，5月28日，北海道知事に対し，乙地上の児童遊園の設置経営を定款の事業目的に追加する旨の定款変更について認可の申請をし，6月1日，その認可をうけ，また，6月7日，北海道知事に対し，本件児童遊園の設置について認可の申請をした。北海道知事は，7月14日，Y_7 に対し児童遊園について設置の認可をした。

(2)　他方，Xは，5月6日，甲地上に建築を予定するパチンコ店の事業計画をまとめ，設計監理事務所との間で設計・工事監理業務委託契約を締結し，同月19日，パチンコ店の建築について建築確認申請をした。また，6月1日付けで，建築業者との間で，パチンコ店の建築工事請負契約を締結し，また，同月8日，パチンコ店の建築について建築確認を受けた。

地元の新聞社は，6月3日，児童遊園の整備が完了し，同月6日に開園式を予定している旨を報じた。Xは，同月4日，この報道により，児童遊園の設置計画を確定的に知ったものの，民間事業者である Y_7 に対する児童遊園の設置の認可はあり得ないとの独自の判断に基づき，同月8日ころ，本件パチンコ店の建築を開始した。

Xは，6月16日，北海道旭川方面公安委員会に対し，本件パチンコ店の営業について風俗営業法3条1項の許可の申請をした。しかし，北海道旭川方面公安委員会は，8月6日，この許可申請について，パチンコ店の敷地の周囲100mの区域内に，児童福祉法7条所定の児童福祉施設が7月14日づけで認可されたことを理由として，不許可とした。

(3)　一審（札幌地判平14・12・19判タ1140号178頁）は，Yらが用いた手段・方法は，風俗営業法および児童福祉法の規制を営業上の利益という本来の

111

目的とは異なる手段として利用したものであり，このような行為は，自由競争秩序において予定されている範囲を逸脱していると評価することができるとして，損害賠償請求を認容した。

「Yらによる本件建築及び本件寄付は，Xが本件許可を取得するより前にY₇をして本件認可を取得させることにより，本件許可ひいてはXによるパチンコ遊技場の出店を阻止する意図に基づくものであったということができる」。

「Yらが用いた手段・方法は，Xが稚内店の出店のため本件土地を取得した後に，本件建築及び本件寄付を行って，殊更に風俗営業許可の障害となる施設を作出せしめることにより，本件許可を阻止するというものであって，風俗営業法及び児童福祉法の規制を自らの営業上の利益という本来の目的とは異なる手段として利用したものというべく，このような行為は，自由競争秩序において予定されている範囲を逸脱していると評価することができる」。そして，本件建築や寄附には，違法性があるとし，Yらに，連帯して10億円余の支払を命じた。

(4) これに対し，原審（札幌高判平16・10・28判例集未登載）は，次のとおり判断して，Xの請求を棄却した（最高裁のまとめによる）。

「本件において，Xは，Y事業者等が本件寄附を申し入れた時点では，本件パチンコ店の事業計画をいまだ確定しておらず，Xが事業計画をまとめたのは上記申入れの後であった。そして，その後のY事業者等による本件児童遊園に係る施設の建築及び本件寄附並びにこれに続く北海道知事による児童遊園設置認可の手続は，Xによる本件パチンコ店の建築及び北海道旭川方面公安委員会による法3条1項の許可の手続とは全く別個の独立した行為や手続であって，本件児童遊園の設置認可が本件パチンコ店の営業に対する法3条1項の許可よりも早く行われると推測できる事情やY事業者等及びY₇において上記認可が上記許可より早く行われるように殊更画策したといった事情もない。他方，Xは，6月4日には，本件児童遊園の設置計画を確定的に知り，本件児童遊園が設置の認可を受けたときには，本件パチンコ店の営業につき法3条1項の許可を受けることができないことを認識しながら，しかも，その時点ではいまだ本件パチンコ店の建築確認さえ受けていなかったにもかかわらず，同月8日に建築確認を受けた後，民間事業者であるY₇に対する児童遊園の設置認可はあり

得ないとの独自の判断に基づき建築を開始し，結果的に，その思わくが外れて，上記設置認可が先に行われたものであり，Xは，本件パチンコ店の営業について法3条1項の許可を受けることができないという状況を自ら招来したものといわねばならない。これらの事情の下では，本件土地上で風俗営業を行う具体的計画が進行しているのに，Y事業者等が，殊更それを阻止するために，本件寄附をし，それによりXの営業の自由を侵害したものと評価することはできず，本件寄附には違法性」はない。

そこで，敗訴したXから，上告受理の申立がされた。

2 最高裁判決

最高裁は，次のように述べて，原判決を破棄差戻した。

(1) Yらについて

「前記事実関係によれば，Xが本件売買契約を締結した後，それを知ったY事業者等は，法4条2項2号による規制を利用して，Xが本件土地上でのパチンコ店の営業について法3条1項の許可を受けることができないようにする意図の下に，本件寄附を申入れ，Y_7の承諾を得て，これを実行し，Y_7が本件児童遊園の設置認可を受けた結果，Xは，本件パチンコ店の営業について法3条1項の許可を受けることができなかったというのである。そうすると，本件寄附は，Xの事業計画が，本件売買契約の締結により実行段階に入った時点で行われたものというべきであり，しかも，法4条2項2号の規制は，都道府県の条例で定める地域内において良好な風俗環境を保全しようとする趣旨で設けられたものであるところ，Y事業者等は，その趣旨とは関係のない自らの営業利益の確保のために，上記規制を利用し，競業者であるXが本件パチンコ店を開業することを妨害したものというべきであるから，本件寄附は，許される自由競争の範囲を逸脱し，Xの営業の自由を侵害するものとして，違法性を有し，不法行為を構成するものと解すべきである。原判決が本件寄附に違法性がない理由として掲げる諸事情も，上記の判断を左右するものではない。したがって，本件寄附に違法性がないことを理由として，XのY_7を除くYらに対する請求を棄却すべきものとした原審の判断には，判決に影響を及ぼすことが明らかな法令の違反がある」。

(2) Y_7 について

「Y_7 は，上記のとおりY事業者等について不法行為を成立させるような違法性を有する本件寄附を受け入れた上，本件児童遊園の設置認可の申請等を行って，Xの本件パチンコ店の開業を妨げる結果を生じさせたものである。

原審は，本件寄附に違法性がないことを理由として，Y_7 が行った本件寄附の受入れ等の行為にも違法性がないとし，Xの Y_7 に対する請求を棄却すべきものとしたものであるが，上記のとおり，本件寄附は違法性を有するものと解すべきであるから，原審の上記判断にも，判決に影響を及ぼすことが明らかな法令の違反がある」。

そして，Y_7 を除くYらとの関係ではXの被った損害について，Y_7 との関係ではXに対する不法行為の成否等について，審理を尽くさせるために，本件を原審に差し戻した。

3 原審と先例

(1) 原審は，一般的には，業者Xが風俗営業のために土地を取得し，営業のために具体的計画が進行しているのに，それを阻止するために児童福祉施設を社会福祉法人に寄附することは，Xの営業の自由への侵害となり違法性を有するとする（判時1968号124頁コメントによる）。しかし，その当てはめにおいて，違法性を否定した。すなわち，Yらが寄附の申入れをした時点では，Xの事業計画は確定していなかったとし，Yらがことさらそれを阻止するために寄附をしたとはいえないとしたのである。最高裁による要約と上告理由をも参照すると，Yらの寄附の時点では，Xの土地取得行為はあっても，いまだパチンコ店の営業の認可もなく，建築確認さえもなく，児童遊園の設置認可が先に行われたことを重視するのである。

これに対し，最高裁は，Yの寄附は，Xの事業計画が土地売買契約の締結により実行段階に入った時点で行われており，また，風俗営業法4条2項2号の規制の趣旨とは異なって，Yらの営業利益のために規制を利用し，競業者であるXの開業を妨害するものであったとする。Yらの寄附行為と比較されるべきXの行為の起算点が異なっている。この起算点については，次の最高裁判決が参考となる。

(2) 類似の先例としては，最判昭53・5・26民集32巻3号687頁がある。

Xが，いわゆるトルコ風呂（個室付浴場業）の営業のために公衆浴場法にもとづく許可申請を行ったが，Y（山形県）がその近くにあった無認可の児童遊園を認可したことによりトルコ風呂の営業ができなくなり，さらに営業停止処分も受けたため，上記児童遊園の認可はもっぱらXの営業を妨害する目的で行われたものであるとして，国家賠償を求めた事案である。Xが適法になしえるトルコ風呂営業を阻止，禁止することを直接の動機，主たる目的としてなされた上記認可処分は行政権の著しい濫用によるものとして違法であるとして，Xの請求を一部認容した原判決を維持し，上告を棄却した。

「右事実関係のもとにおいては，本件児童遊園設置認可処分は行政権の著しい濫用によるものとして違法であり，かつ，右認可処分とこれを前提としてされた本件営業停止処分によつてXが被つた損害との間には相当因果関係があると解するのが相当であるから，Xの本訴損害賠償請求はこれを認容すべきである。それゆえ，これと結論を同じくする原審の判断は，正当として是認することができる」。

ここで引用された原審・仙台高判昭49・7・8判時756号62頁は，以下のとおりであった。

「山形県および余目町当局は，余目町が条例による指定禁止区域に該当しない現状においては，X会社の本件トルコ風呂営業が適法なものとして許容されることになる関係上，右トルコ風呂営業を阻止するという共通の目的をもって，間接的な手段を用いて右営業をなし得ない状態を作り出すべく，本件児童遊園の児童福祉施設への昇格という方法を案出した。そして余目町としては早急にこれを児童福祉施設とすべき具体的必要性は全くなかったのに，山形県は余目町に対し積極的に指導，働きかけを行い，余目町当局もこれに呼応して本件認可申請に及んだものであり，結局山形県知事は余目町当局と意思相通じて，X会社の計画していたトルコ風呂営業を阻止，禁止すべく，本件児童遊園を児童福祉施設として認可したものというべきである（なお，右認定の経過に照らすとき，余目町がその形式はともかく実質的に全く独自の立場において本件認可申請に及んだものとは到底認められない。）。

4，してみると，山形県知事のなした本件認可処分は，X会社が現行法上適法になし得るトルコ風呂営業を阻止，禁止することを直接の動機，主たる目的としてなされたものであることは明らかであり，現今トルコ風呂営業の実態に照らし，その営業を法律上許容すべきかどうかという立法論はともかく，一定の阻害事由のない限りこれを許容している現行法制のもとにおいては，右のような動機，目的をもつてなされた本件認可処分は，法の下における平等の理念に反するばかりでなく，憲法の保障する営業の自由を含む職業選択の自由ないしは私有財産権を侵害するものであつて，行政権の著しい濫用と評価しなければならない。すなわち，本件認可処分は，X会社の右トルコ風呂営業に対する関係においては違法かつ無効のものであり，X会社の本件トルコ風呂営業を禁止する根拠とはなりえないものである（このことは，本件の場合本件児童遊園認可申請の日が本件公衆浴場申請の日以前であつたことによつて消長をきたすものではない。）。」

こうして，原審は，10万円の損害賠償請求を肯定（請求額が10万円。なお，同判決は，計算上は約80万円の得べかりし利益を肯定していた）。また，原審が破棄した一審判決は，児童遊園の認可申請が，いわゆるトルコ風呂営業を阻止する目的でなされていても，それに対する認可が違法となるものではないとしていた。

(3) 昭53年判決の争点は，知事の遊園設置認可処分の違法性，国家賠償法上の賠償義務にあり，私人の不法行為上の違法性ではないが，開業に関する利益が保護の対象となるか，またいつから保護されるかが問題となる点では共通する。風俗営業といえども，開業行為後に，いわば後出しで認可を妨害する行為が違法性を有するとされたのである。ここで「開業行為」の内容が問題となるが，最判昭53年判決によれば，少なくとも「公衆浴場の許可申請」にいたった後の，児童遊園を児童福祉施設とすることは，適正な手続とはみられないのである。

(4) また，最判昭56・1・27民集35巻1号35頁は，A村長の工場誘致にもとづいて工場建設が開始されたが，反対するB村長が当選して工場の建設ができなくなった場合に，村の不法行為責任を認めている。この場合も，工場の「誘致」とは，たんに工場設備のみを建設することだけが目的ではなく，その

稼働が目的であるから，実際に稼働できない場合には，目的は不到達となる。しかも，それは誘致者自身の事由にもとづくから，相手方の契約解消の事由となろうし，実際に出費した場合には，不法行為の成立の可能性をも生じるのである。

第3章　目的不到達と帰責事由，代替としての不法行為

1　目的不到達と給付不能

(1)　給付には，しばしばそれをするための間接目的の達成が意味をもつ場合がある。すなわち，目的には，契約上の給付，たとえば物や代金を受領するだけではなく（直接目的，第1目的），特定の用途に使用しようとする意図が結合する場合がある（間接目的あるいは使用目的，第2目的という場合もある）。たとえば，売買であれば目的物を使用し，土地の賃貸借であれば，その土地を特定の用途，すなわち耕作なり建築に用いようとする目的である。

契約当事者は，およそ契約によって給付を取得しようとする場合には，このような使用目的を有している。そこで，その実現が後発的事由によって妨げられるときには，給付は価値を失い，目的挫折として債務の運命に関与することができるのである。その端的な例が，直接目的の挫折である不能である。したがって，不能は，危険負担の制度のもとでは，当然に反対給付義務を消滅させ（536条1項），当事者にイニシアティブを与える制度のもとでは，契約解除権を導くのである（543条）。そして，解除権発生に当事者の帰責事由を要件としない立法例のもとでは，後者の領域はかなり広い。さらに，間接目的の挫折は，行為基礎の喪失の場合となる。

しかし，直接目的は当事者にとって明白であるが，間接目的である目的の挫折は，必ずしも明白ではない。そこで，後者である使用目的が考慮されるためには，それが契約の双方当事者にとって共通なものとならなければならない。その理由は，以下のとおりである。

(2)　すなわち，双務契約において契約がなされた直接の目的は，反対給付を取得することにある。そして，給付と反対給付との交換が行われるのも，この

目的のためにほかならない。ところで，そのような場合に，契約当事者は，おのおのが有する第一次的な目的を実現するために，相手方当事者の目的，すなわち反対給付の獲得という目的をも共有する。そこで，かりに直接の目的の一方が達せられなくなるとすれば，他方の給付義務も消滅するというのが妥当である。その場合には，交換が実現されなかったのであり，したがって反対給付を実現する必要性も失われる。そして，この関係こそが，給付不能にもとづく牽連関係である。すなわち，ここでいう給付不受領による目的挫折は，給付不能を意味するのである[5]。

しかし，当事者が契約をした目的が達せられなくなるのは，狭く給付不能の場合だけではない。この第1の目的（直接目的）には，第2・第3の目的（間接目的）が結合することもある。そして，給付債権者が有する使用目的も，これに属するのである。たとえば，ある物の買主は，売買の目的物を特定の用途に利用しようとするであろうし，また家の賃借人も，それを特定の用途に利用しようとするであろう[6]。

もっとも，給付債権者がいかなる目的をもっていても，それは原則として相手方にとっては無関係のことである。給付相互の交換という第1の目的とは異なり，第2・第3の目的は，給付の受領や反対給付の実現と直接には関係していない。そこで，第2・第3の目的は達せられなくても，不能とは異なり，給付相互の交換は障害をうけるわけではない。そこで，一般に給付債権者はなお給付を受領し，反対給付を履行しなければならない。すなわち，同人は，目的にしたがって使用しえない危険（Verwendungsrisiko, 使用危険）を負担しなければならないのである[7]。

しかし，契約の相手方が給付債権者のこのような広い目的を共通にすることがありうる[8]。たとえば，請負において，注文者が特定の仕事を特定の目的のもとに注文する場合である。そのような場合に，仕事は，その目的の達成に適した方法でしあげられることを要求される[9]。そこで，注文者の利用目的は請負人にも知られ，後者はそれにしたがって仕事をすることを引きうけ，目的は給付内容となる。こうして，使用目的は客観的な契約目的となるので，たんに注文者個人の意図であるだけでなく，契約にとっても本質的なものとなる[10]。もっとも，それが契約そのものの内容にまで高められる必要はない。

というのは、そうなったとすれば、行為基礎や目的不到達をもち出すまでもなく、その挫折は、契約の挫折、すなわち不能を意味するであろうからである(11)。

しかしながら、目的が契約の内容にまで高められることはなくても、それが契約にとって本質的なものとなれば、その挫折によって、不能の場合と同じように、当事者を当初の契約に拘束しておくことは不当なものとなる。

(3) 同じことは、請負にかぎらず、賃貸借でもいえる。たとえば、家が特定の用途のために賃貸され、その用途が無用になった場合である。相手方は、その特定の用途と当事者の意図を知り、相当賃料の算出の基礎とするであろう(12)。そして、相手方が目的に応じた利益をえているとすれば、その目的が挫折した場合に、その不利益をも共有させることは不当とはいえない(13)。

もっとも、これらの諸場合には、契約の類型による差がみられる。売買は、一般にこのような関係に親しみにくいであろう。というのは、売主は、買主の使用目的にかかわりなく、物が売買目的物として有するべき態様を、瑕疵担保の規定にしたがって保証するにとどまる(14)。というのは、売買では、特定の目的は交換される給付の取得そのもののなかに解消されているからである（日民570条・566条1項参照）(15)。つまり、第2目的は、物が通常有する性質をもち、それによって第1目的が達成されるかぎり、実現される。他方、目的物が通常有する性質を備えるとすれば、買主には有用であるとみなしうるし、売主としてかかわりのないことである。そこで、第2目的の挫折が意味をもつのは、売買ではまれであり、賃貸借でも少なく、多くは雇用や請負にみられるのである(16)。

(4) こうして使用目的が、契約の存続を左右しうるとすると、その効果が問題となる。ここでも、不能との対比が有用である。すでにみたように、反対給付義務の消滅という不能の効果は、給付交換という契約の中心的目的の障害からもたらされる（給付債務者の債務からの解放）。これに反し、使用目的の障害では、給付交換は、なお可能である。そして、契約上の義務からの解放は、おもに給付債権者のために行われる。そして、債権者は、みずからの目的が挫折したために契約の拘束を免れることを望むとしても、たんに目的を共有したにすぎない相手方は、債務の存続を望むであろう。したがって、牽連関係に準じ

119

て(17)，使用目的を失った給付債権者に反対債務からの免責を認めても，なお応分の負担を求めなければならない。

　請負を例にとると，注文者の支払うべき報酬には，給付の準備のために費やされた支出への償還と，労務への対価とが含まれている。そこで，注文者の使用目的が達成されない場合に，同人が労務の対価の支払を免れることまでは認めることができる。しかし，支出費用の償還さえもうけられないとすれば，請負人にとって過酷であろう。というのは，そうだとすると，他人のために事務管理を行う場合よりも，同人にとって不利となるからである。そこで，少なくとも同人に支出費用の賠償を認めるべきことになる(18)(19)。

　もっとも，前篇の最判平8・11・12民集50巻10号2673頁のように，契約が結合された場合には，契約の客観的評価により間接目的の達成は，計算ずみであるから（売主がみずから使用利益，たとえば，プールの利用を宣伝して，売買契約の成立を図っている），こうした賠償は，多くの場合に不要である。ある意味では，直接目的と間接目的の関係が，逆転しているからである（付加価値をつけることによって売買を促進している）。この場合に，間接目的は，買主にとって重要であると同時に，売主にとっても「売り」であり担保するべき状況である。

　契約解除のための給付障害は，第一義的には不履行（不能と遅滞，積極的契約侵害）であるが，甲乙契約の結合の結果，乙契約にとっては間接目的である甲契約の履行が，包含されることもある。この場合には，乙契約の間接目的が甲契約の不履行によって間接的に挫折することになり，契約解除の事由ともなる。すなわち，乙契約の直接目的が達成可能であり，狭い意味での給付障害が存在しない場合でもたりるのである。

　もっとも，甲乙両契約が同列の契約の場合ばかりではなく，甲契約に対して乙契約の比重がはるかに高い場合など，甲契約の不履行がつねに乙契約の間接目的を達成不可能にするわけではない（たとえば，老人ホームの入居が主たる契約で，代替可能な付随する別契約が不履行になるような場合）。間接目的の達成にさいしても，直接目的，すなわち給付の不能のさいの付随義務論は有益である。そこで，現象的には，甲乙両契約を一体とみる契約観と，結論はあまり異ならない結果となることも多い。逆に，直接目的の挫折した乙契約の比重が高い場

合には，同時に，付随する甲契約の間接目的を達成不可能とすることになる。この場合には乙契約が論点となり，「間接」目的の挫折は（重大ではあっても）あまり視野に入らないことにもなろう。

2　目的不到達と帰責事由

(1)　給付の間接目的が失われる理由は多様である。

①AがBに，学校の敷地とするために土地を寄附し，あるいは低額で売却したとする。間接目的は，公共の学校の敷地として利用することである。この間接目的は，学校を建てない場合に挫折するが，Bが学校を建てない理由が，たとえば建築基準法などの法令の変更にもとづく場合（防火地域の変更や耐震基準が強化されたような防災上の理由から許可がおりないような場合）には，当事者に帰責事由はない。債権者Bの使用目的の不到達を理由として，債務者Aの給付利益も喪失するので，Aが土地を取り戻すことも可能性として生じる（ちなみに，低額の売買で債権者Bが代金を取り戻そうとする場合には，自分の間接目的の挫折が理由となるが，債務者Aが土地を取り戻そうとする場合には，債権者Bの使用目的につき債務者Aが有する利益の挫折が理由となる。間接目的は，基本的に物の給付債権者につき生じるが，その達成利益は相手方にあることもあり，区別される必要がある）。受領した代金も返還しなければならない。

間接目的の挫折では，贈与が目的不到達となることが多いが，これは，贈与では，債務者の反対給付の取得という目的が存在しないことから，債権者の使用目的，あるいはそれにかかわる債務者の給付利益がより重視できるからである。

②Bが学校を建てないのが，自分の側に理由，たとえば別個に建ててしまったとか，建築予算がとれない，失念したことにもとづく（あるいは工場誘致という方針の転換）という場合には，目的不到達は，Bの帰責事由にもとづいている。この場合にも，給付利益を失ったAは土地を取り戻すことができるべきである。場合によっては，不履行の原因を作ったBには，損害賠償義務も発生し，あるいは債権者の帰責事由にもとづく履行不能と同様（536条2項），反対給付の返還請求権を失うこともある。

なお，贈与の場合には，このような場合を予想して，あらかじめ契約の解除

条件が付されていることが多いであろう。場合によっては、黙示の条件が付されていると考えるべき場合もあろう。

③逆に、Aが障害物を片づけないといった事由で建築ができない場合には、その帰責事由にもとづくから、みずからその危険を負担しなければならないであろう。

④また、第三者が間接目的を挫折させる場合がある。

たとえば、AがBに、学校の敷地とするために土地を寄附したことを知ったCが、建築を妨害するケースである。Cもその周辺に土地をもっており、学校ができると、その利用が制限されることから（たとえば、パチンコ屋ができない）、学校の建築されるのを妨害するといった場合である。A，Bがともに不知であれば、Cの行為は、当事者の帰責事由によらず、①の法令による制限と同様の場合にあたる。Cが不法行為責任をおうことは別問題である。

(2) これに対し、A自身の間接目的が不当な場合がある。利用という第2の目的に、第3目的もつながる場合である。たとえば、学校を建築して、その周辺に特定の娯楽施設（パチンコ、トルコ風呂など）ができないようにし、ひいては第三者Dの出店を妨害できるという場合である。これが冒頭の、平19年判決にあたることはいうまでもない。

事案では、寄附行為の有効性を前提に、もっぱらA，Bの損害賠償責任のみが問題となっているが、寄附行為自体を問題とする可能性がある。不当な目的が寄附行為の前提になっているとすれば、法律行為の効力自体を修正することもできてしかるべきだからである。

不法な条件を付した法律行為は、無効である（132条）。目的の達成を確実にするために、明示的に条件が付された場合に限らず（人を殺せば100万円を与えるとの条件）、共通の前提となっている場合にも（人を殺せば、土地を与える）、犯罪など不法行為の原因となる限り、その法律行為は無効たるべきである。もっとも、法律行為を左右する「不法」の程度と効果は問題となる。犯罪の対価となる場合、自分の営業利益の獲得を目的とする場合と、公共の平穏を目的とする場合では異なる。また、その場合の効果も、当然に無効となるかの点、また無効の程度も問題である。一般に目的不到達の効果は、解除権の付与であ

るが，A，B間に不適切な目的がある場合に，当事者に解除権を付与することには意味はあるまい。むしろ，妨害をうける第三者に，その無効の主張を認めることでたりよう（なお，ここで，「第三者」による無効の主張は，別個に検討されるべき問題となる。錯誤の例では，当事者以外の第三者から主張することはできないが（最判昭40・9・10民集19巻6号1512頁），例外的に，表意者が無効を主張する意思がなくても，「意思表示の瑕疵を認めている」ときには，第三者たる債権者が主張することを認めた先例がある（最判昭45・3・26民集24巻3号151頁）。当事者の目的が不当な場合には，第三者の主張はいっそう必要であろう）。

　目的不到達は，それが一般には法律行為の効果を左右することを肯定しない立場からでも，不法あるいは不適切な目的が包含される場合には，公序良俗の判断が介在するから，無効の主張が可能になるのである。こうした主張は，実質的には不法行為における原状回復に近い法律構成であるが，契約目的を正面に出すうえで，金銭賠償よりも意義がある（不法行為は3で後述）。また，いちじるしく悪質な行為と評価されることから，その効力を維持するよりも，出店を可能にする構成が無視されるべきではない。第2章3引用の最判昭53・5・26の判断が参考となろう。

　平19年判決の評釈の中には，Yらの寄附行為の違法性から，それが無効となるか，それとも影響しないかは問題であっても，「寄附行為自体は適法になされており，悪性はその背後の「意図」に認められることに鑑みると，その効力を否定することには慎重たるべ」しとし，違法性は損害賠償請求の要件としての判断にとどまり，寄附行為自体の効力には「影響しないと解すべきではなかろうか」とするものがある。しかし，一般に，動機の不法も，場合によっては，公序良俗の内容となることがあるから，悪性の程度，当事者の態様によっては，法律行為の効果に影響する可能性を否定するべきではない。とりわけ，本篇のように，間接目的の挫折を肯定する立場からはそういえる[20]。

　また，民法的な観点からは，おもに不法行為が問題とされるが，公法的な観点からは，いわゆる行政権限の融合の問題がある。すなわち，本件のような問題は，風俗営業法上の営業許可をする行政庁と，風俗営業法4条2項2号にいう保護対象施設に関する施設の設置許可をする行政庁が異なることが発端をなしていることから，風俗営業法上の許可にさいし，規制に若干の変更を加えるこ

とにより，不法行為に手を貸すことの防止を図ろうとするものである。具体的には，競業者の営業妨害をもっぱらとする施設は，風俗営業法上の「保護対象施設」には包含されない場合を状況に応じて認めるとするものである。

ただし，これは風俗営業法の許可をする公安委員会が，保護対象施設の設置につき競業妨害を知りうることを前提にするが，通常これは困難であり，また，風俗営業法上の許可申請にあたり，申請者の意見を述べる手続もないことから，そのような機会の保証も必要である[21]。不法行為の成立そのものを回避する点においては，本篇が検討する目的不到達によるＸの無効主張と発想を同じにしている。手続的機会の保障は，つきつめれば無効の主張可能性の保障ということになるであろう。

(3) 昭53判決の事案では，目的の伴った贈与という形式をとっていない。従来からあった無認可の遊園を認可しただけであり，いわば平19年判決のＹ$_7$に寄附するのではなく，県に寄附した場合にあたる。この場合は，前述2(1)の分類では，受領者がみずから目的不到達をひきおこした場合に相当するから（受贈者が第2目的ではなく，第三者の目的を妨害している），認可処分が不当なことは明確である。いずれも，出店を妨害されたＸが損害賠償を請求した事案である。

3　代替としての不法行為

(1)　法律行為の次元（無効・取消・解除など）で処理しない場合には，寄附行為の有効性を前提として，不法行為法の次元で救済を図ることが必要となる。平19年判決は，そのような場合である。すなわち，ＡＢ間の行為が，Ｄ（第三者）のＥ（県知事）に対する認可申請を妨害したとして，損害賠償義務を負担させるものである。

この場合には，債権侵害の枠組みが利用できる。ＤＥ間の申請行為は，債権侵害の典型例であげられる契約関係ではないが，特段の事情がないかぎり，Ｄの申請に対して認可が与えられる関係であり，その関係が，第三者たるＡＢの行為によって妨害をうける場合である。二重譲渡類似の競合の関係ともいえる。申請行為は，営業上の利益に関するものであるから，それに対する妨害は，自由競争の範囲を逸脱した故意による侵害であることを必要とする。事案のＡ

=Yの行為は，まさにそのようなものであった。

(2) 営業上の利益に対する侵害が不法行為を成立させるかについて，従来の議論は，おもに開業後の営業継続の利益に関するものであり，開業にかかる利益に関するものが争われた例は，少ない。古い裁判例である，いわゆる大学湯事件（大判大14・11・28民集4巻670頁）は，老舗の営業利益の保護を認め，それが709条の「権利」保護要件を拡大したことは周知のところである。営業利益は抽象的なものであることから，その要保護性については，伝統的な相関関係論のもとでは，過失や単純な故意でははたらず，侵害行為のかなりの悪質性が必要となる[22]。たとえば，脅迫や業者間の共同取引拒否であるボイコットである（大判大3・4・23民録20輯336頁，大判昭15・8・30民集19巻1521頁）。

本件について，営業にかかる被侵害利益の要保護性についてみると，Xの被害は，決して抽象的な予想上のものだけではない。現実に土地を購入し，出店計画の具体的実行段階にあったのであり，法的保護に値すると考えられる。原審は，営業許可をえることで実行段階になったとするのであるが，営業許可は，もはや最終段階というべきであろう。従前から，反対運動などの妨害行為が起こりやすいことから，パチンコ店の出店計画は秘密裏に行われることが多かったといわれるが，これは，原審のような前提にたつものであろう。本判決を前提にすれば，むしろ早い段階で公にしたほうが保護をうけやすくなるものといえる。

他方で，侵害行為の態様については，Yらの行為は，たんなる寄附の一点だけでは判断しえない。贈与という所有権の移転は，それ自体は価値中立的なものであるが，そこに結合された第2，第3の目的とあわせて評価する必要がある。Xの出店の妨害が意図されており，しかも，そこには，近隣の平穏といった考慮すらもなく，たんに同業者の利益確保が目的となっている。風俗営業法4条2項2号に意図した一定の施設の周辺での良好な環境の保持とは関係がない。同業者が結束して，同業の他者の参入を図ることの悪質性は高いと思われる。事案のもとでは，最高裁の結論はおおむね妥当なものといえる[23]。

第4章 むすび

1 寄附の受入れと違法性

(1) 最高裁は、寄附をうけた社会福祉法人 Y_7 については、その違法性の判断を原審に差し戻している。社会福祉法人は、Yらのような同業者＝競業者ではなく、たんなる協力者である。協力者の態様は、みずからの利益を図る競業者とは異なるから、悪質性の判断にも異なるところがある。しかし、原審は、寄附行為自体が違法でないとし、Y_7 の主観的態様に立ち入っていないことから、差し戻されたのである。

判時コメントによれば、主観的態様には、①出店を妨害する認識は不要で、過失でたりるのか、②たんに出店を妨害する結果につながることを認識しているだけでたりるとするか、③主として出店を妨害する目的で協力したことを要するか、が問題となるとする（後述2参照）。

(2) 具体的な賠償額も、差戻審に委ねられている。一審の算定は、やや過大なように思われる。当事者の主張をそのままいれ[24]、他方で、控訴審が責任を否定したために、額の見直しが行われなかったからである。

以下の一審のあげた項目にはざっとみただけでも、二重に計上されているとみうるものがある。

　①土地の取得費、固定資産税・都市計画税負担分及び土地仲介手数料の計2億8451万5998円相当の損害。
　②建設本体工事費、設備工事費、外構工事費、省電設備費、看板工事費及び設計料として計3億2351万2988円相当の損害。
　③出店のための諸手続費用として計917万0164円の支出。
　④逸失利益は、3億6094万2000円を下回らない。
　⑤弁護士費用としては、2600万円。

この④の逸失利益のなかには、①②③の土地取得費や建築工事費などの原価償却費が包含されるはずである。かりに包含されないとしても①②の費用はまったく無駄になるとは考えられない。

なお，近時，416条1項の通常損害につき，最判平21・1・19判時2032号45頁，判タ1289号85頁は，店舗の賃借人が賃貸人の修繕義務の不履行により被った営業利益相当の損害について，賃借人が損害を回避または減少させる措置を執ることができたと解される時期以降は，営業を別の場所で再開する等の損害を回避または減少させる措置を何ら執ることなく，本件店舗部分における営業利益相当の損害が発生するにまかせて，その被った損害のすべてが民法416条1項にいう通常生ずべき損害にあたるとして請求することはできないとした。損害軽減義務を認めたものであり，損害額の算定にあたっては参考に値しよう[25]。

2　競業者でないY

出店を妨害する態様としては，(i)寄附の当事者が双方とも競業者である場合，(ii)本件のように，一方だけが競業者である場合，(iii)いずれも競業者でない場合がある。このうち，(ii)において競業者に不法行為が成立する以上，(i)についても同様であろう（あまり想定はしにくいが，居酒屋チェーンが介護事業に参入する例もあるから，Yらが，グループ内のY$_7$を利用するような場合があろう）。

変種としては，同業ではないが，類似の業種という場合もある。たとえば，パチンコもゲームセンターもおおむね同じ客層を対象とするという場合に，パチンコ業者が結束して，ゲームセンターの出店を妨害するという場合である。これも，みずからの利益の確保を目的としており，風俗営業法の規制の趣旨からはずれるという意味では，競業者の場合と同様であるから，競業者に準じて考慮されよう。

(iii)は，競業者でないYが寄附する場合である。寄附の当事者Yらと，Y$_7$の双方が，競業者でないという場合は，風俗営業に関することであれば，多くの住民運動についてありえよう。この場合には，良好な風俗環境を保全しようとする趣旨で設けられたとの風俗営業法の趣旨に必ずしも反するものではないから，競業者に対するのとは異なる判断を要する。もっとも，その場合の態様は，無制限ではないから，妨害の態様がいちじるしく悪質な場合にはなお不法行為を成立させることもあろうが，たんに出店を妨害する結果になることを認

識していた程度では不十分であろう。みずから主導して，かつ虚偽の情報を流すなどの特段の悪質性が必要となる。また，妨害される開業にかかる利益の進行の度合（計画の進捗状況）や公益性なども考慮される。

また，このような場合には，目的不到達の主張をＸに行わせることに意味があろう。それによって，目的の達成が必要かどうかが正面から争点となるからである。不要な場合には，寄附行為自体を撤回させることができ，反面ではなるべく金銭的な処理（不法行為の成立）を残さないことが望ましい。金銭的な処理は，同業者間にとどめておくことが（侵害者が非競業者の場合），相関関係的考慮の道すじとなる[26]。

3　判決の影響と射程

本判決は，パチンコ店の出店に関するものであるが，風俗営業法の適用がある場合には，種々の業態に広く考慮されうる。もっとも，業態により，具体的判断が異なることは当然である[27]。

従来から，パチンコ業界では，風俗営業法の規制を利用して競業者を阻止するために，競業者の出店予定地の近くに，医療施設や社会福祉施設を建設する例があったといわれる（判時コメント）。そこで，出店計画はなるべく秘密裏に行い，最終段階まで公にしないのが業界の常識でもあった。これは，風俗営業法上の許可までにかなり時間がかかるのに対し，保護対象である施設の設置には時間がかからないことにもとづく。原審の判断は，ある意味ではこの広い自由競争の慣行に忠実であったともいえる。本件最高裁判決までは，この自由が，いわば既得権でもあった。

これに対し，最高裁判決によれば，計画を周知させておけば，少なくとも同業者の妨害には，不法行為訴訟で相当程度まで対抗することができる。最高裁判決の結果，計画公表の段階が比較的早くなったともいわれる。しかし，同業者間において自由競争が制約されるのは例外であるべきであるから（二重譲渡などでも，自由競争の観点から，同業者間の方が不法行為は成立しにくいという場合があろう），不法行為の成立にはなお慎重である必要がある。営業利益が大きいというだけでは，かえって同業者間に不法行為が成立しやすくなってしまう（一般人の行う寄附であれば，原則として，第3目的までが考慮されることはな

い)。本判決では，みずからは最大限に自由競争を利用しながら，法の規制を利用して他者の参入を妨害するというエストッペル的な要素が大きいとみるべきである。この意味でも，安易に認められやすい不法行為よりも，目的不到達の構成には意味があり，少なくとも並行した判断が有益であろう。

風俗営業法のほかにも，建設に認可が必要で，その障害をもたらす法規には，類似の効果がある。

(1) 契約の目的については，拙稿「不能・行為基礎の喪失と反対給付」反対給付論の展開（1996年，以下【反対給付】と略する）155頁参照。かねて筆者は，給付不能と目的不到達あるいは行為基礎の喪失のパラレルな関係を検討したことがある。また，最判平8・11・12民集50巻10号2673頁と目的不到達の関係については，拙著・利息制限法と公序良俗（1999年，以下【利息】と略する）502頁参照。

さらに，不能と，広義の不能をもたらす目的不到達の境界については，以下のように，学説上争いがある。【研究】229頁参照。

不能説　　| 不能 → | ×受領不能 | 目的不到達 | ×対価支払義務なし |

受領遅滞説（反対給付をド民324条2項，615条によって基礎づける）

| 不能 | ○ | | ○対価支払義務あり 概念の再構成 |
○営業危険説は独自の概念から対価を基礎づけ

ラーレンツ旧説

| 不能 | ○（一身的事由） ← 行為基礎の喪失 ○ |

ヴィアッカー・ボイティエン説（後者は反対給付をド民324条1項によって基礎づけ）

| 不能　・対価支払義務　　　　○ |
| ×なし → ○ あり　目的到達・不到達 |

ケーラー・ラーレンツ新説

| 不能 → ○ ← 行為基礎の喪失 ○ |

(2) 親族間の贈与において，たとえば，扶養を目的として贈与したが，履行されない場合に，忘恩行為を理由として贈与の取消が問題になる例もある。この場合には，実質的な対価関係の保障が，贈与という片務契約の目的に集約されているのである。

最判昭56・11・13民集35巻8号1251頁は遺言と抵触する生前行為に関する。A

第1部　私権の体系の変動

が扶養を前提として，Bと養子縁組をし，不動産を遺贈する遺言をしたが，不仲となって，Bと離縁し，扶養もうけなかった場合に，遺言は，その後にされた協議離縁と抵触するものとして，1023条2項により取消されたとされた。

最判昭53・2・17判タ360号143頁は，情宜関係の変化により取消を認めた裁判例である。また，最判昭42・11・24民集21巻9号2460頁は，父母を扶養することを前提に，土地の無償使用が認められていたところ，扶養もしない場合に，信頼関係の喪失を理由とする使用貸借の終了が認められた。

下級審では，新潟地判昭46・11・12判時664号70頁がある。

（3）　本篇では立ち入らないが，この目的挫折と利益の喪失の関係は，以下のように整理される。【反対給付】224頁参照。

さらに，目的到達による損害賠償請求権の消滅を混同によって基礎づけた京都地判昭47・11・13判時698号99頁がある。

目的不到達の諸類型

	債権者目的の挫折（債権者の使用目的が達せられない）	債務者目的の挫折（債権者の使用目的は達成される）
債権者利益の喪失	a^1型。賃貸借（特定の目的のために借りたが，その目的のためには使えない） 売買＝婚約指輪のケース 請負＝特定の目的のために注文したが，使えない	－　－　－　－　－ （債務者目的は原則として考慮されない）
債務者利益の喪失	a^2型。賃貸借（行政目的のために安く貸したが，使わない） 売買（行政目的のために安く売ったが使わない）* 請負＝特定目的のために安く請負う	a^3型 ｛債権者目的と一致する場合 ｛債権者目的と一致しない場合 （自分も使えるつもりで売ったが，使えない場合）

*従業員用に安く売ったが，やめてしまった（最判昭63・11・25金判817号3頁）。
社宅の賃貸借（a^3の場合もある）

（4）　本件の評釈としては，原田昌和・法学セミナー633号114頁，野口恵三・NBL 863号119頁，中村肇・法律のひろば61巻7号68頁，公法的観点からは，日野辰哉・法学72巻1号158頁がある。

（5）　Larenz, Geschäftsgrundlage und Vertragserfüllung, 3. Aufl., 1963（以下，GGとして引用），S. 104 ff.（契約目的の到達不能性・Die Unerreichbarkeit des Vertragszwecksは，同書3章C4でおもに扱われている）。同書については，勝本正晃校閲＝神田博司＝吉田豊訳・K・ラーレンツ・行為基礎と契約の履行（1969年。以下，「訳」として引用）がある（訳152頁）。

（6）　Larenz, a.a.O.(GG), S. 105.（訳153頁）。

（7） Larenz, a.a.O.(GG), S. 105.（訳153頁）。Vgl. Emmerich, Inhalt des Schuldverhältnisses, Leistungsstörungen, Grundlagen des Vertrags- und Schuldrechts, I, 1974, S. 459；Westermann, Die causa im französischen und deutschen Zivilrecht, 1967, S. 93.

（8） したがって，売買代金（金銭）のように，給付と使用目的とがつねに一致するものでは，後者を問題とするよりは，通常はないであろう（政策目的の低廉な売買ではありうる。後注（15）と逆の場合である）。これに対し，賃貸借では，賃料よりも貸すことに意義のある場合がしばしばある。最判昭50・2・20民集29巻2号99頁参照。

（9） もっとも，給付するものの性質上，目的が推測されることもあろう（特定の目的のための物の製作など）。つまり，目的の不到達は，普通法学説がいうような特別の場合だけではなく，かなり一般的な理論たりうる性質のものである。ドイツ民法典に比して，普通法学説の積極性が指摘されることが多いが，むしろ普通法学説自体が，かなり限定的だったのである。

（10） Larenz, a.a.O. (GG), S. 106.（訳154頁）。

（11） 一般の不能となる。このような場合には，目的の挫折についての解除条件が付されていると解するよりもある。たとえば，特定の業務の能率化のために機械の導入を請負わせたが，請負人の供与した機械がそれだけの能力を有しなかった場合である。

（12） イギリスの裁判例である戴冠式事件がこれにあたる（Krell v. Henry, [1903] 2 K.B. 740ほか一連の裁判例がある）。

（13） Emmerich, a.a.O., I, S. 459.

（14） Larenz, a.a.O. (GG), S. 105.（訳153頁）。さらに，ド民旧495条，現454条（Kauf auf Probe）参照。試験売買は，買主の特定の目的に適った利用を保証するための取引形態である。Westermann, a.a.O., S. 93.

（15） 買主は売買の目的物に隠れた瑕疵があって「契約をした目的」を達しえないときには，契約を解除して代金支払義務を免れうる。この場合には，給付の交換そのものは不可能ではないから，契約目的の障害が給付の交換をも否定しうる能力を与えられていることになる。すなわち，目的は，給付の意味を失わせる限度で契約内容にとりこまれているのである。

わがくにでは，瑕疵担保責任は原始的な瑕疵への救済手段とされており，他方で，行為基礎の喪失は，後発的障害への救済の1つであると理解されている。したがって，目的の障害の効果は必ずしも同一ではない。そこで，行為基礎の喪失がすべて瑕疵担保責任によってカバーされている，とはいえない。むしろ，売買で目的喪失が重要な意味をもたないのは，担保責任の存在ゆえだけではなく，売買の1回的性質のゆえ，原始的に目的障害があったといえる場合が多いためと考えられる（570条・566条参照）。

さらに，そうだとすると，原始的障害と後発的障害とをパラレルに扱うためには，後発的な目的不到達にそくして行為基礎の喪失を認める必要がある（目的の原始的障害については，立ち入らない）。

（16） しかし，売買でも，例外的には，第2目的が考慮されることがある。たとえば，婚

第1部　私権の体系の変動

　　　　約指輪の売買をしたが、婚約が破棄された、といった場合である。このような売買における目的不到達については、【反対給付】155頁所収。

(17)　牽連関係に準じた把握を行うのは、ラーレンツよりも、むしろボイティエン（【研究】216頁参照）であるが、債務が消滅する、とする点では同じになる。

(18)　行為基礎論では、ド民670条・675条・683条・713条・1390条・1648条・1835条が参考とされるべきである、とされる（Larenz, a.a.O.(GG), S. 179, 訳・255頁参照）。

　　　請負の場合に、日本法では、641条において、任意の解除が認められ、他方、損害賠償が義務づけられているのは、こうした目的挫折の簡易な処理方法と位置づけられる。委任の解除（651条）も同様である。

　　　なお、給付交換が障害をうける不能との相違として、目的不到達の効果として、当然に給付義務が消滅し（ド民旧275条）、反対給付義務も消滅するのではなく（日民536条1項）、解除権が利用される。これは、給付交換は可能であるから、債権者がそれを甘受すれば、その判断を否定する必要はないからである。

　　　こうした相違は、ドイツ債務法の改定に反映されている。すなわち、当初は、給付義務も反対給付義務も解除により消滅するとの全面的な解除権の採用が意図されたが、2002年の現代化法では、不能の場合に、給付義務は当然に消滅すること（275条）、その他の障害では、債務者の履行拒絶権が発生すること、反対給付義務についても、当然に消滅すること（326条1項）が肯定された。不能以外の場合には、すべての債務は、解除により消滅することが原則とされるのである（323条）。行為基礎の喪失の効果も、まず、契約への適合（Anpassung des Vertrags）であり、ついで解除である（313条1項、3項）。これらにつき、拙著・司法の現代化と民法（2004年、以下【現代化】と略する）196頁以下、および拙稿「給付障害の体系」一橋法学4巻3号9頁、15頁、30頁参照。

(19)　雇用については、次のように考えられる。使用者の一身的事由によって給付が障害をうけると、同人の給付受領には、労務を特定の方法で用いるという目的が付着しているので、その目的は挫折する。しかし、被用者の給付の能力はなんら失われていないから、不能は生じない。したがって、被用者には反対給付の請求権が発生する（これに関連して、【研究】211頁の注1参照）。

　　　しかし、その効果として、請負との相違を認めるかどうか明らかではないが、労務が追完しえない給付であるとの性質を考慮して、対価請求権を保持する、と解することはおそらく可能であろう。

(20)　単純な二重譲渡の事例でも、いちじるしく不適切な方法で取得が行われた場合には、その効力の否定が考慮されてもよいし、場合によっては、いわゆる背信的悪意者の取得として、劣後する場合がある。他方、法律行為への影響を否定するものとして、中村・前掲論文（前注(4)）73頁参照。

(21)　日野・前掲論文160頁以下。

(22)　本文で述べたところが、一般的な理解であろう。たとえば、幾代通＝徳本伸一・不

132

法行為法（1993年）79頁も，「他人の営業活動を侵害することは，一般に，保護法規違反ないし良俗違反とみられる程度のものであって，はじめて不法行為を構成する」とし，「加害者側の主観的状況がかなり強度の反社会性を有するものであること」を必要とするとする。

　潮見佳男・不法行為法（1999年）43頁は，「営業利益・営業権侵害や人格的利益・人格権侵害のように，被害者の利益を保護するかどうかが加害者の侵害態様その他の要因との相互連関の吟味を経てはじめて決定される」場合には，被害者の地位の要保護性を積極的に確定することが必要とする。

　また，加藤雅信・事務管理・不当利得・不法行為（2005年）205頁は，「営業権ないし営業から生じる利益そのものは，絶対権，絶対的利益として保護されず，自由競争の枠内では，故意による侵害も許される。しかし，営業から生じる利益も，脅迫，ボイコット，虚偽情報等，悪質・悪辣な形態で侵害された場合には，不法行為法による保護をうける」とする（なお，185頁も参照）。

(23)　多くの評釈も同様である。原田・前掲論文114頁，中村・前掲論文70頁。野口・前掲論文120頁も同じと思われる。

(24)　野口・前掲論文122頁は，一審裁判所が，損害額算定の問題を控訴審に，いわば丸なげしたものとする。

(25)　この点につき，一審判決も，「児童遊園の開園式が行われた後に，本件土地においてパチンコ遊技場用の建物の建築工事に着手しているところ，Xとしては，本件認可がされることにより本件許可を受けられなくなる事態をも想定した上で工事の実施を延期することにより損害の拡大を防止することが可能であった」としている。しかし，同判決は，Xが，本件認可がされることはないと考えて工事の実施に及んだことには無理からぬ面があるとして，過失相殺も考慮しなかったのである。

(26)　ただし，逆に，業者から住民に対して，迷惑料として補償を払い，迷惑施設の設置の同意をもらうことは可能であろう。日照権妨害や公害にさいして，近隣住民に補償が支払われる場合と同様である。

(27)　本件には，ある意味では，景観訴訟と類似する点もある。本件は，公共的な利益をもつ公園の存在によって，パチンコ屋の建設を阻止しようとするものであるが，景観訴訟では，公共的な利益である景観の存在によって，マンションの建設を阻止しようとするものである。ただし，本件では，公共的な利益が意図的・後発的に出現したのに対し，後者では，原始的に存在している点が異なっている。

第5篇　各　　論

第1章　形式主義と意思主義の狭間

1　意思主義の修正・韓国の場合

　韓国においては，1910年の日韓併合以後，1917年の朝鮮民事令のもとで，おもに日本民法典が適用された。戦後，アメリカ軍の軍令も，日本民法が適用されるものとしたが，その後，1958年に韓国民法典が制定され，1960年から施行された。その特徴は，日本民法よりも，全体的にドイツ民法に近いということである。日本民法典のうち，フランス法的な点が，韓国民法典では，かなり多数ドイツ法的に改められたのである(1)。日本民法の解釈自体が，1910年以降，いちじるしくドイツ法的解釈の傾向を示していた時期があり，そこで行われた教育も一因をなしている。

　そうしたドイツ法的な改正点の1つが，物権変動であり，意思主義は形式主義に改められた。所有権の移転には，移転登記が必要とされたのである（186条「不動産に関する法律行為による物権の得喪および変更は，登記されなければ効力を生じない」）。しかし，併合前の王政時代にも，物権変動はむしろ意思主義によっていたともいわれており，それが，1960年から急に形式主義に改められたのである。そこで，国民の意識や関連の法規が，必ずしも法の変更についていかない場面が生じた。

2　形式主義の変容

　こうして，韓国法は形式主義を採用したが，ドイツ法のような Auflassung

の手続(後述3参照)まで定めたわけではない。そこで,物権的な合意は,代金の支払や引渡の中にあるものとされ,所有権の移転には移転登記でたりる。のみならず,不動産取引に公正証書を必要とするとの原則もとらなかったから,不動産といっても,当事者の合意のみで取引されることがある。とりわけ新しい民法が意識されることの少なかった地方や少額の取引においては,必ずしも登記が行われない場合が多数生じた。わがくにと同様に,地価の高い都会でこそ,登記が行われることが通常であり,取引にさいし司法書士(法務士)がつくことも多いが,地方では必ずしもそうではないのである。

たとえば,AからBが土地を買って,代金を支払い,土地の引渡も終えて使用収益していても,移転登記はしないことがある。旧法のもとでは,Bは対抗力を有しなくても所有者でありうるが,形式主義のもとでは登記なしには所有権を取得しえない。登記の必要性が意識されるのは,ずっと遅れてCに売却しようとするときである。それまでに10年以上経過することはまれではない。しかし,債権は10年の時効にかかるから,債権的な登記請求権は存在しないことになる。日本法のもとでは,Bは所有者として物権的な登記請求権をも主張することができるが,こうした請求のよちはない。その結果,物権行為(代金の支払)が行われ登記もされれば所有権は移転するが,登記されないことから,物権行為があるのに所有権は移転しない状態が生じる。こうした登記のない事例は,法律行為によらない所有権の移転がある場合,すなわち相続の場合(および建物の建築)にも生じる。

3 Auflassungの存否

等しく形式主義といっても,ドイツ法の形式主義のもとでは,動産の物権変動には,移転のための物権的な合意と引渡を必要とする(929条)。また,不動産の所有権の移転には,移転のための物権的な合意(Einigung)と登記(Eintragung)を必要とする(873条1項)[2]。物権行為としては,登記所における所有権移転のための手続であるAuflassungが法定されているのである(925条1項1文)。これは,登記官の面前における所有権移転の意思表示であり,それゆえ所有権の移転は,原因行為から切り離されて,独自かつ無因なものとされるのである。たんなる当事者間の合意でたりるものではない。

もっとも，ドイツにおいても，このプロイセン型の意思表示は，原則として双方当事者の登記所への出頭を必要とし，必ずしも機能的なものではない。そこで，公証人のもとでも行うことが可能とされている（925条1項2文）。後者は，不動産取引に公証人を利用する南ドイツ・ローマ型の不動産取引に近いものであり，ドイツ民法典311b条（原313条）では，土地の所有権の移転には，公正証書の作成を必要とする（1項1文）。ただし，方式が欠けている場合でも，Auflassungと移転登記がある場合には，契約は有効とする（同条1項2文）。すなわち，物権的な意思表示が優先するものとしているのである。

公証人の任務にあたるものを，なるべく官吏や裁判所が代行しようとするのが，プロイセン法に特有の構造である。そこで，その系譜をひく物権法の873条と925条では，プロイセン型の登記官の面前でするAuflassungが原則とされているのに対し，311b条では，南ドイツ・ローマ型の公正証書を原則としているのである。すなわち，ドイツ法の規定の中にさえも二重性が反映され，また原則とする部分にねじれがみられる。そこで，1953年のドイツ民法典の改正では，925a条において，Auflassungの意思表示にも，311b条1項1文の文書のあることを必要としたのである[3]。

4 ドイツ法との比較

しかし，Auflassungを定めなかった韓国法では，上述のような未登記の場合が多数生じた。そこで，地方に多い，こうした所有権と登記の離齬を解消しようとするのが，金論文で紹介される特別措置法である（大都市の土地は除外）[4]。同特別措置法は，この場合に，Bが簡易な方法で登記を回復する手続を与えている。そして，同法は，所有権と登記の離齬の解消を述べるが，その場合の「所有権者」とは，上述の例ではBの所有権をいうから，これは，実質的に，形式主義の欠陥を，意思主義的な結果に修正することに等しい。形式主義には，Auflassungのような方式あるいは公正証書の利用が伴うべきであるということもでき，物権変動のあり方を考えさせるものである。そして，登記のあり方や手続が実体法にも影響を与えるものとして，興味深い素材を提供している。わがくにでも，2004年（平16年）の不動産登記法改正のおりに，電子化・オンライン化に伴い，登記原因証明情報が要件となり，従来，実体法的には，一定

の要件のもとで確立していた中間省略登記が実質的に不可能になる事態が生じた例がある。

　ドイツ民法の場合には，法定の物権行為である Auflassung（あるいはその代用としての公証行為）なしに所有権の移転はありえず，買主は，債権を取得するのみである。不動産取引には，公証人が関与することを前提とする。もっとも，相続は包括承継であるから（1922条），登記なしに相続人Bに所有権が移転し，表見相続人や共同相続人Aに登記や占有が残る場合がある。そこで，実態と登記との間に離齬が生じ，Aが時効取得をすることもありうる（登記簿取得時効は30年である。900条）。しかし，相続人Bは，登記によらず相続回復請求することができ（2018条 Erbschaftsanspruch），その場合には，相続回復請求権が時効消滅するまでは，占有者は取得時効（Ersitzung）を主張できないとして，相続人を保護している（2026条）。相続回復請求権は，家族法および相続法上の請求権であり，その消滅時効は，30年とかなり長いものとされている（197条2項参照）。意思表示によらない物権変動で生じうべき離齬のみが，長期の時効によって予防されているのである。公証人が関与するべき意思表示による物権変動はこの限りではない。つまり，移転登記がなければ，基本的に所有者はAなのである。

不動産所有権の移転の方式とドイツ民法の規定

	311b条1項・契約の方式	925条1項・Auflassung
プロイセン型	2文－Auflassungと登記があれば有効。	1文－登記官の前でのAuflassungで土地所有権移転。☆原則
南ドイツ型	1文－土地の所有権の移転には，公正証書が必要。 ☆原則	2文－Auflassungは，公証人によっても受理される。

2002年の債務法現代化法のおりに，旧313条は311b条に移動した。

（1）　鄭鍾休「韓国民法の制定と発展」ドイツ法の継受と現代日本法（新井誠＝山本敬三編，2009年）35頁参照。
（2）　873条2項に関しても，もともとの規定では，登記まえに当事者が物権の合意に拘束されるのは，意思が裁判上または公正証書で認証され，または登記官のまえで表示されたときとされていたのが（gerichtlich oder notariell beurkundet oder vor dem

第 1 部　私権の体系の変動

　　　　Grundbuchamt abgegeben），1969 年 8 月 28 日 の 改 正（BGBl. I, S. 1513）で，「裁判上」という文言が削除され，公正証書が第一義的な場合とされたのである。公証人の任務にあたるものを，官吏や裁判所が代行するのは，プロイセン法に特有の方式である。

　　　　戦前は，州法の留保（民施 143 条）と，Reichsnotarordnung　22 条 2 項によって，公証人が，アウフラッスングの受領の事務をなしうるとしていた。

（ 3 ）　拙稿「公証人と公証人弁護士」公証 138 号 3 頁，拙著・専門家の責任と権能（2000 年）155 頁，161 頁）。
（ 4 ）　詳細については，金得竜「韓国の不動産所有権移転登記等に関する特別措置法」市民と法 60 号参照。なお，金得竜氏は，韓国の現役の登記官である。韓国では，登記業務は最高裁の管轄下にある。この点は，ドイツの登記が区裁判所の管轄であり，登記官が登記裁判官（Grundbuchrichter）であることや，戦前の日本の登記業務が直接には裁判所の管轄下にあったのと同様である。司法制度や司法書士の業際問題にもかかわる点である。

付　問題解決小論

　　1　地役権と隣地通行権

　問題1.　東京近郊の鉄道会社Aは，沿線の土地分譲事業をも行っている。Aは，1990年1月までに，自分の所有する土地を，東西3区画ずつの宅地と，その中央を南北に貫き北側の公道に通じる道路として造成した。
　1990年4月，Bは，この宅地のうち公道に接しない西側1区画300㎡（甲土地）を代金3000万円でAから買いうけた。Bは，甲土地が公道に接していないとして危惧したが，AB間の契約交渉中に，Aは，Bが公道を利用するのに不自由がないようにすると説明し，AB間で，甲土地を要役地，A所有の隣地の1区画（乙土地）を承役地として無償・無期限の通行地役権の設定の合意がされた。しかし，この通行地役権の設定について，AB間で書面が作成されることも通行地役権の登記がされることもなかった。
　その後，Bは，乙土地を通路として利用してきたが，1996年4月に，Aは，公道に接していない他の3区画と通路部分である区画を含む乙土地をあわせて，Cに，代金6000万円で売却した。Aは，本件売買契約の交渉にあたって，Cに対して，上の通行地役権の設定について説明したが，Cは，とくにこれについて異議を述べなかった。しかし，AC間の売買契約書には，通行地役権についての記載はなかった。AC間の売買契約当時も，Bは，継続して乙土地を通路として利用してきた。
　Cは，乙土地を舗装して公道への通路として使用し，乙土地以外の3区画には，自宅が建築され，乙土地は，自宅から公道に出入りするための通路として整えられた。Bは，乙土地を通行して公道に出入りしていたが，Cが，これに対して異議を述べたことはない。
　さらに，2000年4月，Cは，Dに対し，乙土地を含めて，Aから購入した土地を5000万円で売却した。Dは，乙土地を買いうけるさいに，Bが乙土地を通路として利用していることは認識していたが，とくにBが乙土地を通路として使う法的権限があるかどうか，またどのような権限によるものかについ

139

第 1 部　私権の体系の変動

ては，確認しなかった。Dは，2000年5月に，Bに対し，本件土地を通路として利用しないように求めた。BD間の法律関係について論じなさい。

問題 2.　乙地を有するXは，公道に達するA道路（いわゆる里道）が自動車の通行に適さないので，B道路を使用して自動車の通行をしている。しかし，B道路も，自動車の通行には狭いので，B道路の近傍の丁地を買い受け，さらにY所有の丙地（Y所有の隣地の甲地の一部）をも使用している。しかし，Yは，Xには公道に通じるA道路があることを理由に，柵を設置して丙地の利用を妨げた。この場合のXとYの法律関係を論じなさい。（問題1と問題2は，別の問題である）。

〔解説〕

1.　(1)第1問の事実関係には，最判平 10・2・13 民集 52 巻 1 号 65 頁（判時 1633 号 97 頁）を参照されたい。その他の参考となる裁判例は，最判平 10・12・18 民集 52 巻 9 号 1975 頁，最判平 18・1・17 民集 60 巻 1 号 27 頁，判時 1925 号 3 頁である。

地役権は，従来，物権法の講義では，時間の関係からあまり扱われないことが多かった分野である（用役物権に割く時間はあまりない）。しかし，宅地の細分化の結果，近時では非常に問題となる。公道に沿って縦に細長い土地を二分する場合には，奥地のための通路は，奥地の一部となるいわゆる旗地となるが，4分割，あるいは設問のように6分割となる場合には，通路地が生じる。税金の関係で市などに寄附する場合や共有地となる場合には問題は生じないが，建ぺい率を高くしたり売却される土地面積を広くするために（当然代金に反映される），各土地の一部として法的には分割されていることが多い。しかし，その利用関係は，あまり明確にされていない。可能性としては，通行地役権のほか，袋地通行権，使用貸借，通行のための賃借権，人格権にもとづく通行権など多様である（最判平 9・12・18 民集 51 巻 10 号 4241 頁は，位置指定道路の通行について，人格権による通行妨害排除請求を認めた。相隣関係の類推である）。登記がなされないことも通常である。

設問の論点として，第1に，平10年2月判決にみられた約定地役権と，承役地の承継人との対抗関係が問題となる。B　Dの関係は，要役地の地役権と

承役地の所有権の関係であるが，Bには地役権の登記がなく，これをDに対抗するには，Dが登記の欠缺を主張する正当な利益を有する第三者でないとすることが必要である。そのための法的構成が論点である。

第2に，平10年12月判決にみられた地役権の登記請求権の有無が問題となる。

第3に，平18年判決にみられた所有権の時効取得に関連する問題がある。1990年4月のBの買受から2000年4月のDの買受までに10年を経過している。BとDの関係は，時効完成時との関係で，微妙である。Dが時効完成前の第三者であれば，Bは登記なくしてDに対抗できるが，時効完成後の第三者との関係は，判例では対抗関係とされ，BがDに対抗するには，登記が必要である。ここでも，例外的に，登記がなくても土地取得者が背信的悪意者の場合には，対抗する可能性がある。そして，所有権の争いにおいて物権変動の原因が時効の場合には，背信性の要件を軽減する可能性がある。時効完成後の第三者が時効完成の要件をすべて認識していることは稀だからである。

もっとも，本件では，所有権の取得時効そのものは問題たらないから，地役権の時効取得が問題となる。また，前提として地役権の取得の要件（283条）である継続的行使，つまり用益地の所有者による開設要件も問題となる。あわせて，地役権があるのに重ねて時効取得できるかという自己の権利の取得も論点の1つとなる。

これらをクリアーすると，地役権でも，所有権と同じく，時効取得後の第三者について背信的悪意者が問題となり，ここでは，背信的悪意者の要件軽減が論点となる。つまり，第1の論点の信義則構成（長年の利用，認識可能）の悪意不要と，第3の論点の背信的悪意者構成の悪意の軽減との比較が最終的な論点となる。

付随して，囲繞地通行権の成立，帰趨が問題となり，212条の償金，213条の分割ではそれが不要となることとの関係が問題となる（この部分は，以下では省略する）。

(2) まず，最判平10・2・13民集52巻1号65頁，判時1633号74頁は，いわゆる信義則構成によって，背信的悪意者よりも軽減した要件のもとで，地役権の対抗可能性を認めた。

ＡＢ間には地役権の設定があるが，多くの下級審判例は，必ずしも明示の合意がなくても，「黙示の地役権」を認めることが多い。ただし，その場合でも，承役地が第三者Ｃに譲渡されてしまうと，Ｂ　Ｃの関係は，対抗関係となる。譲渡されてしまうと，無登記のＢが劣後するのでは，せっかく「黙示の地役権」を認めた意味は没却されてしまう。そこで，登記のないＢとしては，ＣやＤが，登記の欠缺を主張する正当な利益を有する第三者でないことを主張する必要がある。

そのための方途の1つは，背信的悪意者論であるが，悪意の認定はむずかしい。従来，背信的悪意者論は，所有権の二重譲渡を例に形成されており（たとえば，最判昭43・8・2民集22巻8号1571頁），本来，登記によって優劣を決定する物権法の構造からすれば，第2譲受人が，第1譲受人の所有権取得の事実を知ることが「悪意」である。所有権は同一物に二重に成立しないから，この悪意を前提に，背信性が肯定されるときにのみ（たとえば，上記昭43年判決では，第1譲渡が未登記であることを知ったＣが，Ｂに高値で売却しようとして，Ａから安価で譲受した），登記によらない権利の主張が可能となるのである。しかし，上述のように，通行の根拠は，相隣関係，使用貸借，人格権など多様であり，悪意の要件を満たすことは必ずしも簡単ではない。また，通行権は，必ずしも所有権と排他的ではなく，通行者がいることを知りながら，承役地を譲受することはなんら不当ではない。

そこで，従来から下級審裁判例は，背信的悪意者論によることなく，承役地の取得者が，要役地の所有者によって客観的に利用されていることを知って取得しながら，地役権の存在を否定することが信義則に反するものとしてきたのである。そのような認識がある場合であれば，承役地を取得するさいに，負担を代価の決定に考慮でき，考慮したにもかかわらず否定することは信義に反するからである。最高裁も，平10年判決によって，この理を認めた。

「通行地役権の承役地が譲渡された時に，右承役地が要役地の所有者によって継続的に通路として使用されていることがその位置，形状，構造等の物理的状況から客観的に明らかであり，かつ，譲受人がそのことを認識していたか又は認識することが可能であったときは，譲受人は，要役地の所有者が承役地について通行地役権その他の何らかの通行権を有していることを容易に推認する

ことができ，また，要役地の所有者に照会するなどして通行権の有無，内容を容易に調査することができる。したがって，右の譲受人は，通行地役権が設定されていることを知らないで承役地を譲り受けた場合であっても，何らかの通行権の負担のあるものとしてこれを譲り受けたものというべきであって，右の譲受人が地役権者に対して地役権設定登記の欠缺を主張することは，通常は信義に反するものというべきである。ただし，例えば，承役地の譲受人が通路としての使用は無権原でされているものと認識しており，かつ，そのように認識するについては地役権者の言動がその原因の一半を成しているといった特段の事情がある場合には，地役権設定登記の欠缺を主張することが信義に反するものということはできない」。

　もっとも，同判決の射程は問題として残された。地役権と所有権は，必ずしも排斥するものではないから，信義則によって登記ある所有権の効力を制限しても，物権変動の対抗要件主義を変更するところは少なく，地役権の対抗に登記が不要な場合を認めることが可能である。占有が重視される賃借権にも，利用者の権限を強化する可能性もあるが，これは，平10年判決の射程の問題となる。賃借権の強化は，特別法の領域であり，時効問題にも影響するとすれば重大であるから，そうした解釈は過大である。賃借権は所有者の利用を排斥するものであり，平10年判決は，地役権の公開性という特殊性にもとづくものとみるべきであろう。

　(3)　つぎに，通行地役権の承役地の譲受人が地役権設定登記の欠缺を主張する正当な利益を有する第三者にあたらない場合に，通行地役権者は，譲受人に対して，登記請求も可能たるかが問題である。平10年2月判決の原審も，平10年12月判決の原審も，登記実務に従ってこれを否定した。登記請求には，売買のような具体的な登記原因を必要とするものである。しかし，登記請求権の根拠は多様であり（いわゆる多元説），当事者に特約がある場合や，実体的な物権変動があった場合に限らず（売買契約など），物権の効力として，登記が実体的な権利関係と一致しない場合にも生じる（大判昭3・10・16民録7巻792頁など。これは抵当権設定の登記簿が滅失した場合である）。

　最判平10・12・18民集52巻9号1975頁も，登記請求を認め，売買のような登記原因が必要という原判決を破棄した。

第1部　私権の体系の変動

「通行地役権の承役地の譲受人が地役権設定登記の欠缺を主張するについて正当な利益を有する第三者に当たらず，通行地役権者が譲受人に対し登記なくして通行地役権を対抗できる場合には，通行地役権者は，譲受人に対し，同権利に基づいて地役権設定登記手続を請求することができ，譲受人はこれに応ずる義務を負うものと解すべきである。譲受人は通行地役権者との関係において通行地役権の負担の存在を否定し得ないのであるから，このように解しても譲受人に不当な不利益を課するものであるとまではいえず，また，このように解さない限り，通行地役権者の権利を十分に保護することができず，承役地の転得者等との関係における取引の安全を確保することもできない」。

実質的にも，こうした登記ができないと，承役地が譲渡されるたびに，地役権の存在が不安定になる。登記には，権利の変動を反映する必要があるから，これを認めるべきである。もっとも，BのDに対する請求を認めると，Aの所有の時期から地役権の負担があったことは，必ずしも明確にはならない（2005年の不動産登記法の改正から実質的に中間省略登記は禁止）。しかし，承役地そのものが，A，C，Dと承継されたことは登記簿上明確であるから，必ずしも不当というにはあたらない（最判平22・12・16裁時1522号1頁参照）。

(4)　最判平18・1・17民集60巻1号27頁，判時1925号3頁は，所有権の時効取得の場合に，背信的悪意者論を維持した。これによって，平10年2月判決は，地役権に特有の判決たることが明らかとなった。

しかし，同判決は，物権変動が時効取得による場合の背信的悪意者論のあり方にふれた。Bにあたる甲（占有者）に対し，登記を有する土地の第2譲受人である乙は，明渡を求めたが，反訴において，甲は，時効取得を理由に，土地の所有権確認を求めた。乙は，登記の欠缺を理由に，甲は所有権を主張できないと主張した。原審は，平10年2月判決の構成により，甲の時効取得を容易に知りえたとの乙の悪意から，甲は登記の欠缺を主張できないとしたが，破毀差戻されたのである。

従来の背信的悪意者論は，物権変動の原因が売買のような例を念頭に構成されており，その場合では，譲受人相互の関係は，所有権の取得についての悪意と背信性により決定されていたが，時効取得の場合には，時効取得の要件のすべてを悪意の対象とすると，物権変動の事実を知るとの悪意要件の充足が困難

144

になることから，これが限定されたのである（学説は，物権変動が時効の場合につき，あまり論じてこなかったが，広中・物権法157頁は，取得時効の認識があれば，背信的悪意者とした。これは悪意者排除論である）。判決は，背信的悪意者の悪意の対象を限定し，適用要件を軽減したものである。

「甲が時効取得した不動産について，その取得時効完成後に乙が当該不動産の譲渡を受けて所有権移転登記を了した場合において，乙が，当該不動産の譲渡を受けた時点において，甲が多年にわたり当該不動産を占有している事実を認識しており，甲の登記の欠缺を主張することが信義に反するものと認められる事情が存在するときは，乙は背信的悪意者に当たるというべきである。取得時効の成否については，その要件の充足の有無が容易に認識・判断することができないものであることにかんがみると，乙において，甲が取得時効の成立要件を充足していることをすべて具体的に認識していなくても，背信的悪意者と認められる場合があるというべきであるが，その場合であっても，少なくとも，乙が甲による多年にわたる占有継続の事実を認識している必要があると解すべきであるからである」。

(5) 平18年判決の事案では，所有権取得の可能性が認められたことから，予備的請求の地役権の取得時効は問題とならなかったが，設例ではこれも論点の1つである。

通行地役権の時効取得を主張するには，時効取得の一般的な要件のほか（162条），通行地役権が，①継続的に行使され，かつ②外形上認識できることが必要である（283条）。前者につき，通行地役権者がみずから通路を開設する必要が問題となる。

まず，入口の点で，地役権の取得の要件，通路の開設をもって，これを否定する見解がありうる（時効にふれる場合に，形式的にこれだけを述べるのではたりない）。しかし，承役地の所有者は，たんに好意により通行を黙認しているのではなく，売却のために必要だから開設したのである。その費用も代金額に包含され，用益地所有者に転嫁されているはずである。こうした自己の地役権を時効取得する場合には，重い開設要件をおく必要はない。しかも，分譲地で，通行が予定されていることも，形状から明確であり，また特段の負担もないのである。そこで，せっかく時効にふれても，用益地所有者による開設から「継

第1部　私権の体系の変動

	所有権	地役権
物権変動・売買	背信的悪意者　悪意＋α	信義則違反（使用という客観要件＋認識可能との主観要件）
物権変動・時効	背信的悪意者　ただし悪意の緩和（時効のうち多年の使用だけ）	⇩ ⇨「多年」の使用

続」要件の不足をいうだけでは，いかにも教科書的である。最判平6・12・16判時1521号37頁は，承役地の所有者が開設しても，用益地の所有者も費用を負担したことから，開設要件をクリアーした事案である。

　また，地役権があるのに，重ねて時効取得できるかも問題となりうる。所有権の時効取得でも，自己の権利の時効取得が肯定されており（最判昭42・7・21民集21巻6号1643頁），地役権についても，これを否定する必要はない。なお，論点ではないが，地役権があるといってないのは，詐欺のようなものであり，少なくともAに担保責任が生じるのは当然であろう。

　Bによる地役権の時効取得の可能性が肯定できれば，つぎに，時効完成後の取得者Dとの関係を問題とすることができ，判例理論によれば，これは対抗関係とされるから，Bが権利を主張するには，Dの背信的悪意者性が必要となる。これを肯定するために，Dにどのような認識が必要だったかは，平18年判決の延長となる。おそらく，これは，地役権に関する平10年判決の延長でもあり，信義則論からいっても，何らかの権利によって「多年」の通行が行われていることの認識があって，承役地を譲受うけた場合には，Bの登記の欠缺を主張する正当な利益がないとすることになろう。

(6)　類似の例として，土地の便益を侵害するのではなく，建物の便益を侵害する場合がある。A，B，Cの所有地上に，A，B，Cの共有の長屋式の建物があったが，たまたまAの区分所有の建物部分が，Aの土地上にあったことから，Aが共有の建物を分割したというケースである。こうした分割は，建物の建ぺい率や道路規制，日影規制など建築基準法上の制限を侵害していて，B，CにCに不利に働くことが多い。この例では，B，CのAの土地に対する地役権を認めるというわけにはいかないので，別の手段が必要となる。第1は，共有建物の侵害を理由にその原状回復を求める方法である（251条。最判平10・3・24判時1641号80頁，不登49条，50条参照）。原状回復として建物の合体を求めれ

ばたりる。かつて抵当権とばしのために，建物を合体するケースがあったが，これと逆の考慮をするのである。第2は，A，B，Cは，もともと，それぞれの土地を共有建物のために供していたことに着目して，B，Cのための準共有の（あるいはA，B，Cの準共有の）地上権や利用権の設定があるとする構成である。地役権の構成に近いが，共有関係の回復がむずかしいときには，侵害された建ぺい率などは，Aの建物を収去しないかぎり，金銭的に回復することになる。

2．(1) 問題2は，隣地通行権に関するものである。論点は，袋地の意味と，囲繞地通行権の存否である。

参考裁判例は，袋地に関する最判昭47・4・14民集26巻3号483頁，最判平18・3・16民集60巻3号735頁である。前者は，登記未経由の袋地所有権取得者が，所有権取得の登記がなくても，囲繞地通行権を主張できるとしたものである。

後者では，人間にとっては通行可能な土地が，自動車の利用ができない点で，袋地といえるかが問題とされた。最高裁は，これを肯定した。

「現代社会においては，自動車による通行を必要とすべき状況が多く見受けられる反面，自動車による通行を認めると，一般に，他の土地から通路としてより多くの土地を割く必要がある上，自動車事故が発生する危険性が生ずることなども否定することができない。したがって，自動車による通行を前提とする210条通行権の成否及びその具体的内容は，他の土地について自動車による通行を認める必要性，周辺の土地の状況，自動車による通行を前提とする210条通行権が認められることにより他の土地の所有者が被る不利益等の諸事情を総合考慮して判断すべきである。そうすると，上告人らが，本件土地につき，自動車の通行を前提とする210条通行権を有するかどうかという点等についても，上記のような判断基準をもって決せられるべきものである」。

自動車については，近時，地役権にもとづく妨害排除請求を認めた最判平17・3・29判時1895号56頁がある。通行地役権者が私道である承役地に車両を恒常的に駐車させている者に対し，車両の通行を妨害することの禁止を求めることができるとされた。一審，二審は，なお地役権者の自動車による通行が可能であるとして請求を棄却していた。

「本件通路土地が，宅地の分譲が行われた際に分譲業者が公道から各分譲地

に至る通路として開設したものであること，本件地役権が，本件通路土地の幅員全部につき，上記分譲業者と宅地の分譲を受けた者との間の合意に基づいて設定された通行地役権であることに加え，分譲完了後，本件通路土地の所有権が，同土地を利用する地域住民の自治会に移転されたという経緯や，同土地の現況が舗装された位置指定道路であり，通路以外の利用が考えられないこと等にもかんがみると，本件地役権の内容は，通行の目的の限度において，本件通路土地全体を自由に使用できるというものであると解するのが相当である。そうすると，本件車両を本件通路土地に恒常的に駐車させることによって同土地の一部を独占的に使用することは，この部分をXが通行することを妨げ，本件地役権を侵害するものというべきであって，Xは，地役権に基づく妨害排除ないし妨害予防請求権に基づき，Yに対し，このような行為の禁止を求めることができると解すべきである。本件車両を駐車させた状態での残余の幅員が3m余りあり，本件通路土地には幅員がこれより狭い部分があるとしても，そのことにより本件係争地付近における本件通路土地の通行が制約される理由はないから，この結論は左右されない。

　そして，通行地役権は，承役地を通行の目的の範囲内において使用することのできる権利にすぎないから，通行地役権に基づき，通行妨害行為の禁止を超えて，承役地の目的外使用一般の禁止を求めることはできない。

　(2)　以上によれば，Xの本件地役権に基づく道路の目的外使用禁止請求を全部棄却すべきものとした原審の判断には，判決に影響を及ぼすことの明らかな法令の違反がある」。

　また，袋地に関しては，導管袋地の利用権を認めた最判平14・10・15民集56巻8号1791頁，判時1809号26頁がある。Yの分譲地にあるXの宅地のために，住宅造成業者であるYの，給排水施設の使用を認めた事件である。

　「宅地の所有者は，他の土地を経由しなければ，水道事業者の敷設した排水管から当該宅地に給水を受け，その下水を公流又は下水道等まで輩出することができない場合において，他人の設置した給排水設備をその給排水のため使用することが他の方法に比べて合理的であるときは，その使用により当該給排水設備に予定される効用を著しく害するなどの特段の事情のない限り，民法220条及び221条の類推適用により，当該給排水設備を使用することができるもの

と解するのが相当である」。

さらに、最判平5・9・24民集47巻7号409頁、判時1500号157頁は、汚水を公共下水道に排出するために、隣地利用をすることが「最も損害の少ない方法であ」り、袋地の所有者が隣地の「通路部分に下水管を敷設する必要がある」ものとした（ただし、建築基準法違反で、建物の取壊しの可能性が高いことから、権利の濫用として、請求を棄却した）。

2 賃借権と二重譲渡類型

問題3． 2010年1月、Xは、甲土地を、Aから買い受け移転登記を経由した。他方で、Yは、1970年ごろから、隣の乙地とその地上建物をBから賃借し、Bに賃料を支払って利用してきた。Xが調査したところ、甲乙土地の境界が不明確なことから、この建物は、甲土地に越境していた（侵害部分を丙とする）。

(1) XはYに対し、どのような主張をなしうるか。
(2) YはXに対し、どのような主張をなしうるか。
(3) 建物がBの所有ではなく、Yが乙土地を賃借して（かつ丙土地に越境して）建築していた場合はどうか。複数の主張を述べなさい。
(4) XとYの関係を論じなさい。

〔解説〕

(1) 小問1はオーソドックスな導入問題である。Bが所有者なら建物収去土地明渡請求であり、所有者でないYには建物退去土地明渡請求である（場合により一部請求）。論点ではないので、不当利得や不法行為など、長々論じる必要はない。物権的請求権の相手方の問題に立ち入る必要もない。

(2) この場合の可能性は2つある。(3)で複数の方法といっているのは、ここでもヒントとなり、第1は、Bの土地所有権の時効取得をYが援用することであり、第2は、みずからの敷地賃借権の時効取得である。前者につき、最判昭44・7・15民集23巻8号1520頁は、建物賃借人は、敷地所有権を時効取得できる者の所有する建物の賃借人にすぎず、時効完成の直接受益者ではないとする。ただし、きわめて短い判決理由であり、「民法145条は、時効の援用権者は当事者である旨を規定している。しかるに、本件についてみるに、Yらの

主張によれば，Yらは，本件係争土地の所有権を時効取得すべき者またはその承継人から，右土地上に同人らが所有する本件建物を賃借しているにすぎない，というのである。されば，Yらは，右土地の取得時効の完成によって直接利益を受ける者ではないから，右土地の所有権の取得時効を援用することはできない」。本文で，援用権者になるかどうかは，ほかの裁判例との関係で（援用権者の拡大）論じてもらいたいところである。

　後者については，Yは，Xに対し，直接に賃借権を時効取得するかが問題である。典型的な賃借権の時効取得との違いを考える必要がある。違いも検討せずに，教科書的に賃借権は時効取得できるということだけを抽象的に書いたのではたりない。典型的な賃借権の時効取得（最判昭43・10・8民集22巻10号2145頁）があてはまるか検討のよちがある（なお，下級審裁判例として，東京高判平21・5・14判タ1305号161頁は賃借権の時効取得を肯定。これにつき，草野元己・判批・私法判例リマークス41号26頁は，賃借権の時効取得は疑問とする）。Yの賃借の意思は，土地所有者Aではなく，賃貸人Bに向けられているにすぎないからである。ここには，時効を認める場合に，取得される賃借権の相手方は真の所有者か，賃借権の設定者かという古典的問題がある。つまり，Yが取得する賃借権がXに対するものか，Bに対するものかが論点となる。かりに，Yには，賃借権が取得できても，せいぜいBとの関係までであるとすると（賃貸借無効などの場合が典型である），Bが丙地を貸していても，それは他人の物の賃貸借（その地位の時効取得）にすぎず，Yは，AやXには対抗できないことになろう。この場合には，あわせて，上述のBの土地所有権の時効取得の援用が必要となる。

　(3)　ここでも，可能性は2つある。第1は，賃貸人の土地所有権の時効取得とその援用である。最高裁判決はないが，下級審には賛否のものがあり，時効の援用権の拡大からすれば，肯定するよちもある。第2は，賃借権の取得時効である。ただし，YがB，あるいはBがXに対して主張するのではなく，賃借人Yが賃貸人でもないXの土地の賃借権の時効取得を主張する場合であり，典型的な賃借権の時効取得（上述最判昭43・10・8参照）をそのままあてはめただけでは十分ではない。同判決もきわめて短く「所論土地賃借権の時効取得については，土地の継続的な用益という外形的事実が存在し，かつ，それが賃借

の意思に基づくことが客観的に表現されているときは，民法163条に従い土地賃借権の時効取得が可能であると解するのが相当である」として，あとは原判決を破棄差戻したものである。

　土地を所有者から賃借する意思をもって占有し，賃料を払っていた賃借人は，賃借権を時効取得できるはずであるが，本件で，YはBに支払っていたのであり，Xに支払っていたわけではない。その違いを論じる必要がある。たんに教科書的に表現を繰り返すだけでは十分ではない。また，そもそも所有権の時効を問題にしているのか，賃借権のそれなのか不明確で，たんに「時効」だけを問題にするのでもたりない。

　(4)　さらに，時効の後処理が問題となる。所有権の取得の判例では，時効完成の前後で区別されており，それによるとすれば，時効完成後の取得者との関係は，登記しだいで，Yにはあまり見込みはないが，背信的悪意者であれば異なる。

　あらかじめ「Xが調査した」なら，背信的悪意者の可能性も高く，背信的悪意者にあたれば，Yは登記なしでも対抗できるが，事後ならその可能性はない。その場合でも，境界紛争型の特質を考慮するのかなどは論点になる。Yが長期間使用してきたから，なんとなくXの請求は権利の濫用というだけでは不十分である。

　(5)　建物登記で，Xに対抗できるとか，借地借家法10条をもちだすのではたりない。Yは，乙地の賃借人であっても，甲地の正当な「借地権者」ではない。借地借家法の対抗は，本来の二重譲渡（YがAから，XもAから取得した）場合についてであり，時効完成後の第三者との関係が，二重譲渡類似の関係と扱われる場合とは異なる。この理屈ですむならば，(3)で建物登記でたり，(2)で建物の賃借の場合にも，建物の引渡でたりることになる（ただし，建物対抗力を取得しても，当然に土地の対抗力を取得するということにもならない）。Yの賃借権は乙地に関するものであり，登記があっても甲地にあるはずはない。乙地の対抗は建物登記でできるが，甲地の対抗にはすでに存在する賃借権についての登記が必要である（この問題を論じるには，1頁ではなく100頁の論述が必要となろう）。

　いくつかの最高裁判例には，登記に「軽微な誤りであり，殊にたやすく更正

登記」できる場合には，建物保護法1条の登記した建物にあたる（最大判昭40・3・17民集19巻2号453頁），あるいは最判昭39・10・13民集18巻8号1559頁のように，床面積が相違しても建物登記の対抗力を肯定するもの，最判平18・1・19判時1925号96頁のように，借地借家10条1項による登記した建物を有したが，登記の表示された地番・床面積が実際と異なる場合に，対抗力を肯定する例もある（事案は，当初，正しい地番が記載され，登記官が職権で表示の変更の登記をするさいに誤ったものである。同一性を認めがたい事情がなければ，対抗力ありとした。床面積の相違も，建物の同一性を否定しない）。いずれも，賃貸借土地上に，正当な賃借権があった場合である。逆にいえば，正当な賃借権がある場合でも，この程度の齟齬によっても，対抗力の存在は影響されうるのである。

第2章　債務と責任（隠れた担保権，財産引受）

1　債務と責任

「債務と責任」(Schuld und Haftung) の峻別は，法人論などと並んで，19世紀の普通法学でもっとも争われたテーマの1つであり[1]，責任なき債務や債務なき責任の承認により，現代法にも大きな影響を与えている。また，このテーマは，債権契約の成立そのものに関して何ら方式を要しないとする（責任を生じるについては必要）古ドイツ法の理解を通じて，近代的な諾成契約概念の承認にも，貢献している[2]。そして，この債務と責任の議論には，債務と財産の結合という隠れたテーマも存在した。このテーマは，今日においても，担保と財産の関係をめぐって，担保権のあり方や責任財産の保全，債務引受や営業譲渡の効力など種々の場面に関係している。かつてドイツ法にみられた財産引受は，これら種々の問題の裏面を流れる統一的な視点を提供する契機となるものである。

2　隠れた担保

債務と責任について，隠れた担保の例から問題を指摘しよう。

①　債権者Aが債務者Bに対して，甲債権を有するとする。甲債権には，それにみあう担保乙不動産の上に抵当権が付着している。乙不動産がCに売却されても，抵当権には追及効があることから，Aは，Cに対して抵当権を実行することができる（369条）。Cにとっては，債務なき責任の一例となるが，抵当権が公示されている限り，Cに不測の損害を与えることはない。

②　類似の関係は，抵当権のみならず，たとえば，不動産売買の先取特権でも生じる。AがBに売却した物には，Aの先取特権が生じるから，Bが乙不動産をCに売却しても，Aは自分の代金債権の担保として，乙不動産について優先権を主張することができる（328条）。また，売却代金について物上代位することができる（304条）。そして，動産売買の先取特権にも，同様な関係がある（321条）。これらの場合には，債権と物の密接な関係を基礎に，法定の効果

として，Cの責任を追及できるのである。他方，Cの側からは，隠れた法定の担保により不測の損害をこうむる可能性がある。

　③　譲渡の対象が特定物ではなく，営業のような集合財産の場合にはどうか。たとえば，BがCに自分の営業を譲渡した場合である。Bの営業の中には，AのBに対する甲債権が含まれている。甲債権が乙抵当権によって担保されていれば，①の場合と同じである。かりに営業が譲渡されても，Aの債権に影響するところはない。

　④　これに対し，Aの丙債権が，抵当権によって担保されていない場合には，Cの財産状態によっては，丙債権の弁済可能性に影響が生じる。Aの債権は，Bの営業や資産を評価して安全なものという前提で取得されている。しかし，Aの債権と，営業との間には先取特権を生じるほどの密接な関係がないとすれば，営業がCに譲渡されてしまったときには，責任財産を失って，Aの債権のみが取り残される。財産引受の制度は，このような場合の，隠れた法定の担保といえる。

　すなわち，営業が譲渡されると，Aの債権が，Cに対してもその責任を主張しうるとするものである。いわば財産が責任を呼び寄せるのである。財産引受の積極的効果といえる。古くはドイツ民法典が採用し（1998年廃止の旧419条），類似のものが，スイスやオーストリアなどのドイツ法圏に行われてきた。詳細は国により異なっている(3)。もっとも，この場合には，別の解決としてはBのもとでの責任財産の保全（詐害行為取消）という方途もある。これは，責任が財産を呼び寄せる場合である。すなわち，Cへの譲渡の責任的無効であり，Cの所有する物が，そのままBの責任財産を構成するとする責任説の構成になる。

　この④の財産引受の積極的な効果は，いわば法定の隠れた担保権であり，譲受人Cを害するところが大きい。Cは，財産を有償で取得した上に，Aの担保権を引き受けなければならず，二重の負担をおうからである。Cが低額または無償で取得し，かつBが譲渡により無資力になる場合には，Aに対する詐害行為となることが多いであろう。しかし，つねに詐害行為となるとはいえず（Aにとっては，財産引受の方が成立しやすい点が利点である），Cにとって障害となる点は，上述の先取特権の場合と同様である。つまり，詐害行為となるなら

ば，その回避には詐害行為取消でたり，詐害行為にならないとすれば有害である。ドイツ民法典がこれを廃止したゆえんである。

③には，別の問題もある。Aとしては，抵当権があるかぎり，営業の譲受人Cに対してもその責任を追及することができる。他方で，営業上の債務の譲渡人Bに対しても，債務者として権利を行使することができる。しかし，Bとしては，営業を譲渡した以上，もはやその営業に関係した債務は免れたいと思うであろう。これを可能にするには，ABCの三者間で，有効に，Bの債務が免責されなければならない（免責的債務引受）。これは，債権者Aの合意がなければ，有効にならず，重畳的債務引受を免れることはできない。また，わが法では，債務を免れるBの意思も無視できない（474条2項参照）。この場合には，債権者Aや債務者Bの合意がなくても，財産とともに債務が移転する途が必要となる。いわば責任が債務を吸収するのであり，財産引受の消極的効果といえる。

こうした効果は，ドイツ民法では，抵当引受（Übernahme einer Hypothekenschuld）として認められている（416条）。すなわち，不動産の取得者Cが譲渡人Bとの契約で，不動産上の抵当権の（Bの）被担保債権を引き受けたときに，債権者は，譲渡人Bが債務引受を通知した場合にこれを追認できるとする。通知を受領して6カ月を経過すると，追認したものとみなされる。その効果は，免責的な債務引受であり，Bの債務は消滅する。

さらにもう1つ，類似の関係をあげれば，ドイツ法に由来する状態債務（Zustandsschudverhältnis, Zustandsobligation）がある。たとえば，BがAに賃貸している不動産をCに譲渡した場合に，Cは，不動産の物権だけではなく，賃貸借上の債務をも引き受けることを説明するものである。この場合に，ドイツ法では，566条1項に明文の規定があり，取得者は，賃貸人の代わりに，その賃貸借の継続中，賃貸借関係から生じる権利と義務を行使できるが，同様の規定のない日本法で，ドイツ法上法定の効果として定められていることを，解釈で可能にするための理論である。ドイツ法には，物権説と債権説とがある。

状態債務では，AC間に，賃貸借関係が生じる結果，Cは，物権とともに，賃貸借上の債務も引き受けるのであるが，財産引受では，債務は生じず，たんに責任が生じるだけである。この責任は，詐害行為取消権で，Cは，Bの債務

のために責任を負担する（ドイツ法上の責任説）ことに対応している。ただし，詐害行為取消では要件（詐害意思などの主観的要件）の具備が必要なのに反し，財産引受では，詐害行為のような要件がないので，たんに財産が逸出したというだけでは，不当にCを害することになるのである。

3 財産引受と債務引受

こうした財産引受の消極的な効果は，債務引受の効果の修正である。債権者Aは，たとえば一定の期間経過後には，譲渡人Bに対する債権を失うとする構成がありうるが（スイス法），これはCに対する債権の取得とそれにみあう財産の移転を前提にしたものである。真正のものである限り，格別の損害を生じるものではなく，また，法律関係の単純化に資するものでもある（ただし，Bの免責は法定の政策的な効果であり，わが法への類推には慎重である必要もある）。ドイツ以外の国で存続されているものは，おもにこの趣旨である。

財産引受の考え方は，種々の場合に参考となるが，その1つに，営業譲受人の責任がある。とりわけ近時では，次の形で問題とされている。たとえば，AがBから高利で借金をして，返済している途中で，BがCに債権を譲渡して，Aが返済を継続したが，過払いとなったという場合の清算の問題がある。Bがすでに倒産していた場合に，Aは，Bのもとで発生した過払金をCから回収できるかが問題となる。Aが不法な利息を支払う必要はなく，債権者に対する抗弁権が付着しているのはいうまでもないが，進んで，返還請求もできるかが問題である[4]。この問題は，最判平21・1・22裁時1476号2頁，判時2033号12頁が過払金返還請求権の時効を大幅に制限したことから，いっそう重大な問題となっている[5]。本篇で立ち入ることはできないが，ここにも財産と債務の結合の一類型が存在する。Bの免責や倒産は，むしろCの債務を加重する契機となるのである。

また，種々の事業再生の目的での譲渡においても，財産引受には，営業譲受人の責任の射程を計るさいに参考とするべき点が含まれている。

財産の譲渡の効果の比較

	譲渡人　B	譲受人　C	
積極的効力	（重畳的債務）　　　　ス債務 178 条 　　　　　　　　　　　ド民 415 条	財産の譲受人に責任 財産が責任を呼ぶ	先取特権と同 ○
消極的効力	重畳的債務の免責　　　ス民 832 条 ○財産の譲渡で責任免責	債務も移転する(6) 責任が債務を吸収	ス債務 181 条 ド民 416 条

○財産引受の積極的効果と消極的効果

（1）　Gierke, Schuld und Haftung im ältern deutschen Recht, 1910, S. 120 f.
（2）　拙著・契約における自由と拘束（2008 年）19 頁，30 頁，51 頁。
（3）　財産引受に関する包括的な研究として，江島広人「財産引受に関する比較法的考察」国際商事法務 37 巻 9 号 1196 頁以下（Ⅱの部分）がある。比較法的考察に詳しい。
（4）　これにつき，近時のまとまった文献としては，藤山文夫「営業譲受人の責任」消費者法ニュース別冊がある。これに対するものとしては、いわゆる時的配分説がある。野澤正充「営業譲渡・契約譲渡と過払金返還債務の引受」消費者法ニュース 59 号 111 頁，同・契約譲渡の研究（2002 年）355 頁）。
（5）　拙稿・市民と法 57 号 2 頁参照。
（6）　負担の根拠は，債務か責任であるが（ドイツ法では「責任」），スイス債務法では，すべて「債務」である。

第3章　危険負担と解除，厳格責任

1　危険負担と解除

(A)　危険負担規定の将来

【提案】1 危険負担規定は，給付の牽連関係を中心に再構成するべきである。牽連関係を実現する手段としては，債権法全体の構成を考慮して，解除の方法をとるか，伝統的な危険負担の方法をとるかを決定することが好ましい。

【内容】1(1)現行の536条1項の内容は維持するべきであるが，危険負担の規定全体の位置づけを明確にする必要がある。現行法では，売買の危険負担が前置され（534条1項），双務契約全体の牽連関係は，条文上売買以外の残存領域を対象とするものと位置づけられている。牽連関係が原則であることを明確にし，実質的にもその内容が与えられる必要がある。その場合に，契約総論中に，同時履行の抗弁権などとともに，「双務契約」に関する規定を設けて統合することが好ましい。

(2)　給付の牽連関係の実現の方法が考慮される必要がある。立法論上は，2つの方法がある。危険負担と解除は，沿革上ごく近い関係にあり，給付の牽連関係を実現するための方法として，解除を用いる例は多い（フランス法，英米法，国際的な統一法など）。両者の相違は，実質的には，意思表示を必要とするか，それとも給付の不能による反対給付の当然消滅とするか，また，効果上，契約のわく組をも否定するかどうか，だけである。要件上，帰責事由の存在で区別するのが伝統的な方法であったが，解除に帰責事由を要件としない立法例が多数あり，それによれば，解除により危険負担を代替することができる。また，契約のわく組の存否も，解除について類型論的構成をすれば，実質的な相違とはならない。そこで，1992年のドイツ債務法改正草案も，危険負担に解除の構成をとるものとした。

しかし，両者には，なお債務法全体の構成に根ざした相違もある。英米法が解除（フラストレイション）の方法をとるのは，厳格債務の構成をとることに由来している。給付が帰責事由なく障害をうけても，必ずしも債務は消滅しな

いから，契約のわく組自体を否定する必要がある。ここに，不能論との関係が生じ，不能概念を同時に再構成することなしに危険負担規定のみを修正することは整合的ではない。帰責事由のない不能による給付債務の免責を認める以上，反対給付義務の消滅を認めることが便宜である。また，継続的給付において反対給付義務（たとえば，賃料）の消滅する基準時の相違にも，影響する（なお，611条参照）。そこで，2002年のドイツ債務法現代化法も，「不能」が当然に債務の免責をもたらす伝統的概念へ回帰することを前提に，326条1項において，危険負担の原則に関する現行323条（日民536条1項相当）を実質的に復活させた（一般的には解除の方法による。新323条）。債権法全体との関係，解除との関係が十分に考慮される必要がある。

(3) 536条2項の規定には，債権者に帰責事由のある障害の場合だけではなく，債権者の受領遅滞中の障害の場合をも包含することが必要である（後述2参照）。

(B) 売買の危険負担

【提案】2 売買の危険負担は，引渡主義を明確にするべきである。その場合には，関連する規定をも整備することが好ましい。

【内容】2(1) 売買の危険負担には，いくつかの主義があるが，おもなものは，引渡主義（ド民446条）と所有者主義（フ民1138条）である。現行の534条1項は，後者の沿革をひくが，わが法上合理性はなく，引渡主義に修正するべきである。近時の立法例にも，引渡主義を採用するものが多い。ハーグ条約97条，ウィーン条約69条もこれを前提としている（同時に，遠隔取引に即した個別的規定の必要性につき，後述の3参照）。危険移転後に買主が目的物の毀滅の危険を負担することは当然である（ハーグ条約99条，ウィーン条約66条）。

フランス民法の改正草案1152条4項（フ民1138条2項，1302条1項）は，なお所有者主義を維持しているが，同法の所有権中心主義の契約関係への介入の構成を，他の法制の下で正当化することはむずかしい。

(2) 原則の転換により，補則が必要となる。買主が受領遅滞にある場合にも，同人は，危険を負担しなければならない。債権者主義の下では，売主の履行遅滞の場合につき，売主の危険負担を規定することが重要となるが（フ民1138条

2項，改正草案1152-2条），引渡主義の下では，これとパラレルに買主の受領遅滞中の障害の場合を規定しなければならない（上述1参照）。現行535条の停止条件つき売買の危険負担の規定は不要となる（確認的に同条1項を存続させることは可能であろう）。

(C) 遠隔売買の特則

【提案】3 実務上重要な遠隔売買の特則規定を設けるべきである。

【内容】3 売買の危険負担の規定は，売買の項目に入れるべきである。あわせて，遠隔売買などの特則規定を設ける。とりわけ，近時の取引に重要な遠隔売買の特則規定を設ける必要がある。ウィーン条約67条の下では，売主が特定の場所で物を交付する義務をおわない場合で，運送を伴う売買契約において，危険は，目的物が最初の運送人に交付されたときに買主に移転する。また，運送中に売買された物については，危険は，契約締結時に買主に移転する。保険が付されることを前提とする規定である。

このうち，前者が参考に値する。履行地以外の場所への送付が，第3者によって行われる場合には，売主が運送人に引渡した時点で，危険が買主に移転することは考慮されてもよい（ド民447条における送付売買における危険負担の特則は，1992年改正草案の段階で旧規定から削除されたが，ウィーン条約67条に従って復活）。

2 規制緩和と民法

(A) 規制緩和と利息制限

20世紀の末以来，規制緩和の動きが盛んである。一面において，規制緩和が，ギルド的な規制を廃し，種々の利益をもたらしたことは否めない。しかし，それには負の側面が伴っていたことも，2008年来の世界的な経済危機が明らかにしたところである。規制緩和の名のもとに，社会の安全装置までもが撤廃され，各種の貧困がもたらされたのである。近時，経済学では，グリード（強欲）資本主義の跳梁を許したことに対する反省から，これに与した経済学者の反省と転向も行われている。

しかし，近時の法律学の動向は，遅れてきた規制緩和に乗ろうとしている。

かねて，新自由主義を標榜する経済学は，規制緩和を理由に，借地借家法と法律学の理論（賃貸借の解約に関する制限「正当事由」）に敵意を示し，定期賃貸借を創出した。それ自体は限定的なものであっても，結果的に，そうした改正が不動産賃貸借に対する全面的な地位の低下をもたらし，近時の，部屋の賃貸借を鍵の賃貸借と言い換えるような貧困ビジネスの引き金にもなったのである。制度設計のさいには，一部の需要に応じるためと称されながら，実際には，新制度が従来の制度を駆逐した例は，正規雇用と派遣労働の関係にもみられる（当初は家計補助と説明された）。

法律上の誤ったメッセージが社会に誤解を与えた例は多い。古くは，八幡製鉄政治献金事件があった。法人実在説による最高裁の判断は，理論とは無関係に，少なくとも世間的・政治的には，最高裁が政治献金にお墨付きを与えたものととらえられた。しかし，私法がまったく社会と没価値であることはありえず，政治資金規制などの全体の遅れをももたらしたのである。

賃貸借と並んで，いわゆる新自由主義者が敵意を示したもう1つの点は，利息制限法である。次はその改正であるとし，関連団体も乗り気だったのである。同様の動きは，一部の有力な法律学者にもみられた。しかし，最高裁の一連の判決とコンプライアンスを求める社会の動向から，2006年の貸金業法等の改正が行われ，かつ2008年の世界的な経済危機で，強欲資本主義の問題点が露呈したのである。

(B) 民法改正論議と貧困民法

近時，民法（債権法）改正論議が盛んである。おもに2つの研究会（事務局・代表者名から，①内田研究会，②加藤研究会などといわれる）の改正案が公表されている。学者グループからなり，法曹三者の実務家は抜きにし，一部業界協力者を加えたものである。すでに100年を経た民法典の改正論議が生じることは当然である。しかし，グローバリズムやそれをささえた新自由主義への反省のないままの改正論議は，多くの疑問を残している。

個別の論点に立ち入ることはできないが，大きな論点を2つとりあげよう。第1に，債務不履行に対する変更点がある。契約法において，従来の大陸法的な過失責任主義から，英米法流の無過失責任[1]，厳格責任（契約で引き受けら

れない事由のみが免責される）への大転換が意図されている（①試案の問題。3.1.1.63条。金銭債務の不履行は，3.1.1.72条）。債権者の一層の行動の自由が目ざされている（契約で引き受けた事由については，無過失責任）。債務不履行を問うには，債務者の過失の存在が必要であるとする過失責任主義は，近代自然法以来の近代法の原理である(2)。被害者保護の要請の大きい不法行為法はともかく，契約法において，これを修正するべき必要性は，いまだ学説にも判例にもなく，唐突な感を免れない(3)。過失責任主義は，種々の場面においてなお債務者の強力な保護機能を有しており，賃貸借を典型とする各種の貧困ビジネスが盛んな今日，このような変更は，社会に誤ったメッセージを伝えることになろう。

多くの場面において，2009年に施行された国際物品売買契約に関する国際連合条約との整合性が志向されているのであろう（もっとも，そこでも，損害賠償の免責の要件は，債務者の支配を超えた障害による不履行であり，一面的な英米法理論ではない。79条1項参照。解除は，無過失責任であるが，解除に帰責事由を要しない点は問題ないと考える。同条5項参照）。その原案である1980年のウィーン条約は，Rabel (1874-1955) 以来の比較法の産物であるが，売買法に特有の状況であり，必ずしも全契約に一般化することはできない。また，民法の付属法規にすぎず，民法本体を修正する理由とはならない。明治の先人が，不平等条約のイニシアティブをとった英米の法制を採用しなかったバランス感覚に学ぶところはなお大きい。その後積み上げられた伝統の尊重にも意味がある。一面的なアングロサクソン礼賛ではなく，英米法と大陸法のバランスを考慮したラーベルの初心に立ち返る必要がある。

第2に，消費者保護法規への消極性がある（とくに②試案の問題。①試案では，消費者契約法，約款規制などを導入。しかし，1.5.18条，1.5.19条や3.1.1.b条以下のみでは不十分である。より積極的に撤回権等の規定を盛り込むことも必要であろう）。2002年のドイツ債務法の改正では，従来からあった消費者信用に関する付属法規が民法典に統合された。ここには，民法の商化に対する対抗軸の形成という積極的な意味がある。20世紀の後半，民法には規制緩和やグローバリズムにもとづく修正がつけ加わった。しかし，たとえば，無限定の債権の流動化こそがサブプライムローンとアメリカ発の経済危機の形成に大きな貢献

をしたのである。ここで問われているのは、たんなる近代民法の性格といった形而上学的な争点ではなく、民法の商化や債権者にのみ便利な法典であることに対する歯止めなのである(4)。

　EUのもとにおいて、加盟各国の議会は、すでに下請けの状態にある。EU指令にもとづく債権法の改正が不可欠であり、ドイツの新債務法でもその契機となった。しかし、そこにおいてさえ、一般的な厳格責任を採用するようなことはしていない（276条）。債務不履行事由を統一した1992年の債務法改正試案に対しても、不能法（275条1項）と反対給付義務の当然消滅（326条1項。日536条1項相当）の復活が行われている(5)。また、見逃してならないのは、EUとその加盟国には、より高度な一般平等法（AGG = Allgemeines Gleichbehandlungsgesetz）＝反差別法（Antidiskriminierungsgesetz）もあることである(6)。そして、多くの消費者保護的指令を統合した新たな統一指令もすでに予定されている(7)。日本には、このような保障もなく、強欲資本主義の跳梁を許す素地がある。大幅なグローバリズムを認めることは、結局、借地借家法のあとは、民法の改正、さらには利息制限法などの限定につながるといったよちがあろう。なお、こうした危惧は解釈論全体に対する影響に対してのものであるから、利息制限法などが個別法規であることは、否定する理由とはならない。

　改正論議には、全体として、規制緩和や契約の自由への回帰がみられる。しかし、無限定の契約自由が制限されるべきことは、すでに19世紀の社会国家理念の下でも明白であったのである。グローバリズムは、国家による契約の自由への拘束を捨てることを目的とした。全世界的な社会国家理念が未成熟な今（EUには、国家間的な理念が形成されつつある）、無限定の契約自由の主張は、新たな不平等や貧困の契機となろう(8)。長い法律学の成果を生かすことが必要であり（とくに判例理論の体系化）、にわかの転換によって、貧困民法を目ざすべきではない。経済効率性だけが法の目的ではない。弱者にも目を配っていることの強力なメッセージが必要である。

　法律学が、遅れて、経済学の歩んだ轍に従う必要はない。まず、やるべきことは、このような後ろ向きの改正ではなく、10年以上もたなざらしにされてきた家族法関係の立法（1996年の民法の一部を改正する法律案要綱）を実現することである。10年以上の間に、不十分なものとはなったが、焦眉の課題とい

第1部　私権の体系の変動

うべきである。

（1）　拙著・危険負担の研究（1995年）29頁，279頁，293頁。
（2）　英米法の無過失の厳格責任は，ゲルマン法的な保障責任のなごりをとどめるものであり，大陸法では，自然法論とパンデクテン法学の主観的過失概念によって克服されたものである。拙稿「給付障害の体系」一橋法学4巻3号747頁，749頁注1参照。また，英米法といっても，原緒的なものと新自由主義的な理解とでは，大きく異なる。【自由と拘束】78頁以下参照。
（3）　これにつき，詳細に説くのは，半田吉信・ドイツ新債務法と民法改正（2009年）365頁以下。

　また，方法論の上からは，合意の内容が広すぎるとの問題がある。合意による結果の引受という構成からは，適当な結果の実現のために，広く合意の存在が利用される可能性がある。裁判所が自由に認定した「合意」をもちだすことによって，利用しやすい結果を選択する可能性があるのである。そのようなものとしては，近時，債務完済後の再貸付に関する最判平19・2・13民集61巻1号182頁がある。実際上ありえない「合意」により充当の指定を実現しようとするものである。こうした方法では，信義則による理論の形成が「合意」の形式の影に隠れてしまい，正面からの理論の発展を妨げる可能性があるのである。そして，技術的にも，こうした合意の主張を裁判所から当事者に求めるという，非常にむりな訴訟指揮が行われているようである。

　こうした無理な合意による方法は，より新しく，具体的な弊害をもたらしている。かねて敷引特約について，最判17・12・16判時1921号61頁は，建物の賃貸借契約において，通常の損耗の回復は基本的に賃貸人が負担するものとし，明確な合意がない限り，賃借人の負担とすることはできないとしていた。しかし，最判平23・3・24は，逆に，敷引の特約をもって，通常の損耗の回復の特約とし，これがあれば明確な合意があるものとしている。しかし，平17年判決は，敷引の特約をもってただちに明確な合意にあたるとしたのではない。むしろ，それはなかったとしているのである。つまり，敷引の特約ではたりないから，実際には，明確な合意が認められるよちはまれであった。そこで，下級審裁判例においても，おおむね敷引の特約を消費者契約法10条により無効とする状況があった。これに対し，平23年判決は，逆に，敷引の特約そのものをもって，明確な合意にしてしまったのである。これは，合意の拡大による原則と例外の転換であり，矛盾であり，実質的な判例変更ともいえる。平23年判決には，ほかにも，通常損耗を賃借人に負担させることが不合理でないとして，これを基本的に賃貸人の負担とする平17年判決と異なる出発点に立っているが，この点については，立ち入らない。

　また，ほかにも，債権譲渡の方法による過払金返還請求権の切捨てに関する一連の判決など，2010年以降の最高裁判決には，疑問とするものが多々みられる（最判平

23・3・22 裁判集民事236号225頁，裁時1528号13頁，判タ1350号172頁，最判平23・7・7裁時1535号1頁，最判平23・7・8裁時1535号2頁）。これについては，本書第2部1篇参照。
（4） 拙稿「EUの消費者信用指令とドイツ民法」現代消費者法4号90頁，96頁（本書第2部3篇）。②試案は，消費者法の民法への取り込みに消極的であり，①試案においても，定義規定程度では不十分であり，撤回権などの実体権の取り込みが必要である。個別には，消費者消費貸借の規定も必要であろう。消費者消費貸借は，要物契約とするといった工夫も必要である。天引に果たした沿革的な役割のほか，他面では，過剰融資の防止にもなろう。最近の動向からは，期限の利益喪失条項を用いた高利の実現の防止が必要である。賠償額の予定も高すぎるのである。
（5） 前掲論文（2）761頁以下。【現代化】196頁。ド民276条1項は「責任の加重または軽減について定めがなく，債務関係その他の内容，とくに損害保証または調達リスクの引うけから推知することができない場合には，債務者は，故意および過失につき責任をおう」とし，原則としての保障責任ではない。ドイツ法上の解釈には，過失責任主義との関係につき，争いがある。半田・前掲書39頁参照。改正案では，こうした議論のよちさえ残されていない。

また，①試案が，消費貸借を諾成契約とすることについても，【自由と拘束】257頁，298頁注1参照，半田・前掲書361頁参照。①試案が，消費貸借を諾成契約とする点も，かつての判例理論との関係では（成立や天引の制限），再検討されてもよいであろう。なお，第2章1節3（2）(d) 参照。
（6） 【自由と拘束】60頁。反差別法による契約のコントロール，契約における私法的倫理の問題が提唱されることにより，契約自由の制限は，より広範な新たな局面に突入したと目される。契約自由の制限が，たんなる民法的次元を超えて，基本権的なレベルに達したと把握できるからである。他方，わがくにでは，各種のブラックリストさえもほぼ野放しであり（労基22条3項，4項の制限のみ），データベースの構築により，不平等は拡大する可能性がある。
（7） 前掲論文（4）90頁。
（8） 【自由と拘束】95頁以下参照。

第4章 Rücktritt und Pflicht zur Rückgabe des Werts des Gegenstandes und der gezogenen Nutzungen

【Datum und Fundstelle】 OGH, Urteil des 2. Senates vom 13. 2. 1976 (RegNr. 1974-o-1152), Minshu 30, 1 ff.

【Prozeßparteien】
Revisionskläger (Berufungskläger, Beklagter): HONGOU Keisuke
　　Prozeßvertreter (TAKAGI Takashi)
Revisionsbeklagter (Berufungsbeklagter, Kläger): KOGA Motohiro
　　Prozeßvertreter (YOSHINAGA Fujio)

【Leitsätze】
1. Der Leistungsempänger ist nicht verpflichtet, den Wert anstelle des Leistungsgegenstandes zurückzugeben, auch wenn er zur Wiederherstellung des früheren Zustandes nach Rücktritt vom Kaufvertrag den Gegenstand nicht zurückgeben kann und wenn die Unmöglichkeit der Rückgabe Folge eines Umstandes ist, den nicht der Leistungsempänger, sondern der Leistende zu vertreten hat.

2. Ist dem Käufer die Kaufsache bereits übergeben worden, so ist er nach Rücktritt vom Kaufvertrag als Inhalt der Wiederherstellung des früheren Zustandes verpflichtet, dem Verkäufer Ersatz für die Vorteile zu leisten, die er durch die Benutzung der Kaufsache von der Übergabe an erlangt hat. Dies gilt auch dann, wenn von dem Kaufvertrag nach JBGB § 561 zurückgetreten worden ist.

【Relevante Vorschriften】
§ 545 (Wirkung des Rücktritts)

(1) Ist das Rücktrittrecht von einer der Parteien ausgeübt worden, so ist jede Partei, unbeschadet der Rechte Dritter, dem anderen Teil zur Wiederherstellungdes früheren Zustandes verpflichtet.

(2) Eine Geldsumme, die im Falle des vorigen Absatzes zurückzuzahlen ist, ist von der Zeit des Empfanges an zu verzinsen.

(3) Der Anspruch auf Schadensersatz wird durch die Ausübung des Rücktrittsrechts nicht berüht.

§ 548 (Erlöschen des Rücktrittsrechts bei verschuldetem Untergang)
(1) Das Rücktrittsrecht ausgeschlossen, daß der Rücktrittsberechtigte vorsätzlich oder fahrlässig den Gegenstand des Vertrages erheblich beschädigt oder seine Rückgabe unmöglich gemacht hat oder wenn er ihn durch Verarbeitung oder Umbildung in eine Sache anderer Art umgewandelt hat.
(2) Das Rücktrittsrecht nicht dadurch ausgeschlossen, daß der Verlust oder die Beschädigung des Vertragsgegenstandes nicht auf einer schuldhaften Handlung des Rücktrittsberechtigten beruht.

〖Sachverhalt und Prozeßgeschichte〗
Am 4. 9. 1967 kaufte X ein Auto für 570.000 Yen von Y, einem Gebrauchtwagenhändler. X zahlte den Kaufpreis sofort, und Y übergab das Auto. Nach ca. einem Jahr (am 12. 9. 1968) wurde das Auto dem X in einer durch einstweiliges Verfahren angeordnete Sequestration vom Gerichtsvollzieher weggenonnen.

Tatsächlich gehörte das Auto dem A. Dieser hatte das Auto an B unter Eigentumvorbehalt bis vollständigen Ratenkaufpreiszahlung verkauft. Am 1. 9. 1967 verkaufte B das Auto für 535.000 Yen an den Gebrauchtwagenhändler Y. Im Kfz-Brief blieb A als Eigentümer eingetragen, und weder B noch Y hatten eine Verfügungsbefugnis über das Auto. Y kaufte das Auto von B im Vertrauen auf das Eigentum des B und übernahm gegenüber X die Verantwortung für die Umschreibung. Dies scheiterte jedoch.

Erst im Zuge der Sequestration bemerkte X, daß Y kein Eigentum an dem Auto hatte. X trat vom Kaufvertrag zurück. Die entsprechende Willenserklärung nach JBGB § 561 wurde in einem Brief am 22. 12. 1968 abgegeben, der am 13. 2. 1968 zuging. X forderte von Y den Kaufgeld 570.000 zur Wiederherstellung des früheren Zustandes nebst Verzugszinsen. Y wandte ein, daß X den Wert des Autos zum Zeitpunkt der Sequestration, 270.000

Yen und den Vorteil der gezogenen Nutzungen vom Zeitpunkt der Übergabe bis zum Rücktritt, 304.000 Yen erstatten muß. Gleichzeitig machte er die Einrede des nichterfüllten Vertrages hat.

In der 1. Instanz (DG Fukuoka Zweigabteilung Kokura, Urt. v. 30. 6. 1971, Minshu 30, 1, 15 ff.) wurde die Klage des X mit der unbekannte Gründung anerkannt.

In der 2. Instanz (OG Fukuoka, Urt. v. 11. 9. 1974, Minshu 30, 1, 18 ff.) wurde die Berufung des Y mit der Begründung zurückgewiesen, daß Y die Erstattung der Vorteile der Nutzungen nicht fordern kann. Y hat keinen Nachteil, da er über das Rechts eines andern verfügte.

Y legte Revision ein. Das Berufungsurteil wird aufgehoben und zurückgewiesen.

【Urteil】
【Tenor】
Das Berufungsurteil wird aufgehoben und der Fall wird an das OLG Fukuoka zurückgewiesen.

【Gründe】
Auf der Begründung 1 der Revision des Prozeßvertreters, TAKAGI Takashi, des Revisionsklägers:

Die Tatsachenfeststellung des Berufungsgericht ist rechtsfehlerfrei. Die Würdigung der Beweismaterialien war angemessen. In diesem Punkt kann der Revision nicht gefolgt werden, sie greift nur die Entscheidung über die Auswahl der Beweise und Anerkennung von Tatsache an. Beides obliegt lediglich dem Berufungsgericht.

Auf der Begrundung 3.

Das Berufungsgericht stellte folgende Tatsache zutreffend fest:

Gebrauchtwagenhändler Y kaufte das Auto von B, ISHII Takemi und verkaufte es am 4. 9. 1967 an X. X zahlte sofort 575.000 Yen und bekam das Auto übergeben. Es war von A unter Eigentumvorbehalt bis zur vollständigen Ratenkaufpreiszahlung verkauft worden. A blieb im Kfz-Brief eingetragen. B hatte kein Verfügungsrecht über das Auto. Am 11. 9. 1968 bekommt A auf Grund des vorbehaltende Eigentum die Entscheidung über die im einstweiligen Verfahren angeordnete Sequestration mitgeteilt. Am nächsten Tag vollstreckte der Gerichtsvollzieher. Das Auto ist von X weggenommen worden. Erst nach der Vollstreckung bemerkte X, daß Y kein Eigentum gehabt hatte. X erklärte den Rücktritt vom Kaufvertrags nach JBGB §561 am ca.22. 12. 1968. Nach dieser Tatsache hat X den Besitz am Auto von der Recht des Eigentümer verloren. Y hatte als Verkäufer seine Verpflichtung nicht erfüllt, selbst Eigentum an dem Auto zu erlangen und es dem X zu verschaffen.

Es ist angemessen, daß der Leistungsempänger ist dann nicht verpflichtet, den Wert anstelle des Leistungsgegenstandes zurückzugeben, auch wenn er zur Wiederherstellungpflicht des früheren Zustandes nach dem Rücktritts des Kaufvertrags den Gegenstand nicht zurückgeben kann und wenn die Unmöglichkeit der Rückgabe Folge eines Umstandes ist, den nicht der Leistungsempänger, sondern der Leistende zuvertreten hat. Die Entscheidung des Berufungsgericht ist rechtsfehlerfrei. Die Revision wird zurückgewiesen.

Auf der Begründung 2 und 4

Ist dem Käufer die Kaufsache bereits überegeben worden, so ist er nach Rücktritt vom Kaufvertrag als Inhalt der Wiederherstellung des früheren Zustandes verpflichtet, dem Verkäufer Ersatz für die Vorteile zu leisten, die er durch die Benutzung der Kaufsache von der Übergabe an erlangt hat. Dies gilt, wenn von dem Kaufvertrag nach JBGB § 561 zurückgetreten worden ist, weil der Verkäufer des Rechts des andern nicht in der Lage ist, dem Käufer das Eigentum an dem Kaufgegenstand zu verschaffen. Weil es nötig ist, daß der Käufer dem Verkäufer die erlangten Vorteile zu erstatten hat, um den Vermögenszustande wiederzuherstellen, der ohne Abschluß des Kaufvertrages bestanden hätte. Nach dem Rücktritt sollen bei dem Käufer weder Vor- noch Nachteile verbleiben. Das ist auch dann angemessen, wenn der Verkäufer kein eigenes Nutzungsrecht am Kaufgegenstand hatte und auf Verlangen des richtigen Rechtsinhaber den erlangten Ersatz an diesen herausgeben muß.

Daher ist die Entscheidung des Berufungsgerichts, daß X nicht verpflichtet ist, Ersatz für die Benutzung des Autos zu leisten, da es keinen Verlust gegen den Vorteil der Nutzungen des Käufers für dem Verkäufers des Rechts des andern gab, rechtsfehlerhaft in der Auslegung des Gesetzes über die Wirkungen des Rücktritts.

Aus diesen Gründen ist gemäß § 407 Abs.1 JZPO mit der einstimmmigen Meinung aller Richter wie im Tenor zu entscheiden.

【Anmerkung】
　JBGB enthält eine dem § 350 a. F. BGB entsprechende Vorschrift über den Bestand des Rücktrittsrechts bei unverschuldetem Untergang des Gegenstandes (§548 II). Gleichzeitig enthält das Gesetz eine § 346 a. F. BGB entsprechende Vorschrift über die Pflicht der Wiederherstellung nach Rücktritts (§545 I).

Es ist klar, daß der Leistungsempfänger nach dem Rücktritt nicht verpflichtet ist, den Gegenstand zurückzugeben, wenn dieser durch Zufall untergegangen ist (vg l. Taishin'in 9. 2. 1912 Minroku 18, 83 ; OGH 17. 7. 1975 Kinpou 768,28). Es ist jedoch nicht klar, ob der Leistungsempfänger verpflichtet sein soll, den Wert statt des Gegenstandes zu erstatten. Wenn man diese Frage bejaht, dann trägt die Gefahr trotz der Vorschrift § 548 II der Leisungsempfänger. Andernfalls trägt die Leistende die Gefahr.

Nach diesem Urteil erlischt die Pflicht zur Erstattung des Wertes, wenn die Unmöglichkeit der Rückbabe Folge eines Umstandes ist, den nicht der Leistungsempfänger sondern der Leistende zu vertreten hat (Im Rückabwicklungverhältnis, vom Gläubiger zu vertretende Unmoglichkeit, § 536 II JBGB = § 324 a. F. BGB)). Gleichzeitig bestätigt das Urteil, daß der Leistungsempfänger verpflichtet ist, den Vorteil zu erstatten, den er aus der Benutzung der Kaufsache von der Übergabe an gezogen hat. Leistungskondiktion ist zum Vertragspartner zurückzugeben.

Hinsichtlich des Umfangs der Erstattung des Vorteils trägt die Gefahr nicht nur Leistende sondern auch der Leistungsempfänger. Substantiell bestätigt OGH diese Auffassung auch in dem Urteil vom 9. 4. 1981 Hanrei-jihou 1003, 89. (cf. ONO, Restitution and the Extinciton of Rescission, Hitotsubashi Journal of Law and Politics, Vol. 22, 1994, pp. 21-41. (auf englisch)).

第1部　私権の体系の変動

第5章　委任の任意解除

1　序

　解除権には, いくつかの系譜があるが, その中心は, ①[1]相手方の帰責事由を理由とする解除権であり, 伝統的なものである。わが民法もこれを基本としていると解されてきた (541条, 543条)。2002年の債務法現代化法までのドイツ民法でも同様に, 解除権には帰責事由が必要とされていた (ド民原規定325条, 326条)。しかし, 近時の債務法現代化法323条は, この帰責事由の要件をはずした (①[2])。また, これとは別に, 継続的契約における自分の側の事由を理由とする解除が, 個別の契約には認められており (②ド民314条), さらに, これらとは別に, もっぱら当事者間の公平のみを理由とする事情変更の原則による解除権もありうる (③ド民313条)。

　また, 民法典上は, 個別の規定が多数あり, (1)債権者の破産の場合について, 債務者のする解除 (賃貸人, 被用者など) が規定されているだけで, 債務者の破産の場合については, とくに規定がない。これは, (2)破産法上の破産管財人のする解除によってカバーされる。破産の場合の解除は, 規定の体裁がやや一般的であるから, 内容上は二種類がありうる。一つは, ①の系譜につらなるものであるが, もう一つは②の系譜につらなるものであり, 破産管財人の解除は, この②の系譜に属する。たんに, ①を否定して, ②の系譜のみに一元化することはできない (【反対給付論】363頁, 378頁)。

　さらに, 特殊な解除権として, 請負における注文者の任意解除権 (641条) と, 委任の任意解除権 (651条) とがある。この第5章は, 後者を対象としたものである (前者については, 【反対給付論】279頁, 308頁。また, 給付障害論一般について,【現代化】230頁以下(ONO, Die Entwicklung des Leistungsstörungsrechts in Japan aus rechtsvergleichender Sicht, Hitotsubashi Journal of Law and Politics, No. 30, p. 15 (2002))。

172

解除理由と，解除の効果

	要件	効果	例
①¹ 相手方の帰責事由を理由とする解除権	541，543条	解除プラス損害賠償請求（545条3項）	債務不履行の解除（瑕疵担保解除では帰責事由は不要）
①² 相手方の人的事由・給付障害一般（帰責事由はいらない）	死亡，破産，禁治産　ド民323条	解除のみ（とくに帰責事由があれば損害賠償も可能）	破産の場合の債務者の解除遅滞の危険信頼関係破壊の理論―相手側，継続的関係・ド民314条
②自分の側の事由を理由とする解除権	やむをえない事由	自分に過失あれば損害賠償（628条）自分から損害賠償して解除	継続的契約の特則信頼関係破壊の理論―自分側（立退料を払って解約）破産管財人のする解除
③事情変更の原則による解除	行為基礎の喪失	明文規定はない。ド民313条，321条	不安の抗弁と解除（同321条）

2 事 例

　Aは，Bに建物を貸し，Cは，この建物賃貸借の管理をAから委託されている。5年の管理契約の存続期間中，Cは，Bから賃料を受領し，不動産の公租公課を支払ったり，修理をするなど賃貸借に関する一切の事務を無償で引き受け，BがAに差し入れた保証金1000万円の保管をし，年利12％の利息を支払う義務をおうが，その保証金を自分の事業資金として，自由に利用することができるとされた。管理契約の期間内にもかかわらず，Aは，Cとの間の契約を解除し保証金を返還請求できるか。その場合に，Aは，どのような義務をおうか。

　（このA，C間の管理契約の骨子は，次のようであった。「⑴　Aは，Bに賃貸した本件建物の管理をCに委託する。⑵　本件管理契約において，Cは，賃借人Bからの賃料の徴収，本件建物の公租公課の支払，修理等本件建物の賃貸に関する一切の事務を負担し，また，BからAに差入れられた保証金1000万円を保管する。Cは，右の管理を無償で行い，保証金を保管する間，月1分の利息をAに支払う。⑶　Cは，右の保証金を自己の事業資金として常時自由に利用することができる。⑷　本件管理契約の期間は5年とし，更新することができる。」）

3 解 説

(1) 委任と信頼関係

委任は，当事者の人的な信頼関係を基礎とするから，委任者からも受任者からも，特別な理由なしに，任意に終了させることができる（651条1項）。任意の解除権は，委任に特有な契約終了事由である。委任契約が，当事者間の信頼関係にもとづくものであることから，自分が信用しない者に事務処理させること，また自分が信用しない者の事務を処理することを回避するためである。ただし，相手方のために不利な時期に告知をしたときには，損害の賠償をしなければならない（同条2項）。たとえば，委任者が自分で事務を処理することができないような緊急の時期である。訴訟の委任を受けた者がその訴訟の中途において受任事務を辞しても，依頼者がただちに代わりの弁護士をえられずに影響をうける場合もあるからである。

委任にも，契約総論中の541条の債務不履行解除の一般規定が適用されるかについては，争いがあるが，541条では，履行遅滞と催告（契約目的の達成不能）といった要件が必要であるから，その内容を具備できない場合には，651条によらなければならない。両者は別物であり，安易な転用を認めえないとの見解もありうるが，651条による解除の場合でも，相手方は，651条2項で保護されるから，債務不履行の場合でも，651条の解除は可能であるし，逆に，債務不履行の要件が満たされるかぎり，651条によらずに，541条によることも可能である。後者の場合には，651条2項の損害賠償義務を免れる点に意義がある（当事者の帰責事由は，651条2項の解釈にあたっても参照されよう）。

(2) 解除の任意性とその制限

委任は，委任者の利益のために事務処理をする契約であるが，同時に受任者の利益をも目的とすることは可能である。たとえば，賃貸人Aが不動産の管理をCに委任する代わりに，Cに金銭や部屋を低額であるいは無償で貸すといった場合である。

受任者の利益をも目的とする委任について，古い判例は，651条の適用を厳しく制限して，その理由として，同条は委任者の利益のための委任の規定であ

り，受任者の利益のためになる委任には適用されないとした（大判大 9・4・24 民録 26 輯 562 頁）。しかし，最高裁は，受任者の利益になる委任でも，同人がいちじるしく不誠実な行為をしたときには，651 条によって解除できるとした（最判昭 43・9・20 判時 536 号 51 頁）。

さらに，やむをえない事由がない場合でも，契約を継続させることは，委任者の利益を阻害するとして，651 条の解除を肯定した（最判昭 56・1・19 民集 35 巻 1 号 1 頁）。受任者の利益が包含されているとしても，契約を継続させることは，委任者の利益を阻害するから，解除権を放棄した場合を除き，一般には解除は可能というべきである。

同判決によれば，冒頭事例に相当する「本件管理契約は，委任契約の範ちゅうに属するものと解すべきところ，本件管理契約の如く単に委任者の利益のみならず受任者の利益のためにも委任がなされた場合であつても，委任契約が当事者間の信頼関係を基礎とする契約であることに徴すれば，受任者が著しく不誠実な行動に出る等やむをえない事由があるときは，委任者において委任契約を解除することができるものと解すべきことはもちろんであるが（最高裁昭和 39 年（オ）第 98 号同 40 年 12 月 17 日第二小法廷判決・裁判集 81 号 561 頁，最高裁昭和 42 年（オ）第 219 号同 43 年 9 月 20 日第二小法廷判決・裁判集 92 号 329 頁参照），さらに，かかるやむをえない事由がない場合であつても，委任者が委任契約の解除権自体を放棄したものとは解されない事情があるときは，該委任契約が受任者の利益のためにもなされていることを理由として，委任者の意思に反して事務処理を継続させることは，委任者の利益を阻害し委任契約の本旨に反することになるから，委任者は，民法 651 条に則り委任契約を解除することができ，ただ，受任者がこれによつて不利益を受けるときは，委任者から損害の賠償を受けることによつて，その不利益を塡補されれば足りるものと解するのが相当である」。つまり，受任者の不利は，金で解決するのである。

(3) 解除と損害賠償

解除の場合の法律関係について，651 条 2 項では，解除者は，相手方に不利な時期に解除した場合にだけ，損害賠償義務をおい，しかも，やむを得ない事由があったときには，それさえもないように規定しているが，損害賠償の限定

第1部　私権の体系の変動

は，ローマ法からの沿革上，無償を原則とした委任契約に特有の効果であり，有償委任においては，むしろ有償契約である請負の任意解除の規定である641条が参照される必要がある。

　請負では，請負人が仕事を完成しない間は，注文者はいつでも損害を賠償して契約を解除できる（641条）。請負契約の目的たる仕事は，注文者の利益のためであるのに，注文者がもはや必要としない場合に，請負人が費用と労力を加えてこれを完成するとしても意味がないからである。その代わりに，請負人には，つねに損害賠償をえる利益が保障されている。受任者の利益が包含される場合にも，同様につねに損害賠償の機会が保障されなければならない。同じ継続的契約でも賃貸借のように解約が厳しく制限される契約類型とは異なる。

(4)　受任者の利益

　解除権の制限をするか，損害賠償でもたりるかを判断するには，受任者が当該の契約でどの程度の利益をうけるかが決め手となる。委任において受任者が利益をうけるといっても，受任者が報酬をうけることはたんに契約が有償であることにすぎない。委任が信頼関係にもとづくことは有償でも異ならないから，651条の適用を否定する理由にはならない。対価の支払はもともと主たる目的ではないから，解除を制限する理由にはならないのみならず，積極的な賠償義務を生じるものでもない。また，委任の期間の約定には，受任者にとって，委任の終了時期が早まって仕事を失う場合を回避したり，不利な時期に解約されない利益がある場合もある。しかし，これらについても解約をすべて制限する必要はなく，解約の予告期間をおいたり，約定の制限をおくことで回避でき，とくに不利な事情があれば，その代替としての損害賠償でたりよう。

　給付の性質上受任者にも利益がある場合，たとえば訴訟委任契約や不動産仲介契約で，成功報酬が定められている場合もある。これも，中途で委任を解約しても成功報酬を支払うとすることは可能であり（130条の類推適用に関する最判昭39・1・23民集18巻1号99頁参照），解除そのものを制限する性質のものではない。

　冒頭の事例の基礎となる最判昭56年の事案では，受任者の利益は保証金の運用益の取得にあった。主たる目的は，委任者の利益であるが，受任者の利益

もある場合であり（程度につき争いあり），委任の性質から解除まで制限することはできないが，損害賠償で調整をなしうるとしたものである（たとえば，銀行の貸しはがしの時期の金融の利益）。このような場合の損害賠償は，たんなる受任者の管理報酬額を超えることがあろう。管理契約が委任と請負の混合契約としても同様になるはずである。

　受任者の利益がより大になるときには，委任者が解除権自体を放棄することが通常であろうし，または契約上そう解するべき場合となる（判決のいう「委任者が委任契約の解除権自体を放棄したもの」と解される場合）。たとえば，受任者のために債権の取立委任をする事例である（前述大判大9年）。委任者Aが債務者Cに有する債権の取立をBに委任し，取立額を，AのBに対する債権の弁済に充当するといった契約である。こうした担保としての取立委任の場合においては，受任者の利益の確保のためには，積極的な解約の制限が必要となろう。ただし，債権や委任の性質によっては委任が無効となることは別である（大判大4・5・12民録21輯687頁＝一身専属的な金鵄勲章年金の受給権の取立委任，最判昭56・2・5裁判集民132号85頁＝管理者と利用者の相互依存関係により特別な事情に基づき締結された別荘地の管理契約）。

　なお，受任者の利益をも目的とする委任でも，受任者がいちじるしく不誠実な場合に解除を認めるとした上述の最判昭43年の事案は，受任者の背任的なケースであり，541条が適用される場合に近い。その事案では，おもな論点は第三者との関係であったが（解除により受任者への第三債務者の支払が無効となり，委任者の債権者からの第三債務者への請求が肯定された），当事者間では，みずから契約違反をしている受任者への損害賠償は不要となる（最判昭43年の事案は，Aが経営不振になり，債権者の1人Bの代表者Cに経営を一任したところ，CがAの車を私物化したり，Aの不動産をB名義としたことから，AがCに対する委任を解除したものである。Aの債権の取立につき，委任解除後のCに対する支払の効力否認が問題となった。解除はその前提となる）。たんに，651条2項但書の適用というにとどまらないのである（上述1の債務不履行解除との連続性参照）。

【参考判例】　最判昭56・1・19民集35巻1号1頁，最判平11・2・23民集53巻2号193頁（やむをえない事由があっても任意の脱退を許さない旨の組合契約の約定に関する）

第 2 部

利息と信用，倫理

第1篇　利息制限法と民法理論

第1章　はじめに

1　利息制限法の新判例

　利息制限法の分野では，2003年以降の最高裁判例の展開によって，種々の理論が進展した。1960年代の最高裁判例の展開に続くものであり，その成果をうけて，2006年12月の改正法では，利息制限法1条旧2項，貸金業法旧43条などの削除が実現した（完全施行は，2010年6月であった）。

　貸金業法が，1983年に制定された後も，同法43条1項に対する批判や，同条を長く温存する態度から，貸金業者側も必ずしもその裁判上の主張に積極的ではなかったために，最高裁の裁判例は，比較的限定的であった（最判平2・1・22民集44巻1号332頁，最判平11・1・21民集53巻1号98頁）。同条項が積極的に主張されるようになったのは，商工ファンド(1997年に東証二部上場，2002年，SFCGに社名変更，2009年民事再生手続開始）や日栄（1995年に東証二部上場，2001年，ロプロに社名変更，2009年会社更生手続開始），武富士（1998年に東証一部上場，2010年会社更生手続開始）のような独立系の貸金業者によるところが大きい。それとともに，強引な取立も盛んになり，社会的な批判もより増大したのである[1]。

　(1)　最初の事案は，継続的な金銭の貸付の一連性と，子会社の保証料に対するみなし利息に関する3つの判決に関するものであった（最判平15・7・18民集57巻7号895頁，最判平15・9・11金判1188号13頁，最判平15・9・16金判1188号20頁）。そして，天引の制限と貸金業法43条1項の厳格解釈に関する2判

181

決が続いた（最判平16・2・20民集58巻2号475頁，最判平16・2・20民集58巻2号380頁）。また，リボルビング払いの契約でも，貸金業法43条1項の前提となる同法17条書面の厳格解釈を求める最判平17・7・19民集59巻6号1783頁が示された。

別の側面からは，貸金業者の取引履歴開示義務を認めた最判平17・12・15民集5巻10号2899頁がある。これは，やや性格は異なるが，取引情報の開示を肯定する一連の最高裁判決の先駆けともなっている。

2006年には，期限の利益喪失特約の制限解釈をした3つの判決があった（最判平18・1・13民集60巻1号1頁，最判平18・1・19判時1926号23頁，最判平18・1・24民集60巻1号319頁）。支払遅滞の主張に対し，期限の利益を喪失する旨の特約は，利息制限法の超過部分に関しては無効であり，また，支払義務のない超過部分の支払をも事実上強制することになるとして，支払の任意性をも否定した。この判決は，支払の任意性を厳しく制限し，2006年末の貸金業法など関連法の改正（2010年施行）の直接の契機となった。

さらに，日賦業者の貸付についても，貸金業法43条の適用要件を厳格解釈する最判平18・1・24判時1926号28頁①，36頁②がある。関連するものとしては，仮装売買による高金利を制限した最判平18・2・7民集60巻2号480頁は，特別上告を認め，貸金業法18条書面の厳格性を求めた最判平18・3・17判時1937号87頁もあった。

(2) ただし，判例の進展は必ずしも一貫したものではなく，局面によって，たとえば，債務完済後に過払金が生じている状態で，新たな貸付が行われた場合の充当については，裁判例は，かなり動揺した（いわゆる完済後の再貸付の場合）。

当初に，第3小法廷は，最判平19・2・13民集61巻1号182頁，判時1962号68頁において，第1の貸付の過払金は，第2の貸付の債務には充当されないとした。「特段の事情のない限り，第2の貸付けの前に，借主が，第1貸付け過払金を充当すべき債務として第2の貸付けに係る債務を指定するということは通常は考えられないし，第2の貸付けの以後であっても，第1貸付け過払金の存在を知った借主は，不当利得としてその返還を求めたり，第1貸付け過払金の返還請求権と第2の貸付けに係る債権とを相殺する可能性があるのであ

第1篇　利息制限法と民法理論

り，当然に借主が第1貸付け過払金を充当すべき債務として第2の貸付けに係る債務を指定したものと推認することはできないから」というものである。複数の貸付相互間では，利息制限法の法定充当が当然に行われるとの判例理論（最判昭39・11・18民集18巻9号1868頁ほか）によることなく，当事者による指定充当を要件とし，実効性の乏しい相殺を根拠としたのである。しかし，債務が残存していれば，充当理論の適用があるのに，努力して完済し過払金があるような場合ほど，充当が行われないというのは奇妙なことである。

これに対し，第1小法廷は，最判平19・6・7民集61巻4号1537頁，最判平19・7・19民集61巻5号2175頁）において，完済後に過払金が発生し，その当時他の借入金債務が存在しなかった場合には，その後に発生した新たな借入金債務に当然に充当されることはないとしながら，こうした場合であっても，少なくとも当事者間に過払金を新たな借入金債務に充当する旨の合意が存在するときには，その合意に従った充当がされるとし，実際にも，このような合意の存在を肯定したのである。

その後，どのような場合に，こうした「充当合意」があるかを探ることから，下級審にいちじるしい混乱と動揺が生じた。そして，第2小法廷は，最判平20・1・18民集62巻1号28頁，判時1998号38頁において，かなり詳細な基準を立てようとした。しかし，貸金業者は，過払金を貸金業法43条によって収得し返還しないことを当初から意図しているのであり，こうした「充当合意」は，実際にはありえない。「充当合意」は，第3小法廷が，当然充当を当初否定してしまった誤解のつじつまあわせだったといってもよい。現実の合意ではありえず，裁判所が充当を肯定するときの擬制にすぎない。実際にも，しだいに抽象化され，近時では，ほとんど言及もされないものとなった。このプロセスからは，当事者の意思と意思解釈の関係という民法総則的な問題，あるいは契約解釈の限界といった債権法的な問題を抽出することも可能であろう。

この債務完済後の再貸付については，もう1つ裏側の問題があり，それにふれた一連の判決がある（最判平21・1・22民集63巻1号247頁，最判平21・3・3判時2048号9頁①，最判平21・3・6判時2048号9頁②，最判平21・7・17判時2048号9頁③）。過払金返還請求権が当然に充当されない場合には，時効にかかる可能性があり，その場合には，新たな債務との相殺もできなくなる可能性があ

183

る（いわゆる発生時説）。しかし，当然に充当されていけば，時効の進行は，取引の終了時に限定される（取引終了時説）。最高裁は，後者によった。判決は，表側の債務完済後の再貸付と同じく，「充当合意」を前提に時効を判断したが，その理由が，継続的な金銭の貸付に広く当てはまり（裏側の，完済後の再貸付にも），つねにこうした合意があることが予定されている。つまり，この段階では，合意は，そうした抽象的なものに転換されているのである（充当理論への回帰）。

さらに，このように，取引終了時から時効が進行するとしても，時効と遅滞には関係がなく，悪意の受益者の 704 条の利息支払義務は過払金発生時から進行するとした最判平 21・9・4 裁時 1491 号 2 頁がある。

〔しかし，最判平 23・7・14 裁時 1535 号 11 頁は，金銭消費貸借に係る基本契約が順次締結されて借入れと弁済が繰り返された場合において，取引の中断期間があるにもかかわらず，各契約に当事者からの申出がない限り契約を継続する旨の定めがあることを理由に先の基本契約に基づく過払金を後の基本契約に基づく借入金債務に充当する合意があるとした原審の判断に違法があるとした。最判平 20・1・18 への回帰であり，近時の最高裁の一連の反動化の反映ともいえる。敷引や更新料の肯定につぐものである。〕

(3) 不当利得として過払金返還請求をする場合に，受益者たる貸主を民法 704 条の悪意の受益者といえるかが問題となる。すでに，前掲最判平 19・2・13 はこれを肯定し，かつその場合に付する法定利率を 5% の民事法定利率とし，最判平 19・7・13 民集 61 巻 5 号 1980 頁，最判平 19・7・13 判時 1984 号 31 頁，最判平 19・7・17 判時 1984 号 33 頁も，これを肯定した。

また，事案の性格から，704 条の適用を否定した最判平 21・7・10 民集 63 巻 6 号 1170 頁，判時 2069 号 22 頁①，最判平 21・7・14 判時 2069 号 22 頁②がある。過払金の返還請求に関係して，今日残されている争点の 1 つである。

(4) 不法行為に関しては，いわゆるヤミ金において，過払金を損害賠償として請求する場合に，支払った元本を損益相殺しえないとの最判平 20・6・10 民集 62 巻 6 号 1488 頁がある。しばしば 1000% 以上（ときに数千%）にものぼる違法な貸付の貸主が，元本を不当利得として返還請求することが，不法原因給付となり許されないことはいうまでもない。この考量が不法行為にも適用され

たのである。

　ただし，超過利息の請求や受領がそれ自体として不法行為を構成するかについては，最高裁は，かなり限定的である（最判平21・9・4民集63巻7号1445頁，判時2058号59頁）。

　また，利息制限法に違反する利息の請求が不法行為を構成するかに関し，704条後段の責任の内容について，いわゆる特別責任説を排除して，不法行為の一般的要件を具備することが必要とした最判平21・11・9民集63巻9号1987頁，判時2064号56頁がある。上述の最判平21・9・4民集63巻7号1445頁も同旨である。これに対し，下級審には，比較的肯定的なものがある（神戸地判平19・11・13判時1991号119頁ほか）[2]。

　(5)　弁済の遅滞が生じやすいように，履行期間をごく短期にして，弁済期経過後に高利をとることは，伝統的な高利貸の手段である。不履行の構成による利息制限の潜脱である。しばしばその手段として，期限の利益喪失条項・特約が用いられる。違法な制限超過利息を含む催告の一部が効力を有しないことは，上述の最判平18・1・13の判決によって明らかにされ，これを期限の利益喪失条項の積極的な利用方法とすれば（任意の支払として，貸金業法43条の適用にもちこむ），消極的な利用方法というべき次の場合がある。

　些細な不履行の結果，当初問題とされず，あるいは放置された期限の利益がのちになって喪失したものと主張される場合である。放置は，たんに看過されただけではなく，のちにまとめて高い遅延損害金を主張するために意図的に行われることもある。つまり，遅延という事故の形式によって，実質的に高い利息の収受が可能となるのである。これは，支払の任意性（貸金業法43条1項）の構成によらずに，遅延損害金の構成にもちこむものである。そこで，この種の構成は，貸金業法43条を前提としないから，同条が廃止された法改正後にも存続することが可能である。なお残されている最大の問題点である（後述第2章5参照）。

　最判平21・4・14判時2047号118頁は，原審による期限の利益喪失に関する宥恕の構成を否定した判決である。しかし，最高裁は，信義則の観点から，期限の利益が喪失しない場合があるものとする（最判平21・9・11判時2059号55頁②，最判平21・9・11判時2059号55頁①（後者は否定）。この場合（濫用

例）の判断基準は，利息制限法の制限を超過しない一般の場合とはやや異なる（最判平18・4・18金判1242号10頁は，いわゆるクロス・デフォルト条項を肯定）。

なお，最判平21・11・17金判1333号45頁，市民と法66号82頁も，期限の利益喪失の否定につき消極的である（原審は，貸金業者Yが借主Xに一括弁済を求めなかったことから，期限の利益喪失を主張することは信義則に反するとした。破棄差戻）。この問題については，本篇では，あまり立ち入りえない（第2章5(4)参照)(3)。

(6) 新たな問題として，最判平22・4・20判時2084号6頁は，貸付額が変動した場合の制限利率の計算についてふれたものである。2010年に施行された利息制限法の改正法には，類似した場合について，新たな5か条からの規定がある（事案は，直接にはこれに関しない。新法については，別稿で扱う）。

(7) 2008年ごろから，経済の低迷と過払金返還請求の増大によって，消費者信用会社の破綻が相次いだ（大手4社のうち，アコムは2008年末に三菱UFJフィナンシャル・グループ（FG）の子会社となり，プロミスは三井住友FGに属している。独立系は存続がむずかしく，上述のように，2009年9月，アイフルが私的整理に入り，2010年9月，武富士も，会社更生法を申請。SFCGは2009年2月に，ロプロも，同年11月に破綻など)(4)。破綻前には，貸付金債権の譲渡が行われ，過払金返還請求権の帰趨にも不安が生じた。債権譲渡が営業譲渡を伴うか，とくに譲渡人が破綻した場合の，譲受人の過払金返還義務が問題となっている。

また，貸付金の債権については，かなり大量の譲渡も行われ，消費者信用会社の取引債権のように，大量の債権の譲渡手続には二重譲渡の可能性などの問題があることも露呈した。

貸金業者の会社更生に関しては，管財人が顧客に対し，更生債権の届出をしないと，過払金返還請求につきその責めを免れることを注意しなかったとしても，その責めを免れる旨主張することは信義則に反しないとした（最判平21・12・4金判1333号26頁，判時2077号40頁，最判平22・6・4判時2088号83頁）。

2　理論の変容と発展

これらの一連の判決には，利息制限法や貸金業法に特有の問題やその強行法規性に由来するものもあるが，民法一般の理論に関するものも多数含まれてい

る。その中には，古くから議論の対立する論点のほか，従来あまり注目されていない論点について，新たな問題点を指摘したといえるものもある。裁判例の進展が一段落し，また改正法の施行をうけて，本篇は，そうした新たな論点を中心に，判例理論のもたらした種々の論点を概観，再検討しようとするものである。そこで，すでに解決した利息制限法に固有の問題や1960年代の議論には，あまり立ち入ることはできない。なお，論点は多岐に及ぶので，民法理論の全部を対象とすることや，選択された分野においても網羅的な検討をすることは，のちの課題である[5]。しばしば問題点の指摘にとどまっている。

利息制限法関係の判例は，一面では強行法規による特殊な分野を形成しているが，それにとどまるものではない。変化はつねに周辺から現れる[6]。変化の先取りという意味もある。民法の本来的な領域にとっても，意味のある論点が多々包含される。たとえば，上述のヤミ金に対する損害賠償請求に関して，ヤミ金からの（元本による）損益相殺の主張が否定され，ヤミ金被害者は，元本の返還を免れることとなった（最判平20・6・10民集62巻6号1488頁）。損益相殺は，不法行為者を保護しているわけではないからであり，また，不当利得の観点からは，ヤミ金の元本の交付は，不法原因給付となるからである。この理論は，投資詐欺に関する最判平20・6・24判時2014号68頁にも適用され，消費者取引に関する民法理論として拡張された（後述第4章1参照）[7]。

第2章　いくつかの論点

1　充当理論と不当利得の返還請求

(1)　2003年以来の判例の展開は，1960年代の判例を骨抜きにしようとした立法である貸金業法旧43条を是正しようとするものであるが，ここでも前提となったのは，かつての充当理論である。ここで詳細に繰り返す必要はないが，前提となるのは，いうまでもなく，利息制限法1条旧2項に関する最高裁の一連の判決である。

利息制限法1条旧2項の「任意」というフィクションを否定し，2項を事実上空文とし，1項に統一したのが，かねての最高裁大法廷判決であった。判例

理論によれば，債務者が超過利息を支払っても，元本が残存すればそれに充当され（最判昭39・11・18民集18巻9号1868頁），また，元本が完済された場合には，不当利得として返還を請求することができる（最判昭43・11・13民集22巻12号2526頁）[8]。

昭43年判決では，とくに不当利得の返還請求の根拠が問題とされた。多数説は，非債弁済を理由とする（705条）。利息制限法の制限を超過する利息や損害金の支払義務があると思って弁済した場合に，非債弁済が問題となる。通常は知らないまま支払うから，非債弁済とはならないが（返還請求可能），厳密には知っていれば，非債弁済となる可能性が残っている。ただし，実際にそうなると積極的にいった裁判例はない[9]。

本来，債務がないのに支払ったわけであるから，弁済者は，受領者に対して，不当利得の返還請求権を取得するはずである。そうならないのは，非債弁済によって，弁済者がみずから不合理な行為をしたことと，かえってその行為によって受領者が不利な立場に陥ることを避けるためである。誤解して受領した債権者に対してでも（たとえば弁済をうけたと思って，債権証書を破棄した場合や，継続的な取引関係で複数の債権がある場合），その消費後にいきなり返還を求めることは酷だからである。

(2) もっとも，制度の趣旨は，そのような限定的なものであるから，たとえば，債権者＝受領者も債務の不存在を知りながら請求した場合などには，弁済者が債務の不存在を知って弁済した場合であっても（利息制限法の制限に超過する利息の請求の場合に多い），その適用は慎重であるべきである。たとえば，期限の利益を失いたくないとか，強制執行をおそれて弁済した場合である。後述（5参照）の最判平18・1・13民集60巻1号1頁で指摘された期限の利益を喪失することを防ぐために，やむなく支払った場合もそうである。また，いわゆるサラ金の執拗な請求防止に，弁護士がやむなく払った場合には，債務がないことを知っていても，非債弁済にならない（横浜地判昭62・5・6判時1255号30頁）[10]。

つまり，ひとしく不当利得の返還請求といっても，非債弁済にも，強行法の規範的な適用による限定がある。利息制限法の強行法規性と貸借の専門家性が考慮される必要がある。そして，返還請求の根拠を他の理由に求める場合，た

とえば，不法原因給付で，708条但書の適用による場合（たとえば，過責の衡量による谷口説である[11]）にも，借手の不法性を過大に考慮することはできないであろう。

(3) 旧民法では，非債弁済でも返還が原則で，たんに返還の範囲が現存利益に制限されたにとどまる（財産編364条）。「債権者ニ非スシテ弁済ヲ受ケタル者ハ其善意ト悪意ト又弁済者ノ錯誤ト故意トヲ問ハス訴ヲ受ケタル日ニ於テ現ニ己レヲ利シタルモノノ取戻ヲ受ク」（現479条参照）。ただし，この規定では，錯誤によって弁済された場合でも，現存利益のみを返還するにすぎないから，なお不足がある。

非債弁済の立法趣旨は，債務がないのにあえて弁済した弁済者を保護しないことにあるから，債務の存在を知って「あえて」弁済したといえない限りは，本則にもどって返還請求権があるといえる。利息制限法を超過する利息，損害金の支払で問題になることが多い。受領者との相対的な関係によって決せられると解するべきであり，事実的な「知・不知」だけによるべきではない。利息制限に関する法令，判例は多岐にわたり，その関係は必ずしも明確ではないから，たんに債権者からその一部を示して債務の存在に疑問をいだかせただけでは，債務者が債務の不存在を知りながら弁済したとはいえない。

(4) 本来，無効な債務につき，債務者からの返還請求を制限する構成には，種々の段階がある。第1に，旧利息制限法のように，裁判上無効とするものがあるが，これは実体上有効というに等しく，債権者の給付保持の態様は強い。第2に，自然債務とする場合にも，実質的な給付保持力はあることになる[12]。ローマ法的な奴隷の有する債権は無効という場合に，自然債務としてこれを修正しようとするときなどには，とくに一部有効（積極的な有効化）が意図されている[13]。第3に，利息制限法1条旧2項のように，請求はできないが，返還はしなくてもいいという跛行的な構成がある。これは，民法の一般理論では説明できないことを，もっぱら特別法の効果として肯定するものである。

非債弁済の構成は，この第2と第3の構成の間にある。ただし，一般の非債弁済の例のように，債権者に責めのない場合（期限前の弁済があったことから，債権証書を破棄した場合など）ではないから，本来的に，支払われるべきではなく，返還が原則である。第3段階に属するものをすでに否定した以上，第2段

階への逃げ道を残す必要はない。

　なお，弁済者が，債務の不存在を知りながら弁済する行為は，贈与ともいえるが，贈与は契約であるから，相手方がその意図を知り，これを申込として，承諾することが必要である。贈与となる場合には，契約の効果として，不当利得の返還請求ができなくなるのは当然である。しかし，贈与者の一方的な意図にとどまる限りは，贈与契約としては成立しないから，非債弁済として返還が制限されるにとどまる。また，強行法規の適用がある場合に，贈与の認定は慎重あるいは否定的であるべきであろう。

　(5)　また，改正法によって貸金業法1条旧2項が削除されると，原則に戻って，つねに超過利息は無効であるが，素人にとっては，法律的な無効は必ずしも知りがたいことである。そこで，契約による債務があると誤解して弁済することは，従前どおりであり，非債弁済とならず，不当利得が成立することに変わりはない。もっとも，改正法以前は，グレーゾーン金利があったから，意図的に借主に超過した弁済をさせることは多数あったが，改正後は，貸主による意図的な法律違反の場合（制限超過の利率での債務の設定）のほかは，（ヤミ金などを除き）たんに計算違いで，債務があると思って弁済したような特殊な場合に限定されることになろう。そして，債権者の超過利息の請求の態様は，基本的に違法な請求ということになるから，これに応じた行為について，違法・無効な請求と矛盾する非債弁済（弁済の不要性）の主張そのものが否定されるべきである。

2　貸金業法旧43条

　(1)　最高裁判例による利息制限法1条1項の実質的な厳格適用（旧2項の空文化）という理論が，1983年の貸金業法の制定により覆された。同法旧43条1項によって，利息制限法の制限に反する過払利息の弁済は，一定の要件のもとで有効なものとみなされたのである。しかし，利息制限法1条1項とこの43条1項との間にも，本来無効な弁済を有効なものとみなすとの矛盾がある。

　43条1項の問題に対する従来の最高裁の態度は，必ずしも一貫したものではなかった。当初，最高裁は，最判平2・1・22民集44巻1号332頁において，貸金業法43条1項の「利息として任意に支払った」ことにつき，利息の制限

超過部分の契約が無効であることの認識を不要とし，その適用の実質的要件を緩く解した。しかし，形式的要件の具備については，最判平 11・1・21 民集 53 巻 1 号 98 頁において，貸金業法 18 条書面の交付に関して厳格な解釈を示している。

(2)　この平 2 年判決は，債務者が支払のさいに超過部分の契約が無効であることの認識を必要としないと述べたもので，必ずしも任意性がまったく不要であるとしたわけではなかった[14]。第 1 に，有効だと思って支払っても，強制による場合には任意性がないのは当然である。

たんに無効の認識があっても，やむなく支払う場合には，任意性がないことと対比して，解釈上，認識は不要であるから，（認識がなければ）任意の支払であったと直結されていたにすぎない[15]。これを第 2 の場合とすれば，第 3 の場合として，無効の認識がなくても，誤解して事実上強制されたときには任意性はない。これが後に，最判平 18・1・13 判決によって，制限超過利息の支払の遅滞によっても期限の利益が喪失するとの特約にもとづく支払につき適用されたのである。第 2 の場合と第 3 の場合とを区別するときには，最判平 2・1・22 民集 44 巻 1 号 332 頁と最高裁平 18 年判決には矛盾はないともいえるが，少なくとも平 2 年判決が，もっと過大な意味で（第 2 の場合を拡大して）関係業界で理解されてきたことは，良し悪しは別として見過ごせないであろう[16]。無効の認識がなければ，一切強制はないというスタンスであり，任意性の要件は事実上，無視されたのである。

本来，貸金業法旧 43 条には，形式要件の具備のほかに，実質的要件である任意性の要件があったが，いわば前者だけに一元化されていたことから，同条のみなし弁済を回避するには，形式要件の厳格化しか方法がなかったのである。

(3)　前述・平 11 年判決は，従来の下級審判例による形式要件を厳格化する方法を追認したものであり，その後の最高裁判決にも，これを踏襲するものがある。実務の貸金業法 43 条への姿勢を現すものであるが，下級審ならともかく，最上級審のとるべき姿勢としては，消極的にすぎる。正面から，同条の本丸というべき任意性，あるいはその適格性（制限解釈，必要があれば違憲性）にまで踏みこむべきであったといえる[17]。

それでも，こうした厳格解釈が，貸金業法 43 条の形骸化に果たした役割は

大きいが，民法理論に与える影響という意味では，どのような場合に，こうした消極解釈がもちいられるかを検討する素材とはなろう。法定要件の具備をうんぬんすることは，一面では，業者の営業を指導することであるが，他面では，業者と同じレベルであら探しをすることにもなるからである。また，司法消極主義や貸金業界のロビー活動により登場した貸金業法43条1項の政治性との関係（下級審裁判官による消極的抵抗）を探る素材ともなりえよう[18]。

3 取引の一連性

(1) 最判平15・7・8民集57巻7号895頁など，取引の一連性に関する3判決は，充当理論の進展をもたらした。「同一の貸主と借主との間で基本契約に基づき継続的に貸付けとその返済が繰り返される金銭消費貸借取引」で，弁済金のうち制限超過部分を元本に充当した結果当該借入金債務が完済され，これに対する弁済の指定が無意味となる場合には，特段の事情のない限り，弁済当時存在する他の借入金債務に対する弁済を指定したものと推認」されるものとした。

また，民法との関係では，利息制限法1条1項と2条の規定は，金銭消費貸借上の貸主には，借主が実際に利用することが可能な貸付額とその利用期間とを基礎とする法所定の制限内の利息の取得のみを認め，民法136条2項但書の規定の適用を排除する趣旨と解すべきであるから，過払金が充当される他の借入金債務についての貸主の期限の利益は保護されるものではなく，充当されるべき元本に対する期限までの利息の発生を認めることはできないとした。

有効な利息であれば，136条2項但書によって期限までの利益は保護されるが，無効な利息についての扱いは，これとは異なる。そこで，もし最初の債務に過払金があれば，次の債務の有効な利息，元本の順に充当される。ただし，過払金の額が大きく，次回の元本も生じないかあるいは減じる場合であれば，存在しない債務に利息が生じるよちはないから，有効な利息も存在しないかあるいは縮減される。

こうした取引の一連性の問題は，たんなる事実というよりは，充当理論との整合性によるものである。充当理論は，過払金を放置することなく，ただちに有効な利息や元本の債務に充当するものであるから，当事者の意思とはかかわ

りなく，債権と債務を消滅させる。最高裁平15年判決の文言には，当事者の意思に合致することがふれられているが，それは，たんに消極的に当事者の意思にも合致することをいうにすぎず，積極的に要件としたわけではない。この点は，のちに債務弁済後の再貸付（後述6）において問題となった。

　契約解釈の形式をとっていても，内容は，強行法やその理論による規範的解釈とみるべきであるから，当事者の具体的な意思だけを根拠としないのみならず，逆に，当事者が排除しようと合意しても，それが充当理論の潜脱である限り，認めることはできないのである。

　(2)　かねて最判昭33・6・6民集12巻9号1373頁は，「消費貸借における利息は，元本利用の対価であり，借主は元本を受け取った日からこれを利用しうるのであるから，特約のないかぎり，消費貸借成立の日から利息を支払うべき義務があるものというべきである」とした（年利14.6%のケース）。また，東京高判平12・7・27金法1116号43頁も，利息は，元本利用の対価であり，借主は貸付日から元本を利用できるから，利息も請求できるとした（39.97%のケース）。

　成立日からの付利息の義務は，140条の初日不算入の原則には関係しないとされている。民法140条によれば，日によって期間を定めたときには，期間の初日は算入しない。そこで，1日に満たない貸借では，利息も生じないとみるか，一時でも，利用すれば生じるとみるかには，疑問のよちがある。そこで，1日に満たなくても支払義務が生じるとする見解もあるが[19]，初日の端数を切り捨てる延長的計算法によれば[20]，疑問がないわけではない。これを肯定しても，請求できるのが合法的な利率に限定され，また，信義則上の制限があるのは当然である。

　もっとも，近時では，消費者金融においても，1日に満たない場合は当然に，さらに数日でも利息がつかないことを売りにする例は多いから，その場合には，実際上の差異は生じない。

　(3)　保証会社と債権者との関係も問題となる。最判平15・7・8民集57巻7号895頁などの例では，債権者と保証人が実質的に一体をなす場合の，保証料の扱いが問題であった。事案では，みなし利息の規定（3条）によって，利息制限法の適用が考察された。

193

債権者と保証人の間に，一体性があれば，債務者は，支払った超過利息を債権者からとり戻すことが可能であり，また，保証料名目で，債権者が受領する場合にも，みなし利息の適用が可能であるが，いずれも，相手方となるのは債権者である。

これらは，債権者に対して返還（あるいは充当）を求める場合であるが，保証会社に請求できるかが問題となる。たとえば，債権者は制限内の利息をとっていても，さらに保証料を加えると利息制限法に違反する場合，あるいは保証料だけでも利息制限法に違反する場合である。旧法には，保証契約そのものの制限はなかった（2006年改正法では，8条の制限がある）。そこで，利息制限法の制限では，保証人を直接相手方とすることはできず，たとえば，保証料だけで利息制限法に違反するような場合には，「債権者」は形式にすぎないとして，「保証人」を債権者そのものととらえ，これに利息の制限を考える必要があった。しかし，新法は，保証料そのものを利息制限法内に制限したから（営業的金銭消費貸借に関する8条），こうした考慮は不要となったのである。

なお，保証人が違法な弁済をして，債務者に求償する場合には，債務者はこれを拒絶できる。保証人は，債権者の請求が違法な場合には，これを拒絶するべきであり，漫然と弁済して，債務者に転嫁するべきではないからである（大判大8・2・6民録25輯276頁）。求償権の前提となる保証債務自体も，制限を超過する範囲で無効であるが（448条），求償の関係では，そもそも違法な利息の求償権が発生しないから，あえて保証債務の付従性をもちだすまでもないであろう。

さらに，連帯債務者に対する求償に関して，最判昭43・10・29民集22巻10号2257頁がある（「金銭消費貸借上の利息の約定が利息制限法所定の制限利率をこえるときは，その超過部分に関しては右約定は無効であるから，X〔原告〕らは連帯債務者としてAに対しては右超過部分の利息債務を負担せず，したがって，右超過部分に関してはY〔被告〕には負担部分たるべきものも存在しなかったものといわなければならない。してみれば，XがAに対し前記利息制限法所定の制限を超過する利息金相当の金員を任意に支払ったからといって，Yに対して右制限をこえる部分に相当する金員の求償を請求することは許されない」）。

(4) 本来，債務者の弁済の保証であれば，債務者側の保証人がつくことが，

民法の予定したところである。これに対し，債権者側の保証人が，債権者と一体となって利益をえる方式は，従来からごく一部賃貸借にもみられたが（自力救済の濫用で，賃貸借の保証人に債務者の家具の搬出権を付与するような場合(21)，これが，企業として広範囲に行われるようになったことは，金銭消費貸借を嚆矢とする。その後，いわゆる貧困ビジネスに採用されるようになったビジネスモデルの走りであり，一体性の理論のもつ社会経済的な意義は大きい。

(5) また，契約結合など，契約の一体性にかかわる理論との関係にも参考となろう。

かねて，最判平8・11・12民集50巻10号2673頁は，スポーツクラブ付リゾートマンションの事件において，「同一当事者間の債権債務関係がその形式は甲契約及び乙契約といった二個以上の契約から成る場合であっても，それらの目的とするところが相互に密接に関連付けられていて，社会通念上，甲契約又は乙契約のいずれかが履行されるだけでは契約を締結した目的が全体としては達成されないと認められる場合には，甲契約上の債務の不履行を理由に，その債権者が法定解除権の行使として甲契約と併せて乙契約をも解除することができるものと解するのが相当である」とした。

判決の事案は，2つの契約につき相手方が同一であった。しかし，貸金の保証会社と同様に，スポーツクラブの債務者とリゾートマンションの売主が異なり，三面関係を生じることが多い。後者の場合に，履行遅滞による解除では，債務者の帰責事由を要件とすることが一般的見解であるが，密接性により解除が可能であるとすれば，解除は帰責事由なしでもたりることになる。もっとも，この点は，履行補助者の過失をも債務者の帰責事由に包含するのが一般的な見解であるから，帰責主義はすでに緩和されており，これに準じたとみることも可能である(22)。

解除のほかに，抗弁権の接続や，保証人の保証料率の，債権者の貸金利率への算入（利息制限法新8条参照）も，債権者と形式的には別人格の者の，債権者との一体化を認めるものである（後述5章1参照）。民法の法律関係は，二者関係を基礎としているから，こうした三面関係には共通する問題がある。保証の場合は，利率の制限という強行法的な目的から，当事者の結合を認めるべき新たな事例を付加するものとなる。

4 取引履歴の開示

(1) 最判平17・7・19民集59巻6号1783頁は，消費者金融の債務者からの請求に対し，取引履歴の開示義務を業者側に認めた。不開示について不法行為の成立を認めたが，慰謝料は認めなかった。その理由づけは，「貸金業者が保存している業務帳簿に基づいて債務内容を開示することは容易であり，貸金業者に特段の負担は生じないことにかんがみると，貸金業者は，債務者から取引履歴の開示を求められた場合には，その開示要求が濫用にわたると認められるなど特段の事情のない限り，貸金業法の適用を受ける金銭消費貸借契約の付随義務として，信義則上，保存している業務帳簿（保存期間を経過して保存しているものを含む。）に基づいて取引履歴を開示すべき義務を負うものと解すべきである。そして，貸金業者がこの義務に違反して取引履歴の開示を拒絶したときは，その行為は，違法性を有し，不法行為を構成するものというべきである」。

開示義務の法律構成は，信義則であるが，拒絶の効果は，不法行為とされている。信義則が，どちらかというと契約的に結合された当事者間の規範だとみると，債務不履行構成に接合的であるから，これに不法行為を結合することには，ややねじれがある。後述するように，開示義務を認めた他の類型の判決では，いずれも契約的構成がとられている（金銭消費貸借上の付随義務など）。

ただし，この貸金業判決では，債務者からの開示請求は，債権者に対するものであり，他の判決が，いずれも何らかの意味において，債権者から債務者に対してする開示請求であるのと異なる。無意識的にせよ，事案の違いが理論構成にも反映されたものとみるべきである。こうしたねじれを説明するには，契約と不法行為の規範統合の一例とみるべきことになろう[23]。

貸金業者の開示義務そのものは，2006年改正の貸金業法（19条の2）において明示されたことから，解釈論上の困難はなくなったが，不法行為の成立や慰謝料請求の可否は，なお解釈論に残された問題となっている。

(2) 本判決以降，消費者金融以外の領域においても，金融機関の開示義務を認める判決がみられるようになった。上述のように，その理由づけは，平17年判決とは必ずしも同じではない。

最判平19・12・11民集61巻9号3364頁は，共同相続人間の財産争いにお

いて，金融機関の開示義務を認めたものである。ただし，これは，文書提出命令で処理したものである。実体法的なものとしては，最判平21・1・22民集63巻1号228頁があり，これも共同相続人間の財産争いにおいて，金融機関の開示義務を認めたものであるが，その構成は，預金契約の準委任としての性質によっている。

また，最判平20・7・4判時2028号32頁は，コンビニのフランチャイズ・チェーンの運営者の加盟店との関係において，加盟店経営者が委託をしており，その委託に準委任の性質があるとして，受任者の報告義務（656条，645条）から，支払代金に関する開示義務を認めている。

(3) こうした法律構成上の相違がおかれていることは，実際上の差異をも意図したものであろう。消費者金融の貸手側の開示義務に関しては，開示しても手数料はとれないか，ごく限定されたものが予定される。武器の対等とか訴訟回避の手段とみられる性格のものである。また，費用は，すべてみなし利息の対象になり，過払利息の算定にあたって考慮される（利制3条）。他方で，他の場合の銀行の開示は，手数料をとることが予定される。従来も，開示する場合には500円ぐらいの手数料をとっていたようである。もともと，共同相続人間の預金債権の相続に関する紛争であり，金融機関が巻き込まれて無償で開示する必要はない。実体法的には，ドイツ法のように，相続人間に開示義務を認めるのが本筋である（ド民2057条，Auskunftspflicht）[24]。

なお，消費者金融の性質を有する場合でも（混合契約），リースなどで，利息制限法以内の運用をしているのであれば，開示費用の請求は可能であろう。みなし利息の適用はされても，利息制限法内なら，手数料もとれるからである。

債務者の請求の場合には，手数料をとれず，債権者（預金者など）の請求の場合にはとれるというのは，アンバランスの観もあろうが，法律構成が異なるのは理由がある。

(4) また，前述最高裁平21年判決は，債権の帰属と契約上の地位の帰属が別になるとしている。「預金者が死亡した場合，その共同相続人の一人は，預金債権の一部を相続により取得するにとどまるが，これとは別に，共同相続人全員に帰属する預金契約上の地位に基づき，被相続人名義の預金口座についてその取引経過の開示を求める権利を単独で行使することができる（同法264条，

これでは，たとえば，債権がなくても，地位だけはありそうである。たとえば，被相続人が預金を全部おろしていた場合には，相続人がうけつぐべき債権も地位もないから，開示は不要であろうが，その場合でも，開示請求に対し，少なくともそうした契約上の地位のないことの開示は必要となろう。また，相続人Aが預金をかってにおろした場合にも（準占有者として保護される場合に），債権はなくなっても，Bの相続人としての地位は別にあり，その開示請求に応じる必要性はあるであろう（ここでも，少なくとも債権も地位もないことの開示は必要となる。もっとも，準占有者への弁済の主張は必要であるから，その限りでは開示が行われるのは当然である）。そして，1円でも債権があれば，地位にもとづき，開示義務があるといえそうである。また，債権は抽象的に存在していればたり，たとえば，具体的な債権は相続人の1人に譲渡されていても，遺留分の減殺請求の可能性があれば，開示請求は可能とみるべきことになる。

さらに，預金を管理していない相続人Bは，どこに預金があるかも不明であるから，債権のない銀行にも問い合わせる必要がある。銀行は預金がなければ，回答する義務はないはずであるが，その場合でも，債権も地位もないことを開示することが，事実上義務づけられる。

一般には，債権の帰属するところに，権利者としての地位も一致するはずであるが，そのことに対する重大な例外をなすことになる。これは，結局，従来相続において，単純な共有から，金銭債権の当然分割がとられてきたことの矛盾が現れたものである。地位によって，相続財産の全体把握が可能とされており，地位という表現で，共同相続人間の合有的な関係が代替されているのである。地位は，合有構成の現れである。こうした二重の関係を認めることは，債権と地位の分裂であり，相続財産の構成に再考をうながしている。ほかにも，近時の最高裁判例には，伝統的な相続債権の当然分割説の無理を，合有的考察で修正しているとみられるものがある（たとえば，遺留分の算定に関する最判平21・3・24民集63巻3号427頁）[25]。

5 期限の利益

(1) 最判平18・1・13民集60巻1号1頁などの判決は（なお，同旨の最判平

18・1・19 判時 1926 号 23 頁，最判平 18・1・24 民集 60 巻 1 号 319 頁），期限の利益の喪失の特約の効力を制限解釈した。

制限超過利息の弁済を含む「期限の利益喪失特約がその文言どおりの効力を有するとすると，……本来は利息制限法 1 条 1 項によって支払義務を負わない制限超過部分の支払を強制することとなるから，同項の趣旨に反し容認することができず，本件期限の利益喪失特約のうち」，債務者が支払期日に制限超過部分の支払を怠った場合に期限の利益を喪失するとする部分は，同項の趣旨に反して無効であり，債務者は，「支払期日に約定の元本及び利息の制限額を支払いさえすれば，制限超過部分の支払を怠ったとしても，期限の利益を喪失することはなく，支払期日に約定の元本又は利息の制限額の支払を怠った場合に限り，期限の利益を喪失するものと解するのが相当である」。
「本件期限の利益喪失特約は，法律上は，上記のように一部無効であって，制限超過部分の支払を怠ったとしても期限の利益を喪失することはないけれども，この特約の存在は，通常，債務者に対し，支払期日に約定の元本と共に制限超過部分を含む約定利息を支払わない限り，期限の利益を喪失し，残元本全額を直ちに一括して支払い，これに対する遅延損害金を支払うべき義務を負うことになるとの誤解を与え，その結果，このような不利益を回避するために，制限超過部分を支払うことを債務者に事実上強制することになるものというべきである」。そこで，「本件期限の利益喪失特約の下で，債務者が，利息として，利息の制限額を超える額の金銭を支払った場合には，上記のような誤解が生じなかったといえるような特段の事情のない限り，債務者が自己の自由な意思によって制限超過部分を支払ったものということはできないと解するのが相当である」。

この判決は，文言上は，違法な利息を含む期限の利益喪失条項の効力を制限解釈したにすぎないが，制限超過利息の支払が，債務者の誤解から弁済されることは，利息制限法違反の利息すべてにあてはまる。債務者は，債務があると思うから，違法な利息をも支払うのである。平 2 年判決は，超過利息の無効を知らず，債務者が弁済義務があると思って弁済する場合であり，他方，平 18 年判決は，超過利息の無効を知っていても，弁済しないと期限の利益が喪失すると思っている場合である。一部弁済をしたいが，それが制限されているとい

199

う意味であれば，両者は異なる。

　この場合には，返還請求を留保して弁済するか（表示必要），あるいは留保がなくても縮小解釈をし（表示は不要），一部弁済をしても，期限の利益は存続すると解する必要がある。

　また，債務者が，そもそも超過利息の無効を知らない場合もある。たとえば，過払で，必要な弁済額が減少していて，本来ならば，一部弁済でも，必要額を満たしているという場合であり，この場合には，期限の利益は喪失しない。また，過払がなく，一部弁済のつもりでも，利息制限法上の必要額は満たしている場合もある。ここで，無効を知らなくても，期限の利益は喪失しない。

　しかし，債務者が，債務不履行をすると期限の利益を失い全額の弁済義務が生じると思って支払った場合にも，それは必ずしも任意の支払ではないとの意味であれば，これも，超過利息の無効を知らずに，弁済義務があると思って弁済した場合であり，平2年判決の場合（無効を知らないことが任意弁済に直結可能）と矛盾することになる。しかも，債務者の態様としては，無効について知らないことが大半であろうから，任意性の判断について，平18年判決は，平2年判決を修正するものとなる。たんに事案の態様から，両者が別物と考えるのは平面的にすぎ，端的に修正（伝統理論への回帰）と考えるべきであり，実際にも，本判決を契機として2006年改正法，ひいては貸金業法43条の削除が行われた（最高裁が無謬説をとっていることは，704条の適用については利益となろう。しかし，最高裁は，その場合については，平18年判決の特異性を指摘している。最判平21・7・10民集63巻6号1171頁ほか。後述第3章2参照）。

　なお，用語の上からは，最判平18・1・13民集60巻1号1頁，判時1926号17頁①，最判平18・1・19判時1926号17頁②は，期限の利益喪失特約といい，最判平18・1・24判時1926号28頁②は，期限の利益喪失条項という。一般的な語感からいえば，かつての銀行取引約定書ひな型や保険約款のように，官庁の認可があるか，少なくとも業界で統一されている場合は，「約款」といえようが（法律的な性質には立ち入らない），認可もなく，各社がばらばらに定めたにすぎないとすれば，「特約」にすぎず，中性的な意味あいからは，たんなる「条項」である。言い方にすぎないから，形式的な文言の相違に意味はないとみるべきである。

(2) 最高裁判決後，消費者金融各社は，特約の文言を変更し，貸金業法43条の適用を目ざして，期限の利益喪失特約を修正した。こうした修正した特約の例として，東京高判平22・6・30判時2090号25頁，消費者法ニュース85号46頁がある。この特約は，債務者が元金または利息制限法所定の制限利息の支払（合法な支払）を遅滞したときには期限の利益を喪失するとするが，他方で，弁済金は，約定利息・損害金・元金の順に充当される特約がなされ，制限超過の約定利率による償還表（違法な支払）が交付されていたというものである。しかし，期限の利益喪失特約が，それ自体としては違法な利息を事実上強制しないように修正されても，他の約定等との総合的判断からすれば，なお超過利息の支払が強制されているものとして，支払に「任意」性がないとしたものである。

原審（横浜地裁）は，契約書には「利息制限法の規定が引用され，制限利率及びこれを超過する利息の定めは無効である旨が明記されている」から，「利息制限法所定の利率による償還表が交付されていない」としても，利息制限法の制限を超過する利息の支払が遅滞すると，期限の利益が喪失するとの誤解をもたらすことはなく，「この条項が存在することによって利息制限法の制限を超過する利息の支払が強制されることになるものではない」として，任意性を肯定した。こうした論拠は，かつて利息制限法が存在するから，制限超過利息を支払うことは任意の弁済であり，また非債弁済として返還を要しないとする主張があったことを彷彿させる。きわめて形式的な論拠といわざるをえない。

しかし，東京高裁判決は，こうした場合であっても，「支払期日に約定の元本額と利息の制限額の合計額を支払ったとしても，本件弁済充当特約が文言どおり適用されるのであれば，弁済金がまず約定利息に充当される結果，弁済額中利息の制限額をこえる約定利息に充当された額だけ元本の弁済額が少なくなり，この場合に本件期限の利益喪失特約が文言どおり適用されるのであれば，約定の元本中上記約定利息充当額の弁済を欠くものとして，期限の利益を喪失し，残元本全額を直ちに一括して支払い，これに対する遅延損害金を支払うべき義務を負うことになるとの誤解を与えるものとなって」いる。そこで，「債務者が自己の自由な意思によって制限超過部分を支払ったということはできない」としたのである（破棄差戻。同旨として，京都簡裁平22・5・26消費者法ニュ

ース85号49頁，横浜地判平22・11・30判時2109号96頁がある）。

期限の利益喪失の効果は，当該の文言だけを修正してもたらず，全体として，また素人である債務者に容易に理解できる形で示される必要があるから，原判決のような形式的な解釈には問題がある。こうした場合に，たんに支払義務のない超過部分の支払の遅滞によっては期限の利益は喪失しないと書面に記載しただけでは十分ではなく，計算書などに，期限の利益の喪失を前提とした計算が行われている場合には，支払の任意性が維持されるものではない。

(3) すでに削除された規定であるが，「任意」性の解釈については，それが，訴訟上どのように位置づけられるかについて問題があった。旧利息制限法は，制限超過利息の支払の約束を裁判上無効としていたから，反対解釈から実体上は有効ということになる。1954年の利息制限法は，これを実体的な無効と改めた。

そして，利息制限法1条旧2項は，「任意」に支払われた場合には，返還の請求ができないとしたから，裁判上も請求できないことは当然である。そして，利息制限法は強行法規であるから，債権者の主張に対し，債務者が認諾することもできない。利率は，明白な事実であるから，裁判所が職権で主張の無効を認定する必要がある。

利息制限法1条旧2項は，すでに支払われている場合に限って適用されるのである。では，債務者は，すでに行われた超過利息の支払が「任意」であったことを認諾できるか。「任意」かどうかは，たんなる事実の問題ではなく，「強迫」（96条）や消費者契約法上の「困惑」と同様に，法律的な判断であるから，過払金返還の請求がある限り，これと矛盾する当事者の認諾はありえないであろう。強迫による取消を主張する当事者が，強迫がなかったとすれば，それは請求の放棄にほかならない。超過利息の返還請求をする債務者が，「任意」の支払であったとすることも，請求の放棄である。

これは，任意性の主張者が他人の場合も問題となる。たとえば，主たる債務者が，任意に弁済をした後，中途から払えなくなったことから，債権者が保証人に請求した場合に，保証人は，主たる債務者の「任意」性を否定できるか。保証債務では，主たる債務者の承認に絶対効があり（附従性），保証人の独自の否定は排除されると解される。連帯債務の場合も，別段の意思が明確でなく

同一人の行為とみられる場合には同じであろう。

　ただし，求償は別で，連帯債務者が違法な利息を任意で支払っても，これを他の債務者に請求することはできないとされていた（上述の最判昭43・10・29民集22巻10号2257頁）。そこで，債務者Aは，債権者に対しては，自分が任意に支払ったことを否定できないが（他の連帯債務者Bも同様），他の連帯債務者Bに対しては，任意に支払った超過利息の求償請求はできず，「任意」性は，当事者の間で相対的なものとなる。

　(4)　消費者金融の期限の利益は，高い遅延損害金を正当化する前提として，期限の利益を喪失させるためにも用いられた。かつての貸付実務では，貸金業法43条の形式要件を満たしえないことが多く，無事故の形式では，利息制限法1条1項の制限を超過することが多かったことから，むしろ債務不履行を生じさせて，利息制限法4条の損害金の利率を適用させようとしたのである。

　しかし，些細な不払によって期限の利益喪失を主張させないことが必要である。違法な利息の不履行が期限の利益の喪失理由にならないことは当然であるが，些細な不払であっても，ただちに全面的な喪失理由になるのは不合理である。消費者信用に関する割賦販売法には，期限の利益が喪失するための実質的，形式的要件がある。消費者消費貸借にも，同様の制限があってしかるべきであり，それを満たさない場合は，期限の利益喪失の主張を信義則によって制限する必要がある。継続的契約の解約においては，民法上，重大な契約違反が要件となることが多く(26)，その典型例は，賃貸借における信頼関係破壊の理論である。解除と同じく，期限の利益喪失の特約も，いちじるしく債務者の利益を損なうものであるから，軽微な違反を理由として喪失を認めるべきではない。実体的な要件と手続的な要件を厳格にする必要がある。

　たとえば，ドイツの債務法現代化法は，498条において，分割返済の消費貸借における全額の弁済期の到来〔期限の利益の喪失〕を包括的に制限した。期限の利益を喪失させるにたりる不履行を定めているのである。

　すなわち，借主の支払遅滞を理由として，貸主が，分割払で返済される貸借において消費者消費貸借契約を解約告知することができるのは，つぎの場合だけである。

　1.　借主が，少なくとも2回連続して分割支払の全部または一部を遅滞し，

かつ少なくとも〔額面金額または分割支払額の〕10%につき，消費者消費貸借契約の期間が3年を超える場合には，額面金額または分割支払額の5%につき，遅滞となること（1文1号），および

　2. 貸主が，借主に対し，期間内に支払がなされない場合には残債務の全額を請求する旨の表示をして，残額支払のために2週間の期間を設定し，その期間が徒過されたこと（1文2号）。

　すなわち，借主は，1文1号により，2つの前後連続した支払につき，全部または一部遅滞にならなければならない（286条）。消費者契約においては，このような明確性が必要であろう。

　また，残額は，消費貸借額の10%以上でなければならない（3年以上の貸借では，5%）。些細な不履行を理由に，重大な結果を招来するべきものではないからである。実体的なバランスが必要であり，あまりに些細な不履行に藉口して，期限の利益喪失特約を主張することを防止している。

　1文2号によれば，貸主は，借主に，告知の前にさらに2週間の催告期間（Nachfrist）を設定しなければならない。それには，返還するべき債務の不払のさいには，残る全債務を請求するとの意思表示が付される。これによって，貸主は，履行のために最後の機会を与えるのである。その意思表示では，497条1項，2項で負担する返還するべき額を，具体的に指摘しなければならない。契約の解除にさいしては，相当の期間を定めて催告することが必要である。これと同様に，期限の利益喪失といった当事者の利益を大きく損なうものには，慎重な手続が必要なのである。

　また，ここには，そもそも遅延損害金が高すぎるとの問題もあり，その解決には，消費者契約法の規定を参考とする必要があるが，この問題には立ち入らない[27]。

　(5)　最判平18・4・18金判1242号10頁は，いわゆるクロス・デフォルト条項にかかわる。この条項は，XがYに対してa b の2債務を負担している場合に，a債務の不履行にさいして，b債務の期限の利益も喪失するとするものである。同事案は，消費者金融に関するものではない。

　債権関係が独立のものであれば，同一当事者の間であっても，ある債務に生じた1つの事情は，他の債務に影響せず，個別に処理されるのが原則である。

たとえば，契約の解除では，A契約の不履行が，当然にB契約の解除事由となるわけではない。しかし，その場合でも，契約の間に密接な関係があるか，あるいは目的の共有があるような場合には，例外がある。結合契約の解除が一例である（最判平8・11・12民集50巻10号2673頁，前述3（5）参照）。

しかし，債務者の信用という事情は，すべての契約の一般的な基礎となりうるものであるから，こうした条項も一般には有効であり，原審も，これを前提としている[28]。他の下級審裁判例にも，これを肯定するものがある（京都地判昭32・12・11金法163号27頁。数通の割引手形において，一通が不渡になり他の数通の手形が満期前の場合，割引依頼人の信用不安時に，他の期日前の手形全部についても買戻を請求できるとする）。

クロス・デフォルト条項には，期限の利益喪失事由の拡大の点において，いくつかの問題がある。事案にそくしてみれば，この平18年判決では，どちらかというと，資力上払えないというよりは，債務者Xは，意図的にa債務の支払を止めている。客観的なデフォルトでなく，主観的なデフォルトであり，本来，クロス・デフォルト条項は，こういう場合を予定していないはずである。破産15条1項，2条11項などでいう破産の状態は，前者のみをさしており，債務者に資力があれば，破産にはならない。クロス・デフォルト条項も，同じ性質のものとみれば，こうした主観的な場合は除外されるともいえる。しかし，そうした場合をも含めて期限の利益を喪失させることに意義があるとすれば，a債務の不履行一般にさいして，b債務の期限の利益を喪失させて履行請求できることになる。

クロス・デフォルト条項によって，期限の利益の喪失が拡大することは，意思表示による契約の解消方法である解除の事由の拡大の問題に対比させることができる。

解除の場合にも，厳密な債務不履行を要件とするのが伝統的な方法である。債務者に帰責事由のある履行遅滞，不能が要件となる（541条，543条）。しかし，近時の立法は，帰責事由の要件を撤廃し（CISG = United Nations Convention on Contracts for the International Sale of Goods, 1980. 国際物品売買契約に関する国際連合条約（2008年批准，2009年発効）の49条，64条，79条5項），代わりに，重大な契約違反という要件をおいた（25条）。個別の債務不履行をより抽象化

したものである。債務者の信用は，より一般的な性質の契約解消の発動要件であり，これに対応できる。すなわち，こうした特殊条項には，「重大な事由」のような一般化の機能があるから，それを判断する「信義則」の内容には，こうした要件の転換が考慮される必要がある。解除の要件の転換と同じ問題である。

6 弁済後の再貸付と充当，時効

(1) 弁済後の再貸付と充当については，前述のように（第1章1 (2) 参照），裁判例は動揺した。第3小法廷の最判平19・2・13民集61巻1号182頁，第1小法廷の最判平19・6・7民集61巻4号1537頁，最判平19・7・19民集61巻5号2175頁，第2小法廷の最判平20・1・18民集62巻1号28頁の変遷がある。

同じく前述のように，最判平19・2・13は，原則として充当を否定し，かりにこれを否定しても，債務者が相殺をすれば同じ結果になることを理由の1つとしたが，実際には，必ずしも同一にはならない。ここで，相殺の遡及効をもちだすことは無意味である。債務者は，過払金の存在を知らないために，不当利得返還請求権は事実上行使されず，時効にかかる可能性が高い。むしろ，貸主は，そのような事態を意図しているのであり，当初から予定した仕組み金融といってもよい。貸主の貸付金債権は弁済が繰り返されることから時効にかかる可能性はない。時効の問題は，別の裁判例によって解決されることが必要となった。

また，債務者が，過払金の発生している状態で，それを知らずに，他の業者から借入をした場合にも，相殺の遡及効は無力である。貸主は，返還するべき過払金を高利で，他に利用できるのに反し，借主は，他から高利で借りることをよぎなくされ，その代償としてとれるのは，たかだか法定利率相当の不当利得を付した返還金だけである。過払金の発生と新たな借入に時間的間隔があるということの実態は，このようなアンバランスを意味しており，たんに借入がされないことにとどまるものではない[29]。

つまり，「過払金」や相殺はあとからみて，そういえるだけであり，じっさいには，新たな借入時に，新たな超過利息がとられ，旧債務との関係は分断さ

れ，実質的に行使できなくなる可能性が高い。実態としても，こうした相殺が行われたことはなかったし，その結果時効に持ち込まれ，それが事件になったのである。相殺というのは，貸主からすれば，いわば低利で過払金を利用でき（場合によっては，そのまま返さず），取引を分断し，時効をもたらす構成だったのである。

　なお，ここには，悪意の不当利得者として，過払金を返還する場合に，法定利率をどうするかとの問題もある。借手は，他から高利で借りても，過払金には法定利率しかえられないというアンバランスがある。形式論だけでかたづく問題ではない。

　(2)　金銭消費貸借のさいに，当然充当するとの判例理論に忠実であれば，当事者の指定充当は不要なはずであるが，充当理論を一般の指定充当と同視したのが，第3小法廷の判決であった。これを第1小法廷は，抽象的な「合意」に読み替えて，伝統的な理論に戻したのである。つまり，「合意」は，継続的な消費貸借の性質の中に包含されるとして，規範的な判断をした。合意の意味の転換が行われた結果，つじつまあわせが行われていることから，同じ合意の次元でとらえるべきではない。近時の裁判例では，あまり「充当合意」に言及されなくなっている。つまり，本来の金銭消費貸借上の充当理論に復帰しているのである[30]。

　なお，この構成には，「合意」の規範的適用の問題がある。方法論の上からは，債務に占める合意の内容が広すぎるとの問題となる。債務がたんなる約束ではなく，合意による結果の引受であるという構成からは，適当な結果の実現のために，広く合意の存在が利用される可能性がある。そこから，裁判所が自由に認定した「合意」をもちだすことによって，利用しやすい結果を選択するのである。実際上ありえない「合意」により充当の指定を実現しようとするものである。こうした方法では，信義則による理論の形成という真の意図が，当事者の「合意」の形式の影に隠れてしまい，正面からの理論の発展を妨げる可能性がある[31]。

　(3)　制限超過利息の元本への充当は，最高裁昭39年判決で正面から認められたものであるが，それ以前，大審院時代にもなかったわけではない[32]。大審院の時代にも，とくに一部弁済のさいに，制限超過の利息に充当する合意が

無効とされ，適法な利息や元本に充当される例はあったからである。

　戦後の充当理論は，既払債権をも対象とする広範囲なものであるから，その効果は，あたかも交互計算の対象となっている債権と同じく，包括的に差し引かれることである。意思表示や充当の指定を要しない点では，包括的な相殺契約に近いともいえる。個別の債権の行使は予定されていない。この状態が，最判平21・1・22民集63巻1号247頁のいう時効に対する法律上の障害の内容である。過払金返還請求権が行使される場合には，こうした包括的相殺関係は終了するから，この時から時効が進行するのである（取引終了時説）。この残額債権は，法定債権であり，10年の時効にかかる[33]。

　(4)　さらに，この延長として，債権譲渡，契約譲渡，営業譲渡された別の業者の貸付にも適用されるかも問題となる。しばしば（新たな）別の基本契約が主張される。債権の譲渡は自由であるが，その内容を変えることなく譲受人に移転するものであり，かりに消費貸借契約上の債権を譲渡しても，過払金返還債務の譲受人に移転する債務をも含むものである。債権とともに，それと不可分の債務も，譲受人に移転する。包括的な関係を終了させない場合の一方的な譲渡のさいの法律関係は，このように理解されなければならない。

　これに対し，債権と債務を含む営業が譲渡される場合には，当事者の地位の移転が行われるのであり，包括的に譲渡された債権と債務は一体として移転するとみるものもある。その効果には争いがあり，伝統的な考え方では，地位の譲渡は，包括的なものであり債権者のみで内容を自由になしうるものではない。もとの契約が借手の不利に一方的に変更されたり消滅することはない。これに対し，契約譲渡の時を基準に，それ以前に発生していた債権債務が譲渡人に帰属し，将来の債権債務のみが譲受人に移転するとの時的配分説がある[34]。後者は，とくに企業の再生をめぐり，悪しき部分を旧会社に残し，良い部分だけを新会社に移転する方法で，企業の再生をしようとする場合に主張される。一方的な不良債権の切捨ての手法である。会社更生のような公的な仕組みによらずに，不公正な債権の選択を認めるべきではないから，一般的には否定するべきである。とりわけ過払金返還請求権の一方的な切捨てを合理化するのは否定する必要がある。

　なお，これに関し，近時，第3小法廷の最判平23・3・22裁判集民事236号

225頁，裁時1528号13頁は，貸金業者が貸金債権を一括して他の貸金業者に譲渡する旨の合意をした場合における，借主と上記債権を譲渡した業者との間の金銭消費貸借取引に係る契約上の地位の移転の有無について，「貸金業者（以下「譲渡業者」という。）〔A〕が貸金債権を一括して他の貸金業者（以下「譲受業者」という。）〔Y〕に譲渡する旨の合意をした場合において，譲渡業者の有する資産のうち何が譲渡の対象であるかは，上記合意の内容いかんによるというべきであり，それが営業譲渡の性質を有するときであっても，借主〔X〕と譲渡業者との間の金銭消費貸借取引に係る契約上の地位が譲受業者に当然に移転すると解することはできないところ，上記のとおり，本件譲渡契約は，上告人〔Y〕が本件債務を承継しない旨を明確に定めるのであって，これが，被上告人〔X〕とAとの間の金銭消費貸借取引に係る契約上の地位の移転を内容とするものと解する余地もない」とした。譲渡当事者の意思のみを重視している点に，重大な問題がある。〔その後，同旨として，第1小法廷の最判平23・7・7裁時1535号1頁と，第2小法廷の最判平23・7・8裁時1535号2頁の2判決がある。いずれも名古屋高裁判決の破棄差戻である。〕

ただし，最判平20・6・10判時2014号150頁は，ゴルフクラブの会員Xが，ゴルフクラブの名称を用いてゴルフ場を経営していたA社の会社分割によりその事業を承継し引き続き同クラブの名称を使用しているYに対し，会社法22条1項が類推適用されると主張して，預託金の返還等を求めた事案では，A社からゴルフ場の事業を承継し，ゴルフクラブの名称を引き続き使用しているYは，会社分割後遅滞なくゴルフクラブの会員によるゴルフ場施設の優先的利用を拒否したなどの特段の事情がない限り，会社法22条1項の類推適用により，XがA社に預託した本件預託金の返還義務をおうとした（最判平16年2月20日民集58巻2号367頁参照）。事業譲渡の場合だけではなく，会社分割に伴いゴルフ場の事業が他の会社に承継された場合にも同様とする。つまり，この場合には，債権・債務の一体性が肯定されているのである。

(5)(a)　過払金返還訴訟の重荷から，貸付債権の大量の譲渡が行われ，二重譲渡問題も生じた。貸金業者の貸付債権を流動化するために，貸付債権を信託銀行に信託することが多数行われている。貸金業者は，信託の設定による受益権を取得し，これを販売して資金をえるのである。他方で，信託銀行も，貸付債

権の回収をみずから行うには困難があることから，信託の委託者である貸金業者に対して回収業務を委託し，実質的には，従来の業務が行われる。そこで，信託が設定されても，債権譲渡は，譲渡登記によって行い，債務者に対する通知は，債権量が多量であることもあって，行わないのが一般である。

動産及び債権の譲渡の対抗要件に関する民法の特例等に関する法律は，債権譲渡の対抗要件について，債務者対抗要件と第三者対抗要件とを区別する。この区別が，しばしば二重譲受人のXとYとで別個に適用される。

すなわち，第1譲受人Xは，債権譲渡登記をえているが（特例法4条1項），債務者に対する通知や債務者からの承諾をうけておらず，債務者対抗要件を具備していない。第2譲受人Yは，債務者からの承諾をえており（同条2項），債務者対抗要件を具備している。そこで，債務者との関係では，債権者はYとなり，弁済をうけ，この債務者がYにした弁済は有効となり，債権も消滅する。これに対して，Xが優先権を主張して，争いが生じる。

ここで，債権譲渡登記では，Xが優先し，第三者対抗要件では，Yが優先する。そこで，Xは，Yのえた弁済金を不当利得として請求できる。ただし，有効な信託契約が成立していないとすれば，Xは譲渡をうけられず，Xの請求は通らない。Yが，これを争ったのが，次の東京地判平22・7・27判時2090号34頁である。

(b)　同事件では，貸金業者であるSFCGから貸付債権の信託譲渡をうけ，債権譲渡登記を具備したX（新生信託銀行）と，同債権の二重譲渡をうけて先に債権を回収したY（日本振興銀行）との関係が争われた。Yは，登記が劣後するが，債務者から債権の弁済をうけ債権が消滅したことから，Xが，Yに対し不当利得の返還を請求したのである。

Yは，①Xにつき債務者対抗要件が具備されていないとして，信託を否定し，また，②Xの債権取得の実態は譲渡担保であり，信託契約の成立が妨げられるとし，③訴訟中に，訴外会社から，過払金返還請求権の譲渡をうけたとして，これを自働債権として相殺を主張した。

東京地裁は，①債権譲渡登記は対抗要件であり，信託契約の成立を妨げないとし，②信託契約の成立が認められ，また，貸金業者からXに対する信託譲渡が譲渡担保であることは認められず，信託契約は有効とし，③相殺について

も，これを否定した。

　(c)　不動産登記では，二重譲渡の登記はありえないが，債権譲渡登記は，かなり曖昧な制度であり，二重，三重の譲渡の登記もありうる。登記とはいっても，不動産登記とは異なり，人的編成にならざるをえない点が問題である。第三者間の優劣は，時的順序で決定できるが，同時に，民法の対抗要件も認められているから，債務者との関係では，それに劣後するのである。現在の状況では，債務者は保護されても，二重譲受人は，必ずしも保護されない。その制度のままで，譲渡登記をあまりに重視するのは，過大な評価というべきである。

　第三者対抗要件と債務者対抗要件とを区別することについては，異論もあり，1説には，譲渡登記への統一も考えられる[35]。もっとも，その場合には，登記と同時に，債務者に対する通知を行い，同時に，民法上の登記なき通知の効力を縮小する必要がある。

　また，2010年にも，武富士から富士クレジットに譲渡担保とされた債権が，日本振興銀行Yに譲渡され（日本振興銀行は，同年9月10日に民事再生手続を開始），さらに同じ債権が，新生銀行Xにも譲渡された事件がある。

　(d)　最判昭61・4・11民集40巻3号558頁においては（実質的に二重譲渡），債務者対抗要件と第三者対抗要件が連動していたことから，債務者から弁済をうけた債権譲受人Bが，他の債権譲受人Aとの関係では劣後する場合でも，債務者が478条によって免責されることから，実質的に優先する可能性が生じ，これが，467条の対抗要件主義に反しないかが，問題となった。

　「二重に譲渡された指名債権の債務者が，民法467条2項所定の対抗要件を具備した他の譲受人〔「優先譲受人」〕よりのちにこれを具備した譲受人〔「劣後譲受人」〕に対してした弁済についても，同法478条の規定の適用があるものと解すべきである。……債務者が，右弁済をするについて，劣後譲受人の債権者としての外観を信頼し，右譲受人を真の債権者と信じ，かつ，そのように信ずるにつき過失のないときは，債務者の右信頼を保護し，取引の安全を図る必要があるので，民法478条の規定により，右譲受人に対する弁済はその効力を有するものと解すべきであるからである」。ただし，事案では，善意・無過失を認めなかったが，467条の要件を満たさないと，必ず478条の要件を満たさないかは疑問であり，478条が467条を排除する可能性が残された。

平22年事件でも，債務者対抗要件と第三者対抗要件が連動すると同じ問題が生じる。しかし，同事件では，登記による第三者対抗要件が優先することから，この危険性は回避されていた。立法論的には，民法の場合にも，同様の解決が可能である。いきなり準占有者への弁済をもちだすのではなく，債務者保護は，二重弁済を回避できれば達成されるから，譲受人相互の利得の吐き出しの方途がベターである。

(e) ほかにも，債権譲渡には，事件性のある債権の譲渡が，弁護士法72条に違反するかという論点があり，金融庁の「コメントの概要及びこれに対する金融庁の考え方」では，貸手と借手の間で債権の存在や債権の金額，残元本の金額について認識が一致していないものや債務者において支払いを遅延し回収困難にあるものなど，通常の状態では回収できない，いわゆる不良化した『事件性』のある債権への障害が指摘されている。とくに利息制限法違反のケースでは，計算に争いのあるものが多い。また，債権が別々の譲渡先に譲渡されると，一連で通算した場合よりも，請求額が大きくなる可能性がある[36]。しかし，債権譲渡は，債権者の都合にすぎないから，一方的に債務額が増える理由はない。取引の分断は認めるべきではなく，充当理論からしても，個別の債権の分裂的な処分は認められない[37]。

(6) 前述の最判平21・1・22ほかの裁判例によって，取引終了時から不当利得返還請求権の時効が進行するとされたことから，貸主側から，遅延賠償も，取引終了時から発生するとの主張が行われるようになった。ここで，時効と遅滞の関係が問題となる。民法総則と債権総論の一般論によれば，債権の性質上，両者には必ずしも関係がなく，たとえば，期限の定めのない債務では，時効は，債権の成立した時から進行するが，遅滞となって利息を付すのは，請求時からとされている[38]。

問題となっている継続的な金銭消費貸借の場合には，不当利得返還請求権の時効が取引終了時から進行し，他方で，債権成立時から遅滞となる。これを肯定したのが，前述の最判平21・9・4裁時1491号2頁である。取引終了時から時効が進行する場合でも，悪意の受益者の704条の利息は過払金発生時から進行するとした。期限の定めのない債権では，請求できてから遅滞という形になるが，これが原則というわけではなく，古典的な形態というにとどまる。不法

行為債権においても，債権成立時から遅滞が生じ，この場合には，時効と遅滞は一致する。

　期限の定めのある債権では，期限の到来まで権利を行使することはできないから，時効は，期限の到来時から進行するが，利息の定めがあり，その不履行があれば，遅滞となることは当然である。ちなみに，時効の取引終了時説をとった最判平21・1・22がふれた預金債権に自動継続の特約がついている場合にも，遅滞が時効の進行よりも先行する。利息はつくが，時効は進行しない状態が継続するからである。したがって，充当の対象となる継続的取引から生じた不当利得返還請求権は，利息つき期限つきの債権に近いものといえる[39]。

　(7)　なお，704条の利息の性質については，争いがあり，通説は，これを遅延利息とし，その履行期は不当利得発生時であるとする。つまり過払金発生時に当然に発生することになる。これに対し，704条の利息を遅延利息以外の利息とすると，不当利得返還請求権の履行期は，取引終了時または請求時であるが（412条3項），704条は，履行期以前であっても，悪意の受益者にはとくに責任を加重して，不当利得発生時，つまり過払金発生時から利息支払義務が発生するとする。この場合には，704条の性質からとくに，過払金発生時から生じることになる。

　過払金返還請求権は，期限の定めのない法定の債権であるから，本来は，請求時から遅滞になるが，不法行為債権と同じく，発生時から遅滞になっている。しかし，これは，704条があるからというよりは，不当利得そのものの性質である。善意の不当利得（703条）でも，利得が現存していれば，返還義務があり，金銭には利息が発生し，それも請求時からではなく，発生時からということになるのである。

第3章　不当利得法との関係

1　利得の現存性

　(1)　制限超過利息の利得の現存性の喪失については，慎重たる必要がある（703条，ド民818条3項の利得の脱落，Wegfall der Bereicherung）。利得の喪失に

は，本来返還するべき義務の免除という特質があるからである。善意というだけでは，必ずしも利得は正当とはいえない。そこで，民法703条は，一見すると，返還するべき利得の喪失を広く認める形式になっているが，わが判例も，金銭については現存性を推定し，それを覆すことに慎重である。法律上の原因なくして他人から金銭を取得した以上，これを消費したか否か，消費の方法が生産的であるか否かに関係なく，直接または間接に現存するものとされる（大判明35・10・14民録8輯9号73頁，同じく金銭につき，大判明39・10・11民録12輯1236頁，大判昭16・12・5民集20巻1449頁）。また，不当利得を主張する損失者は，現存利益の存在を主張する必要はなく，受益者がその不存在を立証しなければならない（大判昭8・11・21民集12巻2666頁，最判平3・11・19民集45巻8号1209頁）。

　他方で，物を第三者に売却し，代金として金銭をえたが，消費してしまった場合には，利益は現存しない。ただし，消費したために出費を免れた場合には，それにより他の財産の減少を免れているから，利益は現存する（大判昭7・10・26民集11巻1920頁）。

　しかし，現存しない場合もあり，たとえば，不当利得によってえた金銭がすでに存在せず，またこれをえないとすれば他の財産を費消したであろう事情も存在しないときは，現存利益はない[40]。目的物が類焼し，あるいは代金を預けた銀行が破産したといった場合には，利益は現存しない。

　(2)　利得の現存性を維持する，これらの扱いは，それ自体は正当であるが，正面から，703条の適用を制限することが必要である。類型論的にいえば，給付利得には，703条は適用されないから，704条によって厳格な返還が求められる。とりわけ利息制限の場合には，強行法による規範的制約であり[41]，これは返還についてもあてはまるのである。「現存性の推定」は，704条に移行するための一里塚である。

　もっとも，たとえば，債務者による弁済金の誤振込では，利得の軽減は不要でも，利息までつける必要はないともいえる。払込をうけた銀行が，法定利率相当の利得をうけるとは限らないからである。反面で，誤振込をした者が法定利息まで取得できると，預金しておくよりも有利になる。もちろん，振込者が債務のないことを知って振りこんだ場合には，給付利得ではなく，他人の口座

の利用にすぎない。ヤミ金の一方的な振込がそうであり，不当な請求の手段にするなど，場合によっては不法行為ともなる可能性がある。しかし，たんなる過失など事故での振込の場合に，振込者の過失は観念しえても，受領者側の，金銭による受益にともなう「損失」は考えがたいであろう[42]。

　この問題は，誤振込による利得の返還にかかる手数料を定めれば解決する側面もあるが（法定利率程度の手数料をとれば，利息の軽減と同じことになる），本質的には，法定利率が現在，高すぎることに由来している。1960年代のように，銀行の利率が10%にもなる場合には，金銭は当然に一定の利益を生じ，その最低限の保障が法定利率であるといえたから，返還するべき利得に法定利率程度の利息を付することにさほど問題は生じなかった。しかし，バブル経済の崩壊後，1990年代からは，銀行の定期預金でも，0.1%に満たないことが多い。法定利率はかえって高すぎるのである。損害賠償の中間利息の控除を法定利率によると不当な結果が生じるのと同じ問題である（最判平17・6・14民集59巻5号983頁）[43]。

　あるいは，近時の低金利の下では，こうした振込を押しつけられた利得とする構成をとれば（支払者が受益者に利得を押しつけた場合には，非債弁済に準じて，返還するべき利得への利息は不要である。ただし，これは，受益者の態様ではなく，損失者の態様を理由とする），利息の支払は不要となる。この場合には，適正金利以上の利息は，給付利得の性質を有しないということになろう。つまり，類型論的に，703条が排除されるというのは，704条で適正金利が行われている限度では利得の軽減を考慮しないとの意味にすぎない。

　過剰な法定利率を避けるためには，ドイツ債務法の現代化法のように変動利率の方法によるほかはない。ド民246条は，4%の法定利率を定めるが，同時に，247条において，基礎利率（Basiszinssatz）を定め（当初3.62%。現在では，1%に満たない。2011年1月に0.12%，同7月に0.37%），これが，ヨーロッパ中央銀行の最新の主要再貸出金利の利率により変動するものとした。遅延利息の利率は，その年の基礎利率に5%をプラスしたものである（同288条）。基本的には，こうした変動利率によるか，固定利率であれば，わが起草者が予定したように，時期にあわせた改正が必要である[44]。

　なお，ウィーン売買法（国際物品売買契約に関する国際連合条約）でも，当事

215

ドイツ債務法における法定利率，基礎利率

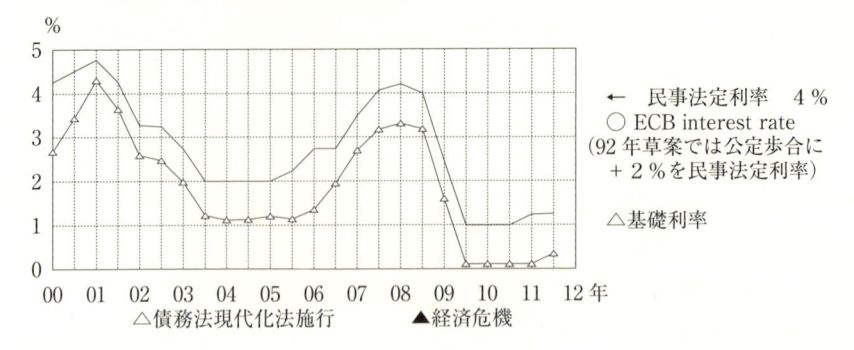

← 民事法定利率　4％
○ ECB interest rate
（92年草案では公定歩合に
＋2％を民事法定利率）
△基礎利率

△債務法現代化法施行　▲経済危機

者の一方が代金その他の金銭を期限を過ぎて支払わない場合には，相手方は，74条の規定に従って求めることができる損害賠償の請求を妨げられることなく，その金銭の利息を請求することができ（78条），金銭には当然に利息相当の損害が生じることが予定されている。

(3)　強行法規の適用される場合の給付利得の適用は，従来必ずしも網羅的に検討されたことがない。不当利得返還請求権の時効は一例であり，最判昭55・1・24民集34巻1号61頁106では，不当利得の返還請求権の消滅時効期間は，その基礎となる金銭消費貸借契約が商行為であっても，5年ではなく10年と解された。

近時問題となっているのは，商事法定利率の適用である。この問題は，最判平19・2・13民集61巻1号182頁を契機として提起された。給付利得が本来の契約の清算であることの趣旨からすれば，高利の貸付利率を清算するためには，返還関係にも利息制限法が適用されるのと同じ効果が求められる。とりわけ充当が制限された場合には，高利の貸付利率と釣り合う構成が必要であり，民事法定利率5分ではなく，商事法定利率6分をとる必要がある[45]。

このことは，返還請求権の時効については，10年の民事時効が適用されることと矛盾するものではない（上の最判昭55・1・24民集34巻1号61頁参照）。いずれも，利息制限法の強行法規性から導かれる。類型論は，たんに契約関係を清算関係にもそのまま適用するものではなく，強行法規の規範的適用に従ったものでなければならない。法定利率と時効は，方向性が異なるから，清算関係にも，利息制限法の規範的適用をすれば，商事利率を適用することは，民事

時効を適用することと矛盾するわけではなく，類型論的帰結といえるのである。たんなる間接効果説との相違である。

　間接効果説だと，たんに反対向きで清算するだけであるが，プラス方向の契約の展開と対応したマイナスの清算を求める類型論だと，積極的に修正するところに意味がある。過払をしなければ利用できた利益について，法定利率5％は低すぎる。現在は，低金利の時代であるから，銀行預金との比較によれば，一見したところ高くみえる。しかし，適法な貸付は，100万円以上の場合の制限でも，15％にもなり，6％でも十分に低いのである。貸主が過払金を他に高利で貸しつければ，5％を超えることは明らかであるし，他方で，借主が他から高利で借りた場合にも，その利率は，5％をはるかに超える。こうした場合には，貸主と借主の間には，たんなる法定利率での返還が義務づけられるだけではなく，有効な契約に準じた返還が必要である。

　事実的契約関係で著名な（ハンブルクの）有料駐車場の利用のケースにおいて，Aが有効な駐車契約があると思っていたが，無効であった場合は給付利得であり，契約なしにかってに駐車した場合は侵害利得＝704条である。ただし，後者の場合に，近くにある無償の駐車場と間違えた場合には，利得の軽減＝703条のよちがある。給付利得には利得の軽減のよちはなく（事実的契約と構成する場合と同じである），また清算関係にも契約法理の適用のあることが，侵害利得の場合とは異なる。給付利得の構成は，事実的契約関係に対するラーベル学派の回答の1つであり[46]，利得者のする契約との比較からすれば，6％の利息も肯定されてしかるべきである。貸主は，意図的な超過利息の徴収によって，みずからの借入を減少させ，それにみあう損失を借主に転嫁しているのである（とくに取引の分断の場合）。これを放置することは，超過利息の徴収に手を貸すことにもなる。

(4)　不当利得の運用利益は，社会観念上受益者の行為の介入がなくても利得された財産から損失者が当然取得したであろうと考えられる範囲においては，損失者の損失といえるから，利得者はこれを返還しなければならない。

　これについては，銀行の運用利益に関し，最判昭38・12・24民集17巻12号1720頁が先例であるが，学説は分かれている。事案は，BからAへの営業譲渡のケースである。譲渡に伴って債務の引受が行われたが，その後，Aが破

産したことから，破産管財人Xから，譲渡に伴う商法上の記載のなかったことを理由として（商法旧168条），Yへの弁済義務のないこと，したがって，弁済金の返還請求を求め，これがいれられたが，原審は，商事法定利率による利息の返還請求を否定したのである。最高裁は，原判決を一部破毀し自判した。

その内容は，①銀行業者が不当利得した金銭を利用してえた運用利益については，189条1項の類推適用により収取権が認められるよちはない。②不当利得された財産に受益者の行為が加わることによってえられた収益については，社会観念上受益者の行為の介入がなくても損失者が当然取得したであろうと考えられる範囲において，その者に損失があると解するべきである。③不当利得された財産に対する銀行業者の運用利益が商事法定利率による利息相当額で，損失者が商人である場合には，社会観念上，それは受益者の行為の介入がなくても損失者が右の財産から当然取得したであろうと考えられる収益の範囲内にあるものと認められ，受益者はたとえ善意でも返還義務を免れないということである。

金銭以外の物の給付による不当利得では，原物から生じた果実や使用利益の返還が問題となり，物権法の189条・190条との関連が問題となる。多数説は，189条・190条は，侵害利得にのみ適用され，給付利得では，受益者の善意・悪意を問わずに返還の対象となるとする[47]。これに対し，我妻説では，不当利得でも原物返還の場合には，189条を適用するから，善意の受益者は果実や使用利益の返還義務をおわない。もっとも，金銭の給付などで価格返還では，同説でも，189条・190条は適用されないから，結論は異ならない[48]。

しかし，金銭が給付された場合には，利息相当の運用利益が現存利益に含まれるとして返還されるかが問題となり，またその範囲も問題となる。多数の見解は，これを果実と同視する。この場合の解決は，それが元の金銭とどう関連するとみるかにかかってくる。①収益は，利得者の労力によるもので，返還しないでもいいとするもの[49]，逆に，②金銭では，法定利率相当の利得が当然に発生するとするものとがある。後者は，近時では，給付利得と構成するものが多い[50]。両者の中間に，③社会観念上受益者の行為なしに損失者が取得できた収益は返還するというもの[51]と，④利得者の加えた労力と損失者の財産による部分との割合により，後者の分を返還するとするもの[52]がある。

このケースでは，金銭の不当利得の場合，現存性が推定され，善意でも，利息相当額の償還が行われる構成になっている。ただし，消費者金融の超過利息の不当利得の場合のように，悪意の推定が可能であれば，704条の適用が可能であり（後述），現存性の必要はないことになる。給付利得構成からは，全部返還がもっとも自然ということになろう。

2 悪意の受益

(1) 貸金業者の過払金の取得が，704条の悪意の受益者としての受益にあたるかについては，一連の裁判例がある。

まず，最判平19・7・13民集61巻5号1980頁，判時1984号26頁，最判平19・7・13判時1984号31頁，最判平19・7・17判時1984号33頁は，貸金業者が制限超過の利息を受領したことにつき，貸金業法43条1項の適用がない場合に，過払金の取得について，当該貸金業者が貸金業法43条1項の適用があるとの認識を有しており，かつ，そのような認識を有するにいたったことについてやむをえないといえる特段の事情があるときでない限り，法律上の原因がないことを知りながら過払金を取得した者，すなわち，704条の「悪意の受益者」と推定されるとした。

原告たる借主からの過払金返還請求においては，被告たる貸主が704条の「悪意の受益者」にあたると主張し，被告は，原告の弁済時には，みなし弁済の適用を信じていたから，悪意とはいえないと主張するのが通例である。これらの裁判例は，いずれも，利息制限法の制限利率を超える債務の弁済に関し，貸金業法17条や18条など，同43条1項の前提要件を満たさない場合や過払金の充当計算に争いのある場合であった。

悪意かどうかは，一面では，内心の心理状態であるが，これを直接立証することはできないから，どのような事実の立証があれば，悪意といえるかが問題となる。そして，判決はいずれも，704条の「悪意の受益」を否定した原判決を破棄，差戻したのである。

これらの場合でも，貸主が，たんに貸金業法43条1項の適用を信じればたりるわけではなく，貸金業法17条書面や18条書面の交付がない場合には，貸金業法43条1項のみなし弁済規定の適用が認められず（最高裁平11判決），ま

たこの平 11 年判決の前であっても，同様の場合に，みなし弁済規定の適用が認められないとする裁判例が相当数あったというような合理的根拠が必要であるというのである。

この場合の悪意の推定は厳しく，善意であっても，貸金業者がみなし弁済の存在を誤信したことにつきやむをえない「特段の事情」がなければ，推定が覆されることはない。貸金業者の職業的特性から，定型的に悪意が推断されるとするものであり，実質的に特段の事情はほぼありえないことになろう。しかも，貸金業法 17 条書面や 18 条書面の交付の必要性は，たんなる解釈の問題にとどまらず，法の規定そのものに関している。具体的な貸金業者の態様によっては，知らないこともあるとの反論もありうるが，貸金業者としての登録をうけている場合には，そうした個別的事情を考慮するよりは，職業人としての注意を基準とするべきであろうし，実態としても，過払金は他の債務者に貸し出され，法定利率などよりもはるかに高利で運用されているのである[53]。

(2)　これに対し，悪意の受益の推定を否定した例としては，最判平 21・7・10 民集 63 巻 6 号 1171 頁，判時 2069 号 22 頁①，最判平 21・7・14 判時 2069 号 22 頁②がある。これは，期限の利益喪失特約下の超過利息の支払の任意性を否定した最判平 18・1・13 民集 60 巻 1 号 1 頁の出現前に，超過利息を受領した貸金業者に関するものであった。

最判平 18・1・13 は，利息制限法の制限を超える利息の支払を怠った場合に，期限の利益を喪失する旨の特約は，無効であり，制限内の利息と元本を支払えば，期限の利益を喪失することはないとし，しかし，こうした特約は，超過部分の支払もしないと期限の利益を喪失するとの誤解を与え，「制限超過部分を支払うことを債務者に事実上強制する」ものであり，「債務者が，利息として，利息の制限額を超える額の金銭を支払った場合には，上記のような誤解が生じなかったといえるような特段の事情のない限り，債務者が自己の自由な意思によって制限超過部分を支払ったものということはできない」とした。

しかし，この「平 18 年判決の言渡し日以前の期限の利益喪失特約下の支払については，これを受領したことのみを理由として当該貸金業者を悪意の受益者であると推定することはできない」とした。ひとしく，貸金業法 43 条 1 項のみなし弁済が成立せず，貸金業者に対する不当利得返還請求が認められたに

もかかわらず，最判平19・7・13とは異なる判断が下されたのである。

　これにつき，最高裁は，平18年判決まで，同旨の最高裁判決はなく，「下級審の裁判例や学説においては，このような見解を採用するものは少数であり，大多数が，期限の利益喪失特約下の支払というだけではその支払の任意性を否定することはできないとの見解に立って，同項の規定の適用要件の解釈を行っていたことは，公知の事実」とする[54]。

　つまり，最判平19・7・13の諸事例では，業者のいうみなし弁済の適用に反対する見解が多数であったのに比して，最判平21・7・10の場合には，必ずしもそうではないとされている。こうした量的な差異に根拠を求めるのは，前者の場合でも，みなし弁済の肯定説があったはずであり，後者でも，否定説があったのであるから（たとえば，最判平16・2・20民集58巻2号475頁の滝井補足意見），疑問がある。また，仕組み金融などの複雑な取引形式にするほど「善意」になるのはおかしいとの疑問もあるが，この点については，本篇では立ち入らない。

　(3)　さらに，問題となるのは，この場合に，703条と704条の使い分けが妥当かである。とくに，不当利得の類型論的に考えると，704条の適用が認められるはずであるが，それを，裁判例にあわせて，論理的に修正する必要があるのかである[55]。

　しかし，類型論をとらない場合でも，703条を適用する必然性は乏しいと考えられる。最高裁は，平18年の期限の利益喪失特約に関する判例変更までは，実質的に制限超過利息がとれたのにそれを返還するからとくに軽減するという思想に立脚している。これは，実質的な判例の変更によって返還義務が肯定されたからということである。いわば事後立法のようなものであるから，軽減が考慮されるとするのである。すなわち，理論が対立しており，返還義務が薄弱だったという見解に立脚しているようにみえる。このように，軽減を考慮することに理由があれば，類型論をも修正するべきことになる。

　これに対しては，本来とるべきでないものを（その基準は，1960年代の判例である），貸金業法の緩い捉え方や判例（とくに，平2年判決。ただし必ずしも直接的なものではない）によって一時的にとっていたから，全部返還するべきという考えがありうる。その場合には，類型論そのものと一致する。業者は，か

りに今後返還しても，過払金返還請求権が行使されない場合には十分利益をえてきたのである（法定利率だけで借入ができたのと同じである）。利息の返還義務に理由がないわけではない。返還請求されたときには，利息も付して，全部を返還するべきであるとすれば，この場合には，類型論の修正の必要はない。したがって，無効・取消にさいして，全面返還を義務づける類型論そのものを修正するものではない[56]。

最高裁のような考え方は，過払金返還の貫徹が甘く，一貫性がない。過払金返還を認めるこうした判例変更をしたことが問題だということにまでつながるのであれば，国家賠償のよちも生じることになり問題である[57]。

（1）社会問題となった一連の事件の流れについては，日栄・商工ファンド対策全国弁護団活動報告書「最高裁が日本を変えた」（2010）が有益である。また，2003 年以来の最高裁判例の展開については，拙著・利息制限の理論（2010 年，以下【理論】と略する）251 頁以下。論点が多岐にわたるので，本篇では，いちいち立ち入りえない。

他方，本文の平 2 判決からみると，この判決がかえって業者の自信を高め，旧 43 条の濫用を誘発したことは見過ごせない。法律上の誤ったメッセージが社会に誤解を与えた例は多い。これは，かつての最高裁の八幡製鉄政治献金事件が与えた影響と同じである。そこでも，法人実在説による最高裁の判断は，理論とは無関係に，少なくとも世間的・政治的には，最高裁が政治献金にお墨付きを与えたものととらえられた。すなわち，私法がまったく社会と没価値であることはありえず，政治資金規制などの全体の遅れをももたらしたのである（【理論】425 頁）。

（2）【理論】第 4 章 10（531 頁以下）参照。

（3）期限の利益喪失約款の発動に，実質的要件と形式的要件の具備を必要とすること，つまり些細な違反で重大な結果をもたらすべきではないこと，また，長期間にわたって遅延損害金の利率を適用するべきではないことについて，かねて，拙稿「消費者消費貸借と貸金業法」において論じたことがある（契約における自由と拘束（2008 年）255 頁以下所収。以下，【自由と拘束】と略する）。【理論】309 頁以下でも，簡単に言及している。

（4）ちなみに，2008 年 9 月がいわゆるリーマン・ショックである。2010 年には，大阪府知事から，経済特区を設定して高利を公認することや利息制限法 1 条 2 項の復活の主張が行われた。改正法の全面施行後間もない時期であり，論外であろう。

（5）また，まとめて検討する必要のある部分など（たとえば，貸金債権の譲渡と契約上の地位の変更など）も，のちの課題である。

（6）拙著・土地法の研究（2003 年）はしがき。同書では，19 世紀の利息制限法廃止後

の公序良俗規定の生成を念頭においていた。ドイツの1867年の暴利禁止法は，1900年のドイツ民法典の公序良俗規定に影響を与えた。オーストリアでも，1877年に，まず辺境であるガリシアとブコヴィナで，「信用供与にさいして不当な〔優越的地位を利用すること〕に対する救済法」が制定され，1881年に，それが全オーストリアに適用されることになった。「周辺」というのは理論についてであるが，地理的な意味でも，あてはまることがある。試験適用という場合もある。

（7） さらに，損害賠償の範囲の問題としては，最判平22・6・17判時2082号56頁がある。これは，重大な瑕疵のある建物が，社会経済的な価値をもたないとされた事例である。

（8） 昭37年判決は，貸主からの履行請求であったから，過払金の返還請求は問題にならなかった。もしこれが返還請求の事件だったとすれば，昭43年判決の先取りになったかもしれず，逆に，当時の最高裁の裁判官の構成では，返還請求まで認める者の人数が不足であった可能性もある。

　なお，1960年代の文献は，列挙にいとまがなくいちいち立ち入りえない（森泉章・判例利息制限法（1978年）67頁以下，川井健・債権総論（2009年）33頁以下などを参照）。

（9） かつての学説も，理論上，非債弁済にふれることが多かったが，債務の不存在を知りながら任意に支払った債務者は返還請求を否定されるというよりは（石川利夫・民法の争点（1978年）170頁参照），知らなかったから返還請求できるとするのである。必要ならば，708条但書をも援用するからである（谷口知平・法時38巻12号92頁（東京地判昭41・1・27判時449号61頁の研究。自然債務論に反対）。しかし，森泉・前掲書79頁は，もっぱら703条・705条の問題とする）。

　ほかに，昭43年判決の事案には，利息と元本の一括弁済が行われた場合は射程に含まれないかとの論点もあった。文言上，昭43年判決は，利息等の支払が継続し，超過部分を元本に充当すると，「計算上元本が完済となったとき，その後に支払われた金額は，債務が存在しないのにその弁済として支払われた」ことを理由とし，一括弁済の場合には，債務がなお存在する時に弁済として支払われたからである（同時完済につき，石川利夫・重要判例解説昭43年52頁参照）。しかし，これは，あまりに形式的な読み方であり，その後，最判昭44・11・25民集23巻11号2137頁において，元本と利息が一括弁済された場合にも，返還請求が肯定されたことで，解決された（先の考え方は，昭39年から昭43年の判例の論理とは，「基礎を異にする文理解釈」である。千種秀雄・判解民昭44年600頁，606頁参照）。

（10） もちろん，この場合に，弁護士に依頼者との関係で責任が生じるのは別の問題である。

（11） 前注（9）の谷口説参照。つとに，谷口博士は，708条の適用を主張される（不法原因給付の研究（1949年）74頁以下，78頁）。

（12） そこで，逆に，自然債務のような捉え方は，利息制限法違反の無効の効果を曖昧にすることから，妥当ではない。我妻・民法講義Ⅳ（1964年）68頁や石田喜久夫・自

然債務論（1981年）103頁は，自然債務概念につき積極的であった。しかし，後者は，必ずしも充当を否定しないとする。訴訟法学者にも，積極的な見解が強い。もっとも，実体法上は，批判が強い（川島武宜・債権法総則講義（第1・1949年）55頁，個別類型ごとにというものとして，奥田昌道・債権総論（1992年）87頁など，近時では，茆原正道＝茆原洋子・利息制限法潜脱克服の実務（2版・2010年）527頁）。歴史的概念であり，効果上は，端的に，無効とみるべきであろう。

現行法には明文がおかれなかったが，旧民法財産編294条2項には，自然の義務についての規定があった。「②自然ノ義務ニ対シテハ訴権ヲ生セス」。また，フランス民法典1235条は，Section I.- Du paiement, Paragraphe 1. -Du paiement en général の冒頭部分において，「弁済は，債務を予定する。義務なく債務として支払われたものは返還される（1項）。任意に支払った自然債務の返還請求は，認められない（2項）」とした。比較的広く自然債務を肯定するものである。充当も否定される。自然債務でも，履行があれば，通常の債務に転換するとの見解によっている。履行が原因（1131条）たるからである。これは，無方式の合意であっても，一部履行した契約や，くりかえされた合意（pactum geminatum）には効力を認めるとの中世法の応用である。こうして，ローマ法的な方式を欠く場合でも，有効性を肯定されることが，後代の諾成契約の構成をもたらしたのである。【自由と拘束】9頁，83頁参照。

(13) こうした一部有効の構成は，歴史的には，しばしば債務の有効性を承認するための手段として用いられた（自然債務も，本来はローマ法の不合理な制限を克服する手段であった）。ほかにも，たとえば，無方式の合意の無効の修正には，反対給付の返還によって先履行者を保護する理論もあった。給付を返還しないためには，反対給付を履行する目的不到達の理論である。拙著・給付障害と危険の法理（1996年）322頁参照。。

なお，貸金業法旧43条の適用に関し，学説は，債務者が無効な利息であることを知りながら弁済したことが任意性の要件であるとするから，返還の不要は，非債弁済によっても理由づけられる（岡林信幸・判批・法時82巻5号132頁）。しかし，繰り返しになるが，学説が非債弁済をもちだすのは，悪意の非債弁済でないとして返還請求を肯定するためであり，超過利息を実体法上説明するためではないのである。他方で，最判平2・1・22民集44巻1号332頁は，貸金業法旧43条の適用につき，債務者は，利息として認識し，自由な意思で支払えばたり，無効な利息としての認識を不要としている。この判決の唯一の価値は，非債弁済による受領可能性をもちださなかったことである（旧43条の適用につき，実体法的な正当化をしていないので，43条が削除されれば，別の正当化のよちはなくなる）。

(14) 茆原正道「貸金業規制法43条に関する最高裁判決の意義」市民と法40号23頁，28頁。

(15) ほかに，認識の必要があっても，裁判所の認定でカバーできるというのが，石川利夫・重要判例解説平2年75頁であり，柔軟な解釈を求めるものである。もっとも，これが，つねに認識を認めるものであれば（契約書，受領証の交付から推断），実質

的に認識を要件としないというのに等しいであろう。調査官解説は，主観的事情に左右されず，客観的な事情から貸金業法43条の適用が結論づけられることに積極的であった（滝澤孝臣・判解民平2年56頁）。

(16) 【理論】337頁注5参照，および前掲・金法1780号67頁参照。このように，最高裁平2判決が比較的広く解されてきたことは，司法消極主義という時代の反映というべきであろう。

(17) かねて指摘したように，利息制限はたんに法の形式的要件の欠如だけによらないことが重要であり，たんに形式的にあげあしをとることに終始するような解釈には問題がある。裁判所が貸金業者と同じ次元に立って，契約書や受取証書のあらを探すような解釈のみでは，法を守ることに対する意識をも減退させる。あら探し的な解釈は，正面からの議論を回避してしまったのである（拙著・利息制限と公序良俗（1999年）367頁，373頁）。

　　違憲論については，【理論】421頁参照。まとまったものとしては，茆原正道「43条違憲論」消費者法ニュース別冊（2004年）。

(18) これは，広くは，悪しき法に対する司法の役割，あるいは実定法と自然法といった問題にも還元されうる問題となる。これについては，別のテーマとしてナチス期における亡命法学者とその他の法学者や法曹の検討を予定している（拙稿「法学上の発見と民法」一橋法学10巻1号の続号）。

(19) たとえば，中村也寸志・平15判決の判解民448頁，472頁参照。

(20) 延長的計算法と短縮的計算法については，野村好弘・注釈民法5巻（1967年）4頁参照。

(21) こうした賃貸人側につく保証人の存在は，10年ほど前から問題となってきていた（本田＝小野・債権総論（2010年）178頁，同（2003年）177頁参照）。債権者ではなく，保証人の行為として，事実上，債権者による自力救済（濫用）的な権利行使を目的とするものである。

(22) なお，私見は，この場合に，全面的な解除の再構成か，少なくとも目的不到達のような考慮が必要であるとする（拙稿「目的不到達の復権」一橋法学8巻1号1頁参照。本書第1部3篇所収）。

(23) 取引履歴に関する最判平17・7・19につき，【理論】450頁以下参照。また，神戸地判平19・11・13の評釈である【理論】531頁以下参照。

(24) 【自由と拘束】188頁，195頁参照。

(25) 「相続人のうちの1人に対して財産全部を相続させる旨の遺言により相続分の全部が当該相続人に指定された場合，遺言の趣旨等から相続債務については当該相続人にすべてを相続させる意思のないことが明らかであるなどの特段の事情のない限り，当該相続人に相続債務もすべて相続させる旨の意思が表示されたものと解すべきであ」る。ここでは，事実上，積極財産の承継者が債務をも負担することが予定されている。そのさいに，財産と債務の合一を認めることは正しいが，伝統的な判例理論では債務は当然分割であるから，債権者が財産を承継しない者Aに債権を行使したときには，

第 2 部　利息と信用，倫理

　　　　 A は弁済して，他の共同相続人 B に求償するほかなく，B の無資力の危険を負担しな
　　　 ければならない。
　　　　　判決も，「各相続人は，相続債権者から法定相続分に従った相続債務の履行を求め
　　　 られたときには，これに応じなければなら」ないが，「相続債権者の方から相続債務
　　　 についての相続分の指定の効力を承認し，各相続人に対し，指定相続分に応じた相続
　　　 債務の履行を請求することは妨げられない」とする。
(26)　 ド民 314 条は，これを一般的に明示(重大な事由による継続的債務関係の告知，Kün-
　　　 digung von Dauerschuldverhältnissen aus wichtigem Grund)。また，種々の解除事由
　　　 については，拙稿「契約の終了事由と当事者の履行能力」反対給付論の展開（1996
　　　 年）351 頁。
　　　　　信頼関係の破壊は，継続的債務関係の解消のために，「重大な事由」が必要なこと
　　　 の一表現であり，上位概念としての告知のための「重大な事由」によって，解除の要
　　　 件を昇華させることが必要である（解消の事由の類型化を要する）。また，たんに告
　　　 知だけではなく，消費貸借の期限の利益の喪失の場合のように，契約関係に大きな変
　　　 動をきたす場合には，類推される必要がある。
(27)　 この点について，【理論】347 頁参照。
(28)　 清水恵介「クロスデフォルト条項と権利濫用」金判 1253 号 2 頁，4 頁，拙稿・金
　　　 判 1336 号 40 頁。
(29)　 また，じっさいに，過払金の発生と借入債務の発生の間に時間的な間隔があれば，
　　　 貸主は高利で運用できるのに反し，過払金に対する不当利得返還請求権には 5% 程度
　　　 の法定利率が付されるだけである。これも，アンバランスであるが，これは充当を認
　　　 めても生じる問題である。不当利得に付される法定利率一般の問題となる。ただし，
　　　 相殺の遡及効が有効なのは，あくまでも同じ当事者間の関係に限られる。遡及効とい
　　　 う技術だけで処理できる場合は，じっさいにはまれである。
(30)　 拙稿・民商 140 巻 4・5 号 174 頁参照。
(31)　 拙稿「比較法（国際的統一法）の系譜と民法——ラーベルとケメラー」民事法情報
　　　 282 号 22 頁，注 42 参照。そして，こうした合意が，悪しき方向に用いられた例とし
　　　 ては，最判平 23・3・24 民集 65 巻 2 号 903 頁，裁時 1528 号 15 頁がある。かねて敷
　　　 引特約について，最判 17・12・16 判時 1921 号 61 頁は，建物の賃貸借契約において，
　　　 通常の損耗の回復は基本的に賃貸人が負担するものとし，明確な合意がない限り，賃
　　　 借人の負担とすることはできないとしていた。しかし，上記最判平 23・3・24 は，逆
　　　 に，敷引の特約をもって，通常の損耗の回復の特約とし，これがあれば明確な合意が
　　　 あるものとしている。しかし，平 17 年判決は，敷引の特約をもってただちに明確な
　　　 合意にあたるとしたのではない。むしろ，それはなかったとしているのである。つま
　　　 り，敷引の特約ではたりないから，実際には，明確な合意が認められるよちはまれで
　　　 あった。そこで，下級審裁判例においても，おおむね敷引の特約を消費者契約法 10
　　　 条により無効とする状況があった。これに対し，平 23 年判決は，逆に，敷引の特約
　　　 そのものをもって，明確な合意にしてしまったのである。これは，合意の拡大による

原則と例外の転換であり，矛盾であり，実質的な判例変更ともいえる。きわめて安易な合意の利用である。平23年判決には，ほかにも，通常損耗を賃借人に負担させることが不合理でないとして，これを基本的に賃貸人の負担とする平17年判決と異なる出発点に立っている。第1部5篇3章2参照。

　また，小法廷によっていちじるしい違いがあることは問題である。上告受理事件は，裁量によるというものの，判例の統一は，最高裁の重要な機能の1つである。いちおう形式的には，事案が違うということになるのであろう。しかし，実質的にほぼ同じ事件でありながら，明確な基準が示されず，結論が反対になるのは，予見可能性を害するものである。

(32)　旧法のもとでは，利息制限法違反の効果は，裁判上無効であるから，いったん弁済してしまうとその返還や充当は困難であるが，一部弁済の場合には，違法な利息への充当の合意が無効になる限度では，有効な利息や元本への充当も可能であった。かなり多くの裁判例は，この構成をとっている。【理論】146頁。

(33)　最判昭55・1・24民集34巻1号61頁参照。ただし，交互計算の終了後の残額債権の時効は，商行為であれば，5年となる。交互計算の対象となっている個々の債権は，支払猶予の状態におかれ，時効消滅や履行遅滞の問題を生じない。この点，充当理論では，履行遅滞の問題について，過払金発生時から不当利得として利息が付くことから，差異がある（終了時説によれば，これも個別には生じないことになろう）。

(34)　藤山文夫「営業譲受人の責任」消費者法ニュース別冊がある。時的配分説については，野澤正充「営業譲渡・契約譲渡と過払金返還債務の引受」消費者法ニュース59号111頁，同・契約譲渡の研究（2002年）355頁参照。

(35)　近時では，たとえば，法制審民法（債権関係）部会資料9−2第1の3。「動産及び債権の譲渡の対抗要件に関する民法の特例等に関する法律（以下「特例法」という。）により，法人による金銭債権の譲渡については登記により対抗要件を具備することが可能となったが，民法と特例法による対抗要件制度が並存しているため，債権が二重に譲渡されていないかを確認するために債務者への照会と登記の有無の確認が必要であることから，煩雑である等の問題点も指摘されている。

　このような問題点が指摘されていることを踏まえて，債権譲渡に係る対抗要件制度については，基本的にどのような方向性で見直しを進めることが考えられるか。この点については，例えば，以下のような考え方があり得るが，どのように考えるか。
［A案］登記制度を利用することができる範囲を拡張する（例えば，個人も利用可能とする。）とともに，その範囲における債権譲渡の第三者対抗要件は，登記に一元化するという考え方」。

　もっとも，ただちに一元案が有力というわけではなく，以下のような案もある。
「［B案］債務者をインフォメーション・センターとはしない新たな対抗要件制度（例えば，現行民法上の確定日付のある通知又は承諾に代えて，確定日付のある譲渡契約書を債権譲渡の第三者対抗要件とする制度）を設けるという考え方」や「［C案］現行法の二元的な対抗要件」もある。

(36) 「コメントの概要及びコメントに対する金融庁の考え方」(PDF) 金融庁　2006 年 12 月 28 日（www.fsa.go.jp/news/18/kinyu/20061228-1/01.pdf）「弁護士法及びサービサー法の所管当局の一般的な解釈によれば，貸し手と借り手の間で債権の存在や債権の金額，残元本の金額について認識が一致していないものや債務者において支払いを遅延し回収困難にあるものなど，通常の状態では回収できない，いわゆる不良化した「事件性」のある債権について，他人から委託又は譲渡を受けて，管理又は回収を業として行う場合には，弁護士法やサービサー法に抵触するおそれがあるとされています」。
茆原洋子「大島健伸の不当訴訟と破産管財人債権譲渡問題」消費者法ニュース 87 号 91 頁。

(37) この点は，前注（33）でみた交互計算のさいに，対象債権が個別に処分できないのと同じである。債権者（貸主）の破産によって債権額が確定したとしても，その確定額が限度となる（たとえば，A 債権に過払金が発生しても，それが B 債権に充当される場合に，A B を別に考慮して，B 債権から高利の利息や損害金をとり，A の過払金に法定利率程度の利息を付したとしても，充当の場合とはアンバランスとなる）。そこで，確定後には，個別の債権の分割譲渡も可能となろうが，その場合には，この確定額を基準に分割する必要がある。取引の分断や充当理論からの潜脱の理由とすることを許すべきではない。

(38) 古くからの通説であろう。たとえば，我妻栄・民法講義 I（1965 年）485 頁，なお，同 IV（1964 年）104 頁参照。

(39) つまり，利息の義務は生じているが，期限まで時効は進行しない。請求できないからである。遅滞になれば，遅延利息の発生も可能である。逆転しているようにみえるのは，期限の定めのない債権の発想でいくからにすぎない。その意味では，期限と同じく，法律上の障害がある場合というべきことになろう。最高裁は，大判昭 2・12・26 新聞 1806 号 15 頁を引用した（ジュリ 1398 号（重要判例解説平 21 年）99 頁参照）。

(40) 前掲大判昭 8・2・23 法律新聞 3531 号 8 頁の遺族扶助料の超過払いのさいの返還請求事件参照。

(41) 規範的解釈では，二重効が著名であり，無効により存在しない行為は重ねて取消すことができないとの自然的解釈を修正する概念として登場した。このような民法体系における概念の自然的（natürlich）把握と規範的（normative）把握は，種々みられる。たとえば，不能を例にとると，これを物理的な「滅失・毀損」とするのが 18 世紀的な把握であるが，これをより広義の「不能」とする事例などである。この克服は，19 世紀の課題であり，場合によっては，20 世紀以降にもちこされた。cf. Ono, The Law of Torts and the Japanese Civil Law（1），Hitotsubashi Journal of Law and Politics, vol. 26（1998），p. 51. ほかにも，「規範性」は，不当利得法では，「利得の消滅」（ド民 818 条 3 項，日民 703 条相当）を克服する概念として，また損害賠償法において差額説を修正する概念としてしばしば登場する。二重効では，民法典の起草者は，たんなる普通法の整理という範囲を超えて（法の単純化はすべての法典編纂の主要な動機である（Ono, Comparative Law and the Civil Code of Japan（2），Hitotsubashi Journal of Law

& Politics, vol. 25, 1997, p. 34 & note 19），リステイトメントなどを作成するのも同様の動機による。法を見通しのよいものとする必要があるからである），自然的見地から，契約解消方法（無効か取消か）にも1種の典型強制（numerus clausus）を行い，これが将来に問題を残すことになったのである。つまり，無効の効果は，公序良俗違反でも，錯誤（ドイツ法では取消）でも同一とすることから，後者に関する第三者や相手方による主張の「信義則」による制限の理論を必要とすることになったのである。これらが，もともと多元的なものであるとの普通法的観念からすれば，内容が異なることは，信義則により個別に導かれる結果ではなく，むしろ当然の前提となる。たとえば，第三者による無効の主張の制限である。

(42) そこで，不法行為の成立を考えることはむずかしいから，不当利得法の方を操作するとすれば，Yの善意・悪意を区別することになる。この区別をする場合でも，振込をうけたYは最終的には誤振込につき悪意になるから，「善意」の意味をかなり具体的なものに転換することが必要となろう（利得の軽減がなくても，利息までつくことは不要である）。これを回避するためには，類型論でも，ひろく善意の効果（703条）を用いるという奇妙な結果となる。

(43) 【理論】45頁注53（第1章一），拙稿・民商133巻4・5号840頁参照。なお，運用利益の返還に関する最判平38・12・24民集17巻12号1720頁参照。ただし，中間利息の控除については，将来のものは法定利率で算定しても，過去のものは過去の額で算定して法定利率を加えるのではなく，じっさいには現在額で算定しているのではないかとの疑問がある。

(44) 変動金利については，拙稿「ドイツ債務法現代化における法定利率と基礎利率」国際商事34巻4号474頁参照，【自由と拘束】385頁所収。

(45) これでも貸付利率とのアンバランスは残る。加藤雅信「財産法の体系と不当利得法の構造」（1986年）423頁は，時効と利率の問題を共通とし，商事時効説による。竹内俊雄・判批・金判1266号14頁は，商行為たる金銭消費貸借から派生的に生じたことから，商法514条を類推適用するとする。

　金銭債務の不履行には，つねにその利息相当の損害が発生するのである。そこで，2009年に批准された国際物品売買契約に関する国際連合条約（CISG）は，上述のように，78条において，当事者の一方が代金その他の金銭を期限を過ぎて支払わない場合には，相手方は，その金銭の利息を請求することができるとしたのである。なお，74条は，損害賠償の範囲に関する規定である。

　不当利得返還請求権に付すべき利息の利率については，東京地判平17・3・25 LexDB 25437331が注目される。貸金業者であるYから金員を借り受けたXが，Yに対し，利息制限法所定の制限を超過して利息を支払ったとして，過払利息の返還と，これに対する商事法定利率年6分の割合による利息の支払を請求した事案である。

　二審は，不当利息に対する利息は，原則として，民法所定の5分によるべきであるが，利得者が，商人であり，利得物を営業のために利用し収益を上げていると認められる場合には，利得者には商事法定利率年6分の割合による運用利益が生じたものと

229

第 2 部　利息と信用，倫理

考えることが相当であるから，例外的に，商事法定利率年 6 分によると解すべきであるとして，原判決中 X 敗訴部分を取り消した。

「不当利得返還請求権は，利得者が損失者に対し法律上の原因なくして保有している利得を返還することを内容とする民法上の請求権であるから，不当利得に対する利息は，原則として，民法所定の年 5 分によるべきである。しかし，利得者が，商人であり，利得物を営業のために利用し収益を上げていると認められる場合には，利得者には商事法定利率年 6 分の割合による運用利益が生じたものと考えることが相当であるから，このような場合には，不当利得に対する利息は，例外的に，商事法定利率年 6 分によると解すべきである。

本件において，Y が，商人（貸金業者）として，控訴人からの受領金を営業のために利用し収益を上げることは十分推認できるところであり，X の被控訴人に対する不当利得に対する利息請求権の利率は商事法定利率年 6 分であると解すべきである」。

結論は正当であるが，原則として 5 分，例外として 6 分という理由がやや不明確である。超過利息の償還義務については，利息制限法の規範的適用を肯定するべきである。

(46)　拙稿「キール学派と民法」一橋法学 9 巻 2 号 342 頁注 65 参照。Vgl. BGHZ 21, 319. ほか，いくつかの判例がある。ただし，事実的契約関係論は，ナチス的な関係論の帰結であり，意思理論の否定から出発している。これに対し，類型論や契約の締結強制の理論は，有効な契約の補充という性質をもち，意思理論から出発している。それでも，契約関係としての清算という側面では同じ性格をもち，おおむね同じ結論が目ざされている。Vgl. Hans Leser（1928. 11. 25-），Von der Saldotheorie zum faktischen Synallagma, 1956. 拙稿「危険負担と返還関係」給付障害と危険の法理（1996 年）317 頁，342 頁以下所収。契約における清算関係の基本は，給付の喪失可能性ではなく，給付の牽連関係である（片務契約では全額返還）。

ただし，概括的な不当利得の 2 分論そのものは，法文にもとづき（§812 BGB），古くから行われていた（vgl. Larenz, Vertrag und Unrecht, 2. Teil, Die Haftung für Schaden und Bereicherung, 1936, §44, S. 107 ff.）。

(47)　松坂佐一・事務管理・不当利得（1973 年）215 頁，238 頁，四宮和夫・事務管理・不当利得・不法行為（上・1981 年）128 頁，鈴木禄弥・債権法講義（2001 年）735 頁，743 頁。谷口知平・不当利得の研究（1949 年）276 頁も同様に，果実の返還を肯定する。また，好美清光「不当利得法の新しい動向について」判タ 387 号 22 頁以下，33 頁，加藤・前掲書（前注（45））438 頁以下，藤原正則・不当利得法（2002 年）139 頁など。

(48)　我妻・債権各論Ⅴ 4（1972 年）1072 頁，なお，我妻・事務管理・不当利得・不法行為（1937 年・新法学全集 10 巻）38 頁，89 頁。「わが民法の解釈としては，利得者は，所有権を取得しない普通の場合には，第 189 条によって果実を取得する権利を有し，損失者は不当利得を理由としても果実の返還を請求することができないとなすべきである」。

ドイツ民法は，不当利得の規定では，利得者に不当な利得を認めず，所有権の関係

第 1 篇　利息制限法と民法理論

では，所有権があると信じた占有者を保護する。これは，所有権を取得した者の責任が，占有しか取得しない者よりも重いのは，不当とするからである。しかし，日本で，所有権がない理由は，契約の清算では，物権行為の有因性にもとづき法律上の原因を欠くからであり（日本法ではこれが普通で，ドイツ民法では物権行為の独自性があるから，所有権は移転するのが普通である。後者にあわせるのが，類推説である），必ずしも消極的にだけとらえるべきではない（所有権を取得したといっても相当の理由があるわけではないから，所有権がないことの原則に戻るべきである）。189条を拡大すると，その例外性が希薄になり問題である。

(49)　末川博「不当利得返還義務の性質およびその範囲」法律論文集 III（1970 年）497 頁，509 頁，続民法論集（1962 年）324 頁にも所収。「受益者が独立の法律行為によって得たものはこれを返還することを要しない」。返還することを要するのは，直接当初に取得したものにもとづく利益（lucrum ex re）であり，受益者の独立の法律行為にもとづく利益（lucrum ex negotiatione）を包含しないからである。

(50)　鈴木・前掲書 735 頁など，前注（47）参照。加藤・前掲書（前注（45））77 頁は，昭 38 年判決や同旨の下級審判決に関連して，「利息返還義務は，常に帰責が前提となるような重い責任加重であると考えると，銀行などのように直截に金銭運用を営業としている者が被請求者の場合には必ずしも一般の意識にそぐわない」とする。潮見佳男・債権各論 I（2009 年）は，給付利得では，「善意受益者のための一方的信頼保護の視点に出た利得消滅の抗弁につらなる善意・悪意での区別」ではなく，給付と反対給付を契約当事者間で回復する視点が必要とし，189 条・190 条の適用にも消極的である。

　　古い見解では，鳩山秀夫・日本債権法各論（下・1924 年）842 頁は，果実も利息も返還することを要するとするが，受益の果実を返還した上に，さらに法定利息をも返還することを要するかを問題とし，「重複スル範囲ニ於テハ返還ヲ為スコトヲ要セザルモノ」とし，比較して，「大ナルモノヲ返還スベキモノト」する。実例は不明であるが，たとえば，土地を返還する場合に，果実か，果実が生じないときには土地価格に相当の利息を付して返還する（金銭の時には法定利息，「金銭ニ非ザルトキハ之ヲ金銭ニ換価シ之ニ対スル法定利息ヲ附スルコトヲ要ス」）ということであろう。

(51)　松坂・前掲書 215 頁（前注（47）参照）。文言上，この 38 年判決もこれに属する。

(52)　谷口・前掲書 279 頁（前注（47）参照）。「損失者側に於て其財産より取得したであらうだけの収益を返還」。

(53)　拙稿・判評 585 頁（最判平 19・2・13 民集 61 巻 1 号 182 頁）ほか，【理論】474 頁，482 頁所収。すでに第 2 章 6（1）で指摘したように，他の者に貸し出された場合には，相殺の遡及効は，まったく無力である。

　　下級審では，東京高判平 22・2・4 消費者法ニュース 85 号 51 頁は，貸金業法 17 条，18 条の書面の交付の有無は，法令の解釈問題であり，貸金業者が現在からみれば誤った解釈によって行動していた場合に，それをやむをえないとするには，少なくとも貸金業者の主張に一致する解釈が通説とされていて，これと異なる解釈が期待でき

231

(54) 最判平18・1・24判時1926号28頁，40頁の上田意見は，期限の利益喪失特約による支払でも任意性は否定されないとしたが，これこそが少数とみるべきである。
(55) 【理論】538頁。給付利得については，前注（47）参照。
(56) 平田健治・重要判例解説平21年97頁が，判例の判断枠組みは，貸金業者の行為をその当時の判例・学説の動向に照らし合わせるものであり，その行為を最高裁判例との合致の有無で判断することは「率直に理解される」とする。ただし，それでも，現在からみて，「適用されないことを前提にして当時の議論状況に照らしての特段の事情の有無を判断し」ており，「平成18年判決の効果を遡及して考えることにつながらないか」を疑問としている。文脈上，一律に悪意を否定する趣旨であろうか。逆に，岡林・前掲判批（法時82巻5号）133頁は，貸金業者の悪意の推定ではなく，悪意を問題とするべきであり，最高裁判決は，「誤っており，変更されるべき」とする。清水元・私法判例リマークス42号30頁は，利息制限法1条旧2項が適用され，不当利得返還請求ができなくても，利息制限法超過の利息の契約は無効であり，債務者が返還請求できなくても，貸金業者が不当利得返還債務をおわないわけではないとし，その債務は「自然債務」となるとする。また，悪意を認定されても，「予想しえない」利息の支払義務をおうわけでもないとする。

　しかし，自然債務について悪意であることは，当然に「債務」について悪意とはいえまい。むしろ，自然債務の場合には，返還義務は生じないから，利息の問題にとどまらず，返還義務そのものが生じない積極的理由となり（前述第2章1(4)参照）別の問題が生じる。たんなる悪意の利息を肯定するために，実体法的な超過利息の保持力を肯定するのは本末転倒と思われる。そうした効果を認めない場合でも，削除された利息制限法1条旧2項や貸金業法43条を実体法上理由づける必要はないし，じっさいにも，非債弁済の成立は認めるべきではないであろう。

(57) 貸金業者がもともと返還義務を予想しえたことを「悪意」に含めるかが論点となるが，最高裁によれば，これは，最高裁判例の存在からだけ評価されることになる。そうすると，最高裁の事実上の判例「変更」（最判平18・1・13ほか）やその責任も登場せざるをえない。これを克服するには，最高裁の平2年判決にまで遡って，（ここで広く肯定しながら，平18年の段階で変更したとの）裁判所の責任を否定することが必要となる。しかし，こうした最判平21・7・10の最高裁の，平18年以降の判例が修正であり特異なものだという論理は，転倒していると思われる（むしろ，平2年判決が特異であり，例外である）。理論的には，軽減を認めず，類型論をとることがもっとも簡明である。

　前述のように，最高裁は，平2年判決と平18年判決に矛盾がないとの無謬説をとっているから（第2章5(1)），704条の適用についてだけ，平18年判決の特異性を述べることは一貫しない。私見では，平2年判決のみが，判例理論からの逸脱であり，平18年判決は伝統的理論への回帰となる。

第4章　不法行為との関係

1　超過利息約定の無効と損益相殺の可否

(1)　わが利息制限法違反の効果は，基本的には一部無効であり，同法1条違反の効果は，たんに「その超過部分について，無効」にとどまる。そこで，利息と損害金の割合を月1割とする約定の営業資金の消費貸借であっても，特別の事情のない限り公序良俗に反するものではないとされる（最判昭29・11・5民集8巻11号2014頁）。

最判昭32・9・5民集11巻9号1479頁においても，消費貸借契約にもとづき，月1割の高利で（元金5万円），5カ月間の利息として，2万5000円が支払われた事例について，「本件消費貸借における月1割の利息が利息制限法に反し，また高率の利息であることは所論のとおりである。しかし乍ら，本件消費貸借の貸主であつたAが借主であるXの窮迫，軽率もしくは無経験を利用し，著しく過当な利益の獲得を目的としたことを原判文上認め得られない，本件においては，利息が月1割という一事だけでは公序良俗に違反したものと断ずるを得ない（大審院昭和8年（オ）第2442号，同9年5月1日判決及び昭和28年（オ）第691号，同29年11月5日当裁判所第二小法廷判決参照）」とした（なお，同旨として，最判昭28・12・18民集7巻12号1470頁）。

すなわち，暴利行為が公序良俗に違反して無効となるには，いちじるしく過大な利益の獲得という客観的要件だけではなく，相手方の窮迫・無経験に乗じる主観的要件が必要であるとされるのである。

その先例は，大審院判例にある（大判昭9・5・1民集13巻875頁）。

この昭9年判決の事案によれば，貸金業者Xは，昭7年1月27日，Yに500円を弁済期同年3月25日の約定で貸し，担保として，Yから，保険金額2000円の保険金受領権上に質権の設定をうけ，証券の交付もうけた。同時に，Yが債務の履行をしないときには，Xが保険契約を解約し解約返戻金を受領し，Yの債務に過不足を生じても清算しない特約を結んだ。Yは，「農ヲ業トシ其ノ性質単純朴訥ニシテ金融ニ関スル智識経験乏シキ為」このような契約を締結し

たのである。Yは、大9年11月から昭6年11月まで保険料1281円を支払い、昭7年3月に解約すれば、その解約返戻金は980円にのぼるものであった。Xはこれを「了知」のうえ、貸付金500円から、手数料として50円、約定期間が2か月に満たないにもかかわらず、3か月分の利息として30円、印紙代として7円を天引きしたので、Yが現実に受領した金額は412円余にすぎなかった（この2か月の利息だけで実質的に2割以上となる）。Xが保険契約を解約中に、Yが保険会社より証券の再交付をうけこれを担保として金を借りたことから、Xは、解約返戻金の980円からYが支払った500円を控除した残額480円の損害をうけたとして、賠償請求した。Yは、特約が公序良俗に違反することを主張。1審、2審ともXの請求を棄却。Xの上告に対して、上告棄却。

「他人ノ窮迫軽率若ハ無経験ヲ利用シ著シク過当ナル利益ノ獲得ヲ目的トスル法律行為ハ善良ノ風俗ニ反スル事項ヲ目的トスルモノニシテ無効ナリト謂ハサルヘカラス。然ラハ本件担保ノ目的タル保険契約ニ基ク解約返戻金カ金980円余ヲ算スルコトヲ業務上智悉セルXハ、農ヲ業トスルYノ此ノ点ニ関スル無知ト窮迫ニ乗シ、貸金ノ倍額ニモ等シキ返戻金アルコトヲ秘シ、特ニ短期間ノ弁済期ヲ定メ前記ノ如ク貸金シ、Yニ於テ其返還ヲササルトキハ右返戻金カ貸金ニ比シ過不足ヲ生スルモ、YハXニ対シ不足金ヲ支払ハサルト共ニ剰余金ノ支払ヲ請求セサル旨ノ特約ヲ為サシメタルモノナルコト明ナルヲ以テ、斯ノ如キ特約ハ、民法第90条ニ依リ無効ナルモノト断スルヲ相当トス」。

最高裁でも、最判昭27・11・20民集6巻10号1015頁は、貸主が借主の窮迫に乗じて短期間の弁済期を定め、5000円の借金を期限に弁済しないときは時価3万円に近い不動産を代物弁済とすることを約束させたことが、公序良俗に反して無効とされた。このように、高利を公序良俗違反に結合する要素として、「窮迫」に乗じることあるいはこれに代わる主観的事情がつねに前提とされている。

同判決でも、前述の大判昭9・5・1によって原判決を肯定する部分のほか、「所論は、原判決が本件代物弁済の予約を公序良俗に反し無効だとするには、原判決の認めている事実の外にさらに特別事情が必要であると主張するのである。しかし、さらに特別事情が存することは多々益々〔云々〕するわけではあるが、原審の認めた諸事実を総合して本件代物弁済の予約を公序良俗に反し無

効であると断定し得ないものではない」。

担保や代物弁済のような事情が加われば、そうした約束に着目して、おおむね窮迫に乗じたものとして無効とする処理が行われてきたが（この旨の裁判例は多い(1)）、純粋の金銭の消費貸借契約では、さしたる積極的理由もなしに、一部無効の処理が行われてきたのである。消費貸借契約にも、窮迫に乗じる要素があることは、無視されるべきではない。

(2) こうした一部無効の構成は、その後もほとんど当然のものとして、ほぼ一貫して継続してきた。しかし、制限超過利息が違法であるとしても、その効果が一部無効だけにとどまるとすれば、制限の効果は限定的である。そして、利息制限法1条旧2項において、任意に弁済した超過利息の返還が請求できないとされていたことも加わり、高利の定めをしておき、弁済されれば取り得となり、弁済されなくても、制限利率までの徴収が確保される手段とされた。いわば同1条旧2項とあいまって、実質的に、高利を推奨する機能を果たしたのである。

これに対し、おおむね2000年以降、いわゆるヤミ金など、違法な高金利が横行したことから、2003年（平15年）の貸金業法の改正においては、旧42条の2（現42条）が追加された。

「貸金業を営む者が業として行う金銭を目的とする消費貸借の契約において、年109.5パーセントを超える割合による利息の契約をしたときは、当該消費貸借の契約は、無効とする」。

ただし、その無効の内容は、具体的には明示されずに、解釈に委ねられた(2)。この場合に、解釈の可能性には、段階的に次のものがありえよう。①超過利息のみの無効、②約定利息全部の無効、③法定利息の徴収も無効、④元本の交付も無効などである。このうち、①では、利息制限法の一部無効の規定と変わらないので、同条の意味はなくなる。②は、これを一歩進めているが、その場合でも、③のように、法定利息の徴収までは可能とすると、高利を定めても、最低限、民事法定利率までは可能ということになる。無効の要件が、109.5％と厳しい場合にまで（これは、営業的でない場合の出資法の最高利率でもある）、そうした大きな利益を認める必要はない。そこで、④の元本の交付も

不法原因給付となって，返還の請求ができない趣旨とするのが相当である。解釈のよちが残されたものの，同条によって，こうした高利では，利息契約の一部無効が否定される途が開かれた。

しかし，高利対策の決め手として，元本の返還請求権を明文で否定することは見送られた。元本の返還請求をも認めるよちがないと，借主のモラルハザード（返すつもりなしに借りる）をもたらす可能性があるという理由である。条文では，たんに年利109.5%を超える貸付については，契約を無効とするにとどまる。あとは解釈の問題となり，元本の給付が不法原因給付となれば（民708条），その返還請求も制限されるが，そうでなければ，元本の返還請求は可能となり，実質的に金利部分の無効となるにとどまる。しかし，元本の返還請求を認めないことが高金利への抑制となることから，かりに返還請求を認める場合でも，法定利率までの利息を認めるような解釈は否定する必要がある。年利109.5%を超過するような暴利は犯罪行為であり，バブル経済崩壊後の低金利との比較では，法定利率でさえもかなり高率であり，元本にさえ返還の疑問がある場合に，利息の利益の保持を認めるべきではないからである。

なお，いうまでもなく，利息制限法の制限利率に違反する金利の約定も，一般の出資法の制限金利である20%（2010年改正法前では29.2%）に違反する約定も，無効である点は同じである。109.5%を超過することのみが，公序良俗や不法原因給付の基準になるわけではないから，貸付の態様，違法性の高さによっては，109.5%以下の場合にも，元金の返還請求権が制限されるとの解釈はありうる[3]。出資法の利率が低減化した現在では，これに違反する場合は，そのように解する必要がある。また，元本だけではなく，一部無効に固執することへの否定の趣旨であるから，利息の契約についても，より柔軟に全部無効を考慮する時期に来ているというべきである。出資法の制限利率を超える場合には，一切の利息の契約を否定する必要があろう。

また，いわゆる押し貸しや数百%にも及ぶやみ金融（ヤミ金）は犯罪であり，元金も犯罪の道具たるにすぎないから，不法原因給付として返還請求をいっさい認めるべきではない。また，犯罪性に着目して不法行為による損害賠償請求をする場合でも，その実質は，不当利得の返還請求であるから，損益相殺といった形で，元金の返還を実現させるべきではない。これにつき，かねて最決

平18・3・7判例集未登載は，年1200％の高金利で行われたヤミ金に関する事案に対し，「貸金に名を借りた違法行為の手段にすぎず，民法上の保護に値する財産的価値の移転があったと評価することは相当でない」として，借主が業者に返済した元本相当金額についても，不法行為にもとづく損害であると認め，実質的に，借主から業者に対する返還請求を認めた札幌高裁判決（札幌高判平17・2・23判時1916号39頁）に対する上告を棄却して同判決を確定させた。

この理は，のちに最判昭20・6・10民集62巻6号1488頁において追認されたが，それまで，下級審では，見解の対立がみられた。元本が不法原因給付となるかは，借主の過払金返還請求の延長として，また借主の弁済金を不法行為によって損害賠償請求するさいにも，貸主から交付された元本を損益相殺するかとして問題となったのである。

(3)　違法な超高金利が暴利行為として無効になる場合については，かねての下級審の裁判例が参考となる。ヤミ金などの超高利の貸付において，元本の交付が不法原因給付になることについては，あまり争いがないが，不法行為の構成をとり，元本が返還されている場合については，損益相殺の問題が生じる。不法行為の構成は，慰謝料の請求が可能になることと，20年の時効が不当利得の10年よりも有利なことから，近時利用されることが多い（これにつき，後述2参照）。

比較的早くに，札幌簡判平12・9・13消費者法ニュース47号49頁は，1541％の高利の，ヤミ金業者による貸付を無効とし（「借主の「窮迫ないし無思慮に付け入って暴利を貪ることを目的とするものであることが明らかな本件金銭消費貸借契約自体，公序良俗に反して無効」とし，貸付金を不法原因給付として，借主には，元本部分の返還義務を否定），また，その行為が不法行為にあたるとして，弁護士費用5万円の請求を認めたものである。

また，東京地判平14・9・30判時1815号111頁は，貸金業者Yが，Xに8万円を貸し付け，半年間に，20万円を超える利息をとったことが（年利750％），公序良俗に違反し無効であるとして，Yに対する既払利息から，Yから交付をうけた金額を控除した残金19万2000円の不当利得の返還と，Yがこうした契約をし利息を受領したことが，出資法に違反し，不法行為に該当するとして，慰謝料10万円の支払を求めた事案である。判決は，不当利得の返還請

求と不法行為の成立を認めた。

「本件約定利率は，出資法5条4項の規定に従い，元本額を天引き後の交付額として計算すると，年750％にも上り，平成11年法律第155号（平成12年6月1日施行）による改正前の同法5条2項に規定する利率（年40.004％）の18倍を超えることとなる。そうだとすると，本件利息契約は，暴利行為として公序良俗に反するといえ，しかも，その暴利性の程度は極めて大きいといわざるを得ないから，本件利息契約は，利息制限法所定の制限利率の範囲内にとどまる部分も含め，全体として無効であると解するのが相当である」。

そして，Xは，Yの行為によって「半年以上にわたって支払ういわれのない極めて高利の利息の支払を余儀なくされたものであ」るとして，精神的苦痛を被ったものと認められるとし，精神的苦痛に対する慰謝料10万円の請求をも肯定した。

さらに，福岡高判平17・1・27判タ1177号188頁も，実質年利が133.3％を超える貸付について，違法性が高い犯罪行為であること，借主の「窮迫，無思慮に乗じて犯罪行為に該当する本件各契約を成立させた」ことから，契約を公序良俗に反するものとして無効とした。

大阪地判平16・3・5金判1190号48頁は，金融業者が，債務者の年金証書，年金の振込先の預金通帳，印鑑を預かり，年金の振込口座から利息制限法の制限を超える高利（最高で43.8％）の弁済をうけたことを，不法行為とした。本件は，利率は，ヤミ金ほどではないが，年金証書を取り上げ，振込口座から自動的に弁済をうける仕組みの違法性に着目したものである。ただし，同判決は，消費貸借契約自体が公序良俗違反とまではいえないとして，弁済金から，貸主の交付した金額を差し引いた差額のみが損害になるとし（182万円），しかし，約1割の慰謝料18万円と弁護士費用20万円の損害賠償を肯定した。差額説によって貸主の交付額の差し引きを認める場合には，このように，慰謝料の請求をも認めることが多く，差額説を採用することのいわば代償になっている場合もある。ただし，同判決は，3年以前の過払金返還請求権の消滅時効を肯定し，その点においても，満足すべきものではない（最判平21・1・22民集63巻1号247頁ほか，前述第1章1(2)参照）。

東京地判平17・3・25判時1914号102頁では，個人で貸金業を営むXが，

Yらに対し，貸金の返還を請求した事案である。その場合の実質年利800%や500%を超える約定金利は，出資法5条1項の定める109.5%という利率の数倍に及ぶ超高金利であるから，強い社会的非難に値するものであって，利息の合意およびこれと一体をなす消費貸借契約それ自体が暴利行為であり公序良俗に反し無効であるとして，Xの請求を棄却した。

「XのYらに対する各貸付の約定金利は，Y会社Aにつき，年利600%を超え，また，Y会社Bにつき，400%を超えるが，いずれも貸付時において天引きがされているから，天引き後の交付額を元本額とする実質年利率は，Y会社Aにつき800%，Y会社Bにつき500%を超える計算となる。この年利率は，出資法5条2項に定める上記29.2%を大幅に超え，更に同条1項に定める上記109.5%をもはるかに超えるものであり，これらの合意がいずれも，それ自体犯罪行為を構成するものである。そして，Yらに対する各貸付が行われたのは，平成15年改正法が施行される前とはいえ，Y会社Aについては，同改正法が成立しその一部が施行される直前の時期に相当し，Y会社Bについても，同改正法が成立する1か月ほど前の時期に該当し，国会その他で同改正法の在り方を巡って議論が重ねられている状況にあったものといえるから，違法性の高い犯罪行為であるとの評価は，同改正法の成立ないし施行前後を通じ変わるものではない。また，前記のとおり，本件では，出資法5条1項に定める109.5%という利率の数倍に及ぶ超高金利であるから，強い社会的非難に値するものであって，利息の合意及びこれと一体をなす消費貸借契約それ自体が暴利行為として公序良俗に反するものというべきである（なお，これに加えて，上記認定のとおり，Y会社Aについては，短期的には資金的に相当の逼迫した状況にあり，また，Y会社Bについても急な資金繰りの必要があったものと認められ，Xがこのような事情に乗じて違法な高金利によって利益を得ようとしたものと推認され，このような事情も公序良俗に反すると判断される付加的な事情となる）」。

なお，判時1914号103頁のコメントによれば，本件の控訴審（東京高判平17・8・30）は，Xの控訴を棄却し，控訴審で追加されたXからYに対する交付額の一部の不当利得返還請求についても，その交付が不法原因給付にあたるとして請求を棄却した。

さらに，東京地判平17・9・27判時1932号99頁においても，無効を認めた。

239

すなわち，YがXらを連帯債務者として1500万円を貸し付け，返還債務の支払いを担保するためXの1人が所有する本件建物をYに譲渡した旨の登記がされていた。Xは，消費貸借を暴利行為として無効であると主張し，登記の抹消および返還債務が存在しないことの確認を求めた事案である。判決は，本件消費貸借の利率は現実の受領額にもとづいて算出すると出資法によって処罰される109.5%の高金利を超過するものであること，YがXらに交付した契約書には現実の利率とは異なる低い利率が記載されているのみならず，Yは高金利による天引きの事実を隠蔽しようとしていることなどから，本件消費貸借は，Xらの無知に乗じて違法に暴利をえようとするものであり，公序良俗に反するものとして無効であるとして，請求を認容した。

「現実の受領額に基づいて算出した140.4〔%〕という利率が，出資の受入れ，預り金及び金利等の取締りに関する法律により処罰される年109.5%の高金利を超過するものであることは明らかであるが，名目貸付額に基づいて算出した88.9%という利率も，利息制限法所定の制限利率である15%の6倍近い高金利となっている。

また，本件消費貸借に関して作成された契約書に記載された利率は現実の利率とは全く異なる年15%というものであり，しかもYは，利息を天引きした事実を否認して，天引きにより高金利を取得した事実を隠蔽しようとしているものと認められる。

さらに，同年7月末ないし9月末に，Xが元本の返済ができないとして返済の猶予を求めた際に，Yの代理人であるAが要求した1か月間の金利は150万円であり，名目借入額に基づいて算定しても月利10%（年利120%），実質受領額に基づいて算出すると月利15.8%（年利189.5%）という高金利となっている。しかも，Yの代理人であるAは，同年8月末及び9月末にXから受領した150万円については領収証を発行せず，受領の事実も否認して，前記同様に，違法な高金利を取得した事実を隠蔽しようとしているものと認められる。

以上の事実，すなわち，本件消費貸借の利率は，現実の受領額に基づいてこれを算出すると，出資の受入れ，預り金及び金利等の取締りに関する法律により処罰される年109.5%の高金利を超過するものであり，名目貸付額に基づいて算出してもそれに近い高金利であること，Yが貸付時に借り主であるXらに

交付した契約書には現実の利率とは異なる低い利率が記載されているのみならず，Ｙは高金利による天引きの事実を否認してその事実を隠蔽しようとしていること，当初の返済期日を過ぎた後に要求した金利の利率は，現実の受領額はもとより名目額に基づいて算出しても前記規制金利を超過するものであり，しかも，Ｙはその受領の際に領収証を発行せず，受領の事実も否認して違法な高金利を取得した事実を隠蔽しようとしていること，Ｙの使者ないし補助者として暴力団関係者が関与していることを総合すると，本件消費貸借は，Ｘらの無知に乗じて違法に暴利を得ようとするものであり，公序良俗に反するものとして無効というべきである」。

　高金利のほかに，高利の事実を隠蔽することがとくに問題とされている。出資法の制限を超えるような超・高金利の約束は，それ自体が犯罪であり，借主の窮迫や無思慮に乗じたものである。公序良俗の判断は，客観的要件と主観的要件の相関的なものであるが，超・高利の具備された場合に，厳密な主観的事由の必要性は乏しいといわなければならない。ちなみに，隠避や偽装のない場合はまれであり，これらの存在は，むしろ結果を肯定する場合にだけ指摘され，それ以外では看過されるのが通例である。出資法の制限利率が低減化した今日においては，109.5％を超えるような場合には当然公序良俗基準に反するものといえ（元本の返還義務も違反），それ以下の場合でも，少なくとも，20％の利率を50％も超過する場合には，同様と解される。さらに，それを下回る場合であっても，利息制限法の制限利率までの約定利率を肯定するのではなく，利息を偽装した場合や隠避する場合には，利息の契約を全部無効とすることが必要である[4]。

　(4)　こうして，制限超過の利息の約定をめぐって，その無効の効果については，かなりの争いがみられた。とりわけ，元本の不法原因給付性から，損益相殺に関する争いは，重大であった。これを決着させたのは，最判平20・6・10民集62巻6号1488頁，判時2011号3頁のヤミ金の事件である。ヤミ金業者Ｙから，Ｘらが，年利数百から数千％の利率で借入をし弁済したことから，弁済として交付した金員の損害賠償を請求した事件である。

　原審である高松高判平18・12・21は，Ｙの不法行為を認めたが，Ｘが貸付として交付をうけた金員相当額について損益相殺を認め，Ｘの財産的損害の額

から控除した（なお，前述の大阪地判平16・3・5金判1190号48頁（消費貸借契約は有効であるが，慰謝料18万円を肯定），東京地判平14・9・30判時1815号111頁（慰謝料10万円，不法行為による損害賠償請求は慰謝料だけで，不当利得返還請求は元金部分を除いていた））[5]。

　この場合にも，単純に，不法行為法上の差額説を適用するとすれば，Xの損害は，弁済した元利金から，Yから交付をうけた元金を差し引いたものとされるから，前者の大半が違法な利息であることや，Yの元金の交付がじっさいには犯罪行為にすぎないことは無視されてしまう。

　しかし，同最高裁判決前でも，ほかに札幌高裁平17・2・23判時1916号39頁（金銭消費貸借契約という法律構成をすること自体が相当ではないとする）や同平17・12・6消費者法ニュース68号155頁（交付金12万円，慰謝料20万円），東京高判平14・10・3判時1804号41頁など，相当多数の判決は，こうした損益相殺を認めず，差額説による判決との対立がみられたことから，最高裁の判断が待たれていたのである。

　札幌高判平16・7・15判時1916号39頁も，損益相殺を否定していた。否定説の論理を同判決によって検討することにしよう。事案は，Xが，貸金業法に定める登録貸金業者であるYから金員を借入れ，その返済をしてきたが，Yに対し，Yが年利1200％にも及ぶいちじるしく高率の利息を受領してきたとして，不法行為または不当利得にもとづき，Xが支払った金員全額について返還を求めたものである。判決は，Yは，Xとの間で金員の授受をしていたことが認められるが，それは，貸金業法や出資法を全く無視する態様の行為であり，まさに無法な貸付と回収であり，こうした出資法の罰則に明らかに該当する行為については，もはや金銭消費貸借契約という法律構成をすること自体が相当ではなく，Yが支出した金員についても，それは貸金に名を借りた違法行為の手段にすぎず，民法上の保護に値する財産的価値の移転があったと評価することは相当ではないとして，原判決を変更し，Xの請求を全部認容したものである。

　「Yは，原判決書別紙取引経過目録1記載のとおり，Xとの間で金員の授受をしていたことが認められるところ，それは，貸金業法や出資法を全く無視する態様の行為であり，まさに無法な貸付と回収であって，貸金業者として到底

許されない違法行為であるというべきである。

　法は，ある程度の高利による消費者金融を許容してはいるが，本件のように出資法の罰則に明らかに該当する行為については，もはや，金銭消費貸借契約という法律構成をすること自体が相当ではなく，Yが支出した貸金についても，それは貸金に名を借りた違法行為の手段にすぎず，民法上の保護に値する財産的価値の移転があったと評価することは相当ではない。

　したがって，本件において，XがYに支払った108万9000円はその全額がYの不法行為に基づく損害であるといい得るとともに，YからXに交付された金員については，実体法上保護に値しないのみならず，訴訟法上の観点から見ても，Yに利益になるように評価することが許されないものというべきである。このことは，たとえば，通常の取引における債権者の不注意に基づく過失相殺の主張が許されても，当該取引が債務者の詐欺や強迫による場合には，当の欺罔行為者又は強迫行為者である債務者からの過失相殺の主張を許さないものとすることと同様に，法の実現の場面における各行為や主張の評価として民法及び民事訴訟法の前提となっているものと解することができる（民法1条，91条，民事訴訟法2条）」[6]。

　貸金に関する規制が強化される反面，貸金業法の登録をうけた業者の中にも，本件のようにヤミ金行為をする者がある。同時に，こうした場合には，利率がいちじるしく高利であるだけでなく，貸金業法による法定の契約書面や受取証書の交付なども行われないことが多い。ここで，金銭消費貸借契約を有効とし，たんに一部無効の法理から利息制限法の適用を認めるだけでは不十分である。金銭消費貸借契約そのものを暴利，公序良俗の観点から否定する必要がある。契約が否定されれば，利息の契約もすべて無効となり，貸主が受領した利息も，不当利得として返還される。ただし，元金部分は，金銭消費貸借契約が無効になる場合に，当然に不法原因給付になるとはいえないから，個別の考慮が必要となる。もちろん，いわゆる押し貸しのように，暴力金融が一方的に振りこんで高利の支払を求める場合には，元金も犯罪の道具にすぎず，当然に不法原因給付となる。利率が比較的低い場合，借主の関与が高い場合，あるいは暴力団の関与がない場合などでは，問題がある[7]。

　広くヤミ金の場合には，これらの要件を満たすことが多く，Yが元金を不当

利得として返還請求することは，不法原因給付にあたりできないであろう（上述東京高判平14・10・3）。違法の態様が重大だからである。高度に違法性の高い暴利行為である金銭の消費貸借では，金銭の交付そのものが給付であり，借主は金銭の所有権を取得してこれを全面的に使用・収益できる。さらに，不法原因給付の理念からすれば，不法行為による損害賠償請求に対し，損益相殺を主張することもできないはずである。これに対し，一部無効のみを生じる程度の利率違反の場合には，少なくとも理念的には，給付は部分的な利用に限定されるにすぎない。その後の利用は，なお給付されていないとみることができる。一部無効を認める利息制限法の規定も，元本の返還を前提としている。不法原因給付の判断と対象は，違法性の程度に応じて段階的たるべきである[8]。

(5) 超高金利の場合に，Xがいったん元金を含めて，Yに返還した場合にはどうであろうか。Xが元金を返還ずみの場合にも，借主の損害は，借主の支払金額マイナス元金とするのが，差額説的な考え方であり，下級審ではかなり有力であった（当事者の請求の限定によるが，東京地判平14・9・30判時1815号111頁）。しかし，これでは，貸主Yは，元金を確保することができ，ヤミ金の取立の根拠ともなる（それに藉口して，違法な利息の取立が行われる）。

また，Xがいったん元金を返還しても，それを損害賠償として請求することは，元金がもともと犯罪の手段にすぎないものであれば，違法な貸付の再度の請求とはいえない。もともと錯誤により支払われた過払金返還請求の延長にすぎない。

不当利得に関する初期の判例は，不法原因給付に関する返還の特約を無効とした（大判明36・5・12民録9輯589頁）。その後の裁判例には，不法原因給付であっても，任意に返還する合意は有効とするものもあるが（最判昭28・1・22民集7巻1号56頁），ヤミ金のいちじるしい高利とともにする弁済には一切の任意性はなく，確定的に返還されたものとはいえない（給付がまだ決定的ではないとした最判昭40・12・17民集19巻9号2178頁参照）。また不法原因の比較においてもアンバランスが大きいことから（最判昭29・8・31民集8巻8号1557頁参照），いったん形式的に返還した元本についても，借主からの取戻請求を認める必要がある（上記昭28年判決も，「かかる給付者の返還請求に法律上の保護を与えないというだけであって，受領者をしてその給付を受けたものを法律上正当

第1篇　利息制限法と民法理論

の原因があったものとして保留せしめる趣旨ではない」から，当事者が不法原因給付を合意解除して給付の返還を特約することも，708条の禁じるところではないとしたにすぎない。まったく任意の返還を肯定しただけである）。賭博金の授受などとは異なり，借主には何ら責めに帰すべき事由は存在しない（大判大13・4・1新聞2272号19頁は，芸妓が，無効な芸妓契約の特約にもとづいて抱主に支払った指南料・違約金の返還請求を認めた）。

　この理は，借主が，不当利得返還請求権ではなく，不法行為の損害賠償請求をする場合にも貫かれる必要があるから，元本に対する損益相殺を認めるべきではない（不法行為法への不法原因給付的な考慮の適用）。実質は，借主からする不当利得の返還請求であり，完全に借主に対して返還させることが，こうした違法行為を否定することと一貫する。損益相殺は，違法行為の助長にすぎない(9)。

　上記の最判平20・6・10も，元利金として交付された金員は，当初に貸付金として受領された金員に対する返済とは評価せず，これとは別個の不法行為の被害者の損害とみて，損益相殺ないし損益相殺的な調整の対象とせず，Xの損害額から控除することを否定したのである。

　「反倫理的行為に該当する不法行為の被害者〔X〕が，これによって損害を被るとともに，当該反倫理的行為に係る給付を受けて利益を得た場合には，同利益については，加害者からの不当利得返還請求が許されないだけでなく，被害者からの不法行為に基づく損害賠償請求において損益相殺ないし損益相殺的な調整の対象として被害者の損害額から控除することも，上記のような民法708条の趣旨に反するものとして許されないものというべきである。なお，原判決の引用する前記大法廷判決は，不法行為の被害者の受けた利益が不法原因給付によって生じたものではない場合について判示したものであり，本件とは事案を異にする。

　これを本件についてみると，前記事実関係によれば，著しく高利の貸付けという形をとってXらから元利金等の名目で違法に金員を取得し，多大の利益を得るという反倫理的行為に該当する不法行為の手段として，本件各店舗からXらに対して貸付けとしての金員が交付されたというのであるから，上記の金員の交付によってXらが得た利益は，不法原因給付によって生じたものというべきであり，同利益を損益相殺ないし損益相殺的な調整の対象としてXら

245

の損害額から控除することは許されない」。

差額説そのものは，貸金業法42条の2において，109.2%を超える利息の契約について一切の利息が制限されたことによって，すでに放棄されているとみることができる。さもないと，高利の場合でも，つねに法定利率相当の賠償は必要という奇妙なことになる。この理は，悪質性の程度がより高い場合には，元本にも及ぶのである。不当利得の清算問題に関する損害賠償法の規範的適用である[10]。

(6)(a) 同様の理が，投資詐欺に関する最判平20・6・24判時2014号68頁においても示された。Yは，架空の投資話で，Xらから金を集め，配当金名で金を交付した。Xが騙取された金員を損害賠償請求し，Yが損益相殺を主張した。最高裁は，この場合にも，仮装配当金の交付は，Yが米国債を購入していると誤信させることにより，詐欺を実行し，その発覚を防ぐ手段にすぎないとして，損益相殺を否定し，騙取金から仮装配当金の額を控除することを否定した。

本件については，田原睦夫裁判官の反対意見があり，「米国債購入名下の金員騙取行為と配当名下での支払とは一体として一個の詐欺行為を構成する」とするが，仮装配当金をえた被害者とえていない被害者の不公平（とくに破産時）を理由とした[11]。

ねずみ講のように，Xが積極的行為によって自分も被害額の半分ぐらいまで利益をえる場合は，被害者にも悪性があることから，仮装配当金の交付につき不法原因給付となるかどうかは問題となる。しかし，断定的判断の提供による金融商品取引では，ただちに損益相殺が否定されるかは疑問である[12]。悪質性の程度いかんによって，損害と手段の一体性に差異が生じるのである。

(b) また，最判平22・6・17判時2082号56頁において，重大な瑕疵と損益相殺についても，類似の考察がみられた。事案は，購入した新築建物に構造耐力上の安全性にかかわる重大な瑕疵があり，倒壊の具体的なおそれがあるなど建物自体が社会経済的価値を有しない場合に，買主Xから工事施工者等Yらに対する建て替え費用相当額の損害賠償請求においてその居住利益を損害額から控除することはできないとしたものである。当然に居住利益相当の利益が生じたとすれば，損害賠償額からこれを控除することが可能である。

しかし，建物に，建て替えざるをえないほどの，構造耐力上の安全性にかか

わる重大な瑕疵がある場合に，買主であるＸらが居住した「利益」をえているといえるかである。原審は，Ｘらがやむなく居住している事情のもとでは，Ｘらに損益相殺すべき利益があるとすることができないとして，損害額からの控除を否定し，最高裁もこれを認めた。

　この場合は，倒壊の具体的なおそれがあるなど社会経済的な価値を有しない建物について，買主が居住していたことは「利益」とみることができないのは，当然と考えられている[13]。(5)や(6)(a)とは異なり，この場合は，居住という抽象的な「利益」が問題となったことから，これを利益といえないものとしたのである。(5)や(6)(a)は，Ｘ側には，元本なり，配当金なりの金銭価値が入ったことから，損益相殺や犯罪行為との一体性を問題とせざるをえなかったが，建物のケースでは，こうした居住の内容そのものを「利益」とすることが回避されたのである。かりに，ＸがＺに転貸し賃料をえていたような場合には，(5)や(6)(a)に近い判断が必要となったであろう。

　そこで，(6)(a)の場合の判断も，建物が社会経済的にまったく価値をもたない場合についてのものであり，たんに建替えが必要な場合すべてにあてはまるものではない。いちじるしい悪質性に着目した判断であるが，その限りでは，利息制限法の理論と消費者法，民法との間に，理論的な相違はないとみるべきであろう。

2　請求の不法行為性

(1)　利息制限法の制限超過の利息の請求は，それ自体で不法行為となるか。2010年の貸金業法などの改正法の全面施行まで，利息制限法1条1項は，利率の制限を行うが，旧2項は，1項の超過部分を任意に支払ったときは，その返還を請求することができないとしていた。当時の一般的な解釈によれば，旧2項は，積極的に，履行された給付の保持（有効性）を認めたものではなく，たんに違法な利息の返還義務を免除したにすぎず，つまり1項に違反した効力は，いかなる意味でも，利息制限法違反の契約の効力を積極的に認めたものではなかったのである。もっとも，これに対しては，給付の保持力を認める，いわゆる自然債務的な理解も存在した[14]。

　理由のない請求といっても，程度による差異がある。学説・判例が二分して，

最高裁までいかないと決しないような場合に，一方の主張が当然に不法行為を構成するということはありえないであろう。逆に，一般人であれば容易にその真偽を解しうるのに，いいがかりにすぎない不当な請求をする場合に，とくにそれが訴訟上あえて行われるような場合には，相手方に対する迷惑度もいちじるしく不法行為をも構成する可能性が高い[15]。

なお，こうした不法行為成立の必要性は，一面では，不当利得（過払金）返還請求の時効消滅を回避するためであり，他面では，弁護士費用や慰謝料の請求が可能になることにある。とくに，前者については，過払金返還請求権の存在を知るまで長期の時間が経過することが多く，単発の不当利得返還請求権については，弁済後10年の時効にかかる可能性が高い（大判昭12・9・17民集16巻1435頁，大判昭12・9・17民集16巻1435頁）。もっとも，この問題は，近時の継続的な消費者金融においては，いわゆる取引終了時説が採用されることによって，ほとんど解消した（前述の最判平21・1・22民集63巻1号247頁ほか）。

慰謝料請求には，一般的に強い違法性が必要であるとされ，また，弁護士費用についても，不法行為と相当な因果関係にある範囲で請求可能とされているが（最判昭44・2・27民集23巻2号441頁），709条でこれをクリアーすることは，必ずしも容易ではない。そこで，後述のように（3参照），704条後段にもとづく請求が同時に行われるのである。判例は，過払金返還請求では，弁済時からの受益者（貸金業者）の悪意の推定をしており（前述の最判平19・7・13民集61巻5号1980頁ほか），これの類推によれば，不法行為の要件の軽減もありうるからである。

(2) 請求の根拠が疑問となる多くの場合は，根拠の存否の明確な場合との中間に位置しており，訴えの提起が違法になるには，「提訴者の主張した権利又は法律関係が事実的，法律的根拠を欠くものである上，提訴者が，そのことを知りながら，又は通常人であれば容易にそのことを知り得たといえるのにあえて訴えを提起したなど，訴えの提起が裁判制度の趣旨目的に照らして著しく相当性を欠くと認められるときに限られる」（最判昭63・1・26民集42巻1号1頁，判時1281号91頁）。

不法行為の相関関係的な理解によれば，被侵害利益である相互の主張の相当性に優劣がつけがたいとすれば，不法行為の成立は，主張の態様に左右される

ことになろう。たとえば，一方的に自分の主張のみが正しいとして，いきなり訴訟にもちこんだり，一方的な解釈の上で強制執行やそれに準じた行為（手形，公正証書）の実行をする場合である。暴力行為や脅迫行為が不法行為を成立させることは当然であるが，不適切な取立（深夜，あるいは短期間に繰り返される）や嫌がらせなども同様である。取立規制については，貸金業法21条に具体的な規定があり（時間や方法などについて），その違反は，不法行為を成立させる可能性が高い。

　ただし，制限超過の利率の貸金債権の請求の場合には，貸主が請求の無効であることを知りながら，他方で，いったん払われれば，法の規定（利息制限法1条2項）により保持が可能であるとの特質があった。しかし，法が認めたのは，あくまでも任意に支払われた給付の返還の免除だけであり，いかなる意味でも，請求は無効であったことに着目しなければならない。そこで予定されているのは，違法な請求なしに任意に弁済された場合であり，義務のない債務の弁済を請求によって強制された場合は除外されるのである。つまり，問題となっているのは，たんに解釈の違いにもとづく請求の正当・不当のレベルではなく，法律上違法な請求である（とくに，有効な利息も元本も存在しないか，逆に過払金が発生しているような場合）。したがって，不当訴訟についての一般的要件をそのままあてはめるのでは緩すぎるというべきであろう。対比されるべき場合は，法律上いっさい義務のない債務の請求の事例であり，かりに任意の弁済では1条旧2項が適用される場合でも，義務のある債務の請求と同視することはできない。

　下級審の裁判例には（札幌高判平19・4・26判時1976号60頁，名古屋高判平20・2・27金法1854号51頁），貸金業者が長期間にわたり過払金を請求し受領することを不法行為とするものがある。とくに過払金が多額の場合である。

　しかし，みなし弁済の適用を前提に貸付が行われていたが，事後的に適用が否定され，多額の過払金が発生しただけでは，不法行為とはならないとしたのが，最判平21・9・4民集63巻7号1445頁，判時2058号59頁である。事例では，11年以上の貸付において過払金が貸付額の2倍程度では，不法行為は成立しないとした[16]。しかし，過払金が発生するような請求には，原則として不法行為が成立するとみる必要がある。もっとも，請求の態様が軽微な限り，

損害は過払金相当額と解され，不当利得返還請求とは選択的関係にある。すなわち，その機能は，基本的には，不当利得返還請求権の10年の時効が適用される場合の回避にあり，付随的に，弁護士費用の償還にある。また，超過利息の請求は違法であるが，まったく任意の弁済に対するたんなる受領のみでは，不法行為の成立を認めることはむずかしいであろう。

この平21年9月判決では，第1取引の開始が貸金業法の施行（昭58年11月1日）前であるのに，不法行為を構成しないとされた。第1取引の開始後も借入と弁済が繰り返され，過払金の発生が同法施行後（昭60年9月2日）であったことから，「みなし弁済規定の適用を一義的に否定し得る事案ではなかった」からとする。しかし，貸金業法の施行前には，昭39年，昭43年の最高裁大法廷の理論が通用しており，利息制限法1条旧2項は空文に帰していたのであるから，違法な駆け込み的な請求をあたかも適法なものと扱うのには問題がある[17]。

貸金業法の成立後は，その43条によってみなし弁済の規定がおかれたことから，一定の要件を満たした上で，交付と受領があれば返還を免れうることになった。しかし，だからといって，受領に先行する請求の違法性までもが正当化されたわけではない。請求は，あくまでも違法な請求のままにすぎない。結果の保持だけを許したにすぎないところが，その前段階にある請求までも適法扱いするのはおかしい。みなし弁済のもつ機能の評価が大きすぎる点が問題である。まして，貸金業法の施行前の事件にまで拡大するのは，疑問とするべきであろう。

なお，同9月判決は，具体的には，受領の不法行為性のみを問題としているが，最判平21・11・9民集63巻9号1987頁では，請求する行為の不法行為性を問題として，いずれも否定している[18]。後者の不当性は重大である。

下級審裁判例では，大阪地判平16・3・5金判1190号48頁，高金利の消費貸借を不法行為として，損害賠償請求を肯定し，札幌高判平17・2・23判時1916号39頁も同様である。いずれの事例も，請求の態様から不法行為を肯定するべき場合であり，妥当である[19]。

ただし，広島地判平22・7・23金判1350号31頁は，貸金業者が旧貸金業法施行日前に，利息制限法所定の制限利率超過の利息を受領していたことにつき，

十分な根拠があったとして，不法行為の成立を否定した。しかし，貸金業法施行前には，最高裁判例によって，利息制限法1条旧2項は空文に帰していたのであり，制限超過利息を受領する理由はなかったといわなければならない。

3 704条後段の不法行為の性質

(1)(a) それでは，請求の態様から，かりに貸金業者が利息制限法に超過する利息の請求をすることが一般の不法行為を構成しないとしても，704条の損害賠償責任をおうことはあるか。従来はあまり争われたことはないが，これについては，2つの見解がある。

第1の考え方は，いわゆる特別責任説であり，悪意の受益者に対する責任を加重したものとみる（最判平21・9・4民集63巻7号1445頁の原審や，札幌高判平19・11・9判時2019号26頁など）。悪意の受益者と認定されれば，当然に損害賠償責任が生じるものとし，一般の不法行為の要件である故意・過失や違法性を必要としないものとする。

特別責任説は，704条後段の規定があることから，一般的な不法行為の成立要件の具備を不要とするものである[20]。これによれば，709条の不法行為の要件を回避することができるから，便宜となる。ただし，この議論は，かつての不法行為上の論点，すなわち「権利」侵害の要件を不要とする議論だったともいえ，そう解する場合には，その他の要件である故意・過失や違法性の要件の緩和にまでかかわらないことになる。

第2の考え方は，確認説とでもいうべきものであり，704条後段も，不法行為の一般的な要件の具備を前提とした注意的な規定とみるものである（上述最判平21・9・4）。起草者の1人である梅謙次郎は，703条の善意の受益者に対し，704条は，悪意の受益者の返還義務を定めたが，悪意の受益者は，不法行為をもなした者であるから，たんにうけた利益の返還ではたりずに，損害賠償を義務づけたとし，いわば確認的に704条後段をおいたものとする[21]。学説は，おおむねこの一般的不法行為とみる見解に従っている。

我妻説は，古くは，704条をもって，悪意の受益者については不当利得を理由としても損害賠償請求をする「便法」を定めたとしたが[22]，のちには，704条は，損失者のもとに，不当利得の原因たる事実から生じた損害であってなお

填補されないものが残るときは，それを賠償せよという意味であるとし，利得者の利得とならない損害を賠償する責任であるから，理論としては，不当利得の制度の枠の外にある責任とし，しかし，「不当利得制度を支える公平の原理を貫くために認められたものだから，なお不当利得返還請求権の性質を有する」として，時効期間などは，不法行為の規定（724条）によらず，利得返還請求権と同じに，167条に従うとする(23)。不法行為の要件については，不明確であるが，必要とするのであろうか。

(b) たんなる確認説のもとでは，709条と別に，704条後段の不法行為を主張する意味は乏しい。しかし，かねて最判平19・7・13民集61巻5号1980頁，判時1984号26頁によれば，制限超過利息の受領をした貸金業者について，704条の悪意の受益者としての推定が行われている。この平19年判決は，貸金業者が，貸金業法43条1項のみなし弁済規定の適用要件をみたして，利息制限法の超過利息を受領した場合に，みなし弁済の規定に関する法の解釈を理解しているべきであるとして，本来，事実的な概念である悪意について，通常の場合に，当該貸金業者が法律上の原因のないことを基礎付ける事実を認識していれば悪意と評価することが相当であるとの規範的評価を取り入れたものと評価されている(24)。

そこで，これを前提とすると，不当利得の悪意の推定に，たんに返還請求権に法定利息を付することだけではなく，704条後段の特別責任をも結合すれば，一般不法行為の要件を軽減して，損害賠償の請求が可能になることが期待された。そこで，最判平21・9・4民集63巻7号1445頁においても，一般不法行為のほかに，704条後段による不法行為が主張された。判決の後半は，不法行為要件の緩和の論点に関するものである。

しかし，不当利得の悪意の推定をしても，「そのような規範的評価は不法行為の適用場面にまで妥当するものではなく，不法行為を当然に構成することにはならない」とした(25)。このように，貸金業者を704条の悪意の受益者と推定できない場合があるものとした裁判例として，ほかに最判平21・7・10民集63巻6号1170頁，裁時1487号11頁がある（前述第3章2(2)参照，最判平21・7・10民集63巻6号1171頁に関する）。これは期限の利益喪失特約の下で，超過利息の支払の任意性を初めて否定したのが最判平18・1・13民集60巻1

号1頁などであるから，その判決前は，悪意の受益者と推定しえないとしたのである。そこで，最判平21・7・10は，悪意の受益者の推定に関して「時間的範囲を画した」ものとされている。これに対し，9月判決は，悪意の受益者推定の「客観的範囲を画した」と位置づけられるのである[26]。

　私見では，不法行為は正面から論じられるべきであり，704条後段の位置づけは，もっと付随的なものである。給付の消滅（Wegfall der Bereicherung）を肯定する703条との対比において，704条前段では，うけた利得に利息を付すべきことを述べているが，これは全利得の返還をもっとも象徴するものにすぎない。後段も，「損害」という表現で，利得の全返還を述べている。起草者は，703条を原則としたから，704条では，種々の利得の返還を，利息と損害賠償で表現したのである。後者で考えられたのは，おもに物を受領したときの果実と使用利益であろう。704条の場合には，すべての利得を「損害」として返還させる必要が生じる[27]。すなわち，704条では全利得の返還が義務づけられるが，それは不当利得の例外と位置づけられるから（類型論では当然の原則規定），それを説明するために，損害賠償がもちだされたのである。受領した金銭についても，法定利息は，給付利得論では704条前段で当然に返還の対象となるが，給付利得論をとらない場合には，法定利息程度は金銭に付される最低限の損害賠償として，とくに704条前段に規定されたと位置づけられ，その他のいっさいの利得も704条後段で創設的に対象とされたことになる（要件というよりも効果の拡大）。類型論を前提にすれば，これらは不要な操作であり，端的に全利得の返還とみればたりる。私見では，さらに，利得の消滅以外にも，時効による消滅をも付加することができ，704条後段に意義を見いだすことができる。我妻説とは異なり，例外的に（不当利得法が機能しない場合に）不法行為法の意義（時効・724条後段）をみるのである。あたかも安全配慮義務によって不法行為の時効（724条前段）を回避したのと逆の場合である。また，非給付利得にも適用のよちがある[28]。

　かねて，旧民法は，財産篇361条以下で，「不当ノ利得」の返還義務を定め，同368条は，悪意の利得者は，「訴ヲ受ケタル日ニ於テ其不当ニ己レヲ利シタルモノノ外」，以下の3つを返還するべきものとした。すなわち，「①元本ヲ受領セシ時ヨリノ法律上ノ利息，②収取ヲ怠リ又ハ消費シタル特定物ノ果実及ヒ

産出物，③自己ノ過失又ハ懈怠ニ因ル物ノ価額ノ喪失又ハ減少ノ償金。縦令其喪失又ハ減少カ意外ノ事又ハ不可抗力ニ因ルモ其物カ供与者ノ方ニ在ルニ於テハ此損害ヲ受ケサル可カリシトキハ亦同シ」。すなわち，利息を付して果実も返還するとの受益の全部返還と，損害賠償責任が定められていたのである。704条の原型は，すでに現れていたといえる⁽²⁹⁾。損害賠償責任において，過失と懈怠のほかに，不可抗力の場合でも，「物カ供与者ノ方ニ在ルニ於テハ此損害ヲ受ケサル可カリシトキハ亦同シ」とされていたことが注目される。しかし，これは，必ずしも無過失の責任を定めたものではなく，給付に伴う重い責任にすぎないから，結局，賠償義務は，給付の全部返還の補充という位置づけとなるのである。

(2) 同じく，不法行為の成立に関する論点に関して，最判平21・11・9民集63巻9号1987頁，判時2064号56頁があり，11月判決は，もっと704条後段の規定の趣旨に立ち入っている。そして，超過利息を請求する行為も，不法行為とはならないとした⁽³⁰⁾。

判決は，不当利得と不法行為の制度目的の相違から詳細に言及した。

「不当利得制度は，ある人の財産的利得が法律上の原因ないし正当な理由を欠く場合に，法律が公平の観念に基づいて受益者にその利得の返還義務を負担させるものであり（最高裁昭和45年（オ）第540号同49年9月26日第一小法廷判決・民集28巻6号1243頁参照），不法行為に基づく損害賠償制度が，被害者に生じた現実の損害を金銭的に評価し，加害者にこれを賠償させることにより，被害者が被った不利益を補てんして，不法行為がなかったときの状態に回復させることを目的とするものである（最高裁昭和63年（オ）第1749号平成5年3月24日大法廷判決・民集47巻4号3039頁参照）のとは，その趣旨を異にする。不当利得制度の下において受益者の受けた利益を超えて損失者の被った損害まで賠償させることは同制度の趣旨とするところとは解し難い。

したがって，民法704条後段の規定は，悪意の受益者が不法行為の要件を充足する限りにおいて，不法行為責任を負うことを注意的に規定したものにすぎず，悪意の受益者に対して不法行為責任とは異なる特別の責任を負わせたものではないと解するのが相当である」。

一般論として，両者が異なり，固有の意味をもつことは当然である。反面で，

部分的には，両者の重なる部分もある。まったくの確認規定では法文の意味がないから，不当利得法の補充とみるべき場合には，一定の範囲で（たとえば，不当利得法が機能しない場合の時効），不法行為法を修正するものでなければならない。

　下級審裁判例では，上述の札幌高判平19・11・9判時2019号26頁は，過払金返還訴訟において，弁護士費用が704条後段の損害にあたるとした。過払金返還訴訟において，弁護士費用の損害賠償請求（札幌高判平19・4・26判時1976号60頁参照）をも行い，予備的に，Yが債権消滅後に取立をしたことが架空請求にあたるとして，不法行為が主張されたものであり，不法行為と過払金返還訴訟の弁護士費用に因果関係ありとした（さらに，名古屋高金沢支判平21・6・15判夕1310号157頁）。

　神戸地判平19・11・13判時1991号119頁の論点はやや異なり，過払金の不当利得返還請求権が10年の時効にかかったとして，不法行為請求が行われ，事案において，「本件取引において，超過利息の支払が貸金業法により有効な利息の債務の弁済とみなされる余地は全くなかった」とした。予備的に不法行為の20年の時効期間も主張された（認容）。

　(3)　類型論では，すべての給付利得は，不法行為の規定を待つまでもなく返還されるから，不法行為の規定は，あまり意味がない。類型論をとらなければ，給付の全額返還の理由づけとしての意味があり，その意味では特別責任といえるが，類型論をとるかぎりは，ほとんどそのような措置を必要としないということになる。損害のうち，弁護士費用は，一般の不法行為の内容としても，一定の場合には，損害賠償の範囲の内容として償還される可能性がある。慰謝料についても，704条に当然に包含することはむずかしく，一般不法行為の対象とするにとどまる。不当利得と不法行為の制度内容は異なるといわなければならない。

　否定例では，札幌地判平19・3・15判時2019号29頁，東京高判平19・12・19金法1851号53頁，福井地判平21・1・13判夕1310号163頁などがある。いずれも，弁護士費用の請求を否定し，一般不法行為が可能な場合に限定するものである。

第2部　利息と信用，倫理

第5章　むすび

1　貸付変動時の制限利率の計算

(1)(a)　最判平22・4・20判時2084号6頁は，貸付額の変動時の制限利率の計算の方法に関するものである。適用は異なるが，利息制限法の新規定（5条）の基礎にあるものを再考させる素材である。

事案は，Xが，Yとの間で，継続的に金銭の借入れとその弁済が繰り返される金銭消費貸借に係る基本契約を締結し，これに基づき，平9年12月18日から同19年12月3日までの間，借入と弁済が繰り返された。この基本契約において定められた利息の利率は，利息制限法1条1項所定の制限利率を超えており，取引における弁済は，各貸付ごとに個別的な対応関係をもって行われることが予定されているものではなく，基本契約にもとづく借入金の全体に対して行われるものであった。

取引開始当初の借入金額は20万円であり，その後も，各弁済金のうち利率を年1割8分として計算した金額を超えて利息として支払われた部分を基本契約に基づく借入金債務の元本に充当して計算すると，各借入れの時点における残元本額（従前の借入金残元本と新たな借入金との合計額）は，100万円未満の金額で推移し，平17年12月6日の借入れの時点では，残元本額は，10万円未満となった。

そこで，Xは，Yとの間で締結した基本契約にもとづき，継続的に金銭の借入れと弁済を繰り返したことから，各弁済金のうち利息制限法1条1項所定の制限を超えて利息として支払われた部分を元本に充当すると過払金が発生するとして，Yに対し，不当利得返還請求権にもとづき，過払金71万1523円の返還を求めたのである。

事案では，取引が当初20万円の借入れから始まり，その後新たな借入れと弁済が繰り返されることにより借入残高に増減が生じたことから，借入残高が増減する取引における過払金の計算上，利息制限法1条1項にいう「元本」の額をどう解するかが争点となった。

(b) 1審は，Xの主張をいれ，約定利率に基づき計算した残存元本額が100万円以上になった時から以降，年利15%の利率が適用されるとして，過払金を算定した（那覇地判平20・6・19金判1351号46頁）。

原審は，本件取引に適用される制限利率を平成17年12月5日までは（制限利率による残存元本額と新たな貸付額の合計額が100万円未満）年1割8分，同月6日以降は（合計額が10万円未満）年2割であるとして（利率の上昇を認めた），Xの請求を過払金67万9654円の返還等を求める限度で認容した（福岡高那覇支判平21・2・10金判1351号42頁）。

「(1) 基本契約に基づき継続的に借入れと弁済が繰り返される金銭消費貸借取引において，基本契約に定められた借入極度額は，当事者間で貸付金合計額の上限として合意された数値にすぎず，これをもって，利息制限法1条1項所定の『元本』の額と解する根拠はない。そして，上記の取引の過程で新たな借入れがされた場合，制限利率を決定する基準となる『元本』の額は，従前の借入金残元本と新たな借入金との合計額をいい，従前の借入金残元本の額は，約定利率ではなく制限利率により弁済金の充当計算をした結果得られた額と解するのが相当である。

(2) 本件取引においては，取引の開始から平成17年12月6日の借入れが行われる前までは，各借入れの時点における上記意味での元本の額は終始10万円以上100万円未満の金額で推移しており，その間の取引については，年1割8分の制限利率を適用すべきである。

(3) しかし，平成17年12月6日の借入れの時点では，上記意味での元本の額は10万円未満となるに至ったのであるから，同日以降の取引については，年2割の制限利率を適用するのが相当である」。

(c) 最高裁は，Xからの上告受理の申立を受理し，原審の(3)部分を破棄差戻した。

「継続的な金銭消費貸借取引に関する基本契約に基づいて金銭の借入れと弁済が繰り返され，同契約に基づく債務の弁済がその借入金全体に対して行われる場合には，各借入れの時点における従前の借入金残元本と新たな借入金との合計額が利息制限法1条1項にいう「元本」の額に当たると解するのが相当であり，同契約における利息の約定は，その利息が上記の「元本」の額に応じて

定まる同項所定の制限を超えるときは、その超過部分が無効となる。この場合、従前の借入金残元本の額は、有効に存在する利息の約定を前提に算定すべきことは明らかであって、弁済金のうち制限超過部分があるときは、これを上記基本契約に基づく借入金債務の元本に充当して計算することになる。

そして、上記取引の過程で、ある借入れがされたことによって従前の借入金残元本と新たな借入金との合計額が利息制限法1条1項所定の各区分における上限額を超えることになったとき、すなわち、上記の合計額が10万円未満から10万円以上に、あるいは100万円未満から100万円以上に増加したときは、上記取引に適用される制限利率が変更され、新たな制限を超える利息の約定が無効となるが、ある借入れの時点で上記の合計額が同項所定の各区分における下限額を下回るに至ったとしても、いったん無効となった利息の約定が有効になることはなく、上記取引に適用される制限利率が変更されることはない」[31]。

(2) この最判平22・4・20まで、元本額の変動に応じて制限利率が変動するかを問題とした先例や学説はなかったが[32]、その前提となる判決はいくつかある。かねて最判昭43・10・29民集22巻10号2257頁は、数口の債務があって、その1つが完済され、過払金が生じた後に、それが別口の債務に充当されるとした。また、最判昭52・6・20民集31巻4号449頁は、いわゆる拘束預金において、A債権の実質金利を高めるために、別口のB債権への貸付をし、かつこれを拘束する場合につき、実質貸付額を基準とした制限利率を超える金額の元本充当を認めた。これらは、いずれも、広く超過利息の充当を認め、あるいは実質的な貸付額を基準として制限利率を考察するものである。

さらに、最判平15・7・18民集57巻7号895頁は、同一の貸主と借主との間で基本契約に基づき継続的に貸付とその返済が繰り返される金銭消費貸借取引において、弁済金のうち制限超過部分を元本に充当した結果、当該借入金債務が完済され、過払金が生じる場合には、弁済当時存在する他の借入金債務に充当されるものとした。そして、過払金は、たんに弁済当時存在する他の借入金債務に充当されるだけではなく、その後に発生した新たな借入金債務にも充当される（充当合意が包含される）としたのである（最判平19・6・7民集61巻4号1537頁、最判平19・7・19民集61巻5号2175頁）。

充当が行われれば、実質的な貸付額は減少する。そこで、名目額による制限

利率（たとえば，15％）ではなく，実質額による制限利率（たとえば，18％）を主張できるか，また，後者が，利息制限法1条の所定の制限区分を超えて減少した場合に，利率が上昇するかが問題となる。

まず，制限利率の基礎となる元本は何かが問題である。第1に，基本契約の極度額が考えられる（借主の主張）が，極度額は，現実の貸付額ではなく，貸付の上限額にすぎないから，現実の負担額に対する制限利率との関係はうすい。第2に，約定利率による残存元本額は，約定利率による超過利息を前提にしたもので名目的であるから，制限利率によって弁済金を充当計算したよりも大きくなりすぎ，現実に負担する元本に対する制限利率を反映しえない。ここまでの理解は，原審も最高裁も同様である（原審(1)参照）。

そこで，「元本」は，取引の過程で，ある借入れがされたことによって従前の借入金残元本と新たな借入金との合計額であり，従前の借入金残元本の額は，制限利率により弁済金の充当計算をした結果えられた額であって，これが利息制限法1条の区分における上限額を超えることになったときに，その制限利率によるべきである。実際に借主が支払っている負担を制限するのが利息制限法の趣旨であるから，こうした現実の負担額による必要がある。

そして，充当理論によれば，過払金は元本に充当されるから，借主が現実に負担する債務額は，充当の見えない名目額よりも減少する。こうして，元本が減少すると，制限利率も減少するかどうかが，本件の中心問題となる。

(3) 同事件とは異なり，まったく別個の貸付で，弁済が各貸付ごとに個別的な対応関係で行われる場合においても，制限利率を借入金元本の合計との関係で調整する必要がある。たとえば，100万円の貸付であれば，制限利率は15％であるが，50万円の貸付であれば，たとえ2口ある場合でも，18％ずつとなる。意図的に取引を分断しなくても，貸増しの結果合計額が100万円を超える場合には，少なくとも第2貸付については，15％とすることが一貫する。

そこで，新利息制限法には，元本額についての特則があり（5条），営業的金銭の消費貸借については，同一の債権者と債務者の間の複数貸付の場合には，その合計額をもって1条の制限利息の元本とみなしている。上述の100万円の貸付をする場合に，これを1つの貸付とすると1条3号により，制限利率は年15％となるが，50万円ずつ2つの貸付とすれば，同条2号により，18％の制

259

限利率が適用されるといった場合を防止するためである。ただし，5条は，別個の貸付についての特則であり，本件のような借入と弁済が繰り返される金銭消費貸借を対象としていない。後者は，判例の充当理論上当然に合算が予定されているからである。また，5条は，弁済による元本の減少をいうものではなく，取引時の元本をいうものである。つまり，充当理論が適用されない場合の補充である。

5条では，元本が合計されて（あるいは新たな貸付が行われて）元本額が100万円未満から100万円以上になったり，10万円未満から10万円以上に増加した場合に，適用される制限利率は，減少するとされている。

逆に，弁済が行われて，基準利率を下回る場合がある。たとえば，当初は元本が100万円を超えていても，新たな他の20万円の貸付が行われる時に，残存元本額が50万円になった場合である。合計は，100万円以下であるが（当初の計算では100万円以上），制限利率の15％が18％になるものではない。明文規定はなく，利息制限法5条が元本の増加（利率の減少）の場合だけを規定し，元本の減少（利率の増加）を認めないのは，いったん無効になった制限超過利率が復活しなくても当然と考えたからである[33]。同様の考慮は，借入と弁済が繰り返される貸付で一定額を返還する場合には，いっそう一貫しよう[34]。

そして，借入と弁済が繰り返される継続的な取引では，個々の貸借を個別ではなく，一体としてとらえる必要がある。本件のような場合の返済は，集合債権の弁済であり，分析的に考察する（それぞれの債権への充当を計算する）ことは予定されていない。金銭は混合するから，集合した計算しか考慮することができないからである（貸付の一連性を肯定した前述の最判平15・7・8民集57巻7号895頁参照）。5条の予定するのは，このような場合ではなく，契約が別個のものと数えられる場合に限られ，一体となる場合には明文の規定は不要となる[35]。

利息制限法の基準利率となる「元本」も，前述のように，借主の現実の負担額ととらえると，元本の変動によって生じる制限利率は，元本が積増しされて，制限利率が下がる場合には，強行法規の性質上当然に下がるとしなければならない。それでは，逆に，元本が減少して，制限利率が上がる場合にも，同様と

みるべきであろうか。原審は，これを肯定し，当該期間について年2割の利率を適用したが，最高裁は，これを破棄差戻した。つまり，途中で，借増しがあって区分を超える場合には，制限利率は厳しくなるが，弁済によって区分を下回った場合には，いったん無効になった約定が有効になることはない。

たんに弁済だけしていく場合には，元本が減少したからといって，制限利率が上がることはない。これと異なり，弁済のほかに借増をする取引だと，わずかでも借増の事実があれば，弁済を機会として制限利率があがるのはアンバランスである[36]。また，約定利率に従った元本額を請求している貸主に，充当計算後の（減少した）元本額の主張を許し，制限利率の上昇を主張させることは矛盾している[37]。そして，継続した取引の途中で，いきなり制限利率が上昇するのは，債務者にとって不意打ちとなる。継続的取引の場合には，元本はたんに一時的に減少したにすぎず，最初から小さかったわけではない。大きな元本の負担は軽くするとの法の趣旨は，貫かれるべきである[38]。さらに，類似の場合である利息制限法5条がこれを認めていないこととも一貫しよう。

(4) このように，元本が増加すれば，制限利率は厳しくなる。これは，利息制限法が強行法規だからであるが，逆に，元本が減少しても，厳しくはならない。合意は，もとの元本が修正されたことを前提としているからである。このような扱いは，一見すると，元本の増加と減少とでアンバランスなようにもみえる。しかし，これは，強行法規の規範的な適用の結果にすぎない。

利息制限法の基準区分が，元本によって異なるのは，大きな元本に高い利率を適用することが不適切だと考えたからである。その意味では，元本の減少の場合には，利率の増加が一貫するようにもみえる。しかし，継続的取引の場合には，元本はたんに一時的に減少したにすぎず，最初から小さかったわけではない。大きな元本の負担は軽くするとの法の趣旨は，貫かれるべきである[39]。

そこで，利息制限法に違反しない場合には，扱いは異なる。たとえば，変動利率の約束で，利息制限法内であって，利率の自動変更条項がついている場合には，元本が減少すれば，利率は緩くなることになる。たとえば，10万円未満が3％，10万円から100万円までは2％，100万円以上は1％の利息の約定があったとする。この場合には，最初5万円で3％の利率が適用され，借増して15万円になったときには，2％になる。逆に，最初15万円で2％の利率が

適用され，返済して，5万円になったときには，3％の利率が適用されるのである。

ただし，当初元本が20万円で18％の利息で，利息制限法に違反していない場合に，返済して5万円になったからといって，当然に20％の利率が適用されるわけではなく，単純な返済の場合より不利になるべきではないから，18％以上に増加することはないと解される。本件の場合と同様に，利息制限法に違反している場合に制限利率に限定される点は同じだからである。

2 破産免責と過払金請求権の失権

(1) リーマンショック（2008年9月）後には，消費者信用会社の破綻が続いた[40]。過払金返還訴訟の増大もあって，2009年以降は，大規模な破綻もあり，その場合の過払金返還請求権の帰趨が問題となった。2009年9月のアイフル破綻では私的整理の方法によったことから，過払金返還請求権の切捨てはなかったが，2009年11月のロプロの破綻や2010年9月の武富士の破綻では，会社更生手続が利用され，過払金返還請求権の失権の可能性が現実に生じた。

その武富士については，社会的なキャンペーンが行われたことから，過払利息の返還請求件数は，債権の届出期限の2月末で，約80万件となり，最終的には，100万件にもなる見通しとなった。請求権のある利用者は，約200万人で，債権額は約2兆4000億円分にも上るとみられることから，ほぼその半分が請求したことになる[41]。しかし，これは例外であり，じっさいには，以下の例にみられるように，小口である過払金返還請求権の債権届出は行われないことが多い。

また，武富士の更生計画によれば，更生手続にのって返済される債権であっても，返済額は，当初3.3％で，回収が進んでも4％程度とされている。届出がなく失権する債権も相当数あるから，消費者信用会社の破綻が続けば，過払金返還請求権に関する係争は，大幅に減少することが予想される。届け出ても，届け出なくても，かなりの債権の切捨てが行われる。

当面の争点の1つは，債権の届出がないことによる失権の問題である。平14年法律154号による旧会社更生法241条（現204条）は，更生計画によらない債権の失権を定め，管財人に知れた更生債権も一律に失権するとしていた。破

産法（253条1項6号），民事再生法（101条3項，181条1項3号）が，債務者の悪意の場合を例外としているのと異なる。失権の効果が広く，立法論上疑問があり，学説上も，異論があった[42]。その基本的構造は，現行法にも受け継がれている。

現会社更生法204条「更生計画の決定があったときは，次に掲げる権利を除き，更生会社は，すべての更生債権等につきその責任を免れ，株主の権利及び更生会社の財産を目的とする担保権はすべて消滅する」。例外は，更生計画や法律の規定による権利，退職手当の請求権，罰金や租税の請求権の一部のみである。

破産法253条1項6号（免責許可決定による失権の例外である）「破産者が知りながら債権者名簿に記載しなかった請求権（当該破産者について破産手続開始の決定があったことを知っていた者の有する請求権を除く）」。

民事再生法101条3項「再生債務者等は，届出がされていない再生債権があることを知っている場合には，当該再生債権について，自認する内容その他最高裁判所規則で定める事項を第1項の認否書に記載しなければならない」。

そこで，会社更生手続によれば，過払金返還請求権について届出がされない限り，いわば合法的にこれを切捨てることが可能になる。そこで，比較的早い消費者信用会社の破綻では（TCMやアイフル，SFCGなど），私的整理や民事再生の方法がとられた。しかし，2010年ごろからは，大規模破綻においても会社更生手続が行われている（日栄や武富士）。更生の手続の相違により，負担する過払金返還請求権の負担が異なることは，再生した会社の財務内容に重大な不平等を与えることから，債務者との関係だけではなく，競争法上も問題がないわけではない。

(2) 過払金返還請求権の切捨てに関する裁判例では，最判平21・12・4金判1333号26頁，判時2077号40頁が先例である[43]。その事案では，過払金返還請求権者であるXらは，貸金業者であるY（ライフ）との間の金銭消費貸借契約に基づいてした弁済につき，過払金が発生していることを主張して，Yに対し，不当利得返還請求権にもとづき過払金と704条前段所定の利息の支払等を求めた。そのさいに，Yの更生手続において，管財人らが，Xら顧客に対し，過払金返還請求権が発生している可能性があることや更生債権の届出をしない

とYが更生債権につきその責めを免れることにつき注意を促すような措置を講じなかったことが争点となった。

最高裁は，Yにおいて，Xらの過払金返還請求権が失権したと主張することが，信義則に反したり，権利の濫用であるといえないとした。更生手続申立（平12年5月19日）後，手続開始の決定（同6月30日）前に「ライフカードは，これまで通りお使いいただけます」と社告が新聞に掲載された場合であっても（同6月2日），その内容は，顧客に対し更生債権の届出をしなくても失権することがないとの誤解を与えるものではないとした。

そして，「更生計画認可の決定があったときは，更生計画の定め又は法律の規定によって認められた権利を除き，更生会社がすべての更生債権につきその責めを免れるということ（以下「失権」という。）は，更生手続の根本原則であり，平成14年法律第154号による改正前の会社更生法（以下「旧会社更生法」という。）においては，更生会社の側において，届出がされていない更生債権があることを知っていた場合であっても，法律の規定によって認められた権利を除き，当該更生債権は失権するものとされており，また，更生債権者の側において，その責めに帰することができない事由により届出期間内に届出をすることができず，追完もできなかった更生債権についても，当然に失権するものとされていた。以上のような旧会社更生法の規定の内容等に照らすと，同法は，届出のない更生債権につき失権の例外を認めることが，更生計画に従った会社の再建に重大な影響を与えるものであることから，更生計画に定めのない債権についての失権効を確実なものとして，更生手続につき迅速かつ画一的な処理をすべきこととしたということができる。

そうすると，管財人等が，Yの顧客の中には，過払金返還請求権を有する者が多数いる可能性があることを認識し，あるいは容易に認識することができたか否かにかかわらず，本件更生手続において，顧客に対し，過払金返還請求権が発生している可能性があることや更生債権の届出をしないと失権することにつき注意を促すような措置を特に講じなかったからといって，Yによる更生債権が失権したとの主張が許されないとすることは，旧会社更生法の予定するところではなく，これらの事情が存在したことをもって，Yによる同主張が信義則に反するとか，権利の濫用に当たるということはできないというべきである。

そして，このことは，過払金返還請求権の発生についてのＸらの認識如何によって左右されるものではない」。

更生債権の届出期間は，平12年8月15日までであったが，過払金返還請求権を更生債権として届け出たのは，632万人のカード会員のうち，わずかに2人だけであった。破産管財人は，貸金業者Ａ（アイフル）をスポンサーとして，更生計画を作成し，計画案は，平13年1月31日に可決され，3月29日に弁済が行われ，手続は終了したが，その間，管財人が，顧客に対し，過払金返還請求権が発生している可能性や更生債権の届出をしないと失権することを注意する措置は行われなかった。こうした事情をふまえ，一審（京都地判平20・6・5金判1333号35頁）は，過払金返還請求権については，一般の会社更生事件とは異なる特別な措置が必要であることの自覚がありながら，これを放置したとして，Ｙによる失権の抗弁が権利の濫用にあたるとして，更生債権の比率に応じた弁済を命じたが，原審（大阪高判平20・11・20金判1333号32頁）は，更生手続の画一性から，失権を肯定したのである。

最高裁も，Ｙによる失権の主張が，「信義則に反するとか，権利の濫用に当たるということはできないというべきである。そして，このことは，過払金返還請求権の発生についてのＸらの認識如何によって左右されるものではない」とし，また「約定利率により計算をした元利金の残債権額をもって顧客との間の金銭消費貸借取引を管理していたＹが，これを前提としてその評価がされた営業資産をもって，資金を調達することができたことや，過払金返還請求権を更生債権として届出する者がわずかであったということが，会社の早期再建に寄与したということはできるものの，このような事情があったからといって，上記の判断が左右されるものでもない。

そして，他に，Ｙによる失権の主張が，信義則に反し，権利の濫用に当たると認められるような事情も見当たらない」とした[44]。法規の明確性と手続の画一性を優先したのである。

(3) 最判平22・6・4判時2088号83頁も，類似のケースである。Ｘが，貸金業者であるＹとの間の金銭消費貸借契約にもとづいてした弁済について，過払金が発生しているなどとして，Ｙに対し，不当利得返還請求権にもとづき，過払金の返還等を求めた事案である。Ｙは，更生債権の届出期間内の届出がな

かったことによって，平14年による改正前の会社更生法241条本文による免責を主張した。

判決では，Yが，Yに対する更生手続において，顧客に対し，過払金返還請求権につき更生債権の届出をしないと失権するなどの説明をしなかったからといって，Yによる失権の主張が信義則に反するということはできないとされた。また類似のBの更生手続のケースで（TCMの会社更生事件で，アイフルがスポンサーとなった），更生手続開始の決定前に発生した過払金返還請求権につき，更生債権としての届出を必要とせず，更生計画認可の決定による失権の効果が及ばない扱いが行われても，異なる事情の下で行われたYの更生手続で，同じ扱いをする根拠はないとする。

「Yが，本件更生手続において，顧客に対し，過払金返還請求権につき更生債権の届出をしないと失権するなどの説明をしなかったからといって，そのことをもって，Yによる失権の主張が信義則に反するということはできない（最高裁平成21年（受）第319号同年12月4日第二小法廷判決・裁判集民事232号529頁参照）。そして，前記事実関係によれば，本件社告は，本件更生手続において，更生手続開始の申立てがされた後，更生手続開始の決定前にされたものであり，カード会員の脱会を防止して従前の営業を継続し，会社再建を阻害することなく進めることを目的として行われたものとみることができるのであって，その目的が不当であったとはいえない上，その内容も，顧客に対し更生債権の届出をしなくても失権することがないとの誤解を与えるようなものではなく，その届出を妨げるようなものであったと評価することもできない。そうであれば，本件社告が掲載された際に，Yにおいて，過払金返還請求権につき債権の届出をしないと失権するなどの説明をしなかったとしても，以上と別異に解する余地はない。

また，YとXと同様にAをスポンサーとして進められたBの更生手続において，更生手続開始の決定前に発生した過払金返還請求権につき，更生債権としての届出を必要とせず，更生計画認可の決定による失権の効果は及ばないなどの取扱いがされたとしても，異なる事情の下で進められたYの更生手続において，これと同じ取扱いがされなければならないと解する根拠はなく，Yによる失権の主張が信義則に反することになるものでもない」。

なお，一審・神戸地判平20・2・13判時2002号132頁，原審・大阪高判平20・9・25金判1352号18頁は，失権の主張が信義則に反するとした。会社更生手続が同じ貸金業者をスポンサーとして行われれば（アイフル），営業譲渡が行われたのと等しく，また，過払金返還請求権は，過払金が発生するつど，具体的な債権として発生し更生債権となるからである（同事件の更生手続における一般更生債権の最低弁済率54.298%に相当する支払請求を肯定）。ほかに，大阪地判平20・8・27判時2021号85頁も，失権の主張が信義則に反するとしている。

　法律にうとい借主＝過払金返還請求権者が，会社更生手続を知らずに失権し，権利を失う可能性は大きい。もっとも，このような事態が続いたことから，過払金返還訴訟に加えて，失権を免れようとする社会的なキャンペーンも行われた（上記の武富士のケース）。かつて過払金返還訴訟は，2006年ごろから増加し，2009年には，全訴訟の半分以上を占めていた。その後，一時減少しつつあったが，2010年9月の武富士の破綻を契機にふたたび増加した。2010年11月でも，東京地裁では全事件のうち50%，東京簡易裁判所でも個別事件の45%が過払金返還訴訟事件といわれている[45]。

　この失権の問題は，会社更生手続の性質上，最終的に失権を伴うこともあるのはやむをえないとしても，小額債権者の権利の保護のあり方に一石を投じるものである。小口で意識されない債権が大多数を占めるという消費者信用会社の債務の特質を考慮する必要がある。そうでなければ，再生は，たんに大口債権者の救済にすぎず，また業界に，過払金返還請求権の負担のない会社を出現させる不公正な競争方法をもたらす。知れた債権者への通知のほかに，公的な媒体による周知（免責の要件として広告や媒体の指定をする必要性）や計測可能な小口債権の届出免除，立法論的には，保険的方法による小額債権の保護も考慮される必要がある[46]。

　(4)　さらに，最判平23・3・1裁時1527号2頁，金判1369号18頁，判時2114号52頁があり，同事件は，民事再生法による場合である。届出のない再生債権である過払金返還請求権について，届出があった再生債権と同じ条件で（事案ではおおむね6割）弁済する旨を定める再生計画における帰趨について述べる。

　「(1)民事再生法178条本文は，再生計画認可の決定が確定したときは，再生

計画の定め又は同法の規定によって認められた権利を除き，再生債務者は，すべての再生債権について，その責任を免れると規定する。そして，同法179条1項は，再生計画認可の決定が確定したときは，届出債権者等の権利は，再生計画の定めに従い，変更されると規定し，同法181条1項は，再生計画認可の決定が確定したときは，再生債権者がその責めに帰することができない事由により届出をすることができなかった再生債権（同項1号）等は，再生計画による権利の変更の一般的基準（同法156条）に従い，変更されると規定する。

(2) 前記事実関係によれば，本件再生計画は，届出のない再生債権である過払金返還請求権について，請求があれば再生債権の確定を行った上で，届出があった再生債権と同じ条件で弁済する旨を定めるが，これは，過払金返還請求権については，届出のない再生債権についても一律に民事再生法181条1項1号所定の再生債権として扱う趣旨と解され，上記過払金返還請求権は，本件再生計画認可決定が確定することにより，本件再生計画による権利の変更の一般的基準に従い変更され，その再生債権者は，訴訟等において過払金返還請求権を有していたこと及びその額が確定されることを条件に，上記のとおり変更されたところに従って，その支払を受けられるものというべきである」。

そこで，本件では，必ずしも債権の完全な切捨てではないが，「再生計画による権利の変更の一般的基準に従い変更されており，X〔借主〕は，訴訟等において本件再生債権を有していたこと及びその額が確定されることを条件に，その元利金31万3152円の内30万円について，本件再生債権が確定された日の3か月後に支払を求めることができる本件債権を有するにとどまる」ものとした。

具体的には，再生計画の文言（債権の確定時期。認可決定の確定か判決の確定か）が争点であるが，本篇の主題（債権の切捨ての問題それ自体）からははずれるので，その点については立ち入らない。

(5) 過払金返還請求権の切捨ての問題は，営業譲渡に関する最高裁判決とも関連している。最高裁は，上述のように（第2章6(4)，10巻2号32頁），すでに，最判平23・3・22裁判集民事236号225頁，裁時1528号13頁，判タ1350号172頁，最判平23・7・7裁時1535号1頁，最判平23・7・8裁時1535号2頁（それぞれ第3小法廷，第1小法廷，第2小法廷）において，貸金業者が貸金

債権を一括して他の貸金業者に譲渡する旨の合意をした場合における，借主と上記債権を譲渡した業者との間の金銭消費貸借取引に係る契約上の地位の移転の有無について，「貸金業者（以下「譲渡業者」という。）〔A〕が貸金債権を一括して他の貸金業者（以下「譲受業者」という。）〔Y〕に譲渡する旨の合意をした場合において，譲渡業者の有する資産のうち何が譲渡の対象であるかは，上記合意の内容いかんによるというべきであり，それが営業譲渡の性質を有するときであっても，借主〔X〕と譲渡業者との間の金銭消費貸借取引に係る契約上の地位が譲受業者に当然に移転すると解することはできないところ，上記のとおり，本件譲渡契約は，Yが本件債務を承継しない旨を明確に定めるのであって，これが，XとAとの間の金銭消費貸借取引に係る契約上の地位の移転を内容とするものと解する余地もない」とした。

営業譲渡の問題自体には，本篇では立ち入らないが，その場合の基本形も，過払金返還請求権の切捨てによる譲受会社の負担軽減を目ざすものである。消費者信用会社の貸付債権の譲受人も，消費者信用会社の再生会社の実質的引受人も，ひとしく消費者信用会社であるから，過払金返還請求権の切捨てには，経済的な一貫性がみられる[47]。こうしたつまみ食い的な営業の移転には疑問があり，ましてや衡平たるべき公的な処理においては，いっそう衡平性が必要である。

(6)　なお，神戸地伊丹支判決平22・12・15判時2107号129頁では，破産者と金融業者との間の過払金返還請求権の放棄を内容とする和解の効力が否認された。

破産者Aが，金融業者Yに対して，48万円余の過払金返還請求権を有していたが，Aから債務整理を受任した弁護士Bが，わずかに5万円の返還をうけただけで，その余の返還請求権を放棄する内容の和解契約をした事案である。その後Aが破産宣告をうけ，Xが破産管財人となり，Xは，本件和解は，支払停止後にした破産債権者を害する行為にあたるとして，破産法160条1項2号にもとづき，和解を否認し，Yに43万円余の支払を請求。

「本件和解における回収額（5万円）は，本件和解時点における本件債権の経済的価値と均衡していないというべきである。したがって，本件和解は，経済的合理性を欠くままに破産者の資産を減少させる行為であって，破産債権者を

害する行為に当たる」として，和解を否認することが相当とした。

否認される破産者の行為は，その不明確性，経済的効果，債権者平等の観点などの総合的判断によるものとされている[48]。事案では，法人に対する金銭債権であり，放棄に合理性があったこともうかがわれないので，破産者の一般財産を減少させる行為であり，債権者を害するものと思われることから，否認は相当であろう。

安易な過払金返還請求権の切捨ては，利息制限法の精神を歪めるものである。高利は制限するが，いったん支払われてしまえば，その回復を求めないとする考慮が，旧利息制限法（1877年）2条の裁判上無効や利息制限法（1954年）1条旧2項の基礎にあった[49]。これは，利息制限法の2006年改正（2010年施行）による1条旧2項の削除まで続き，今なお堅固な残滓となっている。しばしばみられる過払金返還請求への消極的な態度も，これと軌を一にしている。解釈論においても，可能な限りこれを除去し，高利の請求を否定だけではなく，いったん支払われた場合の返還をも実効性あるものとすることが必要である。

（1）【理論】121頁以下参照。
（2）【理論】67頁。奥克彦「貸金業の規制等に関する法律及び出資の受入れ，預り金及び金利等の取締りに関する法律の一部を改正する法律」ジュリ1252号85頁，日本司法書士会連合会編・実務のための新貸金業法（2版・2008年）14頁参照。
（3）同67頁。
（4）取引を複雑にしたり，外部からは推認しがたい条項を設けるなどして，高利であることの隠秘が行われた場合に，その率や法定利率まで利息を下げるのが，旧民法やドイツ民法で行われている（【理論】16頁，「消費者消費貸借と貸金業法（1）」一橋法学6巻2号19頁）。わが法のもとでは，利息の契約が，消費者の利益を一方的に害する条項の無効（消費者契約法10条）をもあわせて考慮して，そうした場合の高利の無効を制限することが考えられる。もっとも，これは比較的低利の場合についてであり，犯罪行為であるような場合には，「契約」ですらないともいえる。
（5）滝澤孝臣「貸金業取引関係訴訟」消費者取引関係訴訟の実務（2004年）174頁参照。なお，不法行為の成立につき，【理論】307頁。
（6）本件について，廣峰正子・法時77巻11号89頁，松葉佐隆之・判タ1245号99頁（平成18年度主要民事判例解説）などがある。
（7）貸金業法42条の2（消費貸借契約の無効）の適用につき，【理論】67頁以下。そ

こで，逆に，給付者の不法が小さいときには，返還請求も可能である（最判昭 29・8・31 民集 8 巻 8 号 1557 頁）。

ヤミ金業者が元金を不当利得として返還請求することは，違法性が高く不法原因給付となり，肯定されないであろう（これにつき，東京高判平 14・10・3 判時 1804 号 41 頁）。バランス上，不法行為を問題とする場合でも，X の損害賠償請求に対し損益相殺を主張することはできないのである。

(8) ヤミ金や押し貸しの振込の場合の預金の帰属については，従来の金銭口座の所有者に関する議論が参考となる。そこでは，いわゆる客観説と主観説との対立があり，かつての無記名定期預金口座についての判例は，前者によった（最判昭 32・12・19 民集 11 巻 13 号 2278 頁，最判昭 48・3・27 民集 27 巻 2 号 376 頁）。記名定期預金についても同様とされた（最判昭 52・8・9 民集 31 巻 4 号 742 頁）。しかし，普通預金，当座預金などの流動性預金については，最判平 15・2・21 民集 57 巻 2 号 95 頁（保険代理店が保険契約者から受領した保険料を管理する口座），最判平 15・6・12 民集 57 巻 6 号 563 頁（弁護士が預かり金を保管するための口座）において，預入行為者を預金者とした（保険代理店，弁護士）。

さらに，最判平 8・4・26 民集 50 巻 5 号 1267 頁の誤振込のケースでも，普通預金契約の当事者に帰属させた。そして，最判平 20・10・10 民集 62 巻 9 号 2361 頁も，誤振込の受取人の預金払戻請求は，権利濫用にあたらないとした（ただし，最決平 15・3・12 刑集 57 巻 3 号 322 頁は，誤振込を知りながら預金を引き出す受取人は，詐欺罪にあたるとした。つまり振込人への財産帰属ということである）。詐欺の場合は例外となる。この場合には，振込人の財産と受取人の財産部分を預金の中でどう区別するかという技術的問題が残る。誤振込とは逆に，押し貸しやヤミ金の場合には，振込人の権利性を考慮する必要はないから，口座の名義に従って，率直に受取人の権利性を肯定すればたりる。

最判平 14・1・17 民集 56 巻 1 号 20 頁，判時 1774 号 42 頁も，信託の構成から，請負人名義の別口普通預金口座として管理されていた前払金の残金について，請負人に代わって保証債務の履行として残金相当額を地方公共団体に支払った保証事業会社に帰属するとした。借主の財産主体性について，預金の帰属の理論からの障害はないといえるであろう。

(9) 【理論】305 頁，541 頁。

(10) 同 545 頁。

(11) 判時 2014 号 69 頁コメントでは，Y 本人からの主張は否定されても，破産管財人は，損益相殺を主張できるとする。破産管財人の独自性をどこまで認めるかであるが，疑問である。大判昭 6・5・15 民集 10 巻 327 頁，谷口知平・不法原因給付の研究（3 版）18 頁参照。

(12) 判時 2014 号 68 頁コメント参照。差額説の適用については，708 条の原則と例外の比較に似た衡量が求められる。しかし，最判平 20・6・24 の事例の程度では，損益相殺を否定する必要がある。利益をえたといっても，「配当金」は加害者の偽装の一部

第2部　利息と信用，倫理

にすぎず，受領者が欺罔されていることに変わりはないからである。なお，本件や，次の最判平22・6・17判時2082号56頁については，本篇では，これ以上立ち入らない。残された問題は，理論的には，損益相殺の否定と差額説の理解，実務的には，損益相殺の否定される場合の射程を計ることが問題であろう。なお，【理論】541頁。

(13)　判時2082号57頁コメント。

(14)　たとえば，前述の石田喜久夫説や，我妻説もこれにあたろう（第2章1の前注(12) 参照。10巻2号11頁）。また，民訴法学者には，比較的自然債務的な理解が有力である。

(15)　判時2058号コメントによれば，訴訟上請求すれば不法行為は成立しないが，訴訟外で請求すると不法行為が成立するのは妥当ではないから，訴訟外の権利行使でも，訴訟上の権利行使のさいの不法行為成立との均衡が必要であるとする。これによれば，不法行為の成立は，訴訟外の方が容易に成立するということが前提のようであるが，訴訟上の請求には，不当請求の抑制が働くというだけであり，不当でも実際に請求されれば，より深刻な問題となるであろう。

(16)　そこで，判時2058号60頁コメントでは，「例外的にせよ不法行為の成立を緩やかに認める一部の下級審裁判例の見解を否定するもの」とする。また，松浦聖子・法セ678号126頁参照。

この平21・9・4判決については，藤山文夫・消費者法ニュース82号71頁，加藤雅信・ジュリ1398号101頁，大西邦弘・判評618号7頁，円谷峻・リマークス41号58頁などがある。おおむね学説は，肯定的である。

(17)　そこで，神戸地判平19・11・13判時1991号119頁は，不法行為の成立を認める。事案につき，これがベターである。【理論】531頁以下（4章10）参照。藤山・前掲76頁は，通常の貸金業者であれば，超過利息の収受ができないことを容易に知りえたものとする。同論文は，また，銀行口座への振込の方法による返済の場合でも，18条書面の交付が必要なことは最高裁判決はなくても，ほとんどの下級審判決は肯定していたから，最高裁判決がなくても，平11・1・21より前の行為につき不法行為の成立を否定するのはおかしいとする。つまり，およそみなし弁済のよちがないのに，その要件を吟味することなく，一律に不法行為の成立を否定するのは，疑問とするのである。

さらに，もう1点付け加えるとすれば，このように，不法行為の成立を過剰に限定してきたことから，以下3のような構成（704条後段の利用）が主張されるようになったのである。

(18)　請求することが不法行為にならないとの理論を前提とすれば，過払金が生じる契約をして貸し付ける行為や，発生した過払金を返還しない行為も，当然に不法行為を構成するものではないということになる。判時2058号コメント60頁。不法行為とならない場合があるとしても，最初から入口をしぼると，多角的な検討を不可能にするから，もっと広げておく必要があろう。

(19)　かつて貸主の取引履歴開示義務の存在についても，かなりの対立があった。この問題は，2006年改正によって立法的に解決されたが（貸金業法19条の2），不法行為の

(20) 末弘厳太郎・債権各論（1918年）998頁。「此義務ハ本条ニ基ク特別ノ賠償義務ニシテ不法行為ニ基クモノニアラズ。蓋シ損失者ニ損失アル以上敢テ権利侵害ノ如キ要件ヲ必要トセザルヲ以テナリ」。梅・要義はこれに反対とする。ただし，末弘厳太郎講述・債権各論（1917年）495頁では，必ずしも明確ではない。

大学湯事件（大判大14・11・28民集4巻670頁）は，1925年（大14）である。末川博・権利侵害論は，1930年（昭5年）である。末川博・権利侵害と権利濫用（論文集II・1970年）263頁所収。

(21) 梅謙次郎・民法要義3巻（1912年，1984年復刻版）870頁。「悪意ノ受益者ハ不当利得ノ外不法行為ヲモ為シタル者ナルカ故ニ単ニ其受ケタル利益ヲ返還スルヲ以テ足レリトセズ必ス生セシメタル損害ヲ賠償スルコトヲ要ス。是レ不法行為ニ関スル第709条ノ規定ヨリ当然生スル所ナリ」。

しかし，梅によれば，損害賠償の基準がなくては，裁判官が実際の損害額を賠償させることはまれであろう，そこで，704条では，少なくとも法定利息，年5分の利息に相当する損害があるものとみなし，これよりも多額の損害があることを証明した場合には，これを賠償するものとしたのである，とする。たとえば，1000円を盗んだ者は，1年後に返還するときには，50円を加えて返還し，被害者が商業上の損失をこうむったり，自分の債務を弁済できずに違約金を払った場合には，それを損害賠償として請求できるのである。

鳩山・前掲書（第3章1の注（48））824頁は，受益が金銭の時の法定利息を付し，金銭でない時には金銭に換価して法定利息を付すべきものとする。要件論には立ち入っていない。

四宮和夫・事務管理・不当利得・不法行為〔1981年・83年〕94頁以下参照。ただし，受益者が過剰利得を獲得した場合に，悪意であればそれを返還させることが可能とするが（準事務管理の場合），それは704条をも超えるものとする。

平田健治・判批・現代消費者法9号86頁は，詳細な沿革の検討から，悪意受益者の責任は，①本来の受益ないし増殖部分の残存部分の返還と②保管義務・維持増殖義務とその違反に裏打ちされた部分（物の滅失損傷，未収取収益ないし果実）の二元性でとらえられるとし，②の部分を広義の損害賠償ととらえることができるが，受益の客観的収益可能性に着目したものという限界があり，損失に機縁があっても給付者（損失者）側の事情にもとづく損害はこの限界を超えるとする。

(22) 我妻・前掲書（事務管理・不当利得・不法行為）87頁。ただし，やや一般論である。

(23) 我妻・前掲書 V₄ 108頁。

(24) 判時2064号58頁コメント。

(25) 判時2058号60頁コメント。

(26) 同。また，時的限界の問題では，最判平2事件にも意味が残っているということになろうか。つまり，誤解してもやむをえないという事情があったといわれるのである。

第2部　利息と信用，倫理

1990年代の消費者金融による貸金業法43条の活用拡大に貢献した判決である。しかし，同判決は，最高裁判決の流れではむしろ異質のものであり，過大視するべきではない。

(27)　そこで，村田大樹・金判1336号92頁は，703条の適用を否定すれば，704条後段によるまでもなく，704条前段によることができるとする。なお，田中整爾（谷口知平＝甲斐道太郎編）・新版注釈民法（18・1991年）474頁（銀行に預金利息相当の支払義務を認めた最判昭38・12・24民集17巻12号1720頁につき，受領したものに利息をつけて返すのは704条の悪意の場合に限るはずであるとする。そこで，付利息は不当利得の一般論によるのではなく，金銭債権の特質によるものとして，金銭がつねに利息を生むとする好美説を引用している（前掲論文（前注(47)・387号）下・33頁）。

　加藤雅信・財産法の体系と不当利得法の構造（1986年）387頁は，704条による「悪意」について，たんなる知・不知だけではなく，「帰責事由的な内容を含む」ものとする。内容は必ずしも明確ではない。これは，そうしないと，「帰責事由がないままに，民法704条によって損害賠償義務を負う場合がでてくる」ことを防止するためであるから，過失責任主義にもとづき，不法行為の要件を考えるということである。そこで，結果的には，確認説となろう。

(28)　前述の（ハンブルクの）有料駐車場の利用のケースにおいて（第3章1(3)，10巻2号43頁），Aが有効な駐車契約があると思っていたが，無効であった場合は給付利得であり，契約なしにかってに駐車した場合は侵害利得＝704条である。ただし，後者の場合に，近くにある無償の駐車場と間違えた場合には，利得の軽減＝703条のよちがある（たとえば，誤って駐車したスペースの隣に自分の駐車スペースがあれば，利得はゼロである。そうでないとの立場でも，通常の駐車料金が限度である）。給付利得には利得の軽減のよちはない。さらに，かってに駐車する場合に，利得の基準は通常の駐車料金であるが，そこの駐車場がその時間だけとくに高値でBが予約しており，Aの駐車によって，所有者の利益が害される場合がある。これは，悪意の利得の範囲に包含されようが，起草者風に考えれば（704条を例外とする考え方），損害賠償の場合ととらえられる。ただし，通常は，一般の不法行為の要件をも具備するであろうし，かつ，こうした予見が可能であれば，それは416条の特別損害の要件をも満たすであろう。そこで，704条2項には，そうした立証が利得者に転換される点にだけ意義があることになる。また，704条に全利得の返還をみる場合には，とくにこれを損害賠償と位置づける必要もない。

(29)　川角由和・民商142巻3号338頁。さらに，同論文は，法典調査会における議論から，立法者は，すでに，704条前段と区別して，後段の損害賠償責任を709条の不法行為責任としていたとする。円谷・後注(30)も，提出案714条は現行規定と変わらないものとする。

(30)　本件につき，円谷峻・金判1342号7頁（立法者など学説に詳しい。704条後段は注意的規定とする），藤原正則・金法1905号71頁(判決を肯定。同・不当利得法2002

年139頁，160頁参照。確認説であるが，金銭は，当然に利息が付されるものとする），川角・前掲論文330頁（我妻説を特別責任説とし，最高裁がこれと異なる立場をとったことに大きな意味があるとする），村田・前掲90頁，平田・前掲論文（現代消費者法9号）86頁。また，潮見佳男・債権各論Ⅰ契約法・事務管理・不当利得（2009年）315頁も，確認説である。福地俊雄・前掲新版注釈民法（18・前注（27））657頁は，学説につき詳細であるが，みずからの立場を明示していない。

(31) 別の論点であるが，ここでは，判決は，とくに「充当合意」があることを予定していない。弁済後の再貸付以来登場した判例の充当合意は不要となっている。当然充当の理論にいつの間にか回帰していることが注目される。

　　ただし，この合意構成には問題があり（10巻2号487頁，Ⅱ6(2)参照およびその注31），最判平23・7・14は，金銭消費貸借に係る基本契約が順次締結されて借入れと弁済が繰り返された事例に関して，取引の中断期間があるにもかかわらず，各契約に当事者からの申出がない限り契約を継続する旨の定めがあることを理由に先の基本契約に基づく過払金を後の基本契約に基づく借入金債務に充当する合意があるとした原審の判断に違法があるとし，充当を制限する理論を唱えた。最判平21・1・22民集63巻1号247頁から，「充当合意」の判断について，およそ2年半ぶりの正面からの判断である。この間の第1小法廷の裁判官の構成の変化は，以下のとおりである。短期間の間に，3人の裁判官が交代し，かつての泉コートの精神が歪められている。これは，2000年代の第2小法廷の滝井コートと整合し，あるいはそれを引き継ぐものであった（最判平15・7・18民集57巻7号895頁参照）。

第1　小法廷の裁判官の変動

最判平21・1・22民集63巻1号247頁	泉徳治	甲斐中辰夫	涌井紀夫	宮川光治	櫻井龍子
最判平23・7・14	↓ 金築誠志	↓ 横田尤孝	↓ 白木勇	宮川光治	櫻井龍子

(32) 本判決の判批としては，岡林信幸・LEX/DB 文献番号25442110，山本豊・重要判例解説・平22年98頁，拙稿・私法判例リマークス43号42頁参照。
(33) 【理論】377頁。
(34) 継続的な取引では，個々の貸借を個別ではなく，一体としてとらえる必要があり，このような発想は，貸付の一連性を肯定した最判平15・7・8民集57巻7号895頁ほかにみられた。5条の予定するのは，このような場合ではなく，契約が別個のものと数えられる場合に限られるから（訴訟物は別である），一体となる場合には明文の規定は不要となるのである。

　　そこで，こうした一連の契約にもとづく債務に抵当権を設定するとすれば，債権額は不特定であり（分割して債権額を登記することはできず），根抵当によることになろう。将来債権については，金銭の交付がないから，要物契約の要件を満たさず，登記原因は，諾成的消費貸借契約として登記することになる。

第2部　利息と信用，倫理

(35) 【理論】375頁．

(36) 判時2084号7頁コメント参照．「弁済だけを続けていれば残元本がいくら減少しても制限利率は上がらないのに，わずかでも借増しをすればそれを機に制限利率が上がるというのは，バランスを失する」とする．弁済して上がらないのは当然であるし，借増しをすれば，むしろ制限利率の下がることが問題になるはずである（元本が大きいほど利率は制限）．文意だけでは必ずしも十分ではないが，単純な弁済だけだと，利率は同じであるが，リボルビング払いで，貸増しして弁済もする方式にすれば，元本が「減少」したときに「制限利率が上がる」のはおかしいということであろう．継続した取引の途中で，いきなり制限利率が上昇するのは，債務者にとって不意打ちとなる．

(37) 岡林・前掲判批4頁．

(38) 利息制限法は，元本額によって3段階の制限利率の定めをおいている．すなわち，元本額が10万円未満で年利2割，10万円以上100万円未満で年利1割8分，100万円以上で年利1割5分の制限である．こうした元本額による制限利率の区別は，旧利息制限法（1877年＝明10年9月11日の太政官布告66号）以来のものである（原規定2条では，元金100円以下2割，100円以上1000円以下1割5分，1000円以上1割2分）．

(39) 立法政策としては，特定の小口金融の利率は低くするとの配慮もあるが（たとえば，奨学金とか，ニューディール時の小口貸付など），わが利息制限法は，元本が大きい場合により低利の利率を定めているのである．利息の総量規制の趣旨であり，また，大規模な融資が低利になるのは経済的な傾向でもあり，一般的な規制としては，それなりの合理性はあると思われる．また，この方式によれば，債権の種類を問う必要もなくなる．反面で，元本額がいくらかは，制限利率の決定に関わることになる．

　なお，制限利率は，基本的には貸付時の元本額によって決まることであり，当初元本額が100万円以上であったからといって（年利1割5分），分割弁済をして100万円を割った時点から利率が1割8分に上昇するわけではない．さもなければ，一括弁済と分割弁済というだけで，制限利率が異なる結果となる．

(40) たとえば，2007年にクレディアが破綻し，2009年2月にSFCGの破綻・民事再生があった．

(41) 読売新聞2011年3月1日，産経新聞同年3月1日．

(42) 兼子一監修（三ケ月章ほか）・条解会社更生法（下，1974年）719頁以下，725頁．「本条が，届出のない限り，管財人の調査により知れている更生債権・更生担保権をも一律に失権するとしている点については，母法以上に失権的効果をきびしくするものであり，またわが破産法の免責制度とも平仄の会わぬところがあるとして，立法論的には再検討すべきであるとの批判（三ケ月）」があるとする．

　また，その合憲性については，最判昭45・12・16民集24巻13号2099頁がある．株主については，更生計画の定めによって権利が認められれば，その権利は，手続に参加しない株主にも認められることとの対比であるが，あとは抽象論である．なお，

(43) 本件につき，吉田光硯・リマークス43号6頁，杉本純子・金判1336号94頁，岡正晶・民商142巻2号238頁，高橋譲・金法1906号18頁，田中幸弘・金法1906号26頁など。なお，本篇では，訴訟法に固有の論点については立ち入らないので，これらを参照されたい。

(44) 吉田・前掲論文9頁は，判決の結論を「やむを得ないもの」とする。TCMの更生手続で，過払金返還請求権については，届出がなくても失権しないという扱いがされ，旧会社更生法の適用される場合には，「同様の実務が定着」したとし，また高利貸金営業に伴って発生した過払金債権は，「例外なく共益債権と扱われている」と指摘する。また，現会社更生法では，旧241条が現204条に引き継がれているが，会社更生規則42条が設けられ，管財人には，知れている更生債権者で，届出をしていない者に対する通知が義務づけられているとし，また，武富士の会社更生手続においては，実際に多数の届出があったことから，「ここまで手当てがなされていれば，旧法で確立された実務に遜色ない」とする。

　しかし，武富士の件では，管財人から知れた債権者への通知書が発送され，また新聞などで，失権についてのマスコミ報道が行われた結果であり，そうでない場合の一般の債務者にとっての周知可能性には，疑問がある。最低限，知れた債権者への通知は必要であり，これがない場合の失権には大いに疑問があるといわなければならない。

　債務者の財産が債権の共同担保になる破産の場合と異なり，会社更生の場合には，なるべく更生をということであろうが，財産権への侵害を伴うものであるから，最大限，手続的な保障を行う必要がある。債権者の平等は，市民法的な最低限のルールである。会社更生法の規定そのものは違憲ではないというのが，前述の判例であるが（前注（42）），それは同時に，（実体的切捨てには）少なくとも十分な手続的保障を求めるものでもあろう。

(45) 浅見牧夫「過払金返還請求事件における冒頭ゼロ計算・推定計算（1）」市民と法67号78頁参照。また，東京地裁の新受件数は，2007年から急増し（80%），2008年に33%増，2009年に60%増，2010年までは増加し，これが減少に転じたのは，大手消費者金融会社の倒産の結果であったとの指摘もある（澤野芳夫・三浦隆志・竹田美和子・佐藤重憲「過払金返還請求訴訟における実務的問題」判タ1338号15頁）。

(46) 銀行預金には，一定額まで保護が行われる預金保険の制度があるが，消費者信用の過払金返還請求権に関しても，類似の制度を新設する可能性もある。クレジットカード被害の救済も参考になろう。

(47) 2000年代後半とはやや異なる最高裁の変質をみることができる。ほかにも，敷引契約の有効性を肯定した最判平23・3・24裁時1528号15頁，最判平23・7・12裁時1535号5頁，更新料の支払を要する条項の有効性を肯定した最判平23・7・15裁時1535号13頁，上述（注（31）参照）の充当合意判決などを指摘しうる。2000年代の学納金返還訴訟に関する一連の判決（最判平18・11・27民集60巻9号3732頁など

第 2 部　利息と信用，倫理

　　　5件の判決）との相違が顕著であろう。
(48)　最判昭 41・4・14 民集 20 巻 4 号 611 頁，最判平 9・12・18 民集 51 巻 10 号 4210 頁。前者は，先取特権の目的物件による代物弁済が否認の対象とならないとしたものであり，後者は，なる（先取特権は消滅）としたものである。
(49)　旧民法制定時の議論につき，【理論】18 頁以下参照。

〔追記〕最高裁は，近時，最判平 23・9・30 裁時 1540 号 10 頁においても，充当合意（一橋法学 10 巻 2 号 487 頁，II 6(2)およびその前注（31）参照）に近い合意の構成をもちだした。貸金業者 Y がその完全子会社 A の顧客 X との間で行われた取引を貸金業者・顧客間の取引に切り替える趣旨で金銭消費貸借取引に係る基本契約を締結するに当たり，顧客の完全子会社に対する過払金等返還債務を含む全ての債務を貸金業者が引き継いだのか否かが争われた事件において，貸金業者が過払金等返還債務をおうとする。

　これは，営業譲渡と過払金返還請求権の帰趨に関する従来の 3 判決を実質的に修正するものである（最判平 23・3・22 裁判集民事 236 号 225 頁，裁時 1528 号 13 頁，判時 2118 号 34 頁，判タ 1350 号 172 頁，最判平 23・7・7 裁時 1535 号 1 頁，最判平 23・7・8 裁時 1535 号 2 頁）。

　こうした一連計算は，過払金返還債務を含む貸金債権においては当然のことであり，同事件に特殊なものではない。結論は妥当であるが，合意の構成は不明確である。過払金返還債務の承継をきわめて限定した他の判決との相違が読み取りにくい。これにつき，拙稿「債権譲渡における画一性と相対性」平井一雄先生喜寿記念・債権管理の理論と実務（2012 年）355 頁参照。

　無理な合意による方法は，不安定であり，近時の敷引や更新料特約の解釈にもみられる（最判平 23・3・24 民集 65 巻 2 号 903 頁，最判平 23・7・12 裁時 1535 号 5 頁，最判平 23・7・15 裁時 1535 号 13 頁。これに対し，最判平 17・12・16 判時 1921 号 61 頁は，建物の賃貸借契約において，通常の損耗の回復は基本的に賃貸人が負担するものとし，明確な合意がない限り，賃借人の負担とすることはできないとしていた。2 章 6 の注 31 参照）。

第 2 篇　多重債務問題

1　利息制限法の改正

　2003年以来の最高裁判例の展開をうけ，2006年12月13日に改正貸金業法が成立し，貸金業法，出資法，利息制限法等の改正が行われることとなった（同12月20日公布）。2006年の改正法は段階的に施行されたことから，最終的な施行期日は，2010年6月となった。

　その内容は多様であり，①多重債務問題に対する政府の努力義務，②ヤミ金に対する罰則の強化，③貸金業の適正化（貸金業協会の自主規制機能強化，行為規制の強化，行政処分の強化と業務改善命令の導入），④貸金業への参入条件の厳格化，貸金業務取扱主任者試験制度の創設，過剰貸付の抑制（指定信用情報機関制度の創設，勧誘等の制限），⑤改正法の眼目といえる上限金利の引き下げ，総量規制等がある。⑤によって，貸金業法上のみなし弁済制度とグレーゾーン金利は廃止され，出資法の上限金利は20％に引下げられる（貸金業法43条削除，あわせて利息制限法1条2項，4条2項も削除。出資法5条2項の改正）。すなわち，これを超える場合には刑事罰が科される。ただし，利息制限法の上限金利は，3段階の区分であるから，利息制限法の上限金利（20％～15％）と出資法の上限金利（20％）との間の金利での貸付けについては，行政処分の対象とされる。関連して，保証料の引き下げ規定もおかれる。出資法の特例であった日賦貸金業者および電話担保金融の特例も，廃止される。さらに，部分的にはすでに行われたヤミ金対策も強化される。

2　多重債務の増加

　従前の貸金業法等の改正とは異なり，多重債務が発生してからの事後的な救

済を考えるだけではなく，発生自体を予防し，高金利の借金に陥らないセーフティネットワークを構築することが改正法の特徴である。

多重債務問題の解決には，たんに法律の規定を修正するだけではたりず，より根本的な前提条件の整備が必要となる。多重債務者の増加が社会問題となって久しく，自己破産申請件数（自然人）は，2003年に24万件を突破し，その後減少しつつはあるが，なお年間20万件に近い高い水準にあり，潜在的な多重債務者は，その十倍にも達すると予想される。個人再生手続の新受件数（総数，2007年度）は，年2万7000件を超えている。

そこで，長期的な視野での多重債務の発生阻止，多重債務に陥らない方策，多重債務に陥ってからの救済，多重債務を契機とする犯罪の防止など，多角的な対策が必要とされているのである。

3　セーフティネット

改正法に，多重債務問題に対する国の責務が明記されたことから，2006年12月22日には，多重債務者対策本部が内閣に設置され，2007年4月20日には，多重債務問題改善プログラムが決定された。その骨子は，①丁寧に事情を聞いてアドバイスを行う相談窓口の整備・強化，②借りられなくなった人に対する顔の見えるセーフティネット貸付けの提供，③多重債務者発生予防のための金融経済教育の強化，④ヤミ金の撲滅に向けた取締りの強化である。これらは，国・地方自治体および関係団体が一体となって実行すべき施策であり，あわせて多重債務者対策本部において，少なくとも改正貸金業法の完全施行までの間，各年度において，施策の進捗状況のフォローアップを行い，プログラムの着実な実施を確保することとされた。

①関係では，2007年から2009年まで毎年4カ月にわたり，全国一斉の多重債務者相談強化のキャンペーン等が実施され，全国で多重債務者向けの無料相談会が開催されている。

②関係では，高リスク者の受け皿となる消費者向けのセーフティネット貸付があり，日本版グラミン銀行モデルの拡充や「消費者信用生活協同組合」による生活再生貸付事業が始動しつつある。

③関係では，多重債務者発生予防のための金融経済教育が強化され，高校生

までに，借金をした場合の金利や返済額，上限金利制度，多重債務状態からの救済策（債務整理等の制度や相談窓口の存在）等の知識を得られるよう取り組むこと，高校の家庭科の学習指導要領において，多重債務問題について取り扱うこと，借金の問題の解説や金融取引の基礎知識をまとめたパンフレットやDVD教材の作成等が行われる。

④関係では，警察や監督当局によるヤミ金の撲滅に向けた取締りを徹底し，被害相談をうけた監督当局・警察は，電話による警告等を積極的に行うものとされる。また，警察は，携帯電話の不正利用停止制度の積極的活用を行い，犯罪収益移転防止法においては，郵便物受取・電話受付サービス業者に対して，本人確認，疑わしい取引の届出等が義務付けられたことから，ヤミ金対策に積極的に活用されるものと期待されている。

債務相談の窓口は，都道府県，市町村の窓口の整備が進み，日本弁護士連合会，日本司法書士会連合会，日本司法支援センター（法テラス），各地の財務局などにも，多様な窓口がある。窓口や相談は，債務整理に直結するものでなければならないが，整理費用の負担削減も必要となる。さらに，都道府県の自殺対策担当部署との連携体制の必要性，また，ヤミ金相談と警察への情報提供，公的な融資制度相談と社会福祉協議会や各都道府県の担当部局の紹介など，関係機関，各都道府県の関係部局との連携といったきめ細かい体制の充実が必要となる。

なお，より根本的な課題としては，1954年の施行以来変更されたことがない利息制限法の制限利率の引き下げの問題が残されている（旧利息制限法では，1877年（明治10年）の制定後，第一次大戦終了時の1919年の改正によって，最高利率の引下げが行われた）。

第3篇　EU消費者信用指令とドイツ民法の改正

1　はじめに

(1)　2007年と2008年の2つの消費者信用に関するEU指令は，2010年までに，加盟国内の法に実体化される必要がある。これをドイツの実体法，とくに民法（消費者消費貸借，事務処理，撤回権規定の改正）にそくして検討し，わが法の参考とするのが本篇の課題である。

第1に，2007年11月13日の域内市場における支払サービス指令（*Zahlungsdiensterichtlinie* 2007/64/EG, ABl. EU Nr. L 319 S. 1）は，従来の97/7/EG, 2002/65/EG, 2005/60/EGと2006/48/EGの各指令を修正し，また97/5/EG指令を廃止して，2009年10月31日までに国内法化される。第2に，2008年4月23日の消費者信用指令（*Verbraucherkreditrichtlinie* ABl. EU Nr. L 133 S. 66）は，87/102/EWG指令を廃止し，2010年5月12日までに国内法化される。あわせて，信用取引に関するひな型（BGBの情報義務法 Informationspflichten-Verordnung による）の方法も修正される[1]。

改正によって，消費者信用契約における契約上の情報の提供の方法が強化され，消費者は，より多くの情報をえることができ，また提供された信用を比較し，最適な契約を選択できるようになる。また虚偽の情報によるおとり勧誘（Lockvogelangeboten）も防止されるものとされる。また，EU内の現金によらない支払取引が簡明にされ，顧客は，加盟国内では，クレジットカードによらなくても，外国でも口座振替や預金契約上の借方記入（*per Lastschrift*），自動融資）で決済する注文によっても清算できるようになる。

これらのEU指令をうけて，ドイツ連邦議会は，2009年7月2日，消費者信用指令と支払サービス指令を国内法化し，民法の相当部分を改正し撤回権

282

（クーリングオフ権）と返還権につき新規定（インターネット取引にも適用）を定めたのである。消費者信用に関する部分は，民法典の消費貸借契約の規定（488条－512条）に，また，支払サービスに関する部分は，委任と事務処理（Geschäftsbesorgungsrecht）の規定（675a条－676c条）の中におかれる[2]。

この事務処理の規定は，もともと1997年1月27日のEU 97/5/EG指令(ABl. EG Nr.L 43 S.25)と1998年5月19日のEU 98/26/EG（ABl.EG Nr.L 166 S.45）が国内法化され，口座振替に関する旧規定が民法典に定められたときの改正に由来している。

また，民法典の312条から359条は，そこに包含される情報義務（書面の内容）が部分的に民法施行法に移動されることから簡明にされる。ひな型の内容は，民法施行法の付属1，2として残される（施行法246条の§1以下＝通信販売，247条の§1以下＝消費者消費貸借と他の信用契約，248条の§1以下＝支払サービス給付）。

(2) 従来，消費者保護に関するEU指令は，必要に応じてかなり多数定められてきた[3]。相互の見通しが悪くなったことから，EUは，消費者保護に関する主要な指令の整理を計画しており，すでにEU委員会は，2008年10月8日に，4つの消費者保護に関する指令（訪問販売指令，約款指令，通信販売指令，消費物売買指令，Haustürwiderrufsrichtlinie, 85/577/EWG; Klauselrichtlinie, 93/13/EWG; Fernabsatzrichtlinie, 97/77/EG; Verbrauchsgüterkaufrichtlinie, 1999/44/EG）の統一を決定している。

ただし，ドイツ法との関係では，消費者に不利な定めや変更も，統一に伴う改正によって生じる可能性があり，調整が必要となっている。たとえば，訪問販売と通信販売で，撤回権の説明がない場合には，消費者には，期限のない撤回権があることになるが，指令案では，売主が義務を果たしたときから，3か月で消滅するものとされ，また，ドイツ法に従来なかった責問義務（Rügepflicht）が導入される。消費者は，売主に，瑕疵を発見したときから2カ月内は，有効に担保請求権を主張できるが，責問が時間内にされないときには，これを失うとされる[4]。この改革も，そう遠くはないと思われるが，今回の改正は，消費者消費貸借[5]と支払サービスの改革を優先したものである。

(3) 2009年7月2日に，連邦議会を通過した法案は，連邦参議院にも送ら

第2部　利息と信用，倫理

れるが，基本法上必ずしもその賛同を必要としない（nicht zustimmungspflichtig）。そこで，支払サービス指令の国内法案は，2009年10月31日に発効し，その他の法案も，2010年6月11日に発効することになる。

2　個別の論点

個別に論点となるところは，以下の3点である。

(1)　第1は，消費者消費貸借（Verbraucherdarlehen）の修正である（491条以下の修正）。わが貸金業法の消費者保護に関する部分に相当する。

消費者消費貸借では，情報の提供と契約の説明の部分が論点である（360条新設規定）。消費者は，消費貸借契約の締結に先立って，信用の重要な部分（wesentliche Bestandteile）についての情報をうけることができる（491a条，492条の修正，新493条，494条の修正など）。それによって，消費者は，可能な複数の勧誘を比較し，自分の目的にそくした選択と決定をなしうる。これは，自己決定的な消費者の理想像に合致するものであり，その前提を準備するものである。特定の信用に関する契約の選択がされると，消費者はその契約の主要な点の情報をうけることができる。説明は，従来からも存在する契約上の義務である。

わが貸金業法は，2006年の改正において，貸手責任の考え方をいれ，過剰信用の供与を防止する手段を講じた。ドイツの消費貸借法は，これとはやや趣きを異にし，消費貸借の貸主は，借主に対し，契約の締結前に，契約が，借主の意図した目的とその財産関係に適合するかどうかの判断をなしうるような適切な説明をするものとした。貸主の提供する契約の特徴を説明させるものである（491a条3項参照）。たんなる保護や抽象的な貸手責任だけをとるのではなく，より具体的な説明責任を定めるところに特徴がある。履行遅滞の説明をも義務づけ，借主の自覚をうながしている。借主の自己責任の前提条件の完備を目ざしているのである。

また，消費貸借契約の広告が強く規制され，信用条件が開示されなければならない。最高額，費用，実効年利などの標準情報（Standardinformationen）が定められる（価格表示法6a条＝Preisangabenverordnungによる）。消費貸借契約の締結のために広告をする者は，個々の数字（たとえば，とくに低い利率）だけを述べてはならないとされる。また，契約に要する費用を開示し，この数字は，

現実の例（Beispiel）によって説明されなければならない（価格表示法6a条3項）。それによって，利点だけを述べたおとり勧誘が制限され，消費者は，表示された情報をみて，みずから契約締結の長所と短所を考慮することができるのである。

　ドイツ連邦銀行の月刊統計によれば，ドイツ国内には，およそ2000の国内銀行と250の外国銀行の支店がある。また，リース会社，商品の信販会社などが，2000ある。これら全4250の企業を基礎とすると，それらが，年に3回広告を出すとすれば，それだけでも，4250×3＝1万2750の広告が対象になる[6]。

　さらに，消費者消費貸借のためのひな型が示される。異なった信用契約につき，消費者への説明のために，統一的なひな型が適用される。このひな型によって，消費貸借の負担が容易に認識できるようになり，異なった勧誘の比較がより容易になる。ひな型は，EU内すべてで行われるから，顧客は，外国の契約をも比較できるようになるのである。

　消費貸借契約の一方的な解約権である告知の規定も，大幅に修正された（499条から505条の追加。旧489条，490条）。消費貸借の貸主による告知には，期間の定めのない契約でも，少なくとも2ヶ月の告知期間が合意されなければならない（499条）。これは，実質的には，貸主の告知権の制限である。それに対し，消費者は，期間の定めのない契約では，いつでも告知できる（489条，490条の改正，500条）。こちらは，期限前の弁済を認める規定と同じ趣旨である（告知の自由）。期間の定めがあっても，それは消費者にとっては1か月を超えてはならない（告知期間のある告知，befristete Kündigung）。借主の告知の自由を確保するためである。借主は，期限の定めがあっても，いつでも弁済することができ，貸主が，この場合に，期限前の賠償を求めるときには，期限前に弁済する額の1％を限度とする。

　こうして，履行期前の支払については，履行期前の返還にさいして貸主が請求できる額を制限している（501条，502条）。これは，わがくにでは，最判平15・7・18民集57巻7号895頁によって認められた点である。債権者が，期限まで利息をとる権利が制限され，制限超過の利息を充当するべき場合には，民法136条2項但書の，債権者の期限の利益は排除されるとされた[7]。これにつき，2006年のわが貸金業法は明文を設けなかったが，ドイツの改正法は，

これを明文化したものである。早期に弁済しても貸主がその間の利息を取得できるとすれば，実質的に利息はそれだけ高くなる。上述の平15判決は，利息制限法に違反する場合につき，たんに貸主に期限の利益がないことを述べたものであるが（みなし弁済の制限），ドイツ法では，消費者消費貸借のすべてにおいて，貸主の請求額を制限したのである。

新法によれば，期限の定めのある契約で，土地債務や抵当権のような不動産抵当権により担保されない場合には，消費者は，消費貸借をいつでも全部または一部返済できる。この場合に，消費貸借の貸与者が，期間前の賠償を求める場合には，この請求は，最高でも，期間前に返済される額の1％に制限される（502条）。新規定は，たんに純粋の消費貸借契約のみではなく，他のファイナンス行為をも対象とする。これにより，消費者は，割賦販売取引とファイナンスリース契約でも，消費者消費貸借と同様に，原則として保護されるのである（506条，507条)[8]。

2008年8月のドイツ連邦銀行の統計によれば，被用者全体では，1兆0107億6500万ユーロの信用（負債）をうけており，その内訳は，7881億2700万ユーロが住宅のための信用で（525万件の消費貸借），その他の目的のための信用が2226億3800万ユーロ（2226万件）である。そして，住宅向けの消費貸借では，平均額は15万ユーロ，その他の消費貸借では，平均額は1万ユーロである。そこで，不動産抵当権により担保されないと推定される信用契約も決してわずかなものではない[9]。

(2) 第2は，支払サービス（Zahlungsdienste）の修正である。

支払サービスによる給付（たとえば，振替，カード支払，借方記入）は，現金によらない取引であり，これについてEU内すべてにおいて，消費者の，統一的な権利と義務が定められる（675a条以下。675f条に支払サービス契約の項目を新設）。これに必要な国内および国境を超える支払手続についても，統一ルールが定められる。統一によって，現金によらない支払取引が容易にされ，また法的安定性が増進される。統一的なユーロ支払方法の地域（Euro-Zahlungsraum, single euro payments area – SEPA）の保障は，支払サービスの提供者に，全ヨーロッパ的な支払手続（いわゆるSEPA-Produkte）を展開することを可能にしている。

新ルールによって，たとえばヨーロッパ借方記入手続によって，テネリファ（つまり外国，スペイン，カナリア諸島）の別荘の暖房費や電話費について，あるいは外国滞在中の学生寮の部屋の賃貸借において，毎月，ドイツの口座から振替をすることが可能となる。EU内であれば，外国からの注文のさいにも，支払は，必ずしもクレジットカードによらなくても，預金の借方記入または口座振替（per Lastschrift oder Überweisung）により行われるのである（預金があれば振替，なければ借方になる）。

そこで，支払に関しては，システム提供者の住所は障害にならず（内外業者の区別の禁止），顧客は，もっとも有利な提供を選択できる。そこで，同等の条件のもとで，外国の支払サービスが評価され，国外との競争が促進されるのである。

さらに，業務の遂行と為替価値の確定（統一通貨によらない場合）の期間の統一と短縮に関する新規定が付加されている。従来，国外の振替は，EU内でも，5日（Geschäftstag）以内にするものとされていた。2012年からは，ユーロによる支払委託はすべて1日で処理されなければならない。もっとも，同年までは，3日とする旨の経過期間がおかれている（支払機関の責任については，675u条以下に詳細な規定がおかれた）。期間の短縮によって，支払サービスの利用者は，いつまでに入金しておく必要があるかが明確となることから，目的にそくして支払方法の選択も可能になるのである[10]。

（3）第3は，撤回権と返還権（Widerrufs- und Rückgaberecht）の修正である。

従来の撤回権と返還権に関する規定が，修正される。撤回権は，契約の締結から2週間認められ，期間は撤回権についての説明があった時から進行する（312d条2項，355条）。契約締結から，6カ月で消滅するが，消滅のためにも説明しておくことが必要とされる（355条4項）。撤回権（クーリングオフ権）は，従来ドイツと若干の国だけにみられたが，EUの全域に拡大される。ひな型の改定により，顧客が自分の権利をより明確に知りうるだけではなく，事業者にとっても契約時の説明の軽減を意味するものとなる。というのは，撤回権と返還権に関する説明につき，新たなひな型を使用する事業者は，民法典の要件をみたしたものとして，民法以外の，競争法的な制限や，要件不備のために生じる，期間のない撤回権と返還権にさらされることがなくなるからである（360

条3項)。

　返還権は，撤回権を補充するものであり，意思表示によるのではなく，たんに受領した物を返還することによって撤回に代えるものである。物の返還（通常送付による）には，契約を拒絶する強い意思が包含されているからである（後述・資料360条 (2) 参照）。

　また，撤回権の規定は，たんに消費者契約だけではなく，保険契約にも適用されることになり，法的安定性を増すものとなる。債権総論で発展したものが，保険契約法にも受け継がれるのである。一般法の特別法への拡大といえる。さらに，インターネット・オークションに関する通信販売やインターネットショップの通信販売にも，同様の撤回期間と撤回の効果が広く適用される[11]。

　なお，保険契約法の改正法は，今回の改正に先立って，2008年1月1日に発効した。1908年法の改正であり，保険契約締結にあたっての保険者の保険契約に対する契約への助言，情報提供義務や広告制限，被害者の直接請求権などが定められた[12]。

　ほかに，破産の35%を占める消費者破産では，免責手続の簡素化が課題となっている。さらに，現金によらない支払取引の保護の観点からは，振替口座の喪失が経済的な自由や生存をも害することから，消費者の取引口座の保護のための改革が問題となっている[13]。

　そして，消費者法と不正競争の観点からは，EUのEU-Richtlinie 2005/29/EG指令があり，不正競争防止法（Gesetzes gegen den unlauteren Wettbewerb（UWG））の改正法においては，付則におかれた不公正な取引実務の30の行為のブラックリスト（Schwarze Liste）を修正し，消費者に不利な絶対的禁止行為の追加が行われた。リストに掲載された行為については，消費者の権利の行使が容易になり，禁止の内容も明確になる[14]。たとえば，取引に関する約款（Verhaltenskodex）の作成者である事業者自身が不実の主張（unwahre Behauptung）をする場合（不正競争防止法3条3項の付則1号），不実な表示（die unwahre Angabe）や不正確な印象を与えること（das Erwecken des unzutreffenden Eindrucks），撤回権や返還権のような法定の権利が提供の特性（Besonderheit des Angebots）であるように表示する場合（同項の付則10号），事業者が営業を廃止しまたは営業所を移すとの不正確な表示（同項の付則15号），広告の品や役務

がすでに予約されているとの不正確な印象を与えて勧誘し広告する（Übermittlung von Werbematerial）こと（同項の付則22号）などがある。

具体的には，顧客が，保険会社に書面で保険契約上の主張をしたが，会社は，消費者が契約上の権利を行使することを断念するように，組織的にこれに答えなかったといった例がある。こうした行為は，不正競争防止法3条3項付則27により違法とされる[15]。しかし，その内容は，契約義務に関する民法規定とも近接している。そこで，同法の行為は，契約締結時の事業者の義務をもカバーする限りで，消費者信用に関する今回の改正を補完する意味をもっている。

さらに，消費者紛争における集団訴訟手続の導入が課題となっている[16]。

3　特別法の一般化と日本法への示唆

ドイツの消費者消費貸借においては，従来からも契約条件（実効金利など）の開示などの要件は，比較的整備されていた（旧492条の契約書面）。これは，わが貸金業法とそう変わらない（貸金17条，18条参照）。また，撤回権の定めがあることが特徴であった（495条）。しかし，消費貸借以外の信用契約ではやや制限されていた（旧499条以下）。改正法は，消費貸借とその他の信用取引の相違をできる限り最小限のものとしたのである。これは，保護法規の一般法化とも位置づけられよう。

個別の論点については繰り返さない。立法技術として，消費者消費貸借を個別に規定するのではなく，統一的な消費者信用法，さらには民法典に統合することの利点が生かされているとみることができる。これに対し，わがくにには，統一的な消費者信用法は存在しない。民法の債権各論中に，わずか6条の消費貸借の項目があり（587条以下），また債権総論の中の金銭債権と法定利率（402条以下），あるいは金銭債務の不履行（419条）の規定によってカバーされる領域があり，ほかに，利息の制限については利息制限法が，貸金業の規制については貸金業法がある。そして，刑事法的な規制としては，出資法が存在する。さらに，広義の消費者信用に関係する法律としては，割賦販売法や特定商取引法，金融商品取引法などがある。いずれも特定の分野を対象とするものであり，包括的なものではない。

法体系を見通しよくするためには，包括的な消費者信用法制，あるいは民法

典への統合の方法があり，立法技術的にも，個別法規相互の間のもれをなくすためには，望ましい。しかも，その場合には，上述のような特別法の一般化ともいえる理論の深化も期待できるのである(17)。

また，振替など支払サービスなど銀行業務に関連する事項が広く民法の対象となり，法によって具体的に規制されたことは注目される。消費者保護法の新たな領域であり，わが法でも考慮するべき方向といえる(18)。

（1） 国内法化される EU 指令とそのドイツ語の正文は，以下のとおりである。
①Richtlinie 2007/64/EG des Europäischen Parlaments und des Rates vom 13. November 2007 über Zahlungsdienste im Binnenmarkt, zur Änderung der Richtlinien 97/7/EG, 2002/65/EG, 2005/60/EG und 2006/48/EG sowie zur Aufhebung der Richtlinie 97/5/EG. (Text von Bedeutung für den EWR).
②Richtlinie 2008/48/EG des Europäischen Parlaments und des Rates vom 23. April 2008 über Verbraucherkreditverträge und zur Aufhebung der Richtlinie 87/102/EWG des Rates.
④消費者信用指令，支払サービス指令の国内化および撤回権と返還権に関する法律（連邦政府草案，2008 年 11 月 5 日，Gesetzentwurf der Bundesregierung, Entwurf eines Gesetzes zur Umsetzung der Verbraucherkreditrichtlinie, des zivilrechtlichen Teils der Zahlungsdiensterichtlinie sowie zur Neuordnung der Vorschriften über das Widerrufs- und Rückgaberecht, 2008. 11. 5). S. 1 A Problem und Ziel; S. 97 Begründung A. Allgemeiner Teil. 参事官草案については，⑤消費者信用指令，支払サービス指令の国内化および撤回権と返還権に関する法律参照（参事官草案，2008 年 6 月 17 日，Referentenentwurf, Gesetz zur Umsetzung der Verbraucherkreditrichtlinie, des zivilrechtlichen Teils der Zahlungsdiensterichtlinie sowie zur Neuordnung der Vorschriften über das Widerrufs- und Rückgaberecht, 2008. 6. 17).

なお，EU の競争力維持委員会（EU-Wettbewerbsfähigkeitsrat）が新しい消費者信用指針の合意をしたのは，2007 年 5 月 21 日であった。⑧BMJ, EU-Wettbewerbsfähigkeitsrat: Politische Einigung über die Verbraucherkredit-Richtlinie（21. 5. 2007）。また，関係委員会である EU の取引，電信通信，エネルギー委員会（Rat der Europäischen Union für Verkehr, Telekommunikation und Energie）が，消費者信用指令に最終同意したのは，2008 年 4 月 6 日であった。⑩BMJ, Verbraucherkreditrichtlinie verabschiedet（8. 4. 2008）。

ドイツにおいて国内法化のために，連邦閣議決定されたのは，2008 年 11 月 5 日であった。⑬BMJ, Bundeskabinett stärkt Verbraucherschutz（5. 11. 2008）。

（ 2 ） ⑤BMJ, Mehr Verbraucherschutz bei Krediten und schnellerer Zahlungsverkehr in Europa (2. 7. 2009). 旅客の権利に関する EU 指令の国内法化は，先立って 2009 年 5 月に実現された。拙稿・国際商事法務 36 巻 12 号 1619 頁参照。Vgl. BMJ, Bahn frei für mehr Verbraucherschutz (24. 4. 2009).
（ 3 ） これらにつき，いちいち立ち入ることはできないが，近時のものにつき，拙稿・一橋法学 7 巻 1 号 47 頁以下の諸指令を参照されたい。
（ 4 ） ⑫BMJ, Zypries：EU darf deutschen Verbraucherschutz nicht aushöhlen (8. 10. 2008).
（ 5 ） ドイツの消費者消費貸借については，拙稿「消費者消費貸借と貸金業法」一橋法学 6 巻 2 号，3 号（契約における自由と拘束・2008 年所収，以下【自由と拘束】として引用。255 頁以下）。
（ 6 ） ④a.a.O., S. 101.
（ 7 ） 平 15 年判決によれば，利息制限「法 1 条 1 項及び 2 条の規定は，金銭消費貸借上の貸主には，借主が実際に利用することが可能な貸付額とその利用期間とを基礎とする法所定の制限内の利息の取得のみを認め，上記各規定が適用される限りにおいては，民法 136 条 2 項ただし書の規定の適用を排除する趣旨と解すべきであるから，過払金が充当される他の借入金債務についての貸主の期限の利益は保護されるものではなく，充当されるべき元本に対する期限までの利息の発生を認めることはできない」。
　わがくにでも，一部の消費者金融会社は，繰り上げ返済でその期間分の利息がつかないことを広告している。
（ 8 ） ⑤a.a.O.；⑬a.a.O.
（ 9 ） ④a.a.O., S. 100. 不動産抵当権により担保される消費貸借にあっては，たとえば，住宅ローンの繰り上げ返済において，総利息額の減額があるのはもともと当然であった。
（10） ⑤a.a.O.；⑬a.a.O.
（11） ⑤a.a.O.；⑬a.a.O.；⑦BGJ, Neues Muster für Widerrufsbelehrungen (12. 3. 2008) によれば，2007 年のインターネット取引は 170 億ユーロであり，2002 年の約 3 倍に達した。
（12） ⑥BMJ, Zypries für Verbraucherschutz europaweit (14. 3. 2007). 保険契約法の改正については，【自由と拘束】76 頁参照。
（13） ⑨BMJ, Erfolgreicher Verbraucherschutz durch Rechtspolitik (14. 3. 2008). これらは，今回の改正の対象ではない。
（14） ⑪BMJ, Die UWG-Novelle：Verbraucherschutz durch Rechtsvereinheitlichung (21. 5. 2008).
（15） わがくにで 2007 年に起きた保険不払に似た状態である（2007 年には，金融庁が損保各社に業務改善命令を出し，同年 9 月には，生保各社にも，数万件，100 億円規模の不払い問題が発生した）。⑪a.a.O.
（16） ⑭BMJ, Konferenz zur kollektiven Rechtsdurchsetzung - Brauchen wir die Sam-

第2部　利息と信用，倫理

melklage？（25. 11. 2008）．
(17)　近代法の成立以来，絶えず行われてきたのは，民法の商化であるが，民法の保護法化はこれに対応するものと位置づけられる。
(18)　同様のことは，たとえば，商法や保険法上の特別な時効がしだいに廃止され，民法の一般規定に統合されつつあることにもみられる。

(関連条文・抄訳)
355条の修正，撤回権と消費者契約（Widerrufsrecht bei Verbraucherverträgen）
　(1)　消費者が法律により撤回権を有し，定められた期間内に撤回したときには，契約締結に向けられた自分の意思表示に拘束されない。撤回には，理由づけ（Begründung）を必要としない。ただし，書面によって，または物を返還することによって，<u>2週間以内（撤回期間内）</u>に事業者に対して表示されなければならない。期間の遵守については，期間内の発信（Absendung）をもってたりる。【1項では2文の「<u>2週間以内</u>」（von zwei Wochen）が「<u>撤回期間内</u>」（von der Widerrufsfrist）に置き換えられただけである】
【旧2項，3項は，以下のように，新2項から4項に置き換えられた。】
　(2)　撤回期間は，消費者が遅くとも契約締結のさいに，360条1項による撤回の説明の要件を書面で通知されたときには，14日とする。通信販売契約では，契約締結後遅滞なく書面で行われた撤回の説明は，契約締結時の説明と同等のものとする。ただし，事業者が消費者に対し，民法施行法246条§1第1項10号に従って説明した場合に限る。撤回の説明が，消費者に対し，1文または2文に従った時点後に行われたときには，撤回期間は，1か月とする。事業者が消費者に対し，民法施行法246条§2第1項1文2号に従って，1文または2文で述べられた時点よりも遅く通知したときにも同様とする。
　(3)　撤回期間は，消費者が360条1項の要件に従った撤回権の説明を書面で通知したときから進行する。契約が書面により締結されるときには，その期間は，消費者が，契約書面か，消費者の書面による申込，あるいは契約書面または申込の写しをも取得するまでは進行しない。
　(4)　撤回権は，遅くとも契約締結後6か月で消滅する。この期間は，商品の交付の場合には，受領者に受領されるまで進行しない。1文にかかわらず，撤回権は，消費者が，360条1項の要件に従い，撤回権について書面で説明しないときには消滅しない。さらに，金融サービス給付（Finanzdienstleistungen）に関する通信販売契約においては，事業者が民法施行法246条§2第1項1文1号および2号1号から3号による通知義務をみたさない場合には消滅しない。

360条　撤回権と返還権（Widerrufs- und Rückgabebelehrung）
　(1)　撤回権の説明は，明確に行われなければならず，利用される手段の必要に応じて，消費者に対し，権利の本質（wesentliche Rechte）について明確に述べなければなら

ない。以下のものを包含することを要する。
　　1．撤回権のあることの指摘，
　　2．撤回は，何らの理由をも必要とせず，かつ撤回期間内の書面または物の返還によって表示できることの指摘，
　　3．撤回が表示される相手方の名称と受取可能な住所，
　　4．撤回期間の存続期間と始期，および期間の遵守のためには，期間内の撤回の意思表示の送付または物の送付でたりることの指摘。
（2）　返還の説明については，1項1文を準用する。
説明には，以下のものを包含することを要する。
　　1．返還権のあることの指摘，
　　2．返還権の行使は，何らの理由も必要ではないことの指摘，
　　3．返還権は，物の返還のみによって，または，物が小包によって（als Paket）送付できないときには，受取の請求（Rücknahmeverlangen）が，返還期間内に書面によって行使できることの指摘，
　　4．返還が行われる相手方または受取請求の意思表示がされる相手方の名称と受取可能な住所，
　　5．返還期間の存続期間と始期，および期間の遵守のためには，期間内の物の送付または受取の請求でたりることの指摘。
（3）　民法施行法の付属1のひな型が書面により使用されたときには，355条3項に従い消費者に通知するべき撤回の説明は，1項の要件と本法の補充規定を満たすものとする。民法施行法の付属1のひな型が書面により使用されたときには，356条2項2文，355条3項1文により消費者に通知するべき返還の説明は，2項の要件と本法の補充規定を満たすものとする。事業者は，1項1文を考慮したうえで，ひな型のサイズと活字（in Format und Schriftgröße）を修正し，事業者の会社または記号を付加することができる。

491a条　消費者消費貸借契約における契約前の情報提供義務（Vorvertragliche Informationspflichten bei Verbraucherdarlehensverträgen）
（1）　消費貸借の貸主は，借主に対し，消費者消費貸借契約において，民法施行法247条の定める事項（Einzelheiten）について定められた方式で通知しなければならない。
（2）　消費貸借の借主は，貸主に対し，消費者消費貸借契約の提案文書（Entwurf）を請求することができる。ただし，契約締結時に貸主に準備がないときは，この限りではない。
（3）　消費貸借の貸主は，借主に対し，消費者消費貸借契約の締結の前に，契約が，借主の意図した目的と自分の財産関係（dem von ihm verfolgten Zweck und seinen Vermögensverhältnissen）に適合するかどうかの判断をなしうるような適切な説明（angemessene Erläuterungen）をしなければならない。また，必要な場合には，1項の契約前の情報において，貸主の提供する契約の特徴，ならびに借主への契約に特徴

的な影響，さらに支払遅滞の効果を説明しなければならない。

675 f 条　支払サービス契約（Zahlungsdienstevertrag）
（1）　個別の支払契約（Einzelzahlungsvertrag）によって，支払サービス業者は，支払者，支払受領者，あるいはその双方として支払サービスを求める者（支払サービス利用者，Zahlungsdienstnutzer）に対して，支払業務（Zahlungsvorgang）を行う義務をおう。
（2）　支払サービス基本契約（Zahlungsdiensterahmenvertrag）によって，支払サービス業者は，支払サービス利用者に対して，個別または順次の支払業務を行う義務をおう。必要な場合には，支払サービス利用者に対し，利用者の名前による，あるいは多数の支払サービス利用者〔家族口座などの場合である〕の名前による支払口座を与えなければならない。支払サービス基本契約は，その他の契約の一部となり，あるいは他の契約と関連づけられることができる。
（3）　支払業務は，支払者と支払受領者の間の基礎的な法律関係にかかわらず，金額の準備，送金，引出し（Bereitstellung, Übermittlung oder Abhebung eines Geldbetrags）をいう。支払委託は，支払者が支払サービス業者に，直接たると間接たると，支払受領者への支払業務の遂行を求める委託をいう。
（4）　支払サービス利用者は，支払サービス業者に対し，支払サービスの履行のために合意した対価を支払う義務をおう。本款〔委任，事務処理に続く「支払サービス」の項目〕による付随義務の履行については，支払サービス業者は，報酬の請求権が認められ，かつ支払サービス利用者と支払サービス業者との間で合意された場合にのみこの請求権を有する。
（5）　支払受領者と支払サービス業者の間の支払サービス基本契約においては，特定の支払認証方法（bestimmten Zahlungsauthentifizierungsinstrument）の利用のために支払者と報酬を合意しまたは支払者に割引（Ermäßigung）をする支払受領者の権利は，排除できない。

第4篇　旅客（鉄道交通）の権利・義務に関する EU 指令と契約上の地位

1　EU 指令と旅客の権利

　EU は，2007 年 10 月 23 日の鉄道交通における旅客の権利と義務に関する指令（Verordnung (EG) Nr. 1371/2007 des Europäischen Parlaments und des Rates vom 23. Oktober 2007 über die Rechte und Pflichten der Fahrgäste im Eisenbahnverkehr (ABl. EU Nr. L 315 S. 14)) において，鉄道交通における旅客保護の統一ルールを策定した。これは，その公布後 24 か月以内に（すなわち，2009 年 12 月 3 日までに）発効し，EU 加盟国を拘束することになっていた。ドイツは，その発効前に，国内における旅客の権利を確立するために，新たな草案を策定し，2008 年 10 月 1 日に連邦政府の閣議決定を経たのである（Entwurf eines Gesetzes zur Anpassung eisenbahnrechtlicher Vorschriften an die Verordnung (EG) Nr. 1371/2007 des Europäischen Parlaments und des Rates vom 23. Oktober 2007 über die Rechte und Pflichten der Fahrgäste im Eisenbahnverkehr)。そして，ドイツにおいては，2009 年の旅行シーズンの到来前に，新法が発効する予定となっている[1]。〔改正法は，2009 年 7 月 29 日に発効した。Vgl. BMJ, Fahrgastrechte treten in Kraft: Bahn frei für mehr Verbraucherschutz（27. 7. 2009)〕

　ドイツの鉄道交通は，ヨーロッパではかなり正確な方であるが，わがくにほどではなく，鉄道会社は，時刻表の記載にも実際のスケジュールにも責任をおわない。無担保条項（Alle Angaben ohne Gewähr）が通例であった。遅れた乗り継ぎ列車を新幹線（ICE）が待つ場合もあり，遅延に対する措置はかなりケースバイケースである。その他の諸国の列車の運行も，正確性にはかなりの問題がある。

　鉄道による旅客運送は，ドイツ民法典 631 条 1 項の請負契約にあたるが，給

第2部　利息と信用，倫理

付障害の場合の鉄道業者の責任は，鉄道〔営業〕法の適用をうけ（EVO, Eisenbahn–Verkehrsordnung, 8. Sep. 1938），また国際鉄道運送に関する契約のための統一ルール（CIV；Anhang A zum Übereinkommen über den internationalen Eisenbahnverkehr（COTIF），BGBl. 2002 II S. 2140, 2190）の適用をうけていたのである。

2006年7月1日までの鉄道法17条によれば，鉄道の遅延等に対しては，まったく責任が免除されていた。この17条は改正され（および統一ルール32条），運休，遅延，接続の遅延に対する一定の責任が認められた。それによれば，旅客は，運休などにより当日の旅行ができなくなった場合には，宿泊（Übernachtung）や連絡等の一定の費用（Benachrichtigung）の請求ができることとなったのである。もっとも，運休などが，営業上の理由によらない場合，旅客の過失による場合，または第三者の不可避の行為による場合は除外される（17条2項）。また，それ以上の権利も，現行法では認められていなかった（つまり，今回の改正は，創設的な権利の設定である）。

旅客に対する鉄道会社の責任は，不法行為によっても生じる。ドイツ民法典823条と1978年の危険責任法（Haftpflichtgesetz, BGBl.I S.145，その起原は，1871年6月7日のReichshaftpflichtgesetzであり，無過失責任立法の先駆けとなった）があり，後者は，鉄道事業者の，旅客や第三者に対する責任を定めている。その1条によれば，鉄道営業において，生命，身体または健康が侵害されたか，所有物が毀損されたときに，事業者が被害者に対して損害賠償義務を負担するものとしている。この責任は，無過失責任である（verschuldensunabhängig）。事業者が，損害が不可抗力または被害者の過失によったことを証明したときには，この限りではない。危険責任法9条と10条により，責任限度が定められている（人損で60万ユーロ，定期金の場合には年額3万6000ユーロ，物損で30万ユーロ）。民法典823条による責任は，過失責任であるが，責任限度の制限はない。また，不法行為としての責任は，運休や遅延に対する経済的な損害を予定したものではない[2]。

2　改正法の骨子

(1)　おもな改正は，列車の運休と遅延に対する広範な責任の導入である（15

条以下）。

　(a)　新たな 17 条によれば，旅客は，列車の遅延や運休のさいに，運賃の一部償還（anteilige Fahrpreiserstattung od. –entschädigung）をうけることができる。60 分遅延した場合には 25％ であり，120 分の遅延では 50％ である。その金額は，希望により現金で支払われる。さらに，夜間の宿泊が必要な場合には，鉄道会社は，少なくとも 60 分の遅延から無償でホテルを提供しなければならない。

　たとえば，列車でダルムシュタットからキールにいく場合に（運賃は 114 ユーロ。約 550 km），最初の列車で 13 時 48 分に乗換駅のフランクフルトにつき，そこから接続列車で 13 時 58 分に出て，キールに 18 時 46 分につく予定であった。遅延のために，最初の列車が 30 分遅れ，旅客が接続列車をのりすごした結果，19 時 51 分にキールについた場合には（接続列車には遅延がない），旅客は，60 分以上の遅延を理由として，25％ である 28.5 ユーロの払戻しをうけることができる。この場合には，最初の列車の 30 分の遅延だけが考慮されるのではなく，全体としての 60 分の遅延が問題となるのである。

　もっとも，鉄道会社は，鉄道営業外の事由によって遅延し，十分な注意をしても遅延を回避できないときには，責任をおわない。たとえば，ブレーキがきかなかったので，トラックが踏切の遮断機をこわした。列車の運転手の操作により衝突はさけえたが，警察が再開を認めるまで，列車が 1 時間以上，待機することになったという場合には，旅客が 90 分遅れて到着したとしても，鉄道会社は運賃を払い戻す義務をおわない。

　また，鉄道会社は，払戻額が 4 ユーロ以下の金額では（最低額の制限 Bagatellgrenze），支払を免れる。たとえば，旅客が，ラテーンからエムスデッテンに列車で行き（運賃は 14.6 ユーロ。通常の運行時間 59 分），列車が 1 時間遅延しても，運賃の 25％ の払戻しはえられない。3.65 ユーロは，この最低額に達しないからである。

　60 分以上の遅延が予想される場合には，旅客は旅行をやめて運賃の払戻を請求するほか，旅行の時間を遅らせたり，区間を変更するように求めることもできる。

　(b)　近郊交通には，別のルールが適用される。

第2部　利息と信用，倫理

　近郊交通とは，移動の距離が通常50km以下か，時間で1時間以下のものをいう。ここでは，少額の運賃の返還にあまり意味がないことから，金銭よりも，交通の目的が達成されることがより重要である。列車の遅延や運休によって，少なくとも20分目的地につくのが遅れることが予想される場合には，他の列車，とくに遠距離交通用の列車を使用し，その賠償を求めることができる。もっとも，同じ運送業者が営業しているか，同じ運賃表を利用している場合（相互乗り入れの場合）に限る。賠償は，民法典637条1項の，請負の欠陥をみずから除去し，出費の賠償を求める場合に相当する。

　たとえば，旅客が，アシャッフェンブルグからヴィースバーデンまでの普通列車の切符を有し（16.1ユーロ），時刻表では，17時16分に出発し，到着は18時55分の予定であった。しかし，列車が40分遅れてアシャッフェンブルグに到着したので，旅客は，普通列車の代わりに，アシャッフェンブルクから途中のフランクフルトまでの新幹線（ICE）を使用し，ヴィースバーデンには18時58分に到着した。この場合に，旅客は，支出した追加費用の賠償を請求できる（ICE料金を含めた22ユーロとの差額5.9ユーロ）。

　23時から5時の間の輸送で，より安い公共交通機関を利用できず，60分以上遅延するさいには，旅客は，タクシーを使うこともできる。50ユーロを上限とする。たとえば，旅客が，0時43分終了のオペラのあと，1時17分着予定の，ベルリンからヴェルダー（約30km。通常31分）への列車に乗るつもりで駅に来て，列車の運休を知った。次の列車は，4時38分であったという場合に，旅客は，タクシーを使って50ユーロまでの代金を請求できる。

　20時後の，最後の列車が運休して，翌日の1時までに目的地に到着できないときにも，旅客は，タクシーを使うことができる。50ユーロを限度とする。たとえば，旅客が水曜の晩に，Balveの友だちを訪ねたあと，列車で，Mendenに戻ろうとした（約15km。通常23分）。Balveの駅で，20時49分の最終列車が，車両事故で運休したと知った。木曜の1時までに公共交通機関で目的地に到着する可能性はなかった。旅客は，タクシーを利用して，50ユーロまでの費用を請求できる[3]。

　(2)　その他の権利

　(a)　鉄道事故によって，旅客が死亡しまたは傷害をうけたときには，鉄道会

社は，損害をうけた旅客とその家族の直接の経済的必要をカバーするために，前払金（Vorschuss）を支払わなければならない。旅客が死亡したときには，この金額は，最低2万1000ユーロである。法律が発効したときには，全ヨーロッパで，さらに統一的な責任ルールと人損の最低賠償額が適用される。そして，加盟国は，19万ユーロ以下の責任額を定めることはできない[4]。

　(b)　障害者や，移動に不自由のある者，たとえば，老人や子どもの権利が強化される。鉄道会社は，それらの利益代表者とともに，輸送のための立ち入りのルールを定める義務をおう。そして，駅，プラットホーム，列車やその他の設備が，不自由者にも便利なように配慮する義務をおう。それらの者がいて介助の必要が知らされたときには，無償で，乗り降りや輸送のさいに介助をしなければならない[5]。

　(c)　鉄道会社は，旅客に，切符の売買や輸送のさいに，最短で，もっとも安い列車の運行情報，列車が遅延したときの旅客の権利や接続についての情報を与える義務をおう。具体的な情報提供義務が定められたのは，今回が初めてである（EVO 14条）。もっとも，近郊交通では，あまり広範囲な情報の必要はない。また，旅客の権利についての情報は，要約的なものでもたりる。情報は，掲示や備えつけ，あるいは情報や予約システムで参照可能にしておくことでもたりる[6]。

　(d)　旅客鉄道会社は，質的に保障されたスタンダード（Qualitätsstandards）を確立し，また組織的な点検を行うことを要する。その場合の対象は，情報，切符，時間厳守性，列車の運休，清潔性，顧客相談，苦情処理，障害者の介助などの事項に関係していなければならず，また，すべての鉄道会社は，苦情処理の手続を整備しなければならない。苦情は，1カ月内に，または，旅客がより詳細な報告をうける場合には，遅くても3カ月内に回答しなければならない。さらに，苦情処理所は，鉄道監督局（Eisenbahnaufsichtsbehörden）ごとに設立しなければならない。それにより，旅客は，鉄道会社から満足のいく回答をえられないときには，容易に申立ができるのである。旅客が仲裁所に申し立てるには，法的な要件が必要とされる。仲裁には，旅行仲裁所（Schlichtungsstelle Mobilität），ノルトライン・ヴェストファーレン州の近郊交通仲裁所，およびバイエルン州の近郊交通オンブズマンのほかに，私法的に組織される近郊交

の仲裁所が計画されている(7)。

3　保護規定と契約上の地位

　EU指令に由来する法律，とりわけ消費者保護に関係する法律は多い。EU諸国の競争条件を平等にすることは，市場統合のさいの目的の1つでもある。しかし，消費者保護規定の増大は，たんに狭く競争法的な目的にのみ由来するわけではない。競争条件の均一化は，消費者保護を制限することによってでも達成されるからである。

　近代法は，中世法とは異なり，神ではなく人の意思を法律関係の基本においた。人の意思によりえないものは，基本権として構成された。契約は人の意思を現す中心であり，基本権の代表は所有権である。契約の自由と所有権の絶対が近代法の基本原理とされるゆえんである。契約の自由は，近代化の要件の1つであったが，そこからくる弊害の克服も，長く試みられてきた。契約の自由も必ずしも絶対ではなく，その制限の初期のものは，近代民法の歴史と同じくらいに古い（公序良俗など）。そして，19世紀には，賃借人や労働者の保護などが確立した。その基礎になっているのは，やはり基本権（人権・人格権）の思想である。さらに，20世紀の末には，消費者保護も重要な理念となった。

　こうして実質的意味の民法においても，「消費者」，「事業者」，「専門家」の概念が登場した（ド民13条，14条など）。新たな概念は，19世紀的な財の多寡を理由とするものとも異なり，人の社会的機能からの属性に根ざした考慮にもとづく。19世紀までの法の理念が，「身分から契約へ」であったのに対し（cf. Maine, 1822-88, Ancient Law, 1861（1963），p. 164；movement of societies *from Status to Contract*），「契約から地位へ」である。これによって古くはせいぜい賃借人や労働者など一部に限られた保護の対象が，患者，注文者，買主，借手，委託者，委任者，学生，受講者，利用者，障害者，高齢者など広い範囲に拡大されたのである。当事者の地位に着目する専門家の責任や種々の安全配慮義務も登場した。

　もっとも，こうした国家による弱者保護の観点は，批判にもさらされている。グローバリズムは，近代初頭における無制限な契約自由の主張の再来である。国民国家に根ざした基本権からの制約を否定することが，グローバリズムの主

張である。普遍的な基本権は，なお生成途上にある。基本権のほかに，あわせて国際的な規制（地域的な統一も含め）や自律的スタンダードの構築が考慮される必要がある[8]。

　顧客保護に関する上記のEU法は，こうした規制のほんの一例にすぎない。2000年6月30日に，EU指令にもとづいて規定された通信販売法（FernabsatzG, BGBl 2000, I S.897）は，民法典に「事業者」「消費者」の概念を導入し，また，1999年のEU指令にもとづき（25. Mai 1999, ABl. EG［Amtsblatt der Europäischen Gemeinschaften］Nr. L 171 S.12），2001年12月31日までに，消費物の売買と保証に関する法の改定が必要とされ，これが2002年の債務法の全面改正（現代化法）の直接の契機となったことは記憶に新しいところである（後者につき，拙稿「ドイツの2001年債務法現代化法」国際商事法務29巻7号，8号）[9]。

（1）　Gesetzentwurf der Bundesregierung, A. Problem und Ziel. BMJ, Mehr Rechte für Fahrgäste, 1. Okt. 2008（以下，BMJ①で引用）; BMJ, Signale auf Grün für mehr Fahrgastrechte, 7. Sep. 2007.（以下，BMJ②で引用）。
（2）　Gesetzentwurf der Bundesregierung, Begründung, A. Allgemeiner Teil, II Notwendigkeit einer Regelung, 1. Bisherige Rechtslage). S. 8-9.
（3）　Gesetzentwurf der Bundesregierung, Begründung, A. Allgemeiner Teil, II Notwendigkeit einer Regelung, 2. Rechtslage nach Inkrafttreten der Verordnung (EG) Nr.1371/2007). a) S. 10 ; B. Besonderer Teil, S. 22-24. (Zu Nummer 6 (§17 EVO)); BMJ, ①1 & 2.
（4）　Ib., A, II, 2, b) S. 10 ; BMJ, ①3 Haftung bei Personenschäden.
（5）　Ib., A, II, 2, c) S. 10-11 ; BMJ, ①4. Rechte von Personen mit eingeschränkter Mobilität.
（6）　Ib., A, II, 2, d) S. 11 ; B, S.21 ; BMJ, ①5. Informationspflichten der Eisenbahnunternehmen.
（7）　Ib., A, II, 2, e) S. 11 ; B, S.24 ; BMJ, ①6. Qualitätsmanagement, Beschwerdestellen und Schlichtung.
（8）　拙著・契約における自由と拘束（2008年）の「はじめに」ii 参照。
（9）　なお，1994年に民営化されたドイツ鉄道（DB）は，2008年10月27日に一部株式上場を予定していたが，アメリカのサブプライムローン問題に発する世界的な金融危機（リーマン・ショック）のために，当面延期された。また，1995年に民営化されたドイツ郵便（Post Bank）は，リーマン・ブラザースの破綻の結果，2008年度第3

第2部　利息と信用，倫理

四半期に，4億5000万ユーロの損害をこうむり，同行の株価は20％以上下落した。

　なお，1990年の再統一後，東ドイツ地域の不動産や企業の私有化・民営化が行われ，また西ドイツ地域でも，種々の民営化が行われた。これにつき，【土地】11頁以下，東ヨーロッパについては，同133頁参照。

第5篇　航空旅客の補償と保護に関するEU指令と消費者保護

1　EU旅客法と旅客の権利

(1)　アイスランド噴火と航空障害

　2010年4月に，アイスランドのエイヤフィヤトラヨークトル（Eyjafjallajökull）火山の噴火の結果，大量の火山灰が放出されたことから，飛行が禁止され，ヨーロッパ中央部の空港の閉鎖，10万便以上の欠航などの事態が生じた。多くの予約がキャンセルされ，旅客によっては，各地の空港やホテルに1週間から2週間もの間，長期にわたって足止めされることとなった。延着や予約の変更による宿泊費や飲食費のほか，船や列車などの代替手段によって移動した場合の航空券の払戻や増加費用の扱いが問題となった。本篇は，この事件を契機として，EU旅客法の意義と骨子を紹介しようとするものである。

　EUは，2004年2月11日に，航空のキャンセルや遅滞のさいの航空旅客の補償と保護に関する法[1]（以下，EU旅客法という）において，航空交通における旅客保護の統一ルールを定めた。同時に，1991年2月4日の旧法は廃止され（Verordnung（EWG）Nr. 295/91, ABl. L 36 vom 8. 2. 1991, S. 5），旅客保護の範囲が拡大された（定期便だけでなくチャーター便への拡大，パック旅行への拡大など）[2]。新法は，ヨーロッパ議会とヨーロッパ評議会で可決され，2005年2月17日に発効し，EU加盟国を直接に拘束している。

　対象となるのは，飛行機のオーバーブッキングなどによる搭乗拒否（Nichtbeförderung），フライトのキャンセル（Annullierung），遅滞（Verspätung）である（1条1項，4条～6条）。火山噴火による障害では，おもにキャンセルが問題となるが，EU旅客法は，ほかの障害をも対象としている。同法は，強行法規であり，同法による旅客の権利は，運送契約上の規定によって，制限したり否

定することはできない（15条）。

　火山噴火のさいには，旅客運送だけではなく，物流も障害をうけ，電子部品，サーモン，チーズ，野菜などの食品，花，薬などの日本への輸入，家電や部品の輸出などにも影響が出たが，これらは同法の対象ではなく，本篇も対象としていない。

　交通の障害にさいしての旅客保護については，ほかに鉄道交通の旅客保護に関するEUの統一ルールがあり（2007年10月23日の鉄道交通における旅客の権利と義務に関する法）[3]，こちらは，やや遅れて2009年12月3日に発効し，EU加盟国を拘束している。これについては，別に紹介したことがあるので，繰り返さない[4]。

　鉄道交通とは異なり，航空交通においては，法の発効後，あまり大規模な障害がなく，このEU旅客法が注目されることはなかった。注目が集まったのは，上述のアイスランドの火山噴火による障害が最初であった。しかも，航空会社によって対応がまちまちであったことから，これらに対応するEU旅客法に注目が集まったのである。〔その後，2010年10月からは，インドネシアのメラピ火山の噴火による欠航もみられた。〕

　(2) 格安航空

　とりわけ格安航空会社は，当初，航空券の代金額を超過する補償を拒んだ。補償額が，ときにチケット代金よりもはるかに高くなるからである。しかし，格安航空チケットにも，EU旅客法が適用されることは，すでに確定ずみである。同法は，2006年1月10日のルクセンブルクのヨーロッパ裁判所の判決によって合法性を確認されているからである[5]。その訴訟の原告は，国際航空連盟（IATA, internationale Luftfahrtvereinigung）とヨーロッパ格安航空連盟（ELFAA, Vereinigung europäischer Billigfluggesellschaften）であった。

2　EU旅客法の骨子

　(1) EU旅客法の対象

　以下に，EU旅客法の骨子を述べる。EU法という性質上，ここでは，おもにフランクフルトから出発する場合を例にとろう。

　EU旅客法は，飛行機がドイツや，他のEU諸国の航空会社である場合に，

304

適用される。しかし，航空会社が，EU外に本籍を有する場合でも，出発地がEU内の場合には，適用される（3条1項）。したがって，日航を利用する場合でも，適用の可能性があるのである[6]。

たとえば，イスタンブールからフランクフルトに，ルフトハンザを利用して飛ぶ場合に適用され，アリタリア航空でミラノ経由で飛ぶ場合も同じである。しかし，ヨーロッパに着地することなく，日航やトルコ航空を利用する場合には，適用されない[7]。

航空機は，動力つきのものに限られる（3条4項，Motorluftfahrzeugen）。不正規の無償または格安の航空券の利用者には適用されないこともあるが，航空会社または旅行会社の正規の顧客約款や広告約款（Kundenbedingungprogramm oder Werbeprogramm）の適用される旅客には，すべて適用される（3条3項）。

(2) フライトのキャンセル（5条）

(a) 火山噴火のような不可抗力によるフライトの中止では，キャンセルがおもに問題となる。旅客が，パック旅行でなく，チケットのみを購入した場合（Nur-Flug）には，請求相手（Ansprechpartner）は，フライトを実行した航空会社である[8]。パック旅行でも，旅客法上の請求は，旅行会社ではなく，航空会社に対して直接行われるが（とくに世話給付の請求），これはパック旅行に関する他の法規の適用（救済）を妨げない。

火山噴火でフライトの中止が生じた場合には，旅客は，利用した航空会社に飛行代金の返還を求めるか，無料でのちの飛行機を利用するか（anderweitige Beförderung）の選択権を有する（5条1項，8条1項a）。

その場合の旅客の選択権は，以下のとおりである。

 a) 代金の返還か，新たな負担なしで出発地に戻る。
 b) 目的地に，他の最速の方法で輸送をうける。
 c) 目的地に，適切な時間に，他の方法で輸送をうける。

たとえば，ミュンヘンへのフライトが火山噴火でキャンセルになったことから，旅客が，ベルリン空港まできて旅行を止められたときには，車などで帰るために代金の返還を求めるか，出発地に戻るフライト（Rückflug）を予約するかの選択ができる（8条1項a）。あるいは目的地への最速の予約か，希望の時期での予約の可能性もある（8条1項b, c）。最初の場合は，旅行はもう行われ

ない。

　それとともに，旅客は，世話給付（Betreuungsleistungen）を求めることができる（9条）。その中には，飲食物の提供による給養（Verpflegung），ファックスやe-mailでの通信，必要な場合にはホテルの宿泊がある。ホテルに泊まるために必要なら，飛行場からホテルへの輸送を求めることもできる[9]。

　たとえば，ベルリンからパリへのフライトがキャンセルされ，旅客が，翌日のフライトに変更すると航空会社から提供をうけたときには，旅客は，待機時間の給養（Verpflegung）とホテルの宿泊，輸送代を求めることができる。

　キャンセルのさいに，旅客に一般的に生じうべき付加的な補償の請求は，できない。なぜなら，火山噴火によるキャンセルは，異常な事情（außergewöhnlicher Umstand）であり，航空会社には責任がないからである（5条3項）。そして，航空会社には，フライト中止に責任はないから，その他の損害（取引期限の遅滞などによる拡大損害）についても賠償する必要はない[10]。

　(b)　もっとも，航空会社は，7条の区別に従った定型的な補償義務をおう（5条1項c）。7条の賠償（損害賠償の予定）については，次の(3)で述べる。

　ただし，(i) 出発日の2週間前までにキャンセルの通知をしたか，(ii) 出発日の2週間前から7日前までに，2時間以内出発が遅れ，4時間以内到着が遅れる旅行への変更の提供をしたか，(iii) 出発日の7日以内に，1時間以内出発が遅れ，2時間以内到着が遅れる旅行への変更の提供をした場合には，この限りではない。キャンセルされても，時間の余裕があり旅行の変更が可能なときには，損害は生じないからである。

(3)　搭乗拒否の場合（4条）

　オーバーブッキングによる搭乗拒否の場合に，意思に反して拒否された旅客は，チケットの代金の賠償を請求することも，負担なしに，もっとも早い方法で出発地に帰還するか，負担なしに，もっとも早い方法で目的地に輸送するか，（空席があれば）希望の時期に目的地に輸送するように求めることができる（4条3項）[11]。

　ただし，旅客は，予約を確認し（a confirmed reservation），チケットに記載されたチェックイン時間内に到着したか，記載がない場合には，出発の45分前に到着したのでなければならない。

さらに航空会社は，以下の賠償を支払わなければならない（7条1項）。遠距離の不履行につき，より高額となっている。不履行の影響が大きいからである。意思に反する拒否に対する損害賠償の予定と目される(12)。

　a）飛行距離が1500 km以下の場合では，250ユーロ。

　b）EU内で飛行距離が1500 kmまでか，1500 kmから3500 kmまでの場合では，400ユーロ。

　c）飛行距離が3500 km以上の場合では，600ユーロ。

ただし，この賠償は，以下の場合に，50％に減額される。

　d）上のa）の場合に，2時間以内に，別の飛行機の利用が提供された場合

　e）上のb）の場合に，3時間以内に，別の飛行機の利用が提供された場合

　f）上のc）の場合に，4時間以内に，別の飛行機の利用が提供された場合

である。

(4)　いちじるしい遅滞（6条）

以下の区別に従い，フライトが遅れることが予想できるときには，旅客は，9条の給養，すなわち，飲食や通信方法の提供を求めることができる（6条1項）。必要な場合には，ホテルの宿泊をも含む。以下が，いちじるしい遅滞とされる(13)。

　a）飛行距離が1500 km以内の場合で，2時間以上。

　b）飛行距離が1500 kmでEU域内か1500 kmから3500 kmの場合で，3時間以上。

　c）飛行距離が3500 kmの場合で，4時間以上。

遅滞が5時間以上に及ぶときには，8条1項aに従い，チケット代金の返還を求め，場合によっては負担なしで帰ることもできる。長期の遅滞によって，旅行が目的を達成できないからである。

また，損害を証明できれば，損害賠償を求めることができる。その場合には，航空会社に責任がなければならない（verantwortlich）。契約した会社のほか，実際に飛んだ航空会社をも相手方とすることができる（Code sharing, 複数の航空会社が共同運行をする場合である）(14)。なお，限度額の制限がある（bis zu 4150

307

第2部　利息と信用，倫理

Sonderziehungsrecht（SZR））。

　6条の遅滞においては，7条の定型的な補償が明文では準用されていないが（4条の搭乗拒否と5条のキャンセルにはある），ヨーロッパ裁判所は，目的地への到着が3時間以上遅滞したときには，キャンセルに準じて補償をするべしとした（2009年11月19日判決）[15]。航空会社による，特段の事情による免責の主張をも退けた。

(5)　損害賠償と世話給付（7条〜9条）

　賠償の方法には，3種類がある。

　第1は，金銭補償である（7条，Ausgleich）。これは，(3)の搭乗拒否の場合についてすでにみたとおりである（7条1項）。賠償は，金銭，電子銀行振替，小切手で支払われる。旅客の署名した合意があれば，旅行券（travel voucher）でもよい（同条3項）。ただし，この支払によっても，旅客の便宜はえられないから，以下の2つの方法を消滅させるものではない。これは遅滞したこと自体への補償にすぎない[16]。また，航空会社は，「特段の事情」による場合には，この賠償義務をおわない（5条3項）。

　2008年12月22日のヨーロッパ裁判所判決は，7条の補償について，合理的な方法がとられたとしても避けられない特段の事情（außergewöhnliche Umstande, extraordinary circumstances）から生じたキャンセルであると証明された場合にのみ，5条3項によって免責されるとした[17]。特段の事情は，法によって定義されていないが，前文1，2の消費者保護の趣旨から，狭く解されるものとする。飛行機の技術的問題などは包含されない。アイスランドの火山噴火による空港の閉鎖が，この特段の事情にあたることはいうまでもない[18]。

　なお，EU旅客法によって，旅客の各国法上の損害賠償請求権は損なわれない（12条1項）。ただし，オーバーブッキングによる搭乗拒否のさいに，任意に予約を変更した旅客についてはこの限りではない（12条2項）。損害賠償によらずに，新たな合意があるとみられるからである。

　第2は，払戻と変更である（8条，Erstattung oder anderweitige Beförderung）。

　旅客は，未使用のチケットの払戻と一部使用ずみチケットの払戻，あるいは最速の方法で出発地に戻る選択権を有する（8条1項a）。あるいは，最速の方法で，目的地に向かうか，後日，便宜な時に目的地に向かうこともできる（8

条1項b, c)。

第3は，世話給付である（9条，Betreuung, care）。旅客は，無償で，待ち時間に応じて飲食物の提供をうけることができる。また，必要に応じてホテルの宿泊もうけることができる（9条1項a, b）。その場合には，空港とホテルの間の運賃も請求できる（9条1項c）。また，無償で，2回電話，テレックス，またはファックス，あるいはe-mailをすることができる（9条2項）。

(6) グレードアップとグレードダウン（10条）

航空会社が，旅客を，チケットにあるよりもよいクラスの席に搭乗させたとしても，支払の追加を求めることはできない（10条1項）。オーバーブッキングの時には，しばしば行われるが，慣行を明確化したのである。

逆に，チケットにあるよりも悪いクラスの席に搭乗させたときには，7条の方法で（金銭補償である），7日以内に，以下の区別に従って払戻さなければならない（同条2項）。こちらは，慣習的には方法が定まっていないので，明確にすることの意義は大きいであろう。おおむね遠距離ほど，多額の払戻がある。グレードダウンの被害が大きいとみられるからである。

　a）飛行距離が1500 km以下のフライトのチケットでは，その30％。

　b）飛行距離が1500 km以上のEU内のフライトか，1500 km以上3500 km以下のフライトのチケットでは，その50％。

　c）上のa）b）以外のフライトでは，その75％である。EU諸国とフランスの海外領土の間のフライトでも同様である。

(7) 障害者（11条）

障害者，その付き添い人，付き添いのない子どもには，運送について優先権がある。オーバーブッキングによる輸送不可やキャンセルで代替手段を講じる場合にも，空席につき優先権がある。

(8) 旅行会社の情報提供義務と求償権（13条，14条）

航空会社は，チェックインのさいに，旅客に対し，「搭乗を拒否され，フライトがキャンセルされ，または2時間以上遅滞したときには，チェックイン・カウンターか搭乗ゲートで，旅客の権利，とくに補償と補助に関するものに関する書類を請求してください」旨の内容を含み明確に読める通知をしなければならない（14条1項）。

搭乗を拒否したり，フライトをキャンセルした航空会社は，旅客に対し，EU旅客法とともに会社の補償と補助のルールを記載した書面を交付しなければならない。また，少なくとも2時間以上の遅滞した旅客に対し，苦情処理機関 (16条) についても記載したものでなければならない (同条2項)。視覚障害者に対しては，相当の他の方法でしなければならない (同条3項)。

航空会社が，EU旅客法によって，補償を支払いまたは他の義務を果たしても，第三者に対する権利は制限されない。たとえば，旅行会社に対する求償権である。逆に，旅行会社の航空会社に対する権利も制限されない (13条)[19]。

3 パック旅行 (Pauschalreise) におけるフライトの不能の場合

キャンセルされたフライトが，パック旅行の一部の場合には，航空会社に対する権利だけでなく，旅行を企画した旅行会社に対する権利も生じる。パック旅行については，1990年7月13日に，EG 90/314法による規制があるが，これについては，本篇では，立ち入る必要がないので，噴火によるフライトのキャンセルに即して，結果のみを以下に簡単に記載するにとどめる[20]。EU法の適用を前提として，ドイツ法に即して検討する。

(1) パック旅行のさいの旅行会社に対する権利

(a) 往路のフライトが中止された場合 (Der Hinflug fällt aus)。

旅行が不可抗力のために，いちじるしく困難になった場合，危険になったり，害された場合には，旅行会社と旅客は，たがいにパック旅行を告知できる。ただし，契約締結時にそれが予見できないことを要する。無方式でも告知されれば，旅行会社は，旅行を実施する必要はなくなり，旅客の側でも，原則として代金を支払う必要はない。

旅行会社が，すでに一部でも先給付 (たとえば，ビザや書類を作成して送付) した場合には，旅客にその賠償を求めることができる[21]。旅行会社に取消費用 (たとえば，予約したホテルの) が生じていれば，これは，ドイツの判例によれば，旅行会社と旅客で折半される。

そこで，たとえば，予約された旅行の往路が，火山灰による運休でキャンセルされ，旅行会社が旅行契約を告知したときには，全旅行ができなくなり，旅客は，代金を返還請求できる。旅行会社がすでに準備した書類を送付していれ

ば，それについての賠償を求めることができる。旅行会社は，ホテルの取消に支払う必要があれば，その費用の半分は，旅客に求めることができる。

　フライトの中止にもかかわらず，当事者のいずれの側も告知権を行使せず，旅行が継続されても，往路が遅れた結果，全体の日数が短縮されたときには，旅客は，代金の減額を請求することができる。すなわち，遅滞した旅行日につき，割合的な代金の返還を請求できる。ただし，契約当事者が，最初の契約を合意で変更したとき，たとえば，全旅行をのちの時期にするなどした場合は，この限りではない。

　たとえば，火山の噴火によって，往路がキャンセルされた後，予約されたマヨルカ旅行に，3日遅れで出発したとする。全旅行期間が短縮されたとすれば，旅客は，減額請求でき，代金の割合的な返還請求をする。旅行会社がそのままの長さで旅行を延期し，旅客がこれを受け入れたときには，全額を支払わなければならない[22]。

(b) 復路のフライトができないとき (Der Rückflug fällt aus)

　復路のフライトが，火山灰による運休のためにキャンセルされた場合には，旅行会社と旅客は，不可抗力を理由に告知することができる。しかし，旅行会社は，旅客を帰還させる義務を負担する。旅行会社が企画した帰還が，最初のフライトよりも高価なときには，旅行会社と旅客は，増加費用を分割しなければならない。しかし，しばしば航空会社は，帰還につき増加費用なしに(kostenneutral) 変更する義務をおう。その場合には，増加費用は生じない。その他の費用，たとえば，宿泊費につき，旅客は，旅行会社との関係では，みずから負担しなければならない。ただし，航空会社に対する請求権のあることがある。

　たとえば，マヨルカへのパック旅行の復路が，火山の噴火でキャンセルされた。旅行会社が告知しても，ドイツへの帰還させる義務はある。旅行会社が船と鉄道で帰る旅行を企画しても，最初のフライトよりも高いときには，増加費用は，会社と旅客で折半しなければならない。しかし，増加費用は，旅客が負担なしに次の帰還のフライトに変更できるときには生じない。そのフライトまでのホテルの費用も，旅行会社が賠償する必要はなく，旅客は，ホテルの宿泊の費用を航空会社から賠償してもらうことになる。

　フライトのキャンセルにもかかわらず，旅行会社が告知しないときには，契

約の完全な履行の義務がある。会社は，旅客を可能な限り帰還させる義務をおう。それによる増加費用があれば，宿泊費用や最初よりも高価な帰還の輸送などについて，旅行会社が負担しなければならない。旅客は，キャンセルされたフライトよりもいちじるしく高い方法による帰還を請求することはできない。帰還がいちじるしく遅延するときには，旅行の欠陥となり，旅客は，割合的な代金の返還請求をすることができる。

たとえば，パック旅行者が，ギリシアへの休暇旅行から，火山灰のために，合意した期日にドイツにもどることができず，帰還が4日後であったとする。旅行会社が告知しなかった場合には，会社は，ただちに帰還させる義務だけではなく，それまでの宿泊についての義務もおう。4日間の帰還の遅延のために，旅客は，事情により代金の一定部分の返還を請求できる[23]。

(2) パック旅行のさいの航空会社に対する権利

(a) フライトがパック旅行の一部をなす場合には，旅客は，航空会社に対し，EU旅客法上の権利を有する。パック旅行でない場合と同じである。旅行会社が必ず同伴するわけではないからである。ただし，若干の特則がある。

パック旅行内で予約されたフライトがキャンセルになった場合でも，負担なしにフライトの変更を請求できる。代金の賠償は，この場合には，請求できない。この請求権は，旅行会社に対して優先的に行われるからである。

たとえば，旅客が，ポルトガルへの旅行を予約したが，航空の停止で往路がキャンセルされたときには，航空会社の窓口で，次の可能なフライトを，負担なしで請求できる。

(b) さらに，パック旅行者は，EU旅客法による世話給付の請求権を有する。

たとえば，復路のフライトが，火山の噴火でキャンセルされたときには，パック旅行者は，航空会社に，次のフライトまで待ち時間の間，フライトのみの旅客と同じく飲食を求め，必要なときには，ホテルの宿泊をも請求できる。

(c) EU旅客法が適用にならないとき，たとえば，キャンセルされた復路のフライトが，ヨーロッパ外から出発し，航空会社がEU外に本籍を有するときには，旅客は，パック旅行会社に対してのみ賠償の請求ができる。

たとえば，エジプトへのパック旅行後に，エジプト航空によるカイロからの復路のフライトが，ミュンヘン空港の閉鎖でできなかったとする。この場合に

は，EU 旅客法は適用されないので，旅客は，パック旅行会社に，復路のフライトを手配するよう請求しなければならない[24]。

4　保護規定と契約上の地位

EU 指令に由来する法律，とりわけ消費者保護に関係する法律は多い。EU 諸国の競争条件を平等にすることは，市場統合のさいの重要な目的でもある。しかし，消費者保護規定の増大は，たんに狭く競争法的な目的にのみ由来するわけではない。競争条件の均一化は，消費者保護を制限することによってでも達成されるからである。

中世法が神の意思を法の根源としたのとは異なり（ローマ法に対するカノン法の優先の主張），近代法は，神ではなく人の意思を法律関係の基本においた。そして，人の意思に依拠しえない近代的価値は，基本権として構成された。契約は人の意思を現す中心であり，基本権の代表は所有権である。契約の自由と所有権の絶対が近代法の基本原理とされるゆえんである。契約の自由は，近代化の要件の1つであったが，そこからくる弊害の克服も，長く試みられてきた。契約の自由も必ずしも絶対ではなく，その制限の初期のものは，近代民法の歴史と同じくらいに古い（公序良俗など）。そして，19世紀には，賃借人や労働者の保護などが確立した。その基礎になっているのは，やはり基本権（人権・人格権）の思想である。さらに，20世紀の末には，消費者保護も重要な理念となった。

こうして実質的意味の民法においても，「消費者」，「事業者」，「専門家」の概念が登場した。新たな概念は，19世紀的な財の多寡を理由とするものとも異なり，人の社会的機能からの属性に根ざした考慮にもとづく。19世紀までの法の理念が，「身分から契約へ」であったのに対し[25]，「契約から地位へ」である。これによって古くはせいぜい賃借人や労働者など一部に限られた保護の対象が，患者，注文者，買主，借手，委託者，委任者，学生，受講者，利用者，障害者，高齢者など広い範囲に拡大されたのである。当事者の地位に着目する専門家の責任や種々の安全配慮義務も登場した。

もっとも，こうした国家による弱者保護の観点は，批判にもさらされている。グローバリズムは，近代初頭における無制限な契約自由の主張の再来である。

国民国家に根ざした基本権からの制約を否定することが，グローバリズムの主張である。普遍的な基本権は，なお生成途上にある。基本権のほかに，あわせて国際的な規制（地域的な統一も含め）や自律的スタンダードの構築が考慮される必要がある[26]。

顧客保護に関する上記の EU 法は，こうした規制のほんの一例にすぎない。2000 年 6 月 30 日に，EU 指令にもとづいて規定された通信販売法（FernabsatzG，BGBl 2000, I S. 897）は，ドイツ民法典に「事業者」「消費者」の概念を導入し，また，1999 年の EU 指令にもとづき[27]，2001 年 12 月 31 日までに，消費物の売買と保証に関する法の改定が必要とされ，これが 2002 年のドイツ債務法の全面改正（現代化法）の直接の契機となったことは記憶に新しいところである[28]。

（1） Verordnung (EG) Nr. 261/2004 des Europäischen Parlaments und des Rates vom 11. Februar 2004 über eine gemeinsame Regelung für Ausgleichs- und Unterstützungsleistungen für Fluggäste im Fall der Nichtbeförderung und bei Annullierung oder großer Verspätung von Flügen und zur Aufhebung der Verordnung (EWG) Nr. 295/91

　　比較的まとまった文献としては，Führich, Die Fluggastrechte der VO (EG) Nr. 261/2004 in der Praxis, MDR 2007 (61), Heft 7 (Sonderheft), S. 1 ff.; Schmid und Hopperdietzel (Holger), Die Fluggasterechte – eine Momentaufnahme, NJW 2010, S. 1905. 後者は，おもに同法に関する裁判例の検討である。Vgl. Haak, Haftung bei der Personenbeförderung – Rechtliche Entwicklungen im Bereich der internationalen Personenbeförderung, ZTranspR 2009, 162.

（2） Führich, a.a.O.（前注 1），S. 3.

（3） Verordnung (EG) Nr. 1371/2007 des Europäischen Parlaments und des Rates vom 23. Oktober 2007 über die Rechte und Pflichten der Fahrgäste im Eisenbahnverkehr (ABl. EU Nr. L 315 S. 14).

（4） 拙稿・国際商事法務 36 巻 12 号 1619 頁。そして，ドイツでは，改正法は，2009 年 7 月 29 日に発効した。Vgl. BMJ, Fahrgastrechte treten in Kraft: Bahn frei für mehr Verbraucherschutz, 27. 7. 2009. なお，1994 年に民営化されたドイツ鉄道（DB）は，2008 年 10 月 27 日に一部株式上場を予定していたが，アメリカのサブプライムローン問題に発する世界的な金融危機のために，中止された。

（5） Aktenzeichen: C-344/04. Schmid und Holger, a.a.O.（前注 1），S. 1905, NJW 2006, S. 351. EU 諸国が批准しているモントリオール協定（1999 年 5 月 28 日，ワルシャワ

第5篇　航空旅客の補償と保護に関するEU指令と消費者保護

協定の現代版である）にも反しないとした。損害賠償は，同協定の対象である（旅客運送のさいの人損，荷物の損害，遅滞の損害，および貨物運送のさいの毀滅，紛失などの財産的損害を対象とする）。
(6)　適用されないのは，EU外の航空会社を利用して，EU外から出発してEU内に到着する場合である。旧法は，EUの航空会社を利用した場合でも，EU外から出発したときには，適用されなかった。
(7)　①BMJ, Rechte bei Flugausfällen aufgrund von Vulkanasche, 2010. 4. 21；②BMJ, Anwendungsbereich der Fluggastrechte-Verordnung, 2010. 4. 21. Vgl. Europäische Kommission, Fluggastrecht（Fluggesellschaften sind gesetzlich verpflichte, Sie über Ihre Rechts zu informieren und ihnen mitzuteilen, wo sie sich beschweren können）
(8)　③BMJ, Flugausfall bei „Nur-Flug", 2010. 4. 21；Führich, a.a.O.（前注1），S. 5.
(9)　Führich, a.a.O.（前注1），S. 9. 法9条の世話給付は，損害賠償ではないから，過失によることはなく，また免責の可能性もない。ドイツ法に由来しない共同体的な請求権（Gemeinschaftsrecht）といわれる。また，損害賠償に関するモントリオール協定にも反しないこととなるのである（Ib., S. 10）。
(10)　2010年の噴火のさいには，4月の時点で，多くの航空会社は，すでに自分のインターネットサイトで，火山噴火による中止による予約のキャンセルと変更について記載していた。航空会社が，旅客法による請求を拒絶した場合には，旅客は，民事裁判上の権利がある。従来，航空会社は，裁判外の仲裁には参加していない。また，旅客は，航空に関する連邦当局に苦情を申立ることができる。これは，民法上の権利を確定するものではない。Vgl. a.a.O., ①. その後，消費者保護のための，航空遅延に対する仲裁法が，2012年3月に連邦議会で可決され，連邦参議院の同意をえて，同年夏から施行される予定である。Vgl. BMJ, Neuigkeiten zur Schlichtung im Luftverkehr und Transparenz durch Verbraucherschutzpaket, Erscheinungsdatum 15. 03. 2012.
(11)　搭乗能力の10%増しのオーバーブッキングが慣行といわれる。Führich, a.a.O.（前注1），S. 4.
(12)　この損害賠償の性質は，英米法の懲罰（punitive damages）ではなく，包括的な損害賠償の予定である（Puaschalierter Schadensersatz）。Führich, a.a.O.（前注1），S. 8.
(13)　Führich, a.a.O.（前注1），S. 7.
(14)　逆に，実際に運行したのが，EU外の航空会社で，フランクフルトからワシントン経由で，アリゾナに飛んだ場合には，ワシントン・アリゾナ間に障害があっても，これは，アメリカ内の問題であり，EU旅客法は適用されない（BGH NJW 2009, S. 2743, Urt. v. 2009, 5, 28）。ただし，Code Sharingには種々の類型と問題がある。
(15)　EuGH, Urt. v. 19. November 2009, C-402/07 und C-432/07. Schmid und Holger, a.a. O.（前注1），S. 1905 f.；NJW 2010, S.43. ここには，いちじるしい遅滞（たとえば，48時間）は，キャンセルとほとんど同じ意義をもつのではないかとの疑問がある。
(16)　EuGH, a.a.O., C-402/07 und C-432/07.

第 2 部　利息と信用，倫理

(17)　EuGH, C-549/07（Wallentin-Hermann v. Alitalia Linee Aeree Italiane SpA）. Schmid und Holger, a.a.O.（前注 1），S. 1908；NJW 2009, S. 347.
(18)　Schmid und Holger, a.a.O.（前注 1），S. 1909. ストライキについては争いがあり，通説は，航空会社外のストでは，特段の事情にあたるが，自分自身に関係するストは包含されないとする。Ib., S. 1910.
(19)　飛行の障害以外の損害，たとえば，物損は，EU 旅客法の対象ではない。損害賠償は，契約した会社のほか，実際に利用した航空会社にも請求できる（Code Sharing）。身体障害も同様である。荷物の損害では，最高額の制限があり，紛失は 7 日以内に，遅滞は到着後 21 日以内に書面で請求しなければならない。
(20)　Vgl. ④BMJ, Flugausfall bei Pauschalreisen, 2010. 4. 21. EU 旅客法上の権利は，航空会社に対してだけ行使でき，旅行会社には行使できないとするのが，BGH 判例である（NJW 2008, S. 2119）。また，権利行使の相手方は，フライトを実行した航空会社である（vgl. Art, 2 b）。NJW 2010, S. 1522.
(21)　旅行の不能のさいの費用賠償の問題は，行為給付の受領不能の問題の一例である。拙稿・危険負担の研究（1995 年）224 頁以下，229 頁以下参照。
(22)　Vgl. ④BMJ, Flugausfall bei Pauschalreisen, 2010. 4. 21.
(23)　Ib. ④.
(24)　Ib. ④.
(25)　Cf. Maine（1822-88），Ancient Law, 1861（1963），p. 164（movement of societies *from Status to Contract*）.
(26)　拙著・契約における自由と拘束（2008 年）の「はじめに」ii, 95 頁以下参照。
(27)　25. Mai 1999, ABl. EG［Amtsblatt der Europäischen Gemeinschaften］Nr. L 171 S. 12）
(28)　後者につき，拙稿「ドイツの 2001 年債務法現代化法」国際商事法務 29 巻 7 号，8 号）。民法の修正は，こうした基本権的価値の実現のためにこそ行われるべきであり，たんにグローバリズムに迎合するものであってはならない。それでは，たんに民法の商化であり，一部の債権者にとって使いやすい改正にすぎない（拙稿「EU 消費者信用指令とドイツ民法の改正」現代消費者法 4 号 90 頁）。経済学では，リーマンショック後に反省が行われているが，法律学は，まだ遅れてきたグローバリズムの中にある。
　　　なお，2010 年 10 月，ドイツでは，連邦司法省と連邦運輸省の間で，航空運送に関する紛争に関し，裁判外の調停制度を法定するための委員会の設置が合意された。旅客に対し，無償かつ独立の検証の機会を与える制度であり，裁判手続の回避は，航空会社にも費用の上で有利であり，顧客との関係の維持に役立つとされる。保険でも，こうした調停がすでに成功例となっている。鉄道に関し，2009 年から機能している公的な旅客運送（Schlichtungsstelle für den öffentlichen Personenverkehr）の調停委員会が先例である（BMJ, Schlichtungsstelle für Flugpassagiere wird Realität, 26. 10. 2010）。

　　　〔アイスランドでは，2011 年 5 月にも，グリムスボトン火山が噴火し，22 日には航

第5篇　航空旅客の補償と保護に関するEU指令と消費者保護

空当局は，首都レイキャビクの国際空港など国内の全空港を閉鎖した。〕

第6篇　契約における自律とスタンダード

第1章　はじめに

1　契約自由とその制限

(1)　イギリスにおける法制史家，メーン（Maine, 1822-88）の著名なテーゼ「身分から契約へ」（Ancient Law, 1861; movement of societies *from Status to Contract*) は，社会秩序における契約関係の発展を示したものである[1]。

　契約の自由によって，従来私法にも影響を及ぼした種々の制約，たとえば宗教，倫理，地位の優劣，その他の封建的拘束は捨象され，当事者の意思のみが取引の基準となったのである。そして，必ずしも人の意思にまで還元されないものは，基本権として把握され，また権利の客体，すなわち所有権の絶対は，この自由に奉仕するものとなった。さらに，権利の主体も自由となった。これらが，近代私法の基本原理として，契約の自由，所有権の絶対，主体の自由と位置づけられることはいうまでもない。

　このような近代法の構造は，19世紀の自由で平等な人という国家観，とりわけ国民国家のそれに合致したことから，広く受容された。主体の自由と平等は，多数決民主主義の基本であり，憲法的価値ともされたのである。しかし，周知のごとく，これらの基本原理も，他面では，形式的平等がもたらす種々の弊害の原因ともなった。経済的な不平等は，財の多寡による実質的な不平等をもたらした。とくに賃貸借や労働契約における不平等性である。また，財や取引の性質によっては，付合契約や普通取引約款が生じた。19世紀末から20世紀以降，種々の片面的な強行法規がもたらされたゆえんである。そして，社会

国家的理念がこれをカバーした。所有権にも制限のあることが承認され，多数決主義の弊害（ひいては少数者の保護）も指摘されたのである[2]。

(2) 契約自由の原則を定める民法に対し，当事者間の実質的不平等に着目して種々の制限をおく立法は，近時ますます増加しつつある。このような立法は，すでに19世紀において，賃貸借や労働の領域において見出された。現在の契約法では，これらに加えて消費者，事業者，患者，各種の専門家といった種々のカテゴリーにもとづく考慮が行われる。新たな概念は19世紀的な財の多寡を理由とするものとも異なり，人や団体の社会的機能からの属性に根ざした考慮にもとづいている。伝統的な観念からみれば安全配慮義務や専門家の責任にも包含されるが[3]，必ずしも個別的なものではなく，地位に結合したもっと定型的なものである。そこで，現象的には，ふたたび契約法に対する地位の優先がみられる。こうして，上述のメーンのテーゼとは一見すると相反する現象が生じた。すなわち，19世紀の法の理念が，「身分から契約へ」であったのに対し，現在の状況は「契約から地位へ」である[4]。この意味では，安全配慮義務や専門家の責任は，この契約に対する地位の優越化の一プロセスと位置づけられる。

とりわけ，消費者概念の峻別にもとづく法は，1990年代以降，ヨーロッパにおいて顕著にみられる。EU指令が，その重要な契機となっていることから，多様なEU指令のもつ私法的な意味を検討する必要がある。しかし，取引法と消費者法の分野は，同時に，規制緩和やグローバリズムによる攻勢にさらされている。これらは，近代における契約自由の再来ともいえる。ここで，規制緩和や契約の自由を主張することはたやすい。自由放任の時代を観念すればたりるからである。これに対し，「地位」の確立は，上述の近代法の構成からすると比較的むずかしい。近代法の当初の理念にもどる必要があり，また細部においては各国の相違もある。そこで，近代法の当初の理念，自由のみがすべてではなく，基本権が伴っていたことを思い起こす必要がある。

このような確認のうえに立つと，形式的平等を基本とする民法の修正は，たんなる部分的な修正や理念の混乱ではなく，原則への回帰と位置づけることができる。むしろ，一面的なグローバリズムこそが，自由一辺倒の特殊な構成であることが明確になるであろう。国民国家に根ざした基本権からの制約を否定

することが，グローバリズムの主張であり，私法，とりわけ取引法と団体法の無国籍性がこれを可能にしている。より普遍的な基本権は，なお生成途上にある。EU指令に多くの保護規定があるのは偶然ではなく，また，たんなる競争秩序の統一のための要請によるだけではない。契約の自由と基本権や地位との関係を問い直す必要がある[5]。

2 倫理とスタンダード

(1) 従来，しばしば取引活動における倫理として主張されてきたものは，こうした普遍的な基本権に（無意識的ながら）代わる理念であったと位置づけられる。一般的な法的確信に高められていないものが，「倫理」とのみ称されてきたのである。しかし，その内容は，たんなる徳義上のものにとどまらず，法的な意味をもちうるものでもあった。たとえば，暴利の制限である。もっとも，必ずしも具体的ではないことから，法による規制には熟さず，まずソフトなスタンダードやガイドライン，先駆的な自主規範として登場したこともある。たとえば，近時の先端医療関係の基準である[6]。このような自律的な自己規制は，まず小さな組織や団体の倫理によって行われることが特徴である。この場合に，スタンダードは，法の補充や準備である。これと法との関係を検討する必要がある。近代法のもとで，契約によって法の表面から追い出された倫理の復権でもある。契約の修正の第2の契機といえる。

(2) 第3に，契約における自己拘束とでもいうべき現象がみられる。たとえば，商品の売手が，たんに利潤の最大化だけを目的として契約の自由を主張するのではなく，一定の品質を保障し，あるいは買主の安全な利用を保障しようとする場合である。経済学的には，JISなどにみられる技術スタンダードであり，法的には安全配慮義務の一部となる。特約があれば保証責任の問題ともなる。買手の側からも，売買にあたって，買い入れる一定の品質を公表し，取引を円滑にしようとする場合がある。政府や自治体の調達行為などにみられる。これらは，契約によって，相手方に対する自己の優越を主張するのとは逆に，むしろ自己を抑制することによって，大量の取引を円滑ならしめようとするものである（「基準に達しないものを売らない」，あるいは「基準に達したものであれば差別なく買う」とするもの）。普通取引約款と同じ形式で成立しているが，自

己に有利なものを押しつける場合とは逆で，むしろ相手方に予測可能性を与えようとするものである[7]。また，スタンダードには，伝統的・技術的なものから（不良品を排除したり互換性を確保するための技術規格から出発），現代的な，たとえば倫理準則のようなものもある[8]。

　こうして，スタンダードが製品の規格から団体や経営の行為規範として，つまりハードにかかわるものからソフトにかかわるものへと抽象化されるにつれ，法とスタンダードの関係が近接しつつある。この場合のスタンダードは，前述(1)のものとも異なり，自律的に行われ，契約自由のわく内で，しかし，実質的には利己的な契約自由の克服の機能を果たしている。ここに，スタンダードと法との関係を検討する契機が存在する。

第2章　法と倫理，公序

1　利息制限法と倫理

　(1)　法において倫理が唱えられた例は古い。ローマ法は，早くに厳格訴権に対する誠意訴権を発展させ，また，中世のカノン法は，信義則の重要性を指摘した[9]。これらは硬直化した法理論を柔軟化するための手段の一つであると同時に，ときとして社会の倫理を法の中に具体化するためのものでもあった。そして，近代法における一般条項にも，類似の機能がある。

　私法に関わる取引倫理や公序良俗の考え方も，一面において古い。もっとも古いものは，おそらく人類による交換や商業の始まりにまで遡る。モラルの確立を求めることは，古くから神学の領域であった。聖職者は，政治や家族，個人生活や職業など社会のすべての場面において，モラルの確立を求めたから，当然に取引もその対象に包含されたのである[10]。

　しかし，これらは，一般的な倫理の一適用にすぎなかったから，いわば説教の段階にすぎないことが多く，必ずしも取引に固有のものとはされなかった。そこで，学問的・科学的な対象ともならなかったのである。

　(2)　また，古い倫理の特色は，神学的なものに代表されるように，他律的な道徳に特徴がある。取引に倫理的な判断をもちこみ，制約を加えようとしたの

である。カノン法は，体系的なものであったが，他律的な性格を有し，自律の規範とはならなかったのである（私法におけるカノン法の適用，なかんずくローマ法に対するカノン法の優越の主張）[11]。

典型的なものは，カトリックの利息排斥論である。そこでは，中世に一般的にみられた，世俗的な五分の利息を，神学的基礎から非難したのである。利息は，古くから不道徳なものであり，中世人の魂の救済にとって危険なものとなった。そこで，これは，一部の高利貸しに心理的な影響を与えはしたが，個人的な影響にとどまり，取引の本質的な要素とはならなかった。そして，倫理は，いわばお題目に留まったのである。

倫理が取引観念と矛盾しないものとなったのは，プロテスタンティズムのもとであった。プロテスタント，とくにカルヴァンの立場は，たんに徴利の自由をもたらしたことにとどまらず，近代資本主義に精神的支柱を与えたものと位置づけられている。M・ウェーバーの著名な議論によれば，貨幣の取得を人間に義務づけられた自己目的，使命たる職業とみるような理解は，過去のどの時代の道徳感覚にも背反する。その例証が教会に採用された利息に関する教条である。カトリック教理にもすでに，教会と政治上密接な関係をもっていたイタリア諸都市の金融勢力の利害への迎合がかなりの程度みられたが，それはなお広範な層のもつ反貨殖者的な考え方の反対をうけていた。また，たとえ教会の教理がさらにいっそう順応した場合でも，それは，せいぜい道徳とは無関係なものとして認容されているにすぎないものであり，教会の利息の禁止にいつ抵触するかもわからない恐れがあったのである[12]。

このような道徳的には寛容されるにすぎなかった利潤の追求が，道徳上賞賛に値いするのみではなく，義務たる生活態度の内容と考えられうるには，まったく新しい思想にもとづき，これが新しい型の企業家の生活態度の倫理的な土台となる必要があり，この土台を与えたのが，プロテスタンティズムであった。すなわち，魂の救済は人間の意思によるのではなく神によってあらかじめ決定されているとの予定説（Lehre der Prädestination）から生じる精神的な緊張，神の選民であるとの信仰から，人は自分の職業が神によって与えられたもので禁欲的に働くべきであるとする職業倫理が発展し，それによって勤労の結果としての利得が容認された。すなわち，利得は忌むべきものではなく，神の恩寵の

あかしへと転換されたのである。その結果，非世俗的，禁欲的で信仰に熱心であることと，資本主義的営利生活に携わることは，矛盾するものではなく，むしろ相互に内面的な親縁関係におかれる。そして，練達な資本主義的事業精神と，生活の全面を貫く信仰の形態が，カルヴィニズムの特徴となったのである[13]。

　徴利の自由が法理論として認められるためには，たんに徴利の禁止に対する例外が，数量的に増加し承認されたというだけではたりない。さらに，それを質的に転換させる倫理上の変革が必要だったのである。この場合に，倫理は，取引と不可分なものとなったが，中世的な精神（教会が倫理を独占し，利潤主義に優先する）とは逆転した関係に立ったから，現象的には，利潤主義に仕えるものとなった[14]。そして，近代法の個人主義は，しばしば利己主義にはき違えられたことから，ここに，新たな倫理と，個人主義（あるいは利己主義），利潤主義との結合をみることができる。ただし，資本主義的な思想のもとでも，倫理がまったく利潤に従うだけのものであったかは，疑問である[15]。

2　自律の必要性

　近代的な精神は，並立する思想を認めたから，古くからの神学的な倫理も残存したし，近代以降の法の世界には，人権に基礎づけられる種々の価値が形成された。これらを取り込むことのできる観念を，とりわけ現代の取引の中にもちこむことが課題である。もっとも，近代化のもたらした自律的な思想が支配的な中で，そのさいに，伝統的・他律的な規制の限界も明白となった。法による強制力だけですべてを規律することには無理がある。規制が他律のものとして登場するかぎり，利潤主義にとっては，たんなる不必要な規制か，少なくとも最低限の規制にすぎないとみなされる可能性があり，しばしば潜脱の契機ともなるからである。そこで，新たな規制を，自律的なものとして，かつ圧倒的な利潤主義に対抗できるものとして，どう再構成し具体化するかが課題となる。

　中世的な思想のもとでは，倫理は教会によって独占されていたから，取引に対する倫理も，他律的なものにとどまった。他方，発展した商業や産業のもとでは，人はみずからの危険において行動しなければならないから，みずからも規制しなければならない。ここに，自由と自律の結合の契機がある。利潤主義

は，必ずしも完全な放任を意味しない。市場を守るという最低限の制約は免れえないからである。

新たな制約であるスタンダードもそれ自体は，利益には直結しない。利益の前提である自由に結合するのみである。利益は，自由と自己節制を両輪とする。こうして，自由と自律主義が結合するところにスタンダードの契機がある。

第3章　他律から自律へ

1　労働時間と倫理

(1)　他律の倫理が自律のそれに転換されるについては，専門家の責任の質的な転換が契機となっている。これについては，労働の倫理が重要な一例となる。すなわち，労働の倫理が唱えられたのは，必ずしも最近のことではない。アメリカでは，20世紀の初頭に，経営の理念に関する新たな倫理が現れた。それは経営の種々の局面に関するが，最初の契機は，労働時間の短縮運動であった。アメリカにおける労働時間は，20世紀の最初の20年間に短縮に向かい，週60時間から50時間を下回る水準に達した。1日8時間労働制も，1919年には，2人に1人の割合にまで普及した。そして，1920年代には，週5日（40時間）労働運動が生まれたのである[16]。労働時間短縮の運動は，労働側（AFL＝アメリカ労働総同盟）に発したものであり，一面では失業問題への対処であったが，他面では，余暇運動の一環でもあった。この余暇運動は，余暇を人間の尊厳の源とする点において，伝統的な労働倫理（勤勉を至上の倫理とする）に反省をせまるものであった[17]。

これに対する経営側の反応は，3つに大別することができる。第1は，伝統的保守派であり，おもに余暇の拡大による生産性と労働倫理の低下という経営の立場からこれに反対するものである。第2は消費の福音派であり，週5日制を支持した。それというのも，余暇が消費を拡大し，市場を拡大するからである。そして，第3は，経営プロフェッショナリズム派である[18]。

ここで，経営プロフェッショナリズムとは，その萌芽を1910年代に遡ることができ，専門的職業に従事する者は，たんなる金儲けのみを目的としてはな

らず，いかに質の高いサービスを社会に提供することができるかというサービス動機にもとづくべきこと，そのためには高度な科学に裏付けられた専門的知識と訓練を必要とし，またそれを集団として維持する努力を必要とするとの主張である。科学的基礎とサービス動機を両輪として成立する職業倫理を基礎として，経営プロフェッショナリズムは，この理念を経営者および管理者にも適用しようとする[19]。プロフェッショナリズムそのものは，医師や弁護士の職業倫理としてかなり古くから定着しており，経営に対するその応用といえるものである。専門家の責任の萌芽ともいえる。

経営プロフェッショナリズムは，労働の余暇の統合された職業生活の回復，職場における人間性の回復，労働の尊厳を重視したのである。したがって，余暇運動における週5日制そのものには，それが労働を強化するだけにとどまるとすれば，むしろ懐疑的であった。時間だけの短縮ではなく，職業労働そのものを科学的・内部的に変革することを重視する。ここから，労使関係の変革，協調や労働者教育の重視といった観点が登場した。もっとも，その詳細は，本篇の対象ではない[20]。

(2) 注目されるのは，余暇を通じた各派の立場の相違である。従来の生産体制と管理組織のもとで疎外された労働者の協働本能，人間的尊厳を回復することを目的とした経営プロフェッショナリズムは，前2者とはまったく異なった，経営に対する新たな精神を持ち込んだのである[21]。これに反し，アメリカの伝統的保守派は，おもにプロテスタンティズム（とくにカルヴィニズム）の立場から，労働の価値を重視する。ウェーバーのひそみにならえば，自律的な労働価値の強調は，禁欲的生活の契機であるが[22]，他律的なそれ，とくに近代産業におけるものは，労働強化の契機ともなるのである。

そこで，労働を苦痛とみなし，余暇により暗黒労働に代償を与え，創造性を回復するとの余暇運動は，カトリシズムやユダヤ教徒の安息日のための労働時間短縮の考え方に近く，反プロテスタント的なものとみなされた。単純に，人間性の回復と余暇とが関連づけられないゆえんである。その代わりに，新たな価値である科学的基礎とサービス動機という経営内在的な倫理が登場した。すなわち，余暇にとどまらない経営の刷新であり，その基礎となる人間の尊厳という倫理への転換である[23]。こうして，企業経営に関する新たな倫理が登場

したのである。また，プロフェッショナリズムは，経営に対する協同の精神という観点から，早くに，企業専門家の責任とその倫理の結合関係を示した点や自律性の強調という点においても注目に値する。

2 スタンダードの台頭

(1) 法は，裁判規範であると同時に，行為規範でもある。行為の予見可能性を与えることによって，人に行動の自由を与えるのである。二重効で著名なキップ（Theodor Kipp, 1862. 3. 7-1931. 7. 24）は，実体法のもつ裁判官に与える機能に着目して，これを司法法と位置づけ，法を実体法，司法法，手続法に三分した[24]。実体法は，売買によってＡに権利が生じることを定め，手続法は，そのＡが権利を裁判上求める方法を定めるが，司法法は，その裁判において，Ａに権利があることを裁判官Ｂが認めるべきことを定めているのである。すなわち，司法法は，法の裁判規範としての性格を独立のものとしたものである。司法法が裁判規範であり，強制力と不可分なことはいうまでもないが，これを除いた実体法は当事者にとって行為規範であり，いわばスタンダードが法の形をとっている。この場合の法とスタンダードの相違は，国会が議決したという成立プロセスの違いのみである。

自律的に定立されたスタンダードも，契約上の行為規範になることは明らかである。これに加えて，裁判規範になるかどうかは，必ずしも明確ではない。公序や信義則の形で，裁判官の判断に影響を与えうることは確かであるが，独自のものとしては部分的であり，たとえば，医学の学会の指針やガイドラインが判例によって法の下部規範とされた場合などに限定される。

厳密な意味で法的な基準たるのは，法律や規則によって引用された場合だけである。また，普遍的なスタンダードは必ずしも明確ではないから，行為規範として機能するものさえ限られ，明確に策定された場合だけである。それ以外のものは，せいぜい社会倫理の形で存在するだけである。そこで，スタンダードの萌芽としての倫理に言及する意味がある。

(2) 企業の社会的責任やコーポレート・ガバナンスが唱えられて久しい。しかし，昨今の団体による不祥事は，団体の規模や業態を問わず，広範囲にみられる。経営においても，責任ある立場の者には専門家としての自覚が必要であ

り，それにもとづく倫理と法的な責任が求められる。現代の高度技術下の経営には，高度化・近代化の過程で失われた倫理の回復を要し，責任は，科学的な知識と専門家としての高度の自覚に裏付けられたものでなければならず，それゆえ高度な注意義務を求めるものとなる。もっとも，ここまでは，いわば専門家の責任の延長となり，他律の範囲でもある。

　これに対し，地位に結合しないスタンダードは必ずしも明確なものではないから，法が明示的に引用する場合のほか，必要に応じて策定する必要がある。不明確なものに多大な拘束力を認めることはできないからである。ここにより大きな自律の契機がある。スタンダードを定める自律的な方法は，従来は圧倒的に，企業の出口の規制であった。製品の基準が典型的である。スタンダードが法的なものでない場合には，企業の責任は，道義的・社会的なものにとどまる。すべての事項につき法的責任を考えることは，予測可能性，実効性，コストの面から限界がある。また，法的な救済は，事後的なものにすぎない。必要なのは，企業の入口やプロセスでの規制である。組織や経営の構造そのもの，あるいは安全や倫理に関する専門家の関与，消費者との対応などにつき，新たなスタンダードを立てることが必要となる。スタンダードの定立は，法的責任を補強し，モラルをも高めることに資する。団体運営の透明性がキーワードとなり，スタンダードを立てることが団体の透明性を確保するものとなる[25]。

第4章　EU 指令とスタンダード

1　RoHS 指令と REACH 指令

　(1)　つぎに，ヨーロッパにおける EU 法の発展から，スタンダードの機能についてふれよう。EU 法による賠償額の制限や基準，方法の統一には多様なものがあり，近時は，消費者法の領域で，多数の指令が発せられているが（最近では，列車遅延に関する損害賠償基準，Einheitliche Regelungen für den Schutz von Fahrgästen im Eisenbahnverkehr in Europa）[26]，以下では，とくに循環経済思想にもとづくものをとりあげる。

　ドイツの1990年前後の重要な立法に，1989年の製造物責任法と1990年の

環境責任法がある。このうち，製造物責任法（Produkthaftungsgesetz, 1989; BGBl. I, S. 2198）は，外国との輸出入の競争を視野に入れ，いわば妥協の産物であったが，環境責任法（Umwelthaftungsgesetz, 1990; BGBl. I, S. 2634）は，到達度の高い包括的な環境立法であった[27]。すなわち，前者は，基礎となったEUの指針による国際競争力維持の観点が強すぎたことから，妥協の産物となり，救済手段（欠陥の推定や開発危険の抗弁など）には種々の限界があった。これに対し，後者は，一般的な排出者責任を定め，ヨーロッパ的な循環経済思想の先駆となった。この循環経済思想は，1992年のリオ・デ・ジャネイロの地球環境サミットでも引き継がれている。

1992年のリオ・デ・ジャネイロの環境サミットでは，持続可能な循環経済の思想が提唱された。これをうけて，1994年には，循環経済・廃棄物法（Kreislaufwirtschafts- und Abfallgesetz, 1994; BGBl. I, S. 2705）が定められ（施行は1996年），同法は，天然資源の保全のために循環経済を促進することを目的とするとした（1条）。廃棄物を従来のように単純に悪とし処理の対象とするだけではなく，天然資源の保全を指針と定めたのである。廃棄物を，生産から流通，消費の循環のプロセスに閉じこめることが目的となる[28]。

(2) 1990年代には，多数のEU指令が出され，EU内の各国の立法の状況は，従前と一変した。ヨーロッパの各国議会は，EU指令を国内法にするための法の実現に忙しく，ほとんどEUの下請けとなる状態が生じた。環境についても，循環経済の思想から種々の指令が発せられた。

電気機器の有害物質規制であるEUのRoHS指令（Restriction of the Use of the certain Hazardous Substances in Electrical and Electronic Equipment, 2002/95/EC）もその1つである。同指令は，電機および電子機器産業（electrical and electronic equipment (EEE) industry）において，有害な化学物質の使用を禁止する指令である。EU（15カ国）で2003年2月13日に発効し，2006年7月までにEU（2004年に25カ国）加盟国で施行された。再生可能性・循環経済（Kreislaufwirtschaft）思想にもとづき，地球環境破壊や健康に害を及ぼす危険を最小化することを目的としている。対象となる有害な化学物質は，鉛，カドミウム，水銀，六価クロムと，PBB（ポリ臭化ビフェニール）とPBDE（ポリ臭化ジフェニルエーテル，臭素系の難燃剤）（lead, cadmium, mercury, hexavalent chromium, polybrominated biphenyl（PBB）and polybrominated diphenyl ether（PBDE））の計6物質を対象とする(29)。

関連する規制には，これとほぼ同時に，WEEE（Waste Electrical and Electronic Equipment 2002/96/EC）指令があり，使用ずみ家電機器等のメーカーによる回収とリサイクルを義務づけた。RoHS指令はこれを拡大し，そこにおいて指定されたものと，電球と家庭用の照明器具を規制の対象とする。そこで，家電・照明・情報・通信機器のほか，玩具やスポーツ用品も対象となる。EU加盟国は，2004年8月13日までに国内法を制定し(30)，2005年2月13日までにRoHS指令の適用範囲を明示し，2006年7月の施行となった。その後，さらに包括的な化学物質規制であるREACH（Regulation, Evaluation, Authorisation and Restrictions of Chemicals, kurz REACH – EG-VO；2006/1907/EC）指令も施行された(31)。後者は，1981年以前に市場に出た化学物質の性質や安全性を評価し直し，これらの物質を含む製品のメーカーと輸入業者に対し，審査とEUの専門機関に登録することを義務づけるものである。

(3) RoHS指令などは，本来EU内の規制にすぎないが，いわゆる単一市場指令の1つとして（an Article 95 single market directive），EU内で販売される機器にも適用されるために（有害製品のEU域内輸入禁止），日本などの輸出国でも，製品をRoHS指令に準拠させる必要に迫られた。使用が禁止される6物質は，従来これらの製品に含まれることが多く，製品を構成する部品や材料が多数の取引先から調達されていることから，この禁止を確実に守ることは容易ではない。そこで，メーカーの中には，取引先からの調達基準を定め，「グリーン調達基準」など独自の環境基準を定め，2003年7月からはこの調達基準を満たすことを取引の条件としたり，違反した場合の損害賠償の予定を定める例もあった。

こうして，本来EU域内の基準にすぎないEU指令が，取引条件を通じていわば世界標準となったのである。環境問題に適切に対応しないと，世界市場に参加することはできない。そして，EU以外でも，RoHS指令にあわせて，これに準じた立法をした国もみられる(32)。この場合には，スタンダードが，法の改変にも影響したのである。

第2部 利息と信用，倫理

2 法による準則の引用

(1) RoHS指令の例によれば，デファクト（de facto）のスタンダードといっても，運用によってはデジュール（de jure）のスタンダード，ときには，ほとんど法と同様の機能をもちうるのである。RoHS指令は，事実上の強制を，取引制限による間接的な効果から確保している。間接的な効果でも確保できれば，デファクト・スタンダードは，デジュールのものに昇進する可能性を有している。その場合の間接的な効果は，多様である。たとえば，その遵守が世界的企業の質（市場適合性）を現すものであれば，たんなる遵守の公表や宣言でもたりる（不遵守企業の公表）。

(2) 別の方法で効力を確保しようとするのは，ドイツのコーポレート・ガバナンス準則であり，スタンダードの引用という構造をとっている[33]。

2006年7月24日，ドイツ連邦司法省は，ドイツ・コーポレート・ガバナンス〔企業倫理〕準則（Deutscher Corporate Governance Kodex，倫理準則という）の改定を公表した。倫理準則は，企業を直接拘束するものではないが，会社法関連の法律規定を修正する改正法「企業経営の透明性と開示のための法律」（Transparenz- und Publizitätsgesetz, 2002年7月26日施行）によって，2002年に，株式法（Aktiengesetz）161条が改正され，以下の条文が付加されたことにより，間接的に，法律に準じた効力をもつにいたっている。

株式法161条「上場会社の取締役会と監査役会は，毎年，連邦司法省の電子連邦官報（elektronischer Bundesanzeiger）に公告された，政府諮問のコーポレートガバナンス準則委員会の勧告規定を遵守してきたか，または，するかどうかについて，あるいは，どの勧告を遵守しなかったか，または，遵守しないかの表示を行うものとする。その表示は，株主に継続的にアクセス可能とされなければならない」。

(3) この倫理準則は，企業経営のための種々の倫理ルールを定めている。ドイツの上場会社の経営と監理部門に対し，法的な規定を簡潔に示し，あるいは国際的および国内的に認められた責任ある企業経営のスタンダードを示している。これによって，ドイツの上場会社の経営に対する，内外の投資家，顧客，従業員および社会の信頼を増進することを目的としている。会社経営への信頼

を強め，投資のための透明性を与えようとするためのものである。内容は，(1) 総則，(2) 株主と総会，(3) 取締役会と監査役会の協力，(4) 取締役会，(5) 監査役会，(6) 透明性，(7) 年次会計報告の開示と監査—の構成で，およそ70項目からなる。

　項目の多くは，従前から認められてきた企業と機関の権利と責任をまとめたものである。その中には，法律上の規範のほか，一般的な経営上の行為規範が包含されている。なお，ドイツの株式会社が，法的に二重の管理システム（取締役会と監査役会）を予定していることから，上述の構成になっている（倫理準則は，ほぼ毎年改定されている。最新のものは，2007年6月14日）。

　法律とは異なり，この準則をただちに遵守する義務はない。しかし，遵守するかどうかを表示し（この場合には法的な効力を獲得する），遵守しない場合には，その理由を表示することが必要である。遵守の自律性を認めることによってその実効性を高めていることが特徴である。そこで，準則による「勧告」(Empfehlung, recommendation) は，多くの場合に「しなければならない」(soll) の形で示されている。企業は，準則から離脱することもできる（部分的遵守も可能）。しかし，そのことを，毎年表示する (erklären) 必要がある。このような選択によって，専門的あるいは企業に特殊な必要性をみたすことを可能にしている。そこで，準則は，ドイツの企業の定款作成の自由と自己決定にも貢献している。これは，準則の中に一般的な行為規範が包含され，それを直接法律によって定めることが困難だからである。もっとも，sollといった概念を使用していない，準則の他の部分は，法律によって企業がなすべき規定に関するものであり，法律上の拘束力があることは当然である。また，準則には，開示なしに離脱可能な部分もある。「示唆」(Anregung, suggestion) の部分であり，これは，「するべき」，「適切である」(sollte) とか「できる」(kann) といった言葉で表現されている[34]。

3　スタンダードと拘束力

(1)　法の特質は，国家権力に裏打ちされた強制力にあるが，実効性の確保は，必ずしも国家による強制でなくてもたりる。実質的に無政府の国際関係においても，「国際法」はありうるし，実定法がなくても，「殺すなかれ」はかなり普

遍的で「自然法」的な規範ともいえる。ルールが守られるには，たんなる強制力だけではなく，内容の相当性と当事者のこれを尊重する意識が重要である。中世におけるローマ法の適用は，慣習的な普通法としてであり，国家による承認（立法手続）に，依存したわけではない（いわゆる事実的継受）。こうした実効性は，とりわけ私法において顕著である。

　現代国家の中にさえ，同様の例はみられる。アメリカ法では，統一のモデル法を作成し，それを各州が承認・加入する方法はかなり通常の形態である（統一売買法，統一商法典など）。また，判例法を具体化し普遍化しようとする各種のリステイトメントも，ただちに法（裁判規範）とはならないが，立法作業のモデルや人の行為規範となることを予定している（契約法リステイトメント，不法行為リステイトメントなど）。1871 年のドイツ統一前のドイツ連邦の立法にも，モデル立法が存在した（普通商法典など）。これらの実現は，州あるいはラントの留保主権にもとづくが，国家の立法権能がただちにはカバーしない領域には有益な方法となる。現在でも，ヨーロッパ契約法やユニドロワの取引原則などがあり，立法作業や取引の参考になる。

　逆に，国家の立法権能がある場合にも，地域施行（かつての借地法・借家法が，東京など一部の市にのみ適用されたこと，現在は経済特区）や試験施行という例がある。オーストリアの暴利禁止法は，まず 1877 年に，辺境であるガリシアとブコヴィナで試験的に適用され，1881 年に，それが全オーストリアに適用されたのである。イギリス契約法は，本国では明文・体系化されていないが，インドでは早くに立法化された[35]。法自体が生成・発展するものであるという歴史法学のもとでは，法が所与のものではなく，順次成熟していくプロセスを認めることは不思議ではない。

　すなわち，法は，つねに完全で強制力を伴うものである必要はなく，部分的なもので自律的なもの，すなわちスタンダードやガイドラインでもたりることがある。また，変化が激しく，国民全体のコンセンサスのえにくい現代的状況のもとで，規範の内容が時代に適合していくプロセスでは，とりわけ望ましいものとなるのである。

　(2)　国家法の役割を過大視すると，かえって自律的な規制やスタンダードによる自律を軽視する可能性がある。法の成立には，複雑な立法過程が必要であ

るし，政治的な理由から種々の妥協も行われるからである。製造物責任法が EU 指令によって導入されるにさいし，国際競争力確保の観点から，必ずしも厳格なものではなく，全体として後退した内容が採用され，それが各国に導入された例もある[36]。

もっとも，スタンダードにも，法を補完する場合だけではなく，法を軽減するために主張される場合がある。業界基準のスタンダードは，国家法が厳しいことを予想して，これを回避するために定められることがある。いちがいに優劣を論じることは困難であろう。しかし，標準化に，法を補充したり，その内容を高める機能があることは無視しえない[37]。

むしろ法の発展において，おおむね自律と他律の二者は，あい携えて進展してきたのである。最低限の基準や，強制力の確保には，法的な規制が必要である。しかし，他律のみでは法の回避や潜脱を招きやすい。また，法に直接倫理などを盛り込むことはむずかしく，その行き過ぎは，かえって混乱をもたらすこともある。たとえば，アメリカの禁酒法である（1920～33年）。反享楽主義のピューリタン的産物といえるが，20世紀初頭の産業社会における倫理軽視へのアンチテーゼの意味もあった[38]。

このような過度の倫理重視は，しばしば宗教的な保守主義と結合している。後者は，進化論の排斥にもみられる。近時では，アメリカにおける生殖補助技術におけるビジネスの優先と，これとは対照的な宗教的な保守主義の関係が一例である。先端医療技術の獲得には熱心であるが，反面，堕胎と胚の破壊と ES 細胞の樹立には極端な反感を示すのである。先端技術の中では，とりわけクローンの実施が反感の対象となっている（つまり生と死の問題への人間の介入である）[39]。技術的な倫理のみでは，必ずしも社会的な力にはなりがたい事例を示している[40]。

(3) 公序にみられるように，倫理基準の困難性は，それを法律に具体化することがむずかしいことである。各国の事情に応じた試みが行われているにとどまり，いまだに国際的に一致した基準は存在しない。共通した基準は，透明性や公開性といった抽象的なものや最低限の原則にとどまり，諸国の要求の程度も必ずしも同じではない。

このような場合に有効なのは，法律による直接の規制の方法ではなく，自主

規範による補充である。EUや上述のドイツのコーポレート・ガバナンス準則も，基本的にその形態によったのである。準則は，たんにスタンダードを定め，その遵守を各国や企業の自律に委ねたのである。そして，このような方式によるだけでも，どの企業がどのような立場をとるかが第三者に明確になるという利点（利用者はこれにより企業を選択でき，競争が促進される）と，企業自身が準則の採用を選択することによって，行動の自由や対費用と効果の選択の自由が確保されるのである。

また，スタンダードによる自律と定式化には，それを他へ宣言することにも意義がある。自己拘束とでもいうべき機能である。自律的な規範の意義の1つである。

こうした自主規範による方法は，アメリカ型の規制に顕著であり，歴史的には，政府の介入（たとえば，ニューディール）を排除するために率先して行われた。古くに，19世紀末のアメリカのポピュリスト運動や1920年代のプログレッスィヴィズム（Progressivism）は規制を求め，伝統的な価値観から脱しやすい資本主義社会に対し，国家や州の公権力でその欠陥を是正しようとした。これに対し，それによる大きな政府の弊害を，自律的な立場から防止しようとしたのが，プロフェッショナリズムである。ここでは，たんなる国家の後見的方法だけによることなく，市民社会の自主規制の方法により，国家との緊張関係が維持されている。

もっとも，政府や法律による方法は，ヨーロッパ型の規制に多くみられたが，今日では両者の統合がみられる。日本も，伝統的にはヨーロッパ型の強制規範の方式が顕著であった。伝統的なお上意識との関係もあり，自主規範の方式がどこまで有効に機能するかが試されよう[41]。

第5章　むすび

1　スタンダードと管理，自律

(1)　法は，国民国家が一元的に管理し命じるものというのが伝統的な意識であった。他律的な構造である。しかし，このような構造は，今日ますます揺ら

いでいる。

　第1に，国際化の結果，個人や企業が国家の域外に出ることによる法の選択が，ますます容易になっている。多国籍企業はいわば無国籍であり，法を容易に選択・回避することができる。第2に，国内においてすら，価値観が多様化した結果，法による規制のできない場合が種々生じている。たとえば，生命倫理の問題である。第3に，倫理的な問題には，法による規制に適しない場合がある。たとえば，前述の禁酒法の例がある。

　強制力を伴った法と，自主的な規範との相違は大きいようにみえるが，実際には，法の世界には，両者をつなぐものがかなりある。法がないことは，必ずしもルールがないことを意味しない。第1の場合については，前述の国際条約や国際法がある。無国籍であるとしても，必ずしも無法とはならない。EU指令は，ヨーロッパ内という限定的な範囲において，国民国家の外にも共通の法を構築することを試みている。この場合には，モデル規範への自律的な加入の方法が望ましい。第2の場合についても，価値観の対立から法に至らないとしても，各種の団体，たとえば医師会，医療関係の学会に応じたガイドラインや準則が定められている。それは，来るべき法のたたき台となるものである。それぞれのグループにそくした規範は，まず自治的なものである。第3の場合についても，社会や慣習の力こそが，規律の源泉となっているのである。場合によっては，むしろ法の形とすることは望ましくない結果をもたらす。なお，法においてさえ，裁判規範として強制力が発動されるのは，むしろ例外にすぎず，多くは遵法意識から自主規範（行為規範）として機能していることに着目する必要がある。自発的に守られる法こそがもっとも強い規範である[42]。

　(2)　スタンダードには，自律の促進機能がある。他律的な法には強制力が伴うが，それが過剰な場合もあり（たとえば，禁酒法），自律の精神を伴わない場合には，一面では，お上頼みとなり，他面では，脱法の契機ともなる。さらに，政府の干渉を排除するという意味においては，不適切でもある。アメリカ型の市場ルールには，干渉排除の意味をこめて自主規範の設定にいたる場合が多い。これと異なり，ヨーロッパ型は，比較的広く政府の関与を前提とするが，国内市場が小さいことから，統一のためのスタンダードが契機となる場合が多い（1848年のドイツ関税同盟など。近時では，各種のEU指令がある）。日本は，従来，

かなり国内市場が大きく，自動車や家電は世界市場で競争するが，通信などは，国内のみに撤退する傾向があり，これがスタンダードに消極的な原因となっている。国内では，規格は統一されており，内部的には新たなスタンダードが不要だからである（外国に規格を輸出するほどには力量が不足）。また，お上頼みの面もあるから，アメリカ型の意識も乏しい。利益にも直結しないから，スタンダードには消極的な結果となる。もちろん，国内市場の統一にも自主規範は必要であるから，JISやガイドラインに意味がないわけではない。

　また，従来の契約の自由には，自由主義と利潤主義が前提とされていた。この弊害を除去するには，自律主義による修正が効果的である。単純な自由（利己）主義と利潤主義では，それに対する歯止めは他律の法のみである。もっと自己規制を伴う自律主義と利潤主義の緩和への転換が必要である。権利は，義務を伴い，自由には，抑制（自律）と自律の基礎としての専門的能力が必要だからである。自律は，専門家の責任の契機ともなる。

　　2　地位による契約自由の制限

（1）　中世までの法は，神や慣習を基本としていたが，近代以降，人が権威の中心としての地位を占めた。これは，領邦主義の近代立法のもとでは，国家（ラントを含む）による法の独占の源となったのである。もっとも，カルヴィニズムではややニュアンスが異なり（ルター派の領邦主義の優先とは異なり），宗教的な意味では外部的な権威はありえないから，法も，基本的には個人の良心のみに遡るべきものとされる。そして，外部的な権威を否定することは，法的な権威の内部的再構成，すなわち契約的な構成（社会契約説）や基本権的な構成への道を開いたのである。その重要な契機は，封建的拘束に反対した近代市民社会であるが，その端緒は，プロテスタンティズム，とりわけカルヴィニズムに遡る[43]。

　私的自治と所有権の自由は，自然法的な意思の理論と所有権中心主義に由来する。後者は，基本権の一部に位置づけられる。包括的な権利としての近代的所有権は，近代法あるいはそれに先立つ近代市民社会の産物である。近代的所有権は，中間的・封建的な諸規制を廃して，単純な構成を目ざしたからである。そのさいに，権利の自然権的な把握は，この単純化に資するものであったし，

法的な権威を人為的なものではなく，個人の内心にのみ求める思想にも一致するものであった[44]。

(2) 私的自治は，中世的な神の意思ではなく，人の意思を私法の基礎にすえるための装置であり，経済関係の自律や競争と表裏をなすものである[45]。そして，契約自由は，私法的な法律関係の自己責任的な形成の自由を意味するが，法秩序の安定化の担保でもある。また，当初平等や所有の概念は，もっぱら自由に奉仕するものであった。こうして，18，19世紀を通じて，契約の自由が全盛となったが（身分から契約へ），やがて，この意思の理論と基本権との対立が顕在化した。そして，20世紀の後半からは，むしろ後者の優越が顕著となった。その結果，形式的な平等の当事者という前提が理論上も分解し，所有者と利用者，使用者と労働者，あるいは一般人と商人，事業者と消費者，各種の専門家（専門家の責任）などの概念のもつ意味が増大したのである。

3 地位，自律，スタンダードの方式の適合性

契約の自由は，契約の世界性に対応するものであり，法の無国籍性をもとにするものでもあった。前述のように，それには地位や基本権に伴う制約があった。そして，近代の国民国家の領域では，両者は統合されていたのである（社会国家理念）。

これに対して，自由に伴う制約を断ち切ろうとするのが，グローバリズムである。これには，基本権や地位による復権が必要である。しかし，これらは，なお概括的なものであり，より具体化するためには，自律的なスタンダードの方式が適合するのである。法の回避や不明確さ，合意形成の遅さが問題となることから，従来の国家法による規律だけではたりない。グローバリズムによる国家からの規制の逸脱にともない，新しい規制の方法が必要とされているのである（EU型のモデル法，指令）。

第1に，EU指令や条約による方法があり，これはいわば国家の拡大による方法である。ヨーロッパ的な方法である。EU指令の広範な活動については，すでに指摘した。

第2は，国家を前提とすることなしにする方法である。スタンダードや自律の方法であり，アメリカ的な方法である。この場合には，自律的な規制のため

第2部　利息と信用，倫理

に，スタンダードを定立し，積極的に国家法の干渉を排除し，それを超えることを目的とするのである。

　上述（第4章2）のコーポレート・ガバナンス準則は，両者の中間に位置している。法的な倫理には，多様かつ具体的でないものもあり，また法による強制に適さないものがある（禁酒法）。法による規制には，社会のコンセンサスが必要であり，成熟していないものにはむずかしいとの側面もある（生命倫理）。法的な必要性がなく，デファクト・スタンダードでたりる場合もある（RoHS指令）。ただし，伝統的な基本権と密接な関係にあるものは，国際条約によって，共通する法にまで高める必要性が高いであろう（平等法や反差別法など）。地位による一般化ができるものは，一般的な自由の制限概念とするべきである。こうして，契約の自由に対しては，多様な規制が行われるのである。

（1）　Maine, Ancient Law, its connection with the early History of Society and its relation to Modern Ideas, 1861（1963）, p. 164.
（2）　権利も義務づけることは，社会国家の理念であり，早くにワイマール憲法の明示したところである（Eigentum verpflichtet）。Vgl. Bruns, Haftungsbeschränkung und Mindesthaftung, 2003, S. 242, S. 46 ff.; ders., Die Vertragsfreiheit und ihre Grenzen in Europa und den USA – Movement from Contract to Status? JZ 2007, S. 385.; Ono, Das japanische Recht und der Code Civil als Modell der Rechtsvergleichung, Hitotsubashi Journal of Law and Politics, vol. 34, p. 23（2006）.
（3）　安全配慮義務や専門家の責任については，立ち入りえない。前者については，たとえば，下森定編・安全配慮義務法理の形成と展開（1988年），後者については，川井健編・専門家の責任（1993年）など参照。裁判例では，最判昭50・2・25民集29巻2号143頁（自衛官安全配慮義務事件）や最判昭36・2・16民集15巻2号244頁（輸血梅毒事件）がリーディングケースである。
（4）　近時これを指摘するものとして，Bruns, a.a.O.（Vertragsfreiheit）, S. 385.（ただし，結論は反対である）。また，契約自由の形骸化につき，Wolf, E., Vertragsfreiheit – Eine Illusion?, Festschrift für Keller zum 65. G., 1989, S. 359.
　　もっとも，地位や身分に関する責任は，従来専門家の責任のほかにも，たとえば，給付障害における当事者の一身的事由や主観的不能，領域説などにおいても考慮されており，統一されてはいないものの，意外に大きな広がりを有している。拙稿「不能・行為基礎の喪失と反対給付」反対給付論の展開（1996年）155頁参照。
（5）　これについては，拙稿「契約の自由と当事者の地位－契約と基本権－」一橋法学7

巻1号2頁参照。
（6）ドイツ法のもとでも，普遍的な価値にもとづく法を形成することは容易ではなく，医事関係では，多くの指針やガイドラインが存在する。そのうち，おおまかにいって，指針＝Richtlinie は，法的な意味で拘束力をもつが，方針あるいはガイドライン＝Leitlinie は，学問的に基礎づけられ，実務的，プロフェッショナルな行為基準にすぎないといわれる。もとより，その区分は，必ずしも厳密には行われていない。Vgl. Taupitz, Richtlinien in der Transplantationsmedizin, NJW 2003, S. 1145. なお，先端医療と倫理の問題については，拙稿「先端医療と法」私法の現代化と民法（2004年，以下【現代化】と略する）36頁以下所収。
（7）そこで，普通取引約款がすべて優越的地位の押しつけだというのは，あたらないであろう。
（8）スタンダードの現代社会における意味については，栗原史郎「スタンダードの観点からの安全問題への提言」Law ＆ Technology 36号7頁参照。また，「スタンダード学」一般については, cf. Kurihara, The General Framework and Scope of Standards Studies, Hitotsubashi Journal of Commerce and Management 40 (2006), pp. 1. また，本篇は，同氏を中心とするスタンダード学研究会（2006年，2007年「ビジネスと社会の中のスタンダード」）における種々の議論におうところが多い。
（9）カノン法と信義則については，拙著・利息制限法と公序良俗（1999年）13頁参照（以下，【利息】と略する）。Gaudemet, Equité et droit chez Gratien et les premiers décrétistes, en La formation du droit canonique médiéval, rep. 1980, X, p. 269 et s.；Wieacker, Privatrechtsgeschichte der Neuzeit, 1967, S. 77.（この部分は，原著2版による追加部分であるが，原著1版の翻訳であるヴィアッカー「近世私法史」（鈴木禄彌訳・1961年）66頁にも，訳者による言及がある）。
（10）利殖に対する倫理の観点は，とくに神学的な根拠のものについては列挙にいとまはない。とりわけ聖書の反貨殖者的観点によるものである。【利息】73頁以下，Thomas Acquinas, Summa Theologica (Saint Thomas D'Aquin, Somme Théologique), 1268-74, trad. par Spicq (1947), 2ª, 2ᵃᵉ, qu.78 (III, p. 208 et s.), Art. 1 (p. 213)；なお，Spicq による解説（Appendice I, notes explicatives, p. 337-339；Appendice II, p. 440 et s.）をも参照。
（11）ローマ法に対するカノン法の優越については，【利息】28頁，31頁参照。
（12）利息制限法とウェーバーの思想については，【利息】90頁以下参照。本篇では，必要な限りでふれるにとどめる。ウェーバー「プロテスタンティズムの倫理と資本主義の精神」（梶山力・大塚久雄訳）ウェーバー（1979年・中公バックス）所収109頁，136頁以下参照〔1989年・大塚久雄改訳では84頁以下〕。

　なお，このウェーバーの見解はきわめて著名であるが，教会法における利息の禁止の問題そのものは，同書の研究にとっては表面上の，しかも限られた意味をもつにすぎず（138頁），研究の対象ともなっていない，と断られている（109頁）〔改訳34頁以下〕。

第 2 部　利息と信用，倫理

(13)　同書 165 頁以下，242 頁以下参照〔改訳 137 頁以下，289 頁以下〕。

(14)　したがって，利潤主義に倫理はないというのは正確ではない。むしろ，カルヴィニズムのもとで，結果としての利潤が神の恩寵として基礎づけられているがゆえに（利潤が至高の存在だというのはいいすぎであろう。この場合でも，利潤がそれ自体として目的となるわけではないからである），弊害も大きいのである。人は，中世とは異なり，良心の呵責なしに利潤を求めることができるからである。

　　ちなみに，科学的研究もこのような誉むべき勤労の 1 形態となるとすると，その価値は，たんなる経済的自由の補助概念というにとどまらない大きな意味をもつことになる。この転換は，いわば周辺の価値であった経済的自由や研究の自由の，より大きな価値への昇進と位置づけられる。

(15)　すなわち，カルヴィニズムのもとでも，本来，利潤は直接の目的ではなく，禁欲的な労働の結果にすぎないからである。前注 (14) 参照。

　　また，企業の社会的責任論は，倫理の復権であり，利潤至上主義への疑問を提示したものである。もっとも，これとは逆に，いわゆる「法と経済学」は，憲法秩序や責任論の至上性を否定し，利潤主義，効率性を至上のものとしていると位置づけられる。これは，政治哲学的には功利主義，経済学的には費用便益分析の手法によっており，すべてのものが共通の価値（幸福。具体的には金銭）に還元されるとするものである。しかし，法律学は，憲法秩序からの価値の序列を前提としている。

(16)　この第 3 章 1 の経営社会学に関する議論は，富澤克美・①「1920 年代アメリカにおける余暇・消費問題と労使関係の新たな『精神』の誕生：経営プロフィッショナリズムとアメリカ労働総同盟の『対話』」商論 73 巻 2 号 27 頁以下に依拠している。なお，富澤教授には，近時の経営社会学の多くの観点をご教示いただいた。また，同氏の研究は，経営社会学の新たな境地を切り開くものであり，これを単純に近時の問題と結びつけることは，筆者の思い込みともいえ，同教授の研究にとっては本質的なものではなく，むしろ論外なものかもしれないことを付言しておく。〔なお，富澤教授の上記論文は，その後，アメリカ研究振興会からアメリカ研究図書出版助成をえて，『アメリカ労使関係の精神史』（2011 年）としてまとめられた。本書との関係では，第 2 部「経営プロフェッショナリズムの発展」121 頁以下を参照されたい。〕

(17)　同・29 頁以下参照。余暇運動は，過酷な労働の中で，労働を忌避し，余暇に生きがいを求めたことが出発点である。

(18)　同・29－32 頁。および 47－66 頁。

(19)　同・33 頁。1910 年代の経営プロフェッショナリズムについても，富澤克美・②「1910 年代における社会改革派と科学的管理運動修正派」商論 68 巻 4 号 37 頁以下，同・③「科学的管理運動修正派と経営プロフィッショナリズムの思想的発展」商論 76 巻 2 号 11 頁以下参照。

(20)　同・①61 頁以下。なお，本来，この経営プロフェッショナリズムに引き続いて，法のプロフェッショナリズムの研究が望まれるところであり，将来の課題となろう。

(21)　同・66 頁以下，82 頁。ただし，経営プロフェッショナリズムも，週 5 日労働制に

第 6 篇　契約における自律とスタンダード

より，労働者の人間的尊厳の回復を余暇活動に求めるという直接的な関連づけには，必ずしも賛成でなかったとされる。
(22)　M・ウェーバー・前掲書（大塚久雄訳・1989 年）289 頁以下，339 頁参照。民法における倫理と技術（2006 年，以下【倫理】と略する）35 頁参照。
(23)　前掲富沢論文 40 頁。なお，富澤論文では，協働の精神や労使関係の協調をどう回復するか，人間性の回復のために，労使関係や経営組織をどう改革するかが課題となり，これらがより本質的問題であるが，本篇では立ち入りえない。
(24)　Kipp の二重効については，拙稿「二重効」【現代化】120 頁以下。
(25)　透明性（Transparenz）は，近時のコーポレートガバナンスのキーワードである。BMJ, Recht und Ethik in der Wirtschaft, 2005. 2. 10. また，vgl. Hutter und Kaulamo, Das Transparenzrichtlinie-Umsetzungsgesetz： Änderungen der anlassabhängigen Publizität, NJW 2007, S. 471. 栗原・前掲論文 10 頁参照。また，経営資源間と社会の間での「安全連鎖」について，同・12 頁参照。
(26)　BMJ, Signale auf Grün für mehr Fahrgastrechte（7 Sep 2007）．これについては，拙稿・前掲論文（注（5））25 頁参照。本書第 2 部 4 篇所収。
(27)　拙稿「循環経済と生産責任」【現代化】104 頁，Modern Development in Environment and Product Liability,【倫理】394 頁以下所収，401 頁。
(28)　同・105 頁参照。
(29)　RoHS 指令については，ドイツ経済技術省の BMWI（http：//www.bmwi.bund.de），イギリス商務省の RoHS（http：//www.rohs.gov.uk/Default.aspx）。REACH については，vgl. BMWI, REACH und Hilfen der Verbände 31. 7. 2006； REACH-Hilfen und die EU 31. 7. 2006； Glos warnt EU-Parlament vor Verschärfungen bei REACH 6. 7. 2006； Chemikaliensicherheit 7. 12. 2007； Industrie und Umwelt 21. 11. 2007 に詳しい。
　　ドイツでは，指令にもとづき，2005 年 3 月 16 日に，電機電子機器法（das Elektro- und Elektronikgerätegesetz（ElektroG））が発効した。その後，2005/618/EC, Sl 2006 /1463 で修正。
　　日本では，2001 年に有害化学物質問題で「ソニーショック事件」を経験したソニーの例がある。オランダにおいて，同年 10 月，ソニーのテレビゲーム機 PSone の部品から規制値（1 kg 当たり 100 mg）を超えるカドミウムを検出され（中国製のケーブルの被覆材へのカドミウム混入），輸入が差し止められた。部品交換のために出荷が約 2 カ月停止し，約 130 億円の売り上げ減となった。この事件を契機として独自の環境基準であるソニー・スタンダード（SS）が定められ，部品の調達先にも SS の順守を要請することになった。その結果，使用を減らしたり禁止した物質は 130 種にのぼる。
(30)　ドイツやオーストリアでは 2 指令とも同一の電機機器法によった。
(31)　2007 年 6 月 1 日から化学物質規制法（Verordnung zur Regelung von Chemikalien）がある。
(32)　スイスの化学危険の限縮法，2007 年の中国 RoHS 法，韓国 RoHS 法など。

341

(33) 拙稿「経済活動における法と倫理—ドイツのコーポレート・ガバナンス準則の改定（2006年）」国際商事法務34巻12号1603頁。また，本書第2部6篇参照。
(34) 同・1603頁。
(35) すなわち，1872年であった。危険負担の研究（1995年）72頁。また，インド，パキスタンの動産売買法は1930年であり，これは，本国法（1893年）に遅れた。
(36) たとえば，賠償制限や開発危険の抗弁である。1979年のEU指令は，これらをおかなかったが，1985年のそれは，7000万エキューの賠償制限と開発危険の抗弁を認めたのである。その結果，ほとんどの立法は，開発危険の抗弁を認め，一部の国では，賠償制限も認めたのである（たとえば，ドイツで，1万6000DM，ユーロ導入後は，8500万ユーロ）。わが製造物責任法にも，開発危険の規定がある（4条1項）。
(37) コーポレートガバナンス準則，差別禁止法などに例がある。
(38) 禁酒法については，【倫理】16頁参照。
(39) 【現代化】102頁注78参照。アメリカの伝統的な保守派は，クローン人間には反感を示すが，同時に，先端医療技術としてのES細胞技術には寛容である場合もある。たとえば，下院は2002年につづき，2003年にも全面禁止法案を可決しているが（2003年2月28日），上院では承認されていない。下院の法案は厳しく，生殖目的のほか，治療目的のクローンを禁止するだけではなく，他国で医療目的のクローニングを用いて開発した治療薬の輸入も禁止している。しかし，輸入を可能とする意見もあり，これらの対立は，価値観の統一のむずかしいことを示している。中間派的には，治療や輸入を可能とする折衷案もありうる。
(40) 倫理には，社会の基本的価値に沿う場合にとくに力が強いとの特徴がある。たとえば，中世では，気前のよいことがリーダーやすぐれていることの要件であった。しかし，現代では，むしろ吝嗇で財物を集積していることが，すぐれていることの要件の1つとなる（もちろん，十分条件ではなく，倫理に富んでいることや公益活動に貢献することは不可欠の前提であろう）。ここにも，富を努力と神の恩寵（あるいは生存競争や能力）のあかしとする思想の一端が現れている。
(41) 従来，業界団体や専門家団体の規制も，法的規制に比して，必ずしも有効に機能してきたとはいいがたいであろう。不正を隠蔽したり，業界の利益だけを主張したことがないわけではないからである。Vgl. BMJ, Recht und Ethik (2005. 2. 10), a.a.O.; Verantwortung und Verantwortlichkeiten in der Wirtschaft (2005. 4. 11)。
(42) 国際的には，法そのものがスタンダードとなるにすぎない。それぞれの法は，国外にはその効力を主張しえないからである。そこで，国際的な法統一の動きがある。これは，法が国際的にも de jure standard になる場合であり，条約にも同じ意味がある。しかし，この方法では，国家主導であり，しばしば遅いとの欠陥がある。

法が de facto standard となる場合としては，普通法や，モデル法の例がある。部分的なものでは，約款にも同様の機能がある。この場合は，「ヨーロッパ契約法」にみられるように，学者や私的な団体の主導でも可能であり，迅速な形成が期待できる。
(43) 拙稿「東ドイツ地域の共同所有権の私有化」（山内進編・混沌の所有（2000年）所

第6篇　契約における自律とスタンダード

収）165頁以下参照。および「私法におけるカノン法の適用」第2章4節（1）（ア）参照（【利息】所収11頁以下，50頁）。

(44)　したがって，契約の自由や権利も，必ずしも無限定のものではない。私見では，近代法には，ある種の西欧法の伝統や内在的制約が存在するが（たとえば，カノン法に由来），それは同時に，カルヴィニズムによる法の伝統からの離脱，法や企業の無国籍性という特性を有している（【現代化】11頁，21頁の注28参照）。西欧法の伝統を重視すれば，必ずしも外見的にはみえない規範を探ることは重要であるが（法社会学の課題であろう），無国籍性が前提となれば，もっと露骨な法の適用が可能となる（依るべき国家をもたないことが，カルヴィニズムの特徴であり，かつ世界的な伝播性の根源である）。近代法そのものについても，相当程度まで，あてはまる。国民国家の段階では伝統との連続性はなお存続したが，グローバリズムは連続性を断ち切ろうとする。アメリカ型の規範の国際標準としての主張は，一面では，このような普遍性の主張でもある。ここでは，ヨーロッパ型の法とアメリカ型のそれとの相違という観点も重要となろう（【現代化】11頁，260頁においても指摘）。

　　このような自由な契約のモデルは，法そのもののとらえ方の反映でもある。中世的な法は，「古き良き法（gutes altes Recht）」（慣習）の中から発見されるものであったが，法の自由な定立は，法規実証主義とそれを技術的に可能にした国民国家の産物である。しかし，文化や言語と法における伝統主義の拘束（時代精神）については，周知のごとく，かねての法典論争におけるサヴィニーの主張が参考となる。法も，決して完全に自由には定立できないのであるが，およそ定立する場合には，現在では，いわば国民国家が神を代替するのである。グローバルな規範の定立は，新たな課題である。

(45)　契約自由は，経済関係における自律の裏面であるから，私法関係を律するには，第一義的には契約，ついで任意法規の補充的機能が期待される。強行法規による規制は最終的な担保としての意味をもつが，この中間に，自律的スタンダードの方法がある。その中にも，認証機関による規格をデファクトのルールとして尊重する方式や，そのような規格の受容を宣言することにより，デジュールのルールに昇進させる方式がある。

　　前者は，ISOの技術規格などにみられ，後者には，たとえばドイツのコーポレート・ガバナンス〔企業倫理〕準則にみられる。

　　なお，契約や法思想における利潤主義と厳格主義の関係については，次頁の図参照。

343

第2部　利息と信用，倫理

利潤主義と厳格主義

　　　　【利潤派】　　　　　　　　　　　　　　　　　【厳格派】
　　　　　　　　　　　　　　　　　（中世）　　利息の禁止，神学的規制
　　　　　　　　　　　　　　　　　　　　　　　反貨殖主義，公序良俗
　　　　　　　　　　　　　　　　　　　　　　　恩恵，寛容による自主規制
　利息の解禁　利潤
　　契約の自由⇨　　　　　　　　　（近代）　刑事的規制
　　自由放任　　　　　　　　　　　　　　　　暴利の禁止
　　　　　　　　　　　　　　　　　　　　　　アメリカの利息制限法
　　　利潤至上主義
　　　　　　　　　　　　　　　　　　　　　　最低限の制限
　　　　　　　　　　　　　　　　　　　　人権　　　　　　ヨーロッパ
　　　　　　　　　　　　　　　　　　　　社会政策，社会法　大陸では国家による
　　　　　　　　　　　　　　　　　　　　社会福祉的観点
　　　　　　　　　　　　　　　　　　　19末　ポピュリスト運動　　自律
　　　　　　　　　　　　　　　　　1920　Progressivism（伝統的な価値意識や経済
的倫理観からの逸脱が目だってきたアメリカ資本主義社会に対し，国家や州の公権力で
その欠陥を是正しようとした）　　　　　　　　　　　　1920－33　禁酒法
　　　　　　　　　　　　　　　　　大陸法では，社会法に相当。ワイマール憲法
　　　　　　　　　　　　　　　　　　　1930－40　ニューディール
　　　　　　　　　　　　（政府の過度の規制への反対）
　　　　　　　　プロフェッショナリズム　　　　　　　日本では社会的規制
　　　　　　市民社会の自主規制　　　　　　　　　（国家への依存関係）
　　　　　　　　（国家との緊張関係）
　　　　　　　ウォーターゲート事件，法曹倫理

　Law & Economics　　　　　　　　　　　　　法治国家理念
　規制緩和　　　　　　　　　　（現代）
　グローバリズム⇨　　新たな自由放任
　　　エンロン，ワールドコム事件　　05　カネボウ，ライブドアの粉飾決算
　　　　　　　　　　　　　　　　　　　　　　会社不祥事
　利益と責任の再認識　　　　　　　先端医療の問題
　　　　　　　　　　　　　　　　　　倫理
　　　　　　　　　　　　　　　　　　地位と基本権
　　　　　　　リーマンショック

第7篇　コーポレート・ガバナンス準則報告書（2010年）

1　コーポレート・ガバナンス委員会

　ドイツ連邦政府は，2011年2月9日の閣議で，2010年末に提出されたドイツ・コーポレート・ガバナンス委員会の報告書（Bericht der Regierungskommission Deutscher Corporate Governance Kodex an die Bundesregierung）を了承した。

　ドイツ・コーポレート・ガバナンス準則の政府委員会は，10年前に，連邦政府によって，よりよい企業経営のための自律的な組織と自律的な義務づけ（Selbstverpflichtung）を確立することを目的として設立された。企業に対して，法律による強制だけではなく，自律的な自己の拘束とより高い透明性を求めるものである。そのために，政府委員会は，ドイツ・コーポレート・ガバナンス準則を作成することとし，これは，まず2002年2月26日に制定され，その後，ほぼ毎年規則的に補完され変更されてきた。

　この委員会は，連邦司法大臣により設置・任命される独立委員会であり，2001年9月に任命された。ほぼ10年を経て，委員会の構成は，創設時から，かなり変動した。とくに，2008年6月の変更は大規模で，7年間，委員長をしたクロメ（Gerhard Cromme）が引退し，委員のBreuerとLutter（ボン大学）も停年で引退した。後任の委員長には，コメルツ銀行（Commerzbank　AG）の監査役会長Klaus-Peter Müllerが就任し，Lutterの後任委員は，国際弁護士（Sozietät Clifford Chance）のパートナーであるDaniela Weber-Reyとなった。彼女は，EU委員会の「コーポレートガバナンスと会社法」の助言グループ（Advisory Group）のメンバーでもある（vgl. BMJ, Revirement in der Regierungskommission Deutscher Corporate Governance Kodex, Berlin, 5. Juni 2008）。

　ほかに，フランクフルト大学教授で，法とファイナンス研究所長のTheodor

345

Baums，プライスウォーター会計事務所の会計士兼弁護士 Hans-Friedrich Gelhausen，ドイツ証券取引所の監査役会長 Manfred Gentz，ドイツ労働組合連盟（DGB）の委員長 Dietmar Hexel，有価証券保管機構の執行役員 Ulrich Hocker，ドイツ工学アカデミー総裁の Henning Kagermann，BASF 監査役の Max Dietrich Kley，QIAGEN 社の取締役会長 Peer Michael Schatz，DWS 投資会社の監査役 Christian Strenger，ベルリン工科大学の経営学研究所長の Axel von Werder である。Werder は，コーポレート・ガバナンスのベルリン・センターの長でもある。

ドイツの監査役会では，従業員の代表が株主の代表と同人数の構成員となり，経営参加の労働代表も包含されているから，コーポレート・ガバナンス委員会も，全体として労使，第三者をバランスよく配置した構成となっている。

2 報告書の特徴

すでに，2002 年の最初の制定時から，政府委員会は，学問と実務の発展に遅れぬように，少なくとも毎年 1 回，準則が適切かどうかを検討し改定してきた。こうした不断の変更によって，準則は，現実の問題に対応し，よき企業経営の遂行のための新たな活力を与えてきた。

2009 年 6 月に，連邦首相は，委員会に，政府に対して，ドイツのコーポレート・ガバナンスの状況に関する報告を委嘱した。報告の目的は，ドイツのコーポレート・ガバナンスの発展に関する現状を把握し，過去と新たな準則の条項の変更に関する状況を見直し，さらに，国際的な最良の実務（best practice）の展開の状況をも概観することである。また，報告では，ドイツにおける現在の先端問題や将来の準則作業の重点項目を検討している。そして，委員会は，2010 年 11 月に報告書を提出したのである。

連邦政府は，現在，報告をなお具体的に検討している。必要があれば，立法や勧告の基準が策定される。当面の政府の感触では，コーポレート・ガバナンス準則は，ドイツ経済の発展につき重要な影響を与え，意義を有したこととされている。準則は，企業の行動ルールについて，よりよい企業遂行や監督につき，勧告や推奨の条項をおいている。準則のルールは，必ずしも義務的ではないが，広範囲な対象を含んでおり，政府は，このモデルに大きな効果があると

みているのである。

　報告書は，国際比較で，コーポレート・ガバナンスの現在の展開傾向をも示している。また，勧告によるドイツの準則が，おおむね国際的な法政策の展開や学問的な議論の水準に達していることを示している。全体は，4部からなる（全103頁）。

　第1部は，報告時におけるコーポレート・ガバナンスの状況であり，第2部は，その国際比較である，第3部は，将来の方向であり，第4部は，概観と総括である。本文を上回る付属部分があり，多くの図表のほか，国際的なコーポレート・ガバナンスの課題テーマやアメリカのコーポレート・ガバナンスの論点なども扱われている。

　アメリカのコーポレート・ガバナンスの論点として，1取締役会の構成（構成員数や構成），2取締役の独立と利益相反，3報酬規定の規制と取締役の報酬の合理性基準，4会社がする役員賠償責任保険であるD＆O保険(directors and officers' liability insurance）を扱っている。

　アメリカでは，2001年に，エンロン，ワールドコムの不正会計事件があり，市場への信頼が失われ，2002年に，企業改革法が制定され，監査の向上，独立性が強化され，経営者の責任も厳格化された。しかし，2008年9月のリーマンショックにさいして，税金で救済された企業の経営者の過大な報酬が明るみに出て，社会的な非難を浴び，厳格化が課題となったのである。こうした反省は，ドイツのコーポレート・ガバナンスにも影響を与え，本報告書にも反映されることとなった。

3　基本的態度

　今回の委員会の報告書は，このほぼ10年の動向を概観し，従来の成果を見直し，さらに将来のテーマを展望したものであるが，おおむねドイツのコーポレート・ガバナンスが，国際比較でも，時代の先端にあるものとしている。ドイツのコーポレート・ガバナンスは，10年前には，必ずしも十分ではなかったが，この間に，いちじるしく進展した。準則は，そのために重要な契機となったのである。

　上述のように，準則は，法律的な義務を一律に強制するものではなく，企業

第2部　利息と信用，倫理

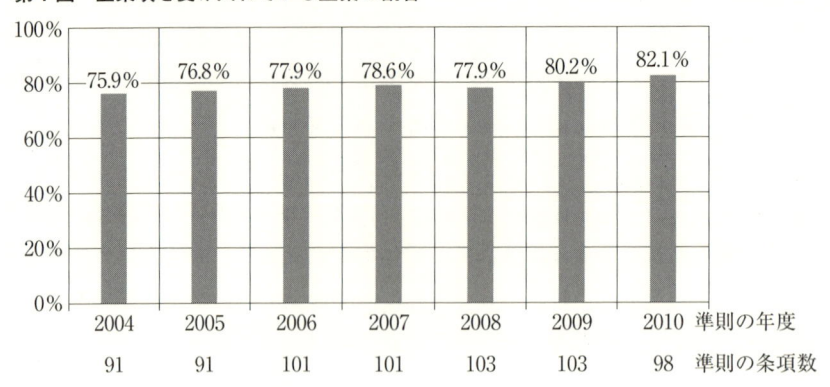

第1図　全条項を受け入れている企業の割合

準則の年度	2004	2005	2006	2007	2008	2009	2010
割合	75.9%	76.8%	77.9%	78.6%	77.9%	80.2%	82.1%
準則の条項数	91	91	101	101	103	103	98

の自律的義務を定め，あるいは勧告や推奨をうけいれることによって，よき企業遂行のための道を示している。従来，この準則を企業がどの程度まで受け入れているのか，また，義務的ではない勧告や推奨の条項の受容される率は必ずしも明確ではなかったが，以下のように，いずれも高く，こうした自律的な規律には，かなりの有効性のあることが示されている。また，自律的な規律といっても，必ずしも放任されているのではないことを示している。

　全上場企業の平均であり，Dax（ドイツ株価指数）採用の30企業では，一貫して90％以上となっているが，MDax採用の50社では，若干落ち，さらにPrime Standardでは，75％前後，General Standardでは，65％から75％の間という水準である。大企業ほど，高い水準をクリアーする傾向にある。これは，Prime Standardでは，国際的な透明性基準を満たすことが必要であり，それは，国内の法基準のみを求めるGeneral Standardよりも，高い水準にあるからである。Dax, Tec.D, MDaxなどにリストされた企業は，すべてPrime Standardを満たしている。

　勧告条項や推奨条項など，強制力のない条項の採択率は，全企業の平均である。これも企業規模による特性がみられるが，詳細は省略する。

　なお，こうした企業規模による特性は，一見すると，小企業ほど準則の受け入れ率が悪く，透明性に欠けるとの評価につながりかねない。しかし，企業の社会的貢献は，一概に，大企業のグローバルの基準が中小企業にもあてはまる

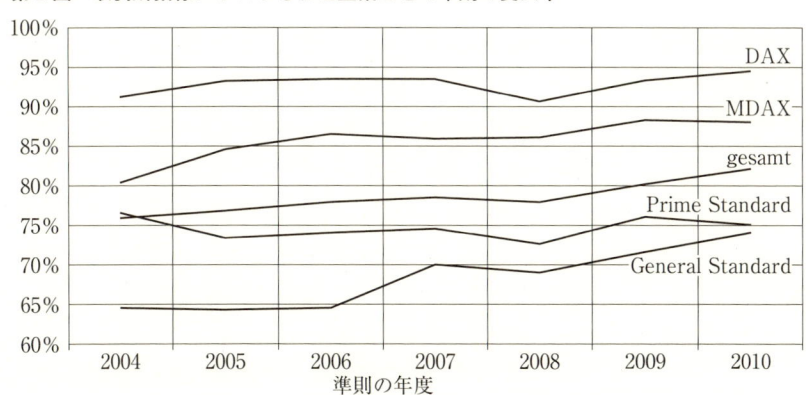

第7篇　コーポレート・ガバナンス準則報告書（2010年）

第2図　取引所指標にリストされた企業ごとの準則の受入率

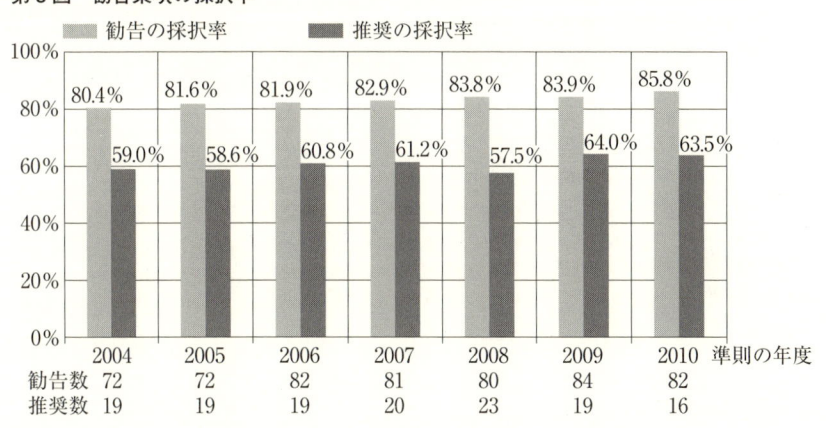

第3図　勧告条項の採択率

準則の年度	2004	2005	2006	2007	2008	2009	2010
勧告の採択率	80.4%	81.6%	81.9%	82.9%	83.8%	83.9%	85.8%
推奨の採択率	59.0%	58.6%	60.8%	61.2%	57.5%	64.0%	63.5%
勧告数	72	72	82	81	80	84	82
推奨数	19	19	19	20	23	19	16

ことを意味しない。たとえば，中小企業は，地域の雇用や環境の保全にも貢献している場合が多く，それも重視されるべき要素となる。地域特性や多様性の維持は文化の多様性にも貢献しており，こうした多様性が，リーマン・ショックやグローバル基準の強欲資本主義の世界的な衝撃を緩和したことも注目される。準則の制定の経緯を考えれば，大企業のように外国資本の導入という必要性も乏しい。すなわち，企業にはその特性にあった社会的貢献の形があるのであり，社会貢献の棲み分けの観点が必要である。

349

第 2 部　利息と信用，倫理

　報告書では，とくに中枢部門（Spitzenpositionen）での女性の参加が緊急に必要であるとされている。わがくにと同様に，北欧などに比較すると，ドイツの女性参加は，従来あまりに少ないとされ，上位層の女性の進出は，たんに個々の会社の利益となるだけではなく，経済の利益でもあるとされている。政府の委員会も，このテーマについて，2010 年 5 月の準則の変更にあたり，とくにとりあげている。準則では，現在，この点について，明確な数字や目標を社会に公表するよう具体的に勧告している。連邦政府も，女性のよりよい参加が，取締役会や監査役会において着手されるように観察するものとした。上位の女性の割合を高めるための，連邦政府の連立協定（CDU/CSU と FDP）の中で合意された段階計画は，今後の段階でも考慮される。

　（参考文献）　Bericht der Regierungskommission Deutscher Corporate Governance Kodex an die Bundesregierung, November 2010 ; Stellungnahme der Bundesregierung zum Bericht der Regierungskommission Deutscher Corporate Governance Kodex vom November 2010 ; BMJ, Corporate Governance Kodex – ein richtiger Weg, 09. Februar 2011.

第3部

法曹養成と司法

第1篇　法曹養成とマンハイム・モデル

第1章　はじめに

1　ドイツの法曹養成と国家試験

　2007年，ドイツでは，法曹養成に関する改革法にもとづき新司法試験（第1次国家試験）が行われた。2002年7月に成立し，2003年7月から施行された改革法によって，大学では新カリキュラムが導入されており，数年来，新しい試みが行われてきた。新カリキュラムによる卒業生が出て，その成果が問われる段階に達したのである[1]。もっとも，新試験による受験生はまだ少なく，本格的な実施は2008年である。そのため，2007年は，新旧の試験が併存し，かなり複雑なものとなった。

　こうして，2007年度は，入学年度により，新旧の試験が混在することになったが，複数の国家試験が併存するのは，1970年代に，大学と司法研修を一元化する一段階法曹養成制度（1971年に開始して1984年に廃止）が存在したとき以来のことである。この間は，伝統的な二段階法曹養成制度（司法研修に入る時と終了時の2回の試験）とは異なる試験（1回試験）も，かなり長期間にわたって行われたからである[2]。

　今回については，併存は一時的である。改正法の施行された2003年7月1日以前に勉学を始め，2006年7月1日までに第1次国家試験の申請をした者は，旧法により受験するものとされる。州法によって，これら学生にも新法による受験を可能にすることができるとされたが，これを選択した者は，限定的であった。また，2次試験も，事実上，旧試験のみであった。

第3部　法曹養成と司法

しかし，改正法の発効した2003年7月以降に勉学を始めた者については，新法によらなければならない。4年の通常期間で受験する場合には，2007年に新法による受験者が出るのである。そして，それ以前に勉学を始めた者も，2008年以降の受験では，基本的に新法によらなければならないとされる（州法による例外がある）。旧法による受験は限定的とされているのである。改革の議論は，ここ数年来のものであり，いたずらに先送りすることは，改革の意義を失わせると考えられたのである。

2　ボローニア方式との調整，法曹養成制度の改革

また，1999年に公表されたボローニア宣言（Der Europäische Hochschulraum, Bologna Joint Declaration, Gemeinsame Erklärung der Europäischen Bildungsminister 19. Juni 1999, Bologna）は，ドイツでも大学政策の基本と位置づけられ，各分野においてそれへの適合化が行われている[3]。法律学の分野は，国家試験と司法研修の存在から，同宣言に対する批判が強いが，高等教育そのものの変化から，たんに従来の形態を墨守することはできない。種々のボローニア方式への適合化の試みが行われている。

本篇では，近時のドイツの法曹養成の新たな動向として，新司法試験（第2章）と，新しい試みであるマンハイム・モデルについておもに検討し（第3章），付随する諸問題にも，簡単にふれる（第4章）。いずれも，伝統的な法曹養成制度に変化が生じて，大学と司法研修の連関が十分に機能しないことから生じる問題を反映している。

第2章　ドイツの新司法試験

1　最初の新司法試験とその結果

(1)　2003年の法曹養成の改正法による最初の新国家試験の合格者は，わずか885人（うち女性471人で，53.2％）にとどまった。同時に行われた旧試験の合格者が9811人であるのに比して少なく（詳細は後述4），ほぼ1割にすぎない。もともとドイツの大学の勉学期間は，4年以上のことが多く，5年の者は，

2008年に受験するからである。また，受験の回数制限もあることから，新しい未知の試験を敬遠した者もあったと思われる。

　新試験に移行する制度改革の結果，必修科目に対する国家試験（staatliche Pflichtfachprüfung）と大学による重点領域の試験(universitäre Schwerpunktbereichsprüfung）は，別々に行われることになった。今回の改正の最大の変更点である。前者の受験者は1428人で，合格者は980人，合格率は68.6%，後者の受験者は3400人で（そのすべてが今回の国家試験受験者というわけではない），合格者は3207人，合格率94.3%であった（後者の数字は，州や大学により一部不明である）。

　新試験全体の合格者の成績の割合は，①優等，②優，③良，④可，⑤合格（①sehr gut, ②gut, ③voll-befriedigend, ④befriedigend, ⑤ausreichend）の順に，①0.6%，②8.0%，③28.0%，④47.1%，⑤16.3%であった。必修科目と重点領域の試験では受験者が異なることから，不合格者も入れた全体の成績区分は単純にはできないが，必修科目の受験者をおおむね母数とすれば，合格率は，必修科目の合格率を少し下回ることになろう。重点領域だけで不合格になった者もいるからである。重点領域の成績は，旧試験の成績区分（後述4）とは，かなり異なる。新試験の結果は，必修科目と重点領域の試験の総合によるものとされるから，重点領域の成績の割合が，従来の試験のそれとは相当異なることが反映される（これらの区分については，次頁のグラフ参照）。そこで，全体の推定される成績の割合は，ほぼ1割程度上昇の方向に修正されるものと思われる。

　新試験のうち必修科目の成績の割合は，①優等，②優，③良，④可，⑤合格，⑥不合格（①sehr gut, ②gut, ③voll-befriedigend, ④befriedigend, ⑤ausreichend, ⑥bestanden nicht = mangelhaft）の順に，①0.1%，②3.2%，③14.5%，④28.8%，⑤22.0%，⑥31.4%であった。この数字は，比較的，旧試験の成績区分に近い。

　これに対し，重点領域の成績の割合は，①優等，②優，③良，④可，⑤合格，⑥不合格（①sehr gut, ②gut, ③voll-befriedigend, ④befriedigend, ⑤ausreichend, ⑥bestanden nicht = mangelhaft）の順に，①5.3%，②17.4%，③31.5%，④28.1%，⑤12.1%，⑥5.7%であった。この割合は，旧試験とはいっそう異なる。

355

第3部　法曹養成と司法

成績区分

成績	①	②	③	④	⑤	⑥
2007年旧	0.2	2.5	11.1	24.6	29.1	32.3
必修科目	0.1	3.2	14.5	28.8	22.0	31.4
重点領域	5.3	17.4	31.5	28.1	12.1	5.7

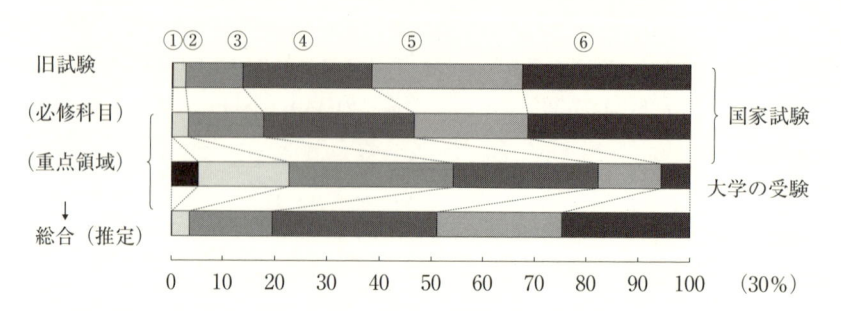

大学の試験は落とすことを目的とするものではないから，基本的に中央値が高くなる傾向を反映している。この数字と比較すると，従来の試験が資格試験とはいっても，なお30％程度を落とす意味をもっていたことを明らかにするものである。これらの試験結果の特徴は，おそらく2008年においてもそう変化することはあるまいと思われる。もっとも，新制度に対する評価は，今後の課題である。

(2)　現在は過渡期であり，その是非を論じることは，2008年以降の本格的な結果が出るまではむずかしいが，大きな傾向は指摘できよう。後述のように，2007年には，まだ旧試験の受験者が大半を占めていたが，それが従来の国家試験をほぼ踏襲する結果を示したことから，新試験の特徴がうかがわれるのである。

第1は，国家試験と大学による試験との合格率の差である。新試験のうち，必修科目に対する国家試験の合格率は，68.6％で，旧試験の合格率67.7％とほぼ同一であるが，大学による重点領域の試験の合格率は，94.3％で，かなり高い。これを甘いとみるか，科目の性質上当然とみるかは，判断が分かれるところである。これは以下の第3点とかかわる。両者の合格者の範囲が必ずしも合致しない（同心円ではない）からである。

合格者のイメージ

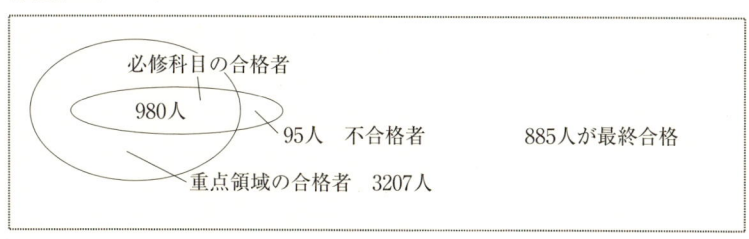

```
必修科目の合格者
   980人        95人   不合格者       885人が最終合格
       重点領域の合格者　3207人
```

　第2は，州による相違，あるいは大学による相違がかなりあることである。必修科目の合格率には相当の差がある。一例をあげれば，必修科目の国家試験では，シュレスヴィッヒ・ホルシュタイン州は100％であるが，実数は4人にすぎず，逆に低い方では，ブレーメン州は38.7％にすぎない（実数12人）。しかし，旧試験では，それぞれ69.2％，70.4％で，ほとんど差はない。また，新試験である重点領域の試験の合格率は，それぞれ86.2％，97.2％である。重点領域の試験の合格率は，バイエルン州の100％（受験者528人）からラインラント・ファルツ州の82.5％（同279人）までの差があるので，86.2％と97.2％の差は，比較的小さい。前記の，必修科目の合格率の差は，過大であるといわざるをえない。受験者の人的特性によるものか，意図的に受験が控えられたことによるものかは不明である。受験者の数が少なく，個別の数字の有為性には，まだ疑問のよちがある。旧試験の結果を参考とすれば，州による相違はそう大きくないことが多い。

　第3は，必修科目の国家試験に合格した者が980人いるにもかかわらず，最終合格にいたった者が，885人にとどまったことである。その差95人は，合格者のおよそ1割になる。最終合格は，大学による重点領域の合格（30％）との総合によるから，ほぼ1割の者は，この重点領域の成績が不十分であったことになる（重点領域の割合は相対的に小さいはずであるから，これを理由に不合格になるということは，かなり重点領域での不適合性が高いということになる）。重点領域の合格者は，3207人に達するから，必ずしもむずかしいというわけではない。

　改正前から指摘されていたことは，国家試験と大学の重点領域のミスマッチである。必修科目に合格する能力は，必ずしも重点領域の能力を保障するもの

ではない。とりわけ大学の重点領域が，現代的なものになると，必修科目との乖離が生じるのである。必修科目は，19世紀とあまり変わらず，必然的に伝統的な法律学の領域を対象とするものが多いからである。大学が重点領域の試験をみずから行う改正法の目的は，この乖離を防止するためであった。新たな試験によって，乖離は，相当程度防止されたといえるが，改正法のもとでもなお存在するといえる。これが受験者の人的な理由に帰せられるのか，それとも制度的理由によるのか（重点領域の配点が30%ではたりない等）は，これから検証されるべき課題である。

　(3)　若干ふえんすると，わがくにでも，同様の問題がある。各ロースクールが実務との架橋を目指し特徴を出そうと工夫した科目（人権，医療，情報，国際，消費者保護，労働，建築，ビジネスローなど）は，それ自体としては新司法試験の試験科目でないことから，受講者の少ないことに悩まされている（いわゆる楽勝科目は別である）。多くの学生にとって，実務との連関とは，たんに受験に役立つかを意味するにすぎないからである。専門職養成でありながら，将来を見据えた選択ではなく，しばしば試験の合格のみを目標とした選択が行われている。

　もっとも，ここには，勉学の目標をどこにおくかの問題があり，端的にいえば，基礎・教養か，それとも応用・専門学校化かである。法律家としての基礎に力点をおくと必修科目が，他方で，応用に力点をおけば重点領域が，より重要となる。しかし，前者にすぎれば，就職後に即戦力たりえず（実務志向たりえず），後者にすぎれば，応用のものまねやマニュアル化となる。近時の学士論文や修士論文において，いたずらに先端テーマや政策論がはやるのは，後者の例である[4]。博士論文や教員の研究も例外ではない。研究費も，短期的な成果を求めるものが大半である。大衆化後の大学は，もはや教養的ではなく，基礎・必修科目の充実を求めるのは研修機関だけである。実務界は，即戦力，実務志向的であり[5]，さらに，わがくにでは，合格率そのものが低いことから，学生は，実務というよりも受験対策的である（試験科目の工夫しだいで，教養的にも実務的にもなろう）。同床異夢で，各者の目ざすところが異なっているところが問題である。1990年代のドイツの国家試験と同様に，試験科目の目標の明確化と現代化，ひいては多様化と工夫が必要となっている。

日弁連は，2009年8月20日の「法科大学院の認証評価基準改定についての意見」において，「3　法律実務基礎科目の重要性という視点から，新たな認証評価基準においては，法律実務基礎科目の必修単位数を10単位以上増加させるとともに，とりわけ臨床科目の充実が目指されるべきである」とする。これは，「法理論に関する基礎的知識の不足を指摘する声をうけて，中央教育審議会大学分科会法科大学院特別委員会は，本年4月17日付けの報告書において，法学未修者に対する学修強化策として，1年次の法律基礎科目の単位数を6単位まで増加することを可能とすることを提言した」ことをうけてのものである。

　基礎充実に対し，実務充実をいうものであり，同意見においては，1において，「法律基本科目の一定の単位数増加を可能とすること」となっても，「各科目群間の基本構成は堅持されるべきであり，展開・先端科目や基礎法学・隣接科目が軽視されることのないようにすべきである」ともする。

　教育はつねに不足と判断される傾向を有するから，このように，双方から充実をいわれると，わがくにの法曹教育は，ますます重厚長大なものとなるであろう。なしくずしの資源の投入ではなく，理念の整理が必要である（たとえば，1つは，裁判官養成か弁護士養成かといった視点である）。

　　2　新試験とその特徴

　ドイツの法曹養成制度には，1990年代のコール政権のもとで，すでに種々の改革が行われた。大学での勉学期間の短縮をねらった改革（受験回数制限に算入されない受験，分割受験など）が行われ，試験科目や司法研修の態様も論議された。これらについては，繰り返さない。授業料の有料化も検討され，今ではほぼ半分の州において，登録料や授業料の徴収が行われている[6]。

　2002年改革法には，つぎの4つの柱が立てられた。すなわち，①大学ごとの重点教育が重視され，第1次国家試験の配点の30％に相当する部分について大学の独自の試験が導入されること，②国際性と問題解決能力などの専門性の重視，③弁護士研修の重視，④裁判官の社会的な資質の重視である。これに伴い，従来，裁判官の養成を主たる目的とした法曹養成制度の理念はかなり変質し，また裁判官的な法技術の習得を目ざした体系も，より多様なものに改められることになったのである。また，対象となる領域の多様化と複雑化もある。

改正は，とりわけ大学進学率の増加と大学の大規模化の結果，法学部の卒業生が増え，司法研修後の就職先が，伝統的な司法職（裁判官と検察官）よりも弁護士や一般企業が圧倒的に多くなったことから，実務界からの要請に答えたものである[7]。

本篇では，①にのみふれる。すなわち，大学での重点教育の重要性は1990年代から強調されていたが，従来は勉学期間の短縮がおもな検討の対象とされ，そのための具体的な施策は行われてこなかった。これに対し，改正法は，第1次国家試験とともに大学における重点領域の試験が行われるものとしたのである（ドイツ裁判官法5a条1項，5d条2項参照）。大学の大衆化に由来する大学の変質は，実務研修よりも先行していたからである。これにより，新たに第1次国家試験の30%に相当する重点領域の試験を大学が行うこととなり，従来の一元的な国家試験の形態は修正された。プロイセン以来の国家（ラント）管理試験の伝統の修正である[8]。

3　国家試験の沿革

ドイツの司法研修の沿革は，種々の領域から成る19世紀のプロイセン国家が，均質な官僚と裁判官を確保しようとしたことに遡る。すなわち，1871年の統一まで，ドイツの法は普通法，ライン・フランス法，ラントの地域実定法（プロイセンやザクセンの制定法）などに分裂していた。各地の大学がドイツ全体に通用する普通法の教育を目ざしたのに対し（アメリカでも，ロースクールはコモンローの体系の習得を目ざしているのであり，州法の習得のみを目標とするのではない），司法研修は，ラント，とくにプロイセンの実定法であり2万条以上の法文からなるALR（プロイセン一般ラント法典・1794年）を学ばせることを目ざしたのである。その後，統一によっても法の分裂がただちに解消されたわけではないこと，大学への統制，実務の研修としての意味など種々の理由から，2段階の制度も存続したのである。国家試験は，このラントの試験を承継した州の試験である[9]。

もともと実務研修は行政機関によってされていたが，1817年以来，法学教育（Rechtsstudium）が，1879年以来，実務研修（Vorbereitungsdienst）が司法機関によってもされるようになった。また，これらは，第二次大戦まで，司法と

行政で別個になされていた。ほかのラントも同様のシステムを受容したが，必ずしも同一ではなく，養成システムが統一されたのは，ようやく1934年であった。こうした沿革から，必然的に，国家試験と実務研修は，裁判官の養成を主軸においていたのである。2003年の改正法により，国家試験の伝統が転換されたことは，大学の大衆化と法の現代化・多様化の帰結と目される。しかし，大衆化された大学と司法研修の乖離は，なお大きいといわなければならない[10]。

4　旧試験の結果

(1)　2007年度の第1次国家試験（旧試験）の受験者は1万4500人（うち女性8012人，55.3%），合格者は，9811人であった。圧倒的に多くの受験者は，旧試験によったのである。2006年と比較すると，受験者が500人ほど増えたのに反し（前年1万4012人），合格者は微減した（前年9903人）。合格者が1万人に満たないのは，前年同様である（新試験との合計では，1万0696人）。ちなみに，合格者数は，1994年から2002年までは1万人を超えていた（1996年の1万2573人が最大）。1990年の東西の再統一後，法曹需要が増大し，入学者も増加したからである。

合格率は67.7%（前年70.7%）であった。成績の割合は，①優等，②優，③良，④可，⑤合格，⑥不合格（①sehr gut，②gut，③voll-befriedigend，④befriedigend，⑤ausreichend，⑥bestanden nicht = mangelhaft）の順に，①0.2%，②2.5%，③11.1%，④24.6%，⑤29.1%，⑥32.3%であった。この数年，不合格者の割合が微増しつつあり，今年は3割の大台を超えたのである。ちなみに，①は30人であり，0.2%という割合は，ここ数年変わらない（1989年と同じであり，2000年にはほぼ半減していた）。⑤の最低合格の段階の割合は，ほぼ30%台であるが（1990年代後半に高い），2005年から3年続けて，3割を割り込んだ。割合区分の中では，⑤の低い成績の合格者と⑥不合格者の割合が高いことが特徴である。①の実数は，多いバイエルン州でも8人，その他の州では，0〜5人程度である[11]。

(2)　第1次国家試験を受験するための勉学要件を満たすために必要な期間は，かつては5年を超えていたが，近時の改革の結果減少した。平均で，9.6学期，

中央値は，8学期となった（38.5%）。9学期で要件を満たす者が，5割を超えるようになったことから，1990年代以降の改革の成果が出て，かなりの短縮となっている（ただし，10学期の者も，21.2%である）。

　平均が9学期であることは，ボローニア方式（ヨーロッパの大学共通化の方式であり，大学と修士課程を合計5年の課程に再編するもの）への接合がむずかしいことの理由の1つとなりうるが，反面では，大学だけで完結する方式が，必ずしも現在の養成制度としては十分ではないことの理由ともなる。もっとも，その解決は，大学の養成に修士の制度を接合することによってだけではなく，司法研修や司法試験の素材の改良によるべきことにもつながる。しかし，大学のカリキュラムは，20世紀を通じて改善されてきたが（たとえば，実務志向型の科目の増加），国家試験の科目は，基本的に19世紀的であり，それが裁判官養成型にとどまっている限り，完全な接合はむずかしい。大学のカリキュラムを試験対策型に変更すること（予備校化）は論外であろう。重点領域の試験の導入は，接合のための妥協の1つだったのである。

　合格率には，州によりかなりの相違がみられるが，2007年度は，ヘッセン州の77.7%が最高であった。他方，東ドイツ地域のメクレンブルク・フォーポンメルン州は52.1%，ブランデンブルク州は58.3%，ザクセン州は56.1%であった。例年，東ドイツ地域の合格率は低いが，南ドイツは，改善された。ほかは，おおむね6〜7割台前半である。

　国家試験に1回で合格せずに2回目の受験をする者が，毎年おり，2007年度は2647人であった。そのうち959人はまた合格しなかった。受験機会は，基本的には2回に制限されている。なお，受験を重ねても必ずしも合格しない者が存在するだけではなく，試験にもいたらずに勉学に挫折する者がかなりおり，大学入学者との比較で，これらの挫折者の合計の割合は相当数になる（統計的な推定で，4割前後）。

　第1次国家試験は，書面による試験と口述試験（配点比率は，およそ3分の1程度）により行われる。北ドイツの諸州では，家での課題作業（Hausarbeit，論文作成）が残されているのが特徴である（配点比率で20%程度）。すなわち，2007年では，ブレーメン州（30%），ハンブルク州（24%），シュレスヴィッヒ・ホルシュタイン州（24%），ニーダーザクセン州（20%）の北ドイツ諸州が，国家

試験の中になお家での作業（Hausarbeit）を残している。また，必ずしも北ドイツに限られず，中ドイツのヘッセン州（1/3），ノルトライン・ヴェストファーレン州（20%）の2州，および東ドイツのテューリンゲン州（27%）にもある。ただし，テューリンゲン州のそれは，統一されておらず，論文試験（8 Aufsichtsarbeiten 72%）と口述試験（mündliche Prüfung 28%）の場合と，論文試験（5 Aufsichtsarbeiten 45%），家での課題作業（Hausarbeit 27%），口述試験（mündliche Prüfung 28%）の場合とがある。もっとも，第2次試験では，家での課題作業は，修習生の増加から廃止されている。その他，試験の方法や配点には，各州により工夫が凝らされているが，本篇では立ち入らない[12]。

(3) 2007年度の第2次国家試験の受験者は1万0196人，合格者は8351人，合格率は81.9%であった。成績は，①0.0%，②2.0%，③14.8%，④34.4%，⑤30.7%，⑥18.1%である。前年比較し，不合格者が増加した。合格者の割合は，東ドイツのブランデンブルク州は，70.5%，ザクセン・アンハルト州は，75.2%と低く，高いほうでは，北ドイツのハンブルク州で88.2%，東ドイツのテューリンゲン州は，87.8%であった。

第2次国家試験にも工夫が凝らされるが，本篇では立ち入らない。筆記試験と口述試験（陳述を含む）の割合は，おおむね60〜70%と30〜40%となる。口述試験の比率は，かなり高い。

2007年度に，実務研修をしている修習生は，1万9464人となり，昨年から2万人を割り込んだ。女性の比率は，数字が不明なヘッセン州とザクセン州を除くと，53.3%であった。従来，東ドイツでは，女性の比率が6割を超え，女性の社会進出の割合が高い再統一以前からの傾向を反映していた（メクレンブルク・フォーポンメルン州で64.7%，テューリンゲン州で65.0%，ブランデンブルク州で64.6%など）。低いところでは，ハンブルク州で，37.9% 他の州は50%台である。

2007年度に新たに採用された修習生は，9403人であった。実務研修の期間は，近時では2年となっている。州により採用人数にかなりの相違がある。西ドイツの大州であるノルトライン・ヴェストファーレン州で2441人，南ドイツのバイエルン州で1444人で，都市州のブレーメン州と，西ドイツのザールラント州，東ドイツのザクセン・アンハルト州，メクレンブルク・フォーポン

第 3 部　法曹養成と司法

国家試験の合格者の推移

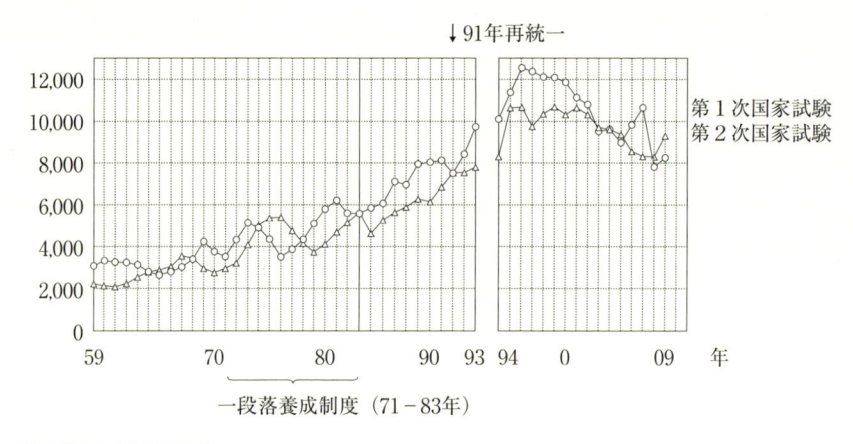

↓91年再統一

第 1 次国家試験
第 2 次国家試験

一段落養成制度（71－83年）

実務研修の期間の変化

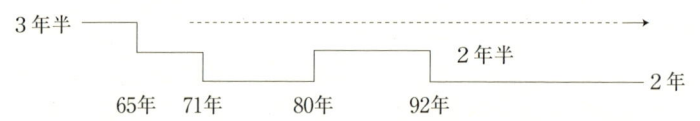

3年半　　　　　　　　　　　　　　2年半
　　　　　　　　　　　　　　　　　　　　　　2年
65年　71年　　80年　　92年

メルン州が 2 桁であり，その他は，3 桁の採用となっている。

第 3 章　ボローニア方式とマンハイム・モデル

1　ボローニア方式と種々の改革モデル

(1)　1999 年に公表されたボローニア宣言は，ヨーロッパの大学の標準化をめざして，学部と修士課程を合計 5〜6 年で完結する課程に整理することを提言した（下図②参照）。ドイツ各州の文化相会議（Kultusministerkonferenz）は，この新たなシステムの樹立を，ドイツの大学政策の中心と位置づけ，2003 年 6 月には，「ドイツの学士と修士制度の 10 のテーゼ」を具体化した。これによって，実務研修がある法律，医学，教職の国家試験の過程も，経過期間の伸長が望まれるものの，検討の対象とされることとなったのである。これについては，前稿「グローバル化のもとの法曹養成」（【自由と拘束】457 頁以下）で扱ったので，本書では立ち入らない。

364

しかし，そこでも扱ったように，法曹界では，比較的これに否定的なものが多い。大学の法学部会議（Juristenfakultätentag）は，ボローニア宣言を全体として受容することは拒絶した。連邦弁護士会，連邦公証人会，ドイツ公務員連盟も同様である。連邦司法大臣のZypries, 各州の司法大臣会議（Justizminister-konferenz）も，司法政策上の理由から反対を表明した[13]。

(2) それというのも，ドイツの司法研修は，たんにこれを修士課程に置き換えればたりる性質のものではないからである（下図①参照）。目的も機能も異なっている。また，ボローニア方式に司法研修をプラスするとすれば，ただでも長期の養成課程がますます長期化することになる（下図②・3段階方式参照）。しかも，ドイツの司法研修は，従来大学の卒業資格の代替だったのであり，いわば全員がここに入ることが期待されている。ボローニア方式の修士課程において学士の2,3割の採用が予想されるのとは，異なる。

そこで，これを逆転させ，従来の法曹養成制度に修士課程を接合するジープ（Jeep）案もある（司法研修も修士の期間も1年に短縮。下図②Jeepの3段階方式）[14]。しかし，逆転させたうえ，また大学や司法研修の期間を短縮したとしても，依然として法曹養成制度が長期化する危険はあるし，1990年代まで，大学の課程のみで実質的に5～6年にも達した大学の養成課程を短縮しうるかには疑問もある。そして，司法研修の短縮にも疑問がある。ボローニア方式が形式的には具備されても，間に司法研修が入ることによって，実質的には修士の実効性にも疑問が生じる。狭義の法曹と経済法曹では，目的が異なるからである。

そこで，並列・分離モデル（Spaltes Modell）が提案されていた（下図③参照）。すなわち，大学の通常の期間を3年程度に短縮し，修士課程と司法研修のコースを別個にその上に接合するものである。学生の選択によって，進路を分けるのである。しかし，もともと長期な大学の課程（通常4年～5年）を3年に短縮し，分化するまでの法律の講義を圧縮して行うのはむずかしい。そこで，その変形である，シュトットガルト・モデルが登場した（下図③参照）。分化する前の段階をさらに短縮し，大学の基礎課程2年とするものである。応用課程では，すでに分化が行われ，修士課程にいく応用課程と，司法研修につながる応用課程に分かれるのである[15]。

つまり法曹養成制度のボローニア方式への接合には，統一的法律家の像をあまり阻害しない方法が，従来模索されていたといえる。大学あるいは基礎課程においては，法律全般の授業を行い，その先でフォークのように進路が分化するからである。

(3)　ちなみに，日本の制度は，法科大学院の発足までは，①に近かったが，実質的な大学の期間（それにつづく浪人の期間）が延びて（下図⑤従来型参照），新制度の発足の契機となったのである。現在では，形式的には，この分離モデルに近い（下図⑤のロースクール型参照）。大学課程の修了とともに，司法修習向けのロースクールと修士課程の選択の可能性があることからである。もっとも，ボローニア方式の修士課程は，たんなる研究者養成機関ではなく，専修コースを目的としているから，修士課程はあっても，ボローニア方式の予定するものとはいえない。

ボローニア方式に近いものは，1990年代にあった大学院の専修コースであったが，実質的には司法試験対策課程に転用されていた反面，司法試験コースとしては不十分であったことから，法科大学院（ロースクール）の発足により廃止された。二兎を追うという目的の不明瞭さから，目的に特化した採用や養成の方式がとられなかったことが失敗の原因である。ロースクールは，目的を司法試験に特化した。しかし，専修コースを廃止したのでは分離モデルにはならない。もっとも，従来の修士課程に，社会人向けのコースが設けられたことによって，これをも加味してみれば，分離モデルに近いものといえなくもない。ロースクールだけではなく，学部の形態を含めた統合的な検討が必要な段階にいたっている[16]。

当面は，⑤を整理して，③の分離モデルに近づけることが現実的であろう。大部の大陸法の法体系の教育と，比較的厳しい司法試験を前提とすれば，2年または3年のロースクールで完結する方式（アメリカ型の変形）は必ずしも現実的ではない。現在の合格率（修習生の採用数）のもとでは，法学部出身ではない真正の未修者にとって負担が重く，未修者の合格率は，低下している。司法修習のコースの充実のためには，もっと学部とロースクールの有機的連関を図ることが望ましく，同時に，学部に修士課程をもっと結合することが，現代の大学の多様な機能にもっとも即したものとなる（現実には，ロースクール設置

のさいに，学部の簡素化が行われ，修士課程と結合した高度科目は，かなり縮小されたのである）。

　研究者養成については，修士課程を廃止して，ロースクール卒業生から博士課程進学者を確保するとのコースは，ほぼ失敗した。ただでさえ博士課程は長期間の養成を必要としてきた。まして，給与をうける司法修習の可能性が開けたロースクール卒業生にとって，重厚長大な博士課程は，魅力があるものとは映らないであろう。給与がないだけではなく，高額の授業料を徴収され，しかも将来の展望が開けない（と思われる）コースを魅力的なものとする必要がある。授業料の免除，TA，RA としての報酬の可能性だけではなく，2 年程度への期間の短縮が望ましい（あるいは学部の短縮）。そして，外国語への負担が重いわがくにの状況からすれば，ロースクール卒業後の開始では間に合わないから，研究者の専門コースの復活が必要である。

　修士課程を廃止しなかった大規模校においても，研究者志望者は激減している。ロースクールとの競争に勝てなかったのである。ロースクール自体も，合格率が低下する傾向にあることから，魅力を失いつつある。研究者の志望者については，司法修習の給与廃止（2011 年 12 月から）が転機をもたらすとの予想もあるが，それでは，敗者同士の争いにすぎない。

　(4)　並列・分離モデルに対し，後述のマンハイム・モデルは，大学の課程そのものを大幅に組み換えようとするものである。最初の 3 年の課程で，民事法と経済学を重点的に扱い，しかも，ここに経済法の高度な理論や企業理論，soft skills といわれる技術的な科目をも配置し，これに続く第 2 段階で初めて，刑法と公法を重点的に配置するのである。このコースでは，5 年間でオールラウンドな法律学の勉学の結果，国家試験を目ざすことができる。しかし，同時に設ける企業法律家（Unternehmensjurist）のコースでは，修士レベルの（企業法の）勉学に特化するのである。従来の専修コースへの分化がより早く行われる点が特徴である。第 2 段階では，国家試験のためのコースをとるか，修士をとるかを選択し，後者がボローニア方式に接合するのである[17]。

　従来のコースが，フォークのように，先端でのみ分化，並列していたのに対し，最初の段階から直列的に分化を目ざしているところが新しい。養成制度の大幅な修正を伴わない小さな解決の提言では，ボローニア方式への接合は，従

第3部　法曹養成と司法

法曹養成制度の種々のモデル

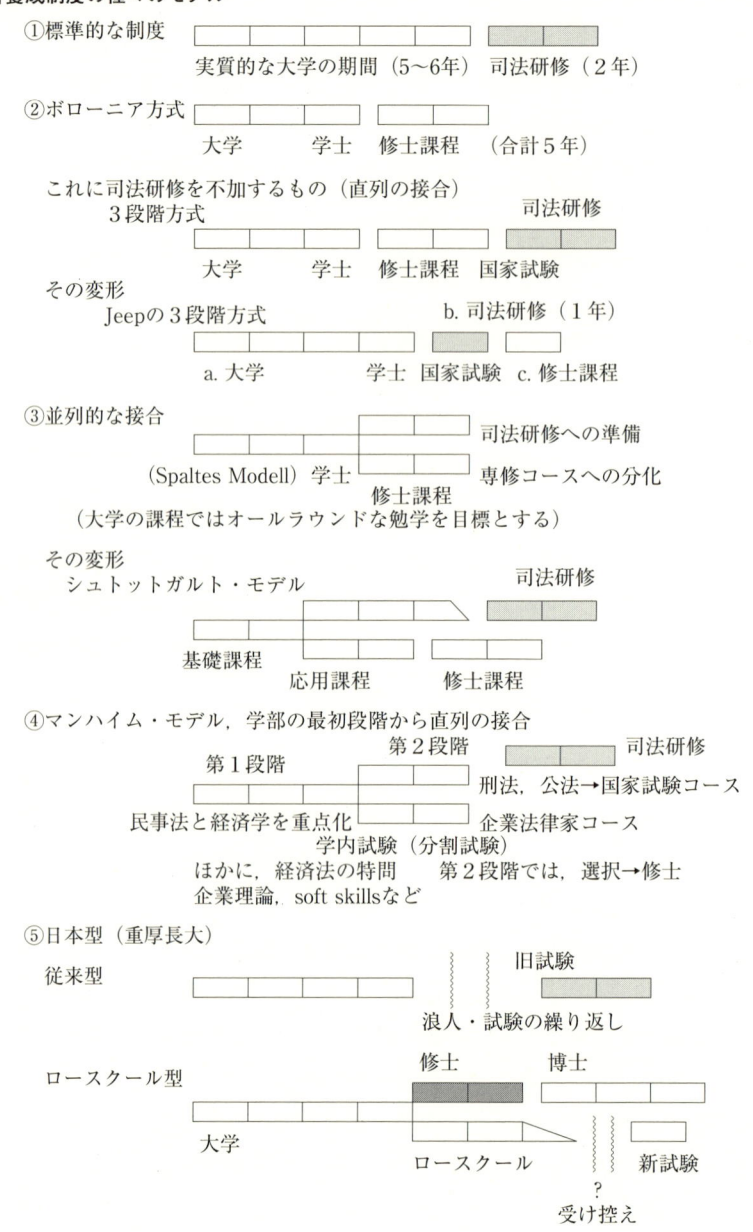

①標準的な制度
　　　　　　実質的な大学の期間（5～6年）　司法研修（2年）

②ボローニア方式
　　　　　　大学　　　学士　　修士課程　（合計5年）

これに司法研修を不加するもの（直列の接合）
　3段階方式　　　　　　　　　　　　　司法研修
　　　　　　大学　　　学士　　修士課程　国家試験

その変形
　Jeepの3段階方式　　　　　　b. 司法研修（1年）
　　　　　　a. 大学　　　学士　国家試験　c. 修士課程

③並列的な接合
　　　　　　　　　　　　　　　司法研修への準備
　　　　　（Spaltes Modell）　学士　　専修コースへの分化
　　　　　　　　　　　修士課程
（大学の課程ではオールラウンドな勉学を目標とする）

その変形
　シュトットガルト・モデル　　　　　司法研修

　　　基礎課程
　　　　　　応用課程　修士課程

④マンハイム・モデル，学部の最初段階から直列の接合
　　　　　　　　　　　第2段階　　　　司法研修
　　　第1段階
　　　　　　　　　　　　刑法，公法→国家試験コース
　　　民事法と経済学を重点化　　企業法律家コース
　　　　　　　　　　学内試験（分割試験）
　ほかに，経済法の特問　　第2段階では，選択→修士
　企業理論，soft skillsなど

⑤日本型（重厚長大）
　　　　　　　　　　　　　　旧試験
　従来型
　　　　　　　　　　　　浪人・試験の繰り返し

　　　　　　　　　　　修士　　博士
　ロースクール型

　　　大学
　　　　　　　　　　ロースクール　　新試験
　　　　　　　　　　　　　　？
　　　　　　　　　　　　　　受け控え

来，いわゆる分離モデルが多かった。全面的な司法研修の修士化は不可能とするものであり，せいぜい修士の課程を，国家試験を目ざすコースと並列化するものである。本モデルも基本的には同様ではあるが，違うのは，たんにオーソドックスな大学の課程に，国家試験のための勉学が積み上げられるのではなく，有機的に分解されて，時系列的に，民事法→公法・刑事法と整理されているところである。

2　マンハイム・モデル

(1)　ボローニア方式に関する議論は，現在でも継続しており，法学界や司法関係者上の大勢は，法曹養成制度の学士・修士の二段階制度への分離には，疑いが大きいものとする。他方，経済界には，国家試験を中心とする法曹養成制度に疑問を呈し，ボローニア方式を是とするものが多い。

ドイツ学術のための寄附者連盟（Stifterverband für die Deutsche Wissenschaft）は，2008年2月13日に，ボンにおいて，「ボローニアのための最終弁論」大会を行った。そこでは，学士・修士（Bachelor/Master）の結合モデルが多数紹介され[18]，また，ノルトライン・ヴェストファーレン州の司法大臣のMüller-Piepenkötter，バーデン・ヴュルテンベルク州の州司法試験委員長Jacobiは，2007年に公表されたシュトットガルト・モデル（Stuttgarter Modell）を紹介した。さらに，Jeepは，3段階モデルを，Schäferは，マンハイム・モデルを紹介した[19]。そして，同モデルに対する反論も行われ，ドイツ裁判官連盟の代表であるKamphausenとドイツ法学部会議の議長Huberは，批判的講演をし，疑問を提示したのである[20]。

国家試験と学士の結合，修士取得と職業資格の結合については，マンハイム・モデルは，ボローニア方式に適合的であり，現在の国家試験の方式を大幅に変えるものではないことから，同大会においても，他のモデルよりも批判が少なかったと評価されている。

おおむね，試験を目的とした素材に，経済や経営的な素材30%が付け加わる。最初の3年の間，民事法が重点化され，経済学関係の重点教育が行われる。この点は，従来の経済法専修コースに近いが，刑法と公法の大部分は，第2段階に移される。ここで，国家試験のための勉学が完成する。

段階ごとの方法により，国家試験の受験も2ブロックに分割される。第1段階の，民事法ブロックでは，書面による学内試験とも対応している。この方式でも，あまり大きい法的変更を必要とせず，バーデン・ヴュルテンベルク州の法曹養成および試験法（BadWürtt-JAPrO）の変更を必要としないことが利点とされる。

(2) マンハイム・モデルでは，学士の段階は，3年間で，学内試験により終了することが可能である。試験は，第1次国家試験の要件となる民事の演習を含む。同時に，学士課程には，国家試験に算入される大学の重点教育の意味での重点課題の授業が包含されている。

学士課程は，3つの部分からなっている。

① 第1は，国家試験レベルの民事法の教育である。基礎法や方法論を含んでいるのは，国家試験にも対応するためである。国家試験が1990年代からそのように変わったからである。ちなみに民法典では，最初の3編（財産法）を中心に，ドグマと方法論を対象とする。

② 第2に，経済法の特問（Spezialisierung）は，発展科目であり，おもに3学期以降にされる（商法，会社法，労働法，担保法）。4学期以降は，国際私法，経済法，銀行法，資本市場法，会社法，集団的労働法，破産法，保険法，無体財産法，競争法，医事法，税法などを対象とする。

③ 第3は，ドイツおよびヨーロッパの経済組織，経済行政法である。経済学の部分は，企業法律家に必要とされる経済知識の獲得に特化する。

ここは，さらに3つに分けられる。

1. 企業法律家に意味のある企業理論，すなわち，マネージメント，会計，財政学，マーケティング
2. 重点領域の深化，すなわち，税と会計，ヒューマンリソース。ここは，各大学が特徴を出そうとしている部分でもある。
3. 国民経済学の基礎

の各部分である。

さらに，法と経済のつなぎとして，重点領域の講義があり，また，経営学（BWL）の選択必修がある。「法の経済分析」「契約法と契約の形成」などがある。

最後に，外国語教育，キーポイント（Schlüsselqualifikation），プレゼンテーション，コミニケーション，マネージメント技術のプログラムがある。

第2段階の，4学期では，修士コースをとるか，国家試験のためのコースをとるかを選択する。修士の勉学は，国家試験（分割受験）の後に開始される。職業的な修士の勉学では，相当程度が経営学の理論をモデルとする。たとえば，「会計と税の実践理論」である。これは，税理士試験や公認会計士試験（Steuerberater- od. Wirtschaftsprüferabschluss）につながるものとなる。さらに，その他の修士課程や英語でするプログラムにつながったり，複合修士（Joint Master）などの可能性もある[21]。

(3)(a) マンハイム・モデルは，国家試験の可能性を否定しない案であり，以下の点では，むしろ国家試験と接合的である。

第1に，民事法の国家試験のための勉学は，学士の最終試験のためになる。修士は，企業法律家コースに取り込まれるのである。

第2に，職業的な学士の教育は，統一的法律家の補完の勉学（刑法・公法コース）によって完成する。そこで，国家試験をうけて，修習生になることをも可能にしている。

マンハイムの法学部は，従来の法曹教育が，そのままの形式で全体としてボローニア方式に修正されるべきとの立場をとっていない。固有の学士の勉学が，統一的法律家の養成と結合可能との立場である。学士を卒業したすべての学生は，ただちに職業に入るか，国家試験を目指し，付加的に補充課程を卒業することができるのである。選択肢として，卒業生には，修士のコースが履修可能となっている。

(b) 学士の修了は，マンハイム・モデルによれば，法律のみの知識(Jura-Light-Abschluss) ではなく，また時間的に圧縮された不十分な資格（Abrecherzertifikat）でもない。6学期後に，課程を卒業した者は，民事法と経済法の国家試験の水準に達し，同時に，企業経済理論の知識も有している。従来の分離モデルとの相違である。

(c) 学士コースを出たあと，国家試験コースを選択した者は，国家試験をうける必要がある。しかし，学士課程にないものを，後続の講義でとるのである。すなわち，刑法と公法の大部分である。試験科目は，マンハイム・モデルでは，

並行ではなく，順次とるのである。これは，JAPrO の改正で使われている段階的な結合課程（gestufter Kombinationsstudiengang）の概念に近い。まず，民事法を学び，補完課程において，公法と刑法を習得する。この段階的な方式は，試験でも分割的な方法を可能にしている。マンハイムの最初の課程の卒業生は，まず，国家試験の民事法をうけ（これは，学士課程になる），2年間さらに勉強して，残りの刑法と公法の試験を，第2ブロックでするのである[22]。

(d) マンハイムの法学部では，この提案によって学士課程の卒業生には，労働市場の競争可能性が広がると考えている。従来，第1次国家試験後の卒業生は，労働市場において，必ずしも満足する状態ではなかった。また，第2次国家試験を，6年以上の期間後に通った者も，付加的な資格なしには，やはり就職において満足できるものではなかった。こうして，過去の10年間，労働市場において，法律家は，地歩を失っていたのである。また，経営学の卒業生も，逆の意味でそうである。

かつて古典的法律家でも，企業のトップや幹部になることもまれではなかったが，今日では，こうしたマネージメントの能力は，各学部のうち必ずしも最大とはいえない。法律家も，経済人や社会学修了者や哲学修了者とも競争しなければならない。そして，長い養成期間にもかかわらず，しばしば失敗するのである。経済は，法律家を求めるが，それは，古典的な司法法律家ではなく，必要に応じた養成をへた者である。その目的は，法律学の知識ではなく，マネージメントの能力である。企業管理（Unternehmensleitung）が目的とならなければならない。つまり，職業能力と実務能力の向上を目的とする。こうした目的は，企業，税理士会，公認会計士協会，大学卒業生団体の要求にも合致するものとされる。

(e) マンハイム・モデルは，最後に，一般化の可能性（Verallgemeinerungsfähig）をも有する。従来の法律家の養成ではなく，段階的に結合された補充の課程において，法とその他種々の領域との結合が行われる。たとえば，公法と行政法，非営利業務（Non-Profit-Management）の結合である[23]。

3 マンハイム・モデルへの批判

(1) マンハイム・モデルは，バーデン・ヴュルテンベルク州だけではなく，

ボンなど他州（ノルトライン・ヴェストファーレン州）の大学においても，議論されている。

しかし，批判もある。第1は，授業科目の分割可能性であり，マンハイムの卒業生は，古典的な国家試験の勉強には不利であるとの主張がある。とくに勉学の機会の均等の面では問題があるとする。第2は，マンハイム・モデルは，「統一的法律家」の像を危険にするというものである。伝統的法曹養成の順序を変えることによる（Einstieg in den Ausstieg）副産物をもたらすからである。

再反論としては，まず，機会の均等については，バーデン・ヴュルテンベルクのJAPrOの改正草案で予定された分割可能性（Abschichtungsmöglichkeit）を強調する必要がある。これは，試験を2ブロックに分けることを認めている。マンハイム・モデルの民事法，公法，刑法の素材は，時間的に前後する分節として行われることを認めている（まず，民事法，その後公法と刑法）。これは，1990年代の改革の成果である。すべてを同時にする方式では，従来の学士課程の学生にとって，経済法・経済学関係の負担が重すぎる。しかし，マンハイム・モデルでは，これを避け，同時に第1次国家試験の資格獲得のための要件をみたしている。さらに，他州でも（ノルトライン・ヴェストファーレン州，ニーダーザクセン州など），こうした試験の分割の可能性が存在する。そして，国家試験によって，卒業生は，通常の法律職の可能性が与えられる。マンハイム・モデルのもとでも，通常の修習生に遜色はない。分割可能性をモデルの欠陥（Schönheitsfehler）とする者には，むしろ長所があることを指摘できる。すなわち，重点化された学士の修了は，それだけで労働市場にとって価値があり，同時に，学士の修了と国家試験が対応して，国家試験水準の民事法の能力を証明している[24]。

批判の第2の「統一的法律家」（Einheitjurist）の破壊については，少なくとも国家試験受験者にとっては，オールラウンドな法の能力が国家試験により担保されているから，杞憂にすぎないことが指摘できる。提供される講義の数には変更はなく，経済関係の能力を備えた新しい形態の法律家の参入があれば，より望ましい効果があるともいえるのである。

（2）マンハイム・モデルは，法曹養成におけるボローニア方式の実現と位置づけられ，従来の法律職以外に対する職業的可能性を開き，他方で，資格とし

ての国家試験につき，選択権を拡大したものとされる。これにもとづき，マンハイム大学では，2008年秋に，新たなコースが始まっている[25]。

(3) なお，マンハイム・モデルの採用いかんによらず，こうした多様な提案が実行されるところに，改革の斬新さがみられる。わがロースクールが，実質的に，同じモデルの，型にはまった講義やシステムしか提供できないのと異なる。わがくにで，ロースクールの認証評価がもっぱら新規性を否定し，独創的工夫を排除しているのと対照的である。

第4章 むすび

1 大学の変容

(1) 20世紀の後半以降，大衆化された大学は，継続的に新しい試みを行ってきた。ひとり法曹養成制度のみが19世紀的に留まるわけにはいかない。その1つが，法曹養成課程への経済実務的観点からのコースの導入であり，比較的早く1990年代に，法律系の専門大学において，独立した経済専修コースが設けられた[26]。専門大学は，国家試験を目ざさず，独自の学士の資格を付与することによって，国家試験の負担を免れたのである。こうした専門大学の試みは，経済界の需要に適合し，おおむね成功したと位置づけられている。

そこで，これが一般の法学部にも影響した。法学部は，学生の増大と国家試験修了者の失業に直面して，法学部の機能の修正を図った。圧倒的に多数の者が法曹実務にはつかないことから，また法曹の中でも弁護士職につく者が多数であることから，企業向けカリキュラムの充実を図ったのである。これに学士の資格付与が結合した。この修正により，従来卒業資格をもっぱら第1次国家試験に頼っていた大学の主体性が回復された。この変化と20世紀の間継続した大学の授業の多様化をうけて，国家試験も変質せざるをえないのである。古典的な法律試験のみではなく，大学の提供する重点領域の試験を，大学自体に委ねることとなったのである（30％までの成績評価）。2003年の制度改革の柱の1つである。これにより，プロイセン以来の，法曹資格付与の国家独占が後退した。法曹資格者の多様化に対応するものである。こうして，従来みられた

大学の養成課程と試験，司法研修の分裂が阻止されることが期待されている。

(2) 大学の法曹養成課程へのボローニア方式の採用も，大学の新しい機能への対応である。これが，必ずしも古典的な法曹養成課程と調和しないことが問題となる。法曹養成課程の後半は，国家試験をへた司法研修だからである。司法研修制度は，必ずしも多様な実務を志向していない。2003年の制度改革は，同時に，司法研修制度自体をも，従来の裁判官志向型から弁護士志向型のものとした。改革の第2の柱である。実務志向性の拡大が期待されている。ここでも各制度の統合が目ざされている。

もっとも，国家試験・司法研修制度を全面的に転換することは，なおむずかしいものと考えられている。これがボローニア方式への多様な適合モデルを生み出している。ここには，法曹養成課程の目的が何であるかが問われているのである。大学の新しい試みに対し，19世紀的な司法研修をどこまで適応させうるかが問題となっている。

2 その他の変化とそれに対する対応

(1) 大学のあり方を問う問題は，ほかにも種々みられる。1つは，コーポレート・ユニバーシティの動きである。ダイムラー，マクドナルド，ルフトハンザなどのグローバル企業が，企業内大学によって，会社の横断的なネットワークを構築するものである。コンピュータを利用するeラーニングを中心とするが，各企業独自のカリキュラムをおく。国際的に著名な大学と提携している。ダイムラーとハーバード・ビジネススクール，ベルテルスマンとローザンヌのIMD（国際管理開発協会）は，経営陣の職能の向上のための研修を行い，ソフトウェア会社のSAPは，全社員を対象として，知識プールの共有を目ざしている[27]。

さらに，こうしたカリキュラムを学生にも及ぼすことにすれば，入社する前に一定の研修を終えることもできる。即戦力となるだけではなく，企業の求める人材の確保にも利点がある。もっとも，これが行きすぎれば，長期的な視野で行われるべき大学のカリキュラムを阻害することになる。

同様の動きは，ドイツに特有のものではなく，わがくににもみられる。アメリカのサブプライムローンに端を発する世界的な経済危機の前には，バブル崩

壊後の停滞期の人手不足を補うために新人の大量採用が行われた。とりわけ大手銀行では，支店での on the job training が間に合わないために，金融の基礎や接客術を教える専門の学校で訓練を行うことが行われた。三井住友銀行の「リテールバンキングカレッジ」では，模擬店舗で接客を体験させ，為替や預金の事務を教える。みずほ銀行でも，新人を集めた塾での勉強会や食事会を開くという。保険などの新商品が増加し仕事が複雑になったことから必要となったものである[28]。銀行や商社の法務部は，大規模化しつつあり，法曹資格者やその補助者への需要も多くなっている。ドイツ版の企業内大学は，これをより体系化して，アウトソーシングし，大学におわせようとするものである。技術の修得だけではなく，とりわけ営利企業には欠けがちなコンプライアンスや企業の社会的責任など倫理面の補強について意義を有するものである。なお，ここには，法学教育における倫理と技術に関する方法論上の問題も含まれているが，本篇では立ち入らない[29]。

(2)(a) こうした大学の新しい活動は，卒業生の就職対策でもある。実務志向性は，若年者の失業対策でもあるから，今後増加しても，減少することはあるまい。大学の新たな試みが増えるとともに，それを見通しよくするための手だても必要となっている。ボローニア方式による標準化はその一環であり，もう1つは，大学ランキングである。

公的な評価制度は，ドイツでも取り入れられているが，いわゆる大学評価は繁雑かつ大部で，一般人の利用に耐えるものではない。これを補うものとして，たんに雑誌などが個別にランキングをするだけではなく，大学開発機構（CHE, Centrum für Hochschulentwicklung）は，毎年大学ランキングを公表し，これが，一般に，ホームページのほか，一般誌である Zeit 誌上にも公表される。とくに，勉学開始者が大学を決定するのに使われることを予定している[30]。こうした一般向けのランキングは最近のもので，かつては，評価というと，研究者による研究評価のみであった。そこでは，もっぱら引用された公刊物の数が基準とされていたのである。その後は，アメリカから輸入された学生による講義の評価がさかんになったが，この場合には，大学だけではなく，そこで友人を作ることや大学のある「都市」も要素となった。全体として，かなり主観的なものであった。

(b) これに対し，近時のものは，より客観的なデータから，国内の大学の相互比較を可能とすることを目的としている。CHE は，30 のコース（Studiengänge）を，3 年ごとに調べている。その大学ランキングでは，法律や経済学（ミクロ，マクロ別），歴史，化学，数学，心理学，医学，歯学など，35 分野ごとに，学部の評価を行っている。2008 年は，法律，政治，社会学，国民経済とメディアの分野で，20 万人の学生と 1 万 5000 人の教員が，協力した。研究費，公刊物の数，学生の評価（図書館の設備，教育組織，勉学状況），教員（研究と名声）など，多くの指標にもとづいている。

ランキングの重点は，いかに学ぶかではなく，どこで学ぶかに役立てることにある。大学間の比較により，勉学のさいの選択を容易にするものである。公刊物である Zeit でも，インターネット上（http://ranking.zeit.de/che9/CHE）でも，大学の検索が可能になっている[31]。

大学そのものと無関係の要素，たとえば，大学の所在都市は考慮しない。大都市がいいか，小都市がいいかは，自分で決めるべきことである。学生の求めるところは，目的によっても，勉学の状況によっても異なるはずである。そこで，講義要綱やカリキュラム，試験情報，勉学相談の状況などが考慮される。

問題もあるといわれる。対象を客観的に評価することにつき，なお欠陥があるからである。調査は，教授や学生の見解ではどうであるといった主観的な基準によるところも多い。また，大学の競争を容易にするという主たる目的には，裏面があり，長いリストで，勝敗を示すだけになる危険性もある。さらに，区別は，さらなる格差を生み，一部への集中を促進し，多くの場合に，一部の大大学に有利になる可能性がある。

(c) ちなみに，法律の分野では，狭義の法律（Jura）ほか，経済法（Wirtschaftsrecht）は独立した評価対象となっているが，これは，狭義の経済法というより，経済法専修コースというべきコースをもつ学部を対象とするものである。2008 年には，すでに，31 校がある。

法律では，法学部をもつ 44 大学が対象となっている。まず，1 研究上の名声，2 研究費，3 図書館の設備，4 学生に対する世話，5 勉学状況一般の概略のページがあり，44 大学につき評価があり，そこから各学部の詳細のページにリンクしている。いくつかの例をあげると，Bonn 大学では，1 A，2 C，3 C，

4 C, 5 C, Freiburg大学では, 1 A, 2 B, 3 A, 4 C↓, 5 A, Heidelberg大学では, 1 A, 2 A, 3 C, 4 C, 5 B↑となっている（HP上は, ○の色であるが, 本篇では, 作成上の制約から, ＡＢＣに置き換えた）。

個別の評価項目は, 事実に関し11項目, 学生の判定が13項目, 世間的名声が２項目となっている。事実の項目には, 学生数, 教授数, 実務家の割合, 寄付講座教授, 蔵書と雑誌数, 交換教授, 復習講義の参加, 研究者ごとの研究費, 教授ごとの学位授与数, 年ごとの教授資格論文数がある。これらの個別項目も, Ａ, Ｂ, Ｃの３段階で評価されている。

学生の判定項目には, 学生に対する世話, 学生とのコンタクト, 講義数, 学生組織, 職業との関連, Ｅラーニング, 図書館の設備, 部屋, ＩＴの状況, 留学数, 勉学全体などがある。

名声の項目には, 教育と授業の名声, 研究の名声がある。煩雑になるので, いちいち立ち入らないが, 大規模校では, おおむね前者は悪い。マスプロ教育ということであろう。上述の３校について示すと, 以下のとおりである。ちなみに, Freiburgの教育はよさそうであるが, 個別項目では, 世話の項目がＣ↓であり, 必ずしも楽観できるものではない。

	学生数	教育と授業の名声	研究の名声
Bonn	2951人	30.0%	51.9%
Freiburg	1712人	47.3%	58.1%
Heidelberg	1662人	33.1%	50.7%

ほかに, 大学ごとの特記事項が記されている。たとえば, 授業にＴＡがつくとか, 試験の前に学生の世話をすること, 学生相談が充実していること, 外国人に対するチューターがいることなどである。弁護士向けの法曹教育がある, 試験準備プログラムがあることも特色とされている。大学図書館のほかに, 学部図書館, 分野あるいは教室ごとの図書室があるとか, コンピュータのたまり場があることなども, 興味をひく項目である[32]。

(3) 大学に対する公的な資金競争も, 大学のあり方にかかわる。ドイツの大

学の設立は，いつもそれぞれの時代の新しい生活様式を基礎づけてきた。今日の大学の特徴は，大衆化時代の専門学校化である(33)。ドイツの大学は比較的均質であり，それが，国家試験において，30％までの重点領域の試験を大学が代替できる前提ともなっていた。これに対し，世界に通用する先端大学を生み出そうとするものである。とりわけ20世紀の初頭まで世界のトップクラスにいた理工系の学部にとって，資金獲得が焦眉の課題となっている。わがくにのCOEに対応するものである。

そこで，先端大学を選択するドイツ版のCOE計画（Exzellenzinitiative，主導的な優等性）は，2006年10月13日に，第1期の決定が行われた。ドイツの学問水準を高め，国際的競争力の強化を目的としている。5年にわたる補助が与えられる。大学院大学（Graduiertenschulen），優等学部（Exzellenzcluster），エリート大学（Zukunftskonzepte）が選定され，総額19億ユーロが助成される（5年にわたり，大学院大学は，年ごとに最高100万ユーロ，優等学部は，最高650万ユーロ，エリート大学は，最高1300万ユーロである）。ちなみに，ドイツの大学はほとんどが州立大学であり，これに連邦レベルからの資金を提供するものである。

第1期の決定では，ミュンヘンの2大学，カールスルーエ技術大学が選ばれた。ほかにも，18の大学院大学と17の優等学部に，研究促進費が認められた。地域的なばらつきが目につくところである。すなわち，バイエルン州では，ほかにも，4つの大学と5つの先端研究所が，バーデン・ヴュルテンベルク州でも，4大学と3つの研究所が助成される。この2州がもっとも多く（つまり南ドイツ），ノルトライン・ヴェストファーレン州には，大学がもっとも多いが，その次であった。ヘッセン州とニーダーザクセン州は，それに続く。東部では，ザクセン州のほかは，認められなかった。北部でも，シュレスヴィッヒ・ホルシュタイン州のみであった。ハンブルク州も同様に，助成なしである。ザールラント州とラインラント・ファルツ州などとほかの西部州も同じである。

そして，2007年9月に開始され10月に決定される第2ラウンドでも，9つのエリート大学が選定された（Freie Uni Berlin, Uni Göttingen, RWTH Aachen, Uni Heidelberg, Uni Karlsruhe, Uni Freiburg, Uni Konstanz, TU München, Uni München）。第1期とあわせて，39大学院大学，38優等学部が選定されたのである(34)。

もっとも，いずれも理工系の大学を主眼にした助成の方式であり，法学など人文・社会系の学部にとっては，それほどの意義をもつものではない。

(4) 大学の授業料の無償制と司法研修時の給与の付与も古くからの問題であり，社会における大学の地位を反映している[35]。20世紀初頭からの課題は，職業選択の自由の実質的確保のための施策である。大学の授業料の無償制と司法研修時の給与の付与がこれにあたる。しかし，1960年代以降，大学の大衆化は，前者を困難とした。学生数の延びに，予算や設備が追いつかなかったからである[36]。現在ではすでに半分以上の州において，登録手数料や標準勉学期間を超えた在籍者への授業料が有料となっている（もっとも，その額は，わがくにとは比較にならないほどの低額である）。司法研修中の給与についても，無償化の議論はあるが，当面より問題なのは，研修場所の確保がむずかしいことである。場所の確保が追いつかないことから，修習生の採用が遅れ，いわゆる待機期間が生じるのである。本篇では，待機期間についてはふれないが，わがくにのロースクール卒業生の大量不合格問題と同様に，二段階の法曹養成課程がスムーズに接合されていない一例となっている（合格させないか，合格しても研修できないかの違いである）[37]。

授業料に関し，ライプチッヒの連邦行政裁判所は，2009年4月29日の判決において，連邦裁判所レベルでは初めて，授業料値上げの合憲性を肯定した（Nt. 24/2009, BVerwG 6 C 16. 08 ; 29. 04. 2009）。ノルトライン・ヴェストファーレン州の授業料法に対するPaderborn大学の学生の訴えは棄却された[38]。この訴訟の前提になっているのは，1学期500ユーロまでの授業料が，2006から2007年以来，6州で増額されたことである。ヘッセン州では，再び廃止されたとの状況がある。

しかし，一般の授業料に関する判断であり，授業料が，いちじるしい負担になる場合（eine erhebliche finanzielle Belastung）は，争点ではなかった。そこで，一部の学生にとって，いちじるしい財政的な負担になる場合は争点ではなかったと，第6部の裁判長Bardenhewerも述べており，ノルトライン・ヴェストファーレン州の立法者も，一般的な授業料が，たとえば，収入の乏しい，または非知識階級の出身層（aus einkommensschwachen oder bildungsfernen Schichten）

に，重大な影響を及ぼすことは，認めている(39)。したがって，行政の無限定の判断に委ねたわけではない。

(5) 男女格差も，古くからの問題である。工学系の学部では，まだ男子学生の割合が高いが，法学部は，どちらかというと格差のない学部であり，州によっては，女性の比率の方が高い。問題となっているのは，むしろ学生数の多さである。これは，前述の授業料や司法研修中の給与の問題とかかわっている。

2005/06 年の冬学期において，法律学の学生は，8万2324人（うち女性4万1349），行政・政治学では，3万9374人であった。これらを多いとみるかどうかは，観点にもよる。ちなみに，経営学を含めた広義の経済学では，29万4019人にもなった。学生に占める男女比率の格差は解消したといえる(40)。

もっとも，教員の構成においては，必ずしもそうではなく，2005年の教員構成では，かなりの相違がみられる。教授1289人（うち女性170人），講師，〔研究〕助手 (Dozent, Assitent) 411人（うち女性101人），研究補助者 (Mitarbeiter) 2220人（うち女性921人），助手 (Lehrkräfte) 41人（うち女性15人）である(41)。

さらに，裁判官の男女比率では，2万0395人（うち女性6424人），31.5%である(42)。1919年からは女性も，法律職につく道が開けていた（ワイマール共和国。ワイマール憲法は1919年8月11日 RGBl. S. 1383）(43)。〔なお，2008年，1991年との比較は，第3部5篇2章4のグラフを参照されたい。〕

ちなみに，日本との比較では，2008年（平20年）の学部と大学院の学生数の合計，283万6127人のうち，女子学生は，114万0755人で40.2%となっている（1998年には，総数266万8086人，うち女性93万0871人で34.9%であった）。教員では，2008年に，総数16万9914人（うち女性3万2052人で，18.9%）である。1998年には，14万4310人（うち女性1万7785人で，12.3%）であった(44)。

また，司法試験合格者に占める女性の割合は，近時は25%程度である。そして，法曹における比率では，最初のロースクール卒業生からの2008年の判事補採用は，66人，うち女性は25人で，割合は37.9%であった。女性裁判

第 3 部　法曹養成と司法

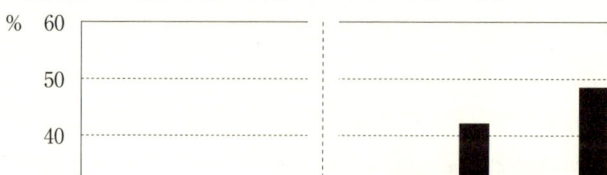

女性弁護士の割合（弁護士白書 2008 年版 10 頁，18 頁）

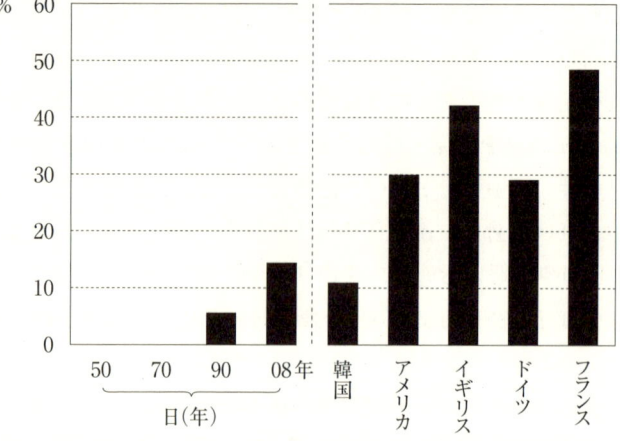

官全体では，539 人となり，全裁判官約 4000 人のうち約 15% となった。

さらに，検事に占める女性の割合は，ほぼ 10 年前の 95 年は 5.7% で，法曹三者では最低であったが，2008 年には 17.2% に上昇して，裁判官の 15%，弁護士の 14.4% を上回っている。2009 年の裁判員制度の発足にあわせた増員の結果である（2000 年に 18% であった女性の割合が，2008 年に 34%）[45]。

新司法試験の発足と合格者数の増加にもかかわらず，女性弁護士の割合は意外に増加していない。2008 年 3 月末で，弁護士約 2 万 5000 人のうち 3599 人にとどまる（14.4%）。1933 年の弁護士法改正で，性別の要件が削除され，1940 年に最初の女性弁護士が 3 人誕生した。1970 年に 2.1%，1990 年でも 5.6% であった。韓国の 2007 年の 10.75% よりは高いが，アメリカの 30.1%，イギリスの 42.2%，ドイツの 29.3%，フランスの 48.7% には，遠く及ばない[46]。

（1）　2002 年改正法の施行について，拙稿「法曹養成の現代化法」国際商事法務 30 巻 9 号 1220 頁（以下①と略する）参照。また，新試験については，「ドイツの新司法（国家）試験（2007 年）」同 37 巻 5 号 612 頁（以下②と略する）参照。
（2）　一段階法曹養成制度については，拙著・大学と法曹養成制度（2001 年，以下【大学】と略する）73 頁以下参照。
（3）　ボローニア宣言とそれに対する対応については，拙著・契約における自由と拘束

（2008 年，以下【自由と拘束】と略する）457 頁以下参照。Kötz, Bologna als Chance, JZ 2006, 397 は，肯定的であったが，Kilian, Die Europäisierung des Hochschulraums, JZ 2006, 209 は，否定的であった。Vgl. Jeep, Bolonga, Es kommt darauf an, was man daraus macht!, JuS Magazin 2006, 1, S. 18；Hütten und Konukiewitz, Jurastudium und Bologna-Prozess, JuS Magazin 2006, 1, S. 19；Schneider, LL.M.-Studiengänge im deutschsprachigen Raum, JuS Magazin 2006, 2, S. 12. また，フンボルト理念とボローニア宣言について，Weber-Grellet, Juristenausbildung zwischen Humboldt und Bologna, JuS Magazin 2006, 3, S. 7.

（4）もっとも，象牙の塔という批判を予想しつつ，あえていえば，地道に基礎を積んだ者ほど，実務に出ても，多少時間はかかっても，十分な応用能力を発揮するものである。基礎も不十分なうちから，応用のまねごとをする者は，かえって自分で応用する能力に乏しいように思われる。実務の即戦力だけを求めようとすることは，長い目でみれば，実務の潜在能力の開発にも適合しないのである。大学もあまりに短期的な実務に迎合しすぎである。いわゆる専門学校化の弊害である。

（5）実務志向的と思われるアメリカの弁護士事務所は，意外に OJT を重視しており，とくに大規模事務所は，ロースクールの卒業生に必ずしも即戦力たることを求めず，自己養成を重視している。ロースクールが，連邦あるいは全州に通用するコモンローのレベルの教育をするだけであり，各州法レベルの勉学は，実務の中で修得するほかはないとの構造に根ざしているが，長期的視野から，基礎力の充実が求められるのである。同じ「実務型」といっても，日本のそれが短期的なものをいうのとは異なる。就職後に，研修や研究集会に事務所の負担で参加する機会も多いようである。

　　日本では，実務だけではなく，研究費にみられるように，評価団体も，即物的・短期的である。しかし，研究の成果は，研究費をばらまけばただちに達成できるわけではなく（ノーベル賞のためにばらまく），結果として生じるものである。また，関連領域の進展と相まって達成できるのであり，狭い視野の配分では不十分である。

（6）1990 年代の改革については，【大学】159 頁以下，登録料については，【自由と拘束】440 頁。

（7）前掲・国際商事法務①30 巻 9 号 1220 頁。

（8）後述のマンハイム大学のものによれば，重点試験をうけるには，あらかじめ学生は，重点領域の履修をして，受験をしなければならない（電子申請）。重点領域の変更は，原則としてできない。重点領域のための試験は，国家試験の書面試験の終了後，遅くても 6 カ月以内にしなければならない（§33 JAPrO 2002）。http://www.unternehmensjurist.uni-mannheim.de/startseite/index.html 参照。

（9）【大学】51 頁以下参照。

（10）【自由と拘束】432 頁。

（11）年ごとの変遷や男女比率，自由な挑戦（Freiversuche）受験者の数については，前掲・国際商事法務②615 頁参照。

（12）Vgl. Derleder, Staatsexamen und Berufsqualifikation – Was leisten eigentlich die

Justizprüfungsämter, NJW 2005, S. 2834. 国家試験改革については, S. 2836.
(13) 【自由と拘束】461 頁参照。
(14) Jeep, Bologna : Stärken bewahren, Chancen nutzen, JZ 2006, 459 ; ders. Der Bologna-Prozess als Chance, NJW 2005, 2283. しかし, ドイツの司法修習はもともと 3 年半にも及ぶものであったから, これを 1 年にすることは現実的ではない。従来も 2 年より短縮されたことはないからである。
(15) Stuttgart Modell については, Goll, Das „Stuttgarter Modell" der Juristenausbildung, ZRP 2007, 190.
(16) 日本のロースクールでは, 2 年または 3 年の課程で, 法務博士の資格をえることができる。しかし, 1990 年度に発足し 2000 年代に廃止された大学院の専修コースは, 4 + 2 年の課程で修士どまりであった。国際標準では, 学士と修士の課程は, 合計 5 年（日本では, 4 + 2）である。大学院の社会人コースでも, 2 年でえられるのは, 修士にすぎない。これに比して, ロースクールでえられる資格は, いきなり博士であり, 資格のインフレといえる。医学部は 6 年の課程でも, 取得できる資格は, 学士にすぎない（2006 年から 6 年制になった薬学部でも学士である）。バランス上, おかしい。

たしかに, 医学部では, 卒業後, 研修医の期間, 大学に残って博士を取得することが多く, またそれゆえ医師は, ドクターと呼ばれる。アメリカのメディカル・スクールの卒業生も, M.D.（Medical Doctor）であるが, それなりの期間か論文を必要とするのである。いずれもなしに, 博士 J.D.（Juris Doctor）とするのは, 資格の安売りにすぎない。

2009 年に発足した韓国のロースクールの卒業生は, 法務修士である（金相容「法理論と法実務との統合 〜教育的側面を踏まえて〜」2009 年 3 月 14 日の早稲田大学でのシンポジウム）。ドイツの伝統的な博士は, とくに時間的な課程を必要としないが, 課程博士というよりは, 論文博士であり, Dissertation を書く必要がある（【大学】190 頁参照）。実態としても 2〜3 年ぐらい余分にかかる場合が多いようである。司法研修後, 就職のために取得する場合には, Jeep の 3 段階方式に近いものとなる（前述②図参照）。もっとも, 第 1 次国家試験合格後, 司法研修に入らずに, 先に博士論文を書く場合もある（ちなみに, ラーレンツ（Karl Larenz, 1903. 4. 23-1993. 1. 24）のように, 司法研修に入らずにそのまま就職する例もある）。いずれも, 司法研修と博士の論文作成期間は, 従来は直列型である。

博士を取得する場合（従来の例）

(17) Schäfer, „Bologna" in der Juristenausbildung? Das Mannheimer Modell eines LL.B.-Studiengangs, NJW 2008, 2487. Schäfer は、マンハイム大学の法学部長であり、企業法のインスティテュート長である。論文は、2008年9月に発足するコースの紹介であり、ボローニア方式により適合したものとする。

(18) これにつき、Pfeiffer, Wird der Juristenausbildung der Bologna-Prozess gemacht, NJW 2005, 2281 ; Huber, Zwischen Konsolidierung und Dauerreform- Das Drama der deutschen Juristenausbildung, ZRP 2007, 188. また、Jeep, a.a.O., JZ S. 459 ; Dauner=lieb, AnwBl 2006, 5 ; Schäfer, a.a.O., S. 2487.

　なお、筆者は、グライフスヴァルト大学の新カリキュラムについても紹介したことがある。これは、国家試験コースと専修コースのシステムである。【自由と拘束】401頁。また、ブランデンブルク州における新たな法曹養成については、Engelmann, Die novellierte Juristenausbildung in Brandenburg, Neue Justiz 2006, 7, S. 299.

(19) ほかに、Mercator 財団の議長の Frohn と、イギリス・ドイツ法曹連盟（London）の議長 Steiner、や FU Berlin の学生 Trilló の補足発言もあった。

　国家試験を基幹とする法曹養成制度に対する批判は多いが、たとえば、Derleder, a.a.O., S. 2834. である。現在13万5000人の弁護士がおり、毎年7000人が増加しつつある。また、経済界への就職も多いことから、すでに2回の国家試験の意義は減退しているとする。国家試験は、最低限のスタンダードを保証するにすぎず、試験改革の必要性が増大しているものとする。

(20) Schäfer, a.a.O, S. 2488.
(21) Ib.
(22) Ib.
(23) Schäfer, a.a.O., S. 2489.
(24) Schäfer, a.a.O., S. 2489.
(25) Schäfer, a.a.O., S. 2490. 新しいコースについては、マンハイム大学のHPである http : //www.unternehmensjurist.uni-mannheim.de/startseite/index.html を参照されたい。
(26) 専門大学の経済専修コースにつき、【大学】216頁。
(27) Zeitschrift Deutschland 2001. 2/3, S. 45.
(28) 朝日新聞2008年8月17日。
(29) 企業によっては、コンプライアンスが形式的な法令遵守と解されている場合がある。たんに法令の禁止に触れなければいいという態度であり、裏面からすれば潜脱（脱法の限界）の指導である。ロースクールの倫理講座にも二面があり、もともとアメリカのロースクールで法曹倫理が教えられるようになった契機は、ウォーターゲート事件（1972年）である。同事件では、知識上は、すぐれた法曹でもある政府高官（ニクソン政権、1969－74）が、多くの違法行為（住居侵入および盗聴未遂事件）を行った。ここで、専門家として能力的にすぐれることと、倫理的に望ましい状態とは異なることが明らかとなった。技術と倫理は、必ずしも両立するわけではない。

第3部　法曹養成と司法

　　　この事件以来，アメリカのロースクールでは，法曹倫理は，少なくとも教える側にとっては，重要科目とされている。しかし，ここには，現実主義と厳格主義の対立の構造がある。現実主義的立場からは，法曹倫理は，行ってはならないことの，たんなる回避のカタログであり，各科目の中で知識として教えられうるものである。反面として，必ずしも新たな問題を自律的に解決するものではなく，回避の指針たるべき程度のものとなる。最終的な担保は，法による禁止や制限，先例である。それが，しばしば潜脱のための指針（法や倫理規定に触れるぎりぎりまでする）ともなることが問題である。

　　　これに対し，厳格主義的立場からは，倫理は，みずから事件ごとに考慮され回避されるべきものである。それは，たんに各科目の理解に解消されるものではなく，一般的・法哲学的な存在となる。反面として，それは人間性に深く根ざすものとなるから，極端にみれば，正義と同様，たんに知識として教えられるものではなく，もって生まれた特性によって実践されるものとなる。

　　　すなわち，アメリカ的な法曹倫理は，専門家の責任の延長であり，各論的な性質をもつのに対して，ヨーロッパ的な法倫理は，もっと法哲学の問題であり，総論にこそ意味があるとする。もちろん，前者も，各論の中に総論的な思考があるとし（たとえば，英米法における契約法の体系が，大陸法的な意味での契約総論や債権総論を包含するように），後者も，各論の存在を否定するものではない。真理は中庸にあり，ある程度は，折衷的な方法が必要である。程度の問題とはいえるが，基本的態度に相違のあることは否定しえない。専門家の具体的な民事・刑事の責任と，より抽象的なレベルにおける正義の意味，実定法と自然法の関係，法の拘束力の根拠などは，ただちに同列には扱いえないからである。さらに，法律家といっても，大陸の法律家とアメリカの法律家との相違や，専門家の倫理性をカバーする社会的・政治的な環境や経済的な環境，法曹のもつ歴史的環境の相違も大きい。

(30)　Ziegert, Orientierung durch Uni-Rankings? Jus-magazin 2008, 5, S. 8.
　　　また，ハノーバーの大学評価機構については，【自由と拘束】404頁参照。
(31)　これに対し，Spiegel 誌のランキングは，もっと教え方や指導（Lehre）に重点をおいている（www.spiegel.de）。卒業生がどこで職業とキャリアをえられるかに重点をおくものもある（www.wiso.de）。
(32)　http://ranking.zeit.de/che 9/CHE
(33)　Wieacker, Privatrechtsgeschichte der Neuzeit, 1967, §18 I 2, S. 313.　第1版の翻訳である鈴木祿彌訳「近世私法史」（1961年）381頁。17章 I　2参照。これについては，【自由と拘束】431頁でもふれたことがある。
(34)　Exzellenzinitiative については，【自由と拘束】476頁の注15参照。N.N., Deutsche Exzellenzinitiative kürt neun Eliteuniversitäten, Alexander von Humboldt-Stiftung, Kosmos, Nr. 90（2007），S. 61.
(35)　大学の授業料の無償制について，【自由と拘束】440頁，また，司法研修中の給与については，同417頁，448頁，479頁参照。

(36) Criticus, Nach dem zusätzlichen Geld für deutsche Hochschulen müssen nun taten folgen, Alexander von Humboldt-Stiftung, Kosmos, Nr. 90（2007）, S. 6 f. ドイツの大学における過重負担に詳しい。教授1人につき，学生53人の割合となる。前述のExzellenzinitiativeの契機ともなっている。しかも，学生が多様化していることから，たんにマスプロ授業をすればすむというわけではなく，子どももちの学生のための託児所のようなきめの細かさが必要となっているのである。わがくにでも，社会人学生の増加とともに，考慮する必要が生じている。

(37) 待機期間については，【大学】203頁，【自由と拘束】455頁参照。Vgl. JuS Magazin 2006, 2, S. 14.

(38) Welt, 29. April 2009（Klage gegen Studiengebühren gescheitert）; General Anzeiger, 29. April 2009. 判決文は，連邦行政裁判所のホームページ（http：//www.bverwg.de/enid/9545 a 2698 e 415 b 159793441 a 2 a 0 f 3 b 5 b,51519 f 6 d 6 f 6465092 d 09/BESONDERE _SEITEN/Startseite _2. html）からも入手可能である。

(39) Welt, ib. なお，連邦行政裁判所については，拙稿「ドイツ再統一と連邦裁判所の再配置－ライヒ大審院，連邦裁判所，連邦行政裁判所」国際商事法務31巻2号参照。

(40) Statistisches Jahrbuch für Bundesrepublik Deutschland, 2007, S. 144–145.

(41) Statistisches Jahrbuch, a.a.O., S. 149. ちなみに，1991年の数字を，【大学】105頁において比較されたい。1991年には，学生では，ほぼ42.4％が，また，裁判官では，ほぼ19.2％が女性であった。

(42) Statistisches Jahrbuch, a.a.O., 2007, S. 144 f.149, S. 262.

(43) これにつき，【自由と拘束】437頁。ちなみに，最初の女性弁護士は，1922年のMaria Ottoであった。本書第3部5篇2章参照。

(44) 文部科学省・学校基本調査（平20年） http：//www.mext.go.jp/b_menu/toukei/001/08121201/index.htm なお，1996年の統計（文部省・学校基本調査）によると，女性教員の割合は，大学全体で7.9％で，助手11.9％，講師10.2％，助教授6.8％，教授3.7％であった。

(45) ちなみに，近時の経年変化は，以下のようになる。法務省「最近における検事の採用実績」（http：//www.moj.go.jp/KANBOU/KENJI/kenji 03–01. html），および朝日新聞2009年1月26日，同2009年4月19日。

任官年度	任官者数	男性任官者数	女性任官者数	全体の平均年齢
2003（15）	75	56	19	27.4
2004（16）	77	58	19	28.4
2005（17）	96	66	30	27.9
2006（18）	87	61	26	28.0
2007（19）	※旧71	46	25	28.3
2007（19）	※新42	28	14	28.1

第 3 部　法曹養成と司法

(46)　日本弁護士連合会・弁護士白書（2008 年）「特集 1 男女共同参画と弁護士」。

第2篇　ドイツの新司法試験　2007〜2009年の比較

1　2008年，2009年の新試験

(1)　ドイツの新司法試験は，第1篇で検討した2007年に続いて，すでに2008年と2009年の結果が公けにされている。このうち，2008年の結果については，すでに，別稿で検討したことがある[1]。詳細については，これを参照されたい。

2007年の新試験の結果は，受験者が少なかったことから，まだ試行ともいえ，2008年が本格稼働の年であった。その結果がまとめられたのは，ようやく2010年3月であった。もっとも，そこにおいても，部分的には，2007年と似た傾向が現れた。たとえば，国家試験（必修科目）と重点領域の試験との合格率の差が，顕著に現れた（第2図参照）。しかし，2007年には，州による合格率の相違がかなり極端に現れたが，こうした傾向は減じた。2007年には，受験者数が少なかったために，個別の受験者の特性が反映され，統計的に有為でない数字が生じたものであろう。逆に，新しい統計では，こうした不自然な数字は，むしろ，旧試験について生じるようになった。

2008年の新試験の合格者数は4861人で，旧試験の合格者数は3004人となり，新旧の合格者数は逆転した。合計の合格者数は，7865人であった。合格者数が，7000人台に減少したのは，東西の再統一前の1991年以来のことである（同年7508人）。このような減少は，新試験への移行がいまだ過渡期といえたからである。しかし，2009年には，新試験の合格者数だけで，7292人となり，おおむね新旧の交代は終えたといえる[2]。

こうした3年間の新試験における必修科目の合格者数と重点領域の合格者数の対比が，次頁のグラフである（第1図）。

第3部　法曹養成と司法

第1図　新試験における必修科目合格者数と重点領域合格者数の対比（合格率）

	必修科目合格者数	重点領域合格者数	最終合格者数	
2007年	980（68.6%）	3207（94.3%）	885	
2008年	5270（74.2%）	6243（94.3%）	4861	逆転
2009年	7898（70.7%）	6795（94.3%）	7292	

(2)　2009年の必修科目の受験者数は，1万1176人であり，重点領域の受験者数は，7205人であった。このように大きな数の乖離が生じるのは，重点領域の合格率が高く，かつ初年度にすでに合格している者が多く，累積の合格者数が多いために，必修科目の試験だけでたりる場合があるからである。

また，2008年から，必修科目の受験者の方が，重点領域の受験者より多くなり，2009年には，必修科目の合格者数も，重点領域の合格者数を超えた。

(3)　累積の重点領域合格者数が最終合格者数を超えているから，もはや重点領域の合格者のうち，何人が最終合格者にいたったかは不明である。累積の重点領域合格者のうち，どれだけの者が必修科目で不合格になっているか（A）も，不明である。

しかし，必修科目合格者数は，最終合格者数以上であるから，必修科目に合格しても，最終合格にいたらない者が，606人いることはわかる。これは，最終合格者数の1割以上になり，なお相当数の者が，重点領域で不合格になっていることがわかるのである（B）。

2007年の類推では，必修科目で不合格になった者（A）は，重点科目で不合格になった者（B）よりも多数だと推察された。そうすると，必修科目と重点領域科目の離齬は，なおかなり存在するものとも推察されるのである。

そして，2008年の数字では，必修科目に合格しても，最終合格にいたらない者は，409人で，最終合格者数の1割以下であったから，2009年にみられた離齬は，いっそう拡大したといえる。

2　成績区分

(1)　上述のように，国家試験と，大学の認定する重点領域の試験では，成績区分にかなりの差がみられる。国家試験には，必修科目に対するものと，旧試

390

験に対するものとがあるが，傾向は類似している。合格者の成績の割合は，①優等，②優，③良，④可，⑤合格（①sehr gut，②gut，③voll-befriedigend，④befriedigend，⑤ausreichend）の順であるが，国家試験では，④⑤の下位割合が多く，⑥の不合格割合も，3割を超えている。他方で，重点試験では，③④の中央の値が高く，⑤の下位の割合は少なく，⑥不合格割合も少ない（次のグラフ

第2図　成績区分　　　　　　　　　　　　　　　　　　　　　　　　　　　　%

成績	①s.g.	②gut	③voll b.	④bef.	⑤ausr.	⑥nicht
2007年旧	0.2	2.5	11.1	24.6	29.1	32.5
2008年旧	0.0	0.7	5.3	22.8	35.6	35.6
2009年旧	0.0	0.1	2.0	17.0	42.0	38.8
必修　07	0.1	3.2	14.5	28.8	22.0	31.4
必修　08	0.2	3.3	15.9	23.8	22.0	25.8
必修　09	0.1	2.4	13.1	29.1	26.0	29.3
重点　07	5.3	17.4	31.5	28.1	12.1	5.6
重点　08	5.7	18.9	31.2	26.8	11.7	5.7
重点　09	5.1	18.1	31.2	27.9	12.1	5.7

新試験（必修科目と重点領域）と旧試験の成績区分

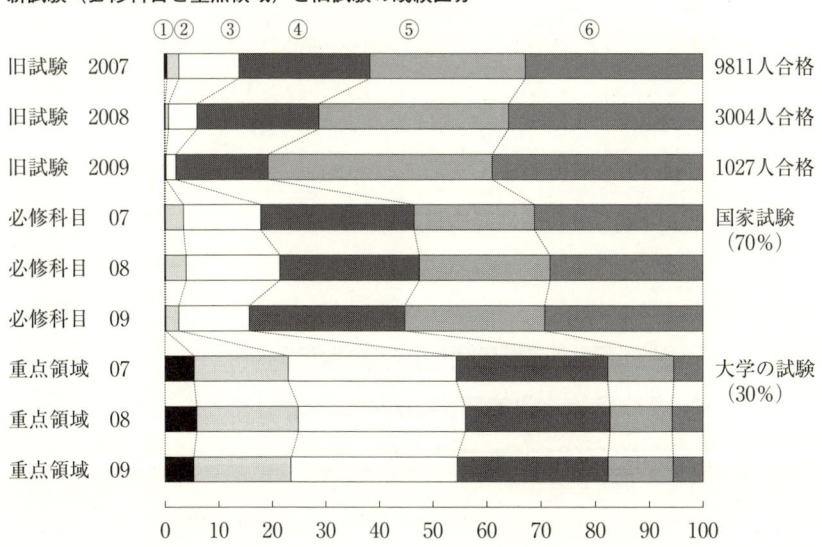

を参照)。おおむね3割を落とす試験と，原則として合格させることを目的とする大学の試験との相違である。両者のそごは，3年を経ても縮小せず，むしろ本質的な理念の相違を反映するものとなっている。

(2) 2009年の旧試験は，受験者が減少したこともあって，成績は下がっている。また，同じ国家試験である必修科目の成績は，旧試験の成績よりも高い。しかし，大学の行う重点科目の試験の成績は，国家試験よりも高い。

3 新試験（全体）における合格者の成績区分

新試験は，必修科目と大学の重点領域の試験のいずれにも合格することが必要である。したがって，必修科目の不合格でも，重点領域の不合格でも，合格にはたりない。両試験のミスマッチから落ちる者が，毎年，おおむね1割程度いるものと推察される。この詳細は公表されておらず，合格者の成績区分だけが公表されている。その3年間の推移は，以下のグラフのとおりである。これに，不合格者数をも考慮すると，総合点の傾向は，必修科目の成績のうち，③④を強調したものに近くなる。これは，必修科目の方が配点比率が高いからである。3年間の傾向は，ほぼ一致している。

第3図　新試験（全体）における合格者の成績区分　　　%

成績	①	②	③	④	⑤
2007年新	0.6	8.0	28.0	47.1	16.3
2008年新	0.2	6.5	28.2	47.2	17.0
2009年新	0.3	4.9	26.0	48.4	20.5

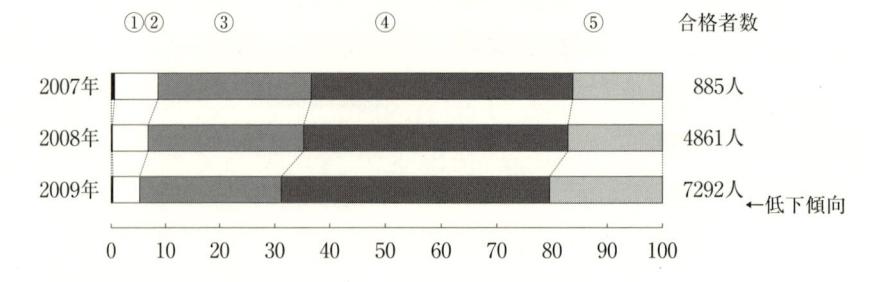

合格者数
2007年　885人
2008年　4861人
2009年　7292人　←低下傾向

（1） 拙稿「ドイツの新国家試験と法曹養成の新たな動向」判時 2079 号 3 頁参照。
（2） Bundesamt für Justiz, Referat III 3, 2224 III‐B 7 435/2010 Ausbildungsstatistik, Stand : 23. März 2011. ①Übersicht über die Ergebnisse der Ersten Juristischen Prüfung im Jahre 2009（neues Recht）1），②Übersicht über die Ergebnisse der staatlichen Pflichtfachprüfung im Jahre 2009（neues Recht）1, ③Übersicht über die Ergebnisse der universitären Schwerpunktbereichsprüfung im Jahre 2009（neues Recht），④Übersicht über die Ergebnisse der Ersten Juristischen Staatsprüfung im Jahre 2009（altes Recht）.

　なお，第 2 次国家試験については，本篇では立ち入らない。Vgl. ⑤Übersicht über die Ergebnisse der Zweiten Juristischen Staatsprüfung im Jahre 2009.

第3篇　ドイツの連邦裁判所の過去と現在

第1章　はじめに

1　連邦裁判所

(1)　本篇は，ドイツの連邦裁判所を紹介しようとするものである。各国の最高裁には種々の形態があり，わがくにでも戦前の大審院と戦後の最高裁にはそうとうの差がある。ドイツの連邦裁判所，とくに連邦〔通常〕裁判所（BGH）の前身であるライヒ大審院（ライヒ裁判所，ライヒスゲリヒト）は，わが大審院のモデルの1つともなっており，BGHを知ることは，わが旧大審院の理解を助けるものでもある。現在では，旧大審院ははるかに過去のものとなり，ときに現在の最高裁の理解と混同されることがある。そのような場合には，現在でもドイツの連邦裁判所はそうではないという説明が説得的なようである。

(2)　ドイツの連邦裁判所は，基本法（憲法）92条に従い，司法権を行使するための連邦の機関として設置されている。ドイツは，連邦国家のため，連邦と州（ラント）の権限の割り当てのため，基本法に予定されたものだけを連邦裁判所として設置することができる。以下に述べるように，統一的な組織とはされていないことから，必ずしも理解しやすいものではない。

連邦裁判所には，以下のものがある。著名なものでは，①連邦憲法裁判所（Bundesverfassungsgericht，カールスルーエ），民事および刑事の通常裁判所としては，②連邦〔通常〕裁判所（Bundesgerichtshof，BGH，カールスルーエ）があり，ほかに，③連邦行政裁判所（Bundesverwaltungsgericht，BVerwG，ライプチッヒ），④連邦労働裁判所（Bundesarbeitsgericht，BAG，エルフルト），⑤連邦社会

裁判所（Bundessozialgericht, BSG, カッセル），⑥連邦財務裁判所（Bundesfinanzhof, BFH, ミュンヘン）がある。そして，これらがドイツの実質的な最高裁（連邦憲法裁判所以外は上告裁判所，Revisionsgericht）を構成している。判例の統一のためには，共通部（Gemeinsame Senat der obersten Gerichtshöfe des Bundes）の制度がある。ただし，基本法95条が予定する形式的な最高裁（das oberste Bundesgericht）は，設立されていない[1]。

　なお，以下では，連邦〔通常〕裁判所（Bundesgerichtshof, BGH）を，広義の連邦裁判所一般（①～⑥，Bundesgerichte）と区別するために，以下では，このようにかっこ書きを付して記すことにする。

　さらに，連邦裁判所は，憲法裁判所と上告裁判所だけではない。基本法に定めがある特別裁判所としては，軍事関係の軍刑事裁判所（Wehrstrafgericht, 基本法96条2項），連邦特許裁判所（Bundespatentgericht, 基本法96条1項），軍務裁判所（Truppendienstgerichte Nord in Münster und Süd in München（基本法96条4項）がある。前二者は，連邦〔通常〕裁判所の，最後のものは，連邦行政裁判所の下級審となる。連邦裁判所で初審になるのは，これらだけである[2]。

　これに対し，州（ラント）の管轄に属する裁判所としては，下級裁判所である高等州（ラント）裁判所（OLG），州裁判所（LG），区裁判所（Amtgericht）がある。

　6つの連邦裁判所（①～⑥）は，最高裁として位置づけられるが，このように多数の裁判所があり，かつそれぞれが多数の裁判官を擁することから，2004年の連邦の裁判官総数は，464人にもなった（なお，ラントの裁判官総数は，1万9931人。うち女性は，6424人であった）[3]。〔2009年の連邦の裁判官は，661人となった。〕

2　連邦裁判所の部

　①連邦憲法裁判所には，2つの部があり，各8人，すなわち16人が属している。1871年4月16日の統一時の（ビスマルク）憲法（Bismarcksche Reichsverfassung）は，憲法裁判所を予定せず，1919年8月11日のワイマール憲法（Weimarer Verfassung）は，制限的な憲法裁判所や行政裁判所を認めていたが（国家裁判所，Staatsgerichtshof），設立にはいたらなかった。戦後のボン基本法（1949

年5月23日，Grundgesetz f. BRD）は，92条〜94条において，本格的な憲法裁判所を予定し，これが1949年に設立されたのである。

②1950年に設立された連邦〔通常〕裁判所は，民事・刑事の裁判を管轄する。後述するライヒ大審院の後身である。同裁判所には，民事が12部，刑事が5部あり，それぞれの部には，7〜9人の裁判官が属していることから，裁判官の合計は，合計130人近くにもなる[4]。それぞれの部は，特別部を兼任するか，特別部とならなくても主たる専門領域をもち（民事第1部・著作権と不正競争，第2部・会社法，第3部・国家賠償法，第4部・相続法，第5部・物権法，第6部・不法行為法，第7部・請負，第8部・売買と賃貸借法，第9部・弁護士・税理士の責任・倒産，第10部・特許・実用新案，第11部・銀行法，第12部・家族法と賃貸借など），専門化が図られている。わが最高裁においては，原則として機械的に順次3つの小法廷に事件が割り当てられるのとは異なる[5]。

ただし，刑事部では，後述するOLGの地域的な管轄による分類が主となる（なお，第1部・軍警察事件，第3部・国家保護事件，第5部・税事件などの専門化もある）。判例の統一のために，民事連合部，刑事連合部（Großer Senat）の制度がある。これは，わが旧大審院の連合部と同じ方式である。民事刑事の統一大法廷（Vereinigte Große Senate）もある。

③2002年に，ベルリンからライプチッヒに移転した連邦行政裁判所（1952年設立）には，14部があり，内訳は，10の再審部（Revisionssenate），1懲戒部（Diszplinarsenat），2軍務部（Wehrdienstsenate），1専門部（Fachsenat）である。ここでは，各部に属する裁判官は3〜6人であり，その合計は，60数人になる[6]。他の連邦裁判所と同様に，判例統一のために，連合部（Großer Senat）がある。

連邦〔通常〕裁判所や連邦行政裁判所の司法行政の担当は，連邦司法省である。

⑥連邦財務裁判所の組織も，③の連邦行政裁判所に近い。11部があり，法人税，相続税，所得税，勤労所得税などの訴訟を扱っている。連邦財務裁判所は，従前その司法行政は，連邦財務省の所管のもとにあったが，1970年からは連邦司法省の所管のもとにおかれている。身びいき（Hausgerichtsbarkeit）を防止するためである。

第3篇　ドイツの連邦裁判所の過去と現在

④連邦労働裁判所と，⑤連邦社会裁判所の司法行政の担当は，連邦労働社会省（Bundesministerium für Arbeit und Soziales）である。連邦裁判所の再配置の結果，連邦労働裁判所は，1999年に，西ドイツ地域のカッセルから東ドイツ地域のエルフルトに移転した。10部があり，裁判官の総数は，30数人である。争議権部，告知による解雇部，養老部，労働契約部，賃金支払部，損害賠償部などの部がある。

　連邦社会裁判所は，14部あり，裁判長と2，3人の裁判官の構成であるから，ここの規模も，裁判官30〜40人の規模である。

3　ヨーロッパの裁判所

連邦裁判所自体の数が多いうえに，ヨーロッパには，EUのヨーロッパ司法裁判所（Court of Justice of the European Communities），ヨーロッパ評議会（Council of Europe）のヨーロッパ人権裁判所（European Court of Human Rights），国

ライヒ大審院（1879年）と連邦裁判所

- 労働裁判所 Erfurt
- 社会裁判所 Kassel
- Berlin
- プロイセン
- Bonn
- Leipzig
- ザクセン
- ライヒ大審院 →行政裁判所
- 憲法裁判所 通常裁判所
- Karlsruhe
- バイエルン
- ヴュルテンベルク
- 財務裁判所 München
- バーデン

● 連邦裁判所と関係の都市
（ライヒ大審院以外のものは，現在の連邦裁判所である）

397

連の機関である国際司法裁判所（International Court of Justice）などの国際機関の裁判所もあるから，上述の連邦裁判所が国内の最高裁であるからといって，そうステータスが高いということにはならない。アメリカの連邦最高裁が国内でもっている高い権威には遠く及ばないものであろう。

また，対象事項による管轄の狭さや行政の優越の観点からも，連邦〔通常〕裁判所は，わが旧大審院に近いということができる[7]。

第2章　戦前のライヒ大審院とその解体

1　日本の旧大審院との比較

冒頭でも示したように，わが旧大審院は，連邦〔通常〕裁判所の前身であるライヒ大審院（ライヒ裁判所，ライヒスゲリヒト）をモデルの1つとしていることから，連邦〔通常〕裁判所を理解するには，わが旧大審院を思い起こすことが有益である。また，逆に今日旧大審院を知るためにも，ドイツの説明がわかりやすいであろう。

古くに，太政官制のもとで，大審院は，司法省内に設置された（1875年）[8]。そして，旧裁判所構成法のもとでも，司法行政権や人事権は，司法大臣にあるものとされ，裁判所を監督したのは司法大臣であった（後掲の1890年の旧裁判所構成法参照）。大審院長は大審院を監督するにとどまったのである（同法135条）。また，管轄権についても，大審院は，民事および刑事事件の終審裁判所であったが，行政事件の管轄権をもたなかった。違憲立法審査権や裁判所の内部規律に関する規則制定権をももたなかった。ドイツの連邦〔通常〕裁判所が，連邦司法大臣の司法行政のもとにおかれるのは，これに近い。三権分立といっても，行政権の優越の形態である[9]。

旧裁判所構成法
「第135条　司法行政監督権ノ施行ハ左ノ規程ニ依ル
　第一　司法大臣ハ各裁判所及各検事局ヲ監督ス
　第二　大審院長ハ大審院ヲ監督ス

第三　控訴院長ハ其ノ控訴院及其ノ管轄区域内ノ下級裁判所ヲ監督ス

　第四　地方裁判所長ハ其ノ裁判所若ハ其ノ支部及其ノ管轄区域内ノ区裁判所ヲ監督ス

　第五　区裁判所ノ一人ノ判事若ハ監督判事ハ其ノ裁判所所属ノ書記及執達吏ヲ監督ス

　第六　検事総長ハ其ノ検事局及下級検事局ヲ監督ス

　第七　検事長ハ其ノ検事局及其ノ局ノ附置セラレタル控訴院管轄区域内ノ検事局ヲ監督ス

　第八　検事正ハ其ノ検事局及其ノ局ノ附置セラレタル地方裁判所管轄区域内ノ検事局ヲ監督ス」

　検事総長が下級検事局を監督し，控訴院長が管轄内の下級裁判所を監督するにもかかわらず，大審院長には，控訴院や下級裁判所を監督する権限がなかったのである。

　また，かつて，わがくにでは，司法大臣を輩出したのは，裁判官ではなく，おもに検察官の出身者であったから，実質的に，司法行政は司法省中枢を占める検察の手にあったといってよい。司法省の裁判所に対する優越は，検察の裁判所に対する優越をも意味している。

　戦後は，新憲法による三権分立の確立によって，検察の裁判所に対する優越は解消されたが，法務省に対する検察の優越は残されている。現在でも，法務省のトップは検察であり，法務事務次官の地位は決して高いものではない。検事総長経験者であるエリートのコースは，そのまま役所の昇進の階段である。その昇進のルートは，以下のようになる（伊藤栄樹・検事総長の回想（1992年）9頁参照）。

　横浜地検検事，東京地検特捜検事，<u>法務省刑事局付検事，法務省参事官，刑事課長，総務課長，人事課長，会計課長</u>，東京地検次席検事，最高検検事，<u>刑事局長，事務次官</u>，最高検次長検事，東京高検検事長，検事総長。

　他の省庁では，事務官のトップは，事務次官であり，内局の庁の長官はその下ランクであるが，法務省・検察では，検察庁のトップが最高ランクであり，事務次官は，検察庁の次長検事の下に位置づけられるにすぎない。

399

第3部　法曹養成と司法

2　ライヒ大審院（Reichsgericht）

(1)　ライヒ大審院は，1879年に，裁判所構成法（Gerichtsverfassungsgesetz, 1877. 1. 27，発効は1879. 10. 1）によって設立された。その所在地は，ザクセン州のライプチッヒであった。その所在地を決定するための連邦参議院の投票では，ベルリンが28票，ライプチッヒは30票を獲得し[10]，票差はわずかであった（連邦参議院における投票権は，プロイセンが17票で，バイエルンは6票，ザクセンとヴュルテンベルクがそれぞれ4票，バーデンとヘッセンがそれぞれ3票であり，合計は58票であった。1871年憲法6条参照）[11]。ライプチッヒは，かつてのドイツ連邦（Das deutscher Bund 1815–1866）の連邦上級商事裁判所（Bundesoberhandelsgericht）の所在地でもあり，そこでは，1861年の普通商法典（ADHGB）に関する訴訟を担当したのである。

こうして，ライヒ大審院がライプチッヒに置かれたことは，統一のための妥協の産物といえる（明確な南ドイツとザクセンの票は，17票にすぎない）。ドイツは連邦国家であり，現在でも多くの政府機関はかなり分散している。この傾向は，戦後長らくベルリンが首都の地位を失っていたことからとくにいちじるしいのであるが，戦前にもみられなかったわけではない。その中でも，ライヒ大審院がライプチッヒに置かれたのは，統一の勢力であったプロイセンと抵抗勢力の1つであったザクセン・南ドイツとの融和の意味を有したのである[12]。

ライヒ大審院は，通常裁判所であり，民事，刑事，商事，労働，国庫としての国家事項（Rechtshandlungen des Staates als Fiskus），国家責任（Staatshaftungsrecht）を扱った[13]。その長官，部長，裁判官は，連邦参議院の提案によって，皇帝が任命した。ライヒ大審院には，書記局（Gerichtsschreiberei），検事局（Oberreichsanwaltschaft als Staatsanwaltschaft）が付置されていた。ちなみに，わがくにでも，旧裁判所構成法のもとでは，検事局が各裁判所に付置されていた。

戦後の連邦憲法裁判所や種々の連邦裁判所が存在しなかったことから（ライヒ財務裁判所は，第一次大戦中の1918年に創設され，ライヒ労働裁判所はワイマール時代の1926年に創設されたが，組織上はライヒ大審院の一部としてであった。ワイマール憲法108条参照。ライヒ行政裁判所は，ワイマール憲法107条で予定されていたが，設立されなかった），権限が制限されていたとはいえ，その権威は相

(2) ライヒ大審院は，刑事事件および国家事項では保守的な立場をとっていたが，民事事件においては，かなり斬新な理論を展開した。すなわち，早くに，契約締結上の過失の理論を肯定し，これは，のちの2002年の債務法現代化法では，311条に明文化された。また，276条の解釈から積極的契約侵害の理論を展開し，債務法現代化法では，統一的な給付障害概念である義務違反（Pflichtverletzung）が採用され，280条の損害賠償や324条の契約解除権の基礎となっている(14)。

また，第1次大戦とワイマール期の1914年から1923年には，いちじるしいインフレにさいして，行為基礎の喪失の理論が展開された。伝統的な金銭の名目主義（Mark-gleich-Mark-Grundsatz, Nennwertgrundsatz, Nominalismus）に対するものであり，インフレの時期に，経済的不能と契約の期待可能性（Zumutbarkeit）の概念によって，契約の改定と解除を正当化したのである。これも，債務法現代化法では，313条に明文化されたのである。

しかし，ナチスの権力掌握にあたっては，違法な暴力事件に対して正面から対抗することはなかった（1933年2月，ライヒ議会放火事件）。そして，1934年には，民族裁判所設置法（Gesetz zur Errichtung des Volksgerichtshofs）によって，国家反逆罪（Hoch- und Landesverratssachen）は，ライヒ大審院の管轄ではなくなったのである（この民族裁判所は，ベルリンの高裁＝Kammergericht におかれたが，これは，同高裁が，もともとプロイセン王国の最高裁であった宮廷裁判所であったからである）。民事の分野においても，1935年のいわゆるニュルンベルク法（人種差別法）の影響は大きく，人種理論から，非アーリア人の養育権の差別が行われ，1938年の家族法においては，特殊な婚姻取消事由ともされたのである。財産法においても，差別が行われた。

民事でのみ斬新な理論をも採用するという点は，わが大審院にも共通している。大審院も，民事事件においては，時代にあわせて解釈を修正していく態度をとったが，刑事・政治的な事件においては，捏造事件を否定することができなかった。たとえば，1910年から1911年の大逆事件である。こうした司法消極的・権力追随的な態度は，戦後の最高裁にも，受け継がれている。最高裁は，アメリカ型の強い権限をえたにもかかわらず，大審院的な司法消極主義に立脚

しており，たとえば，尊属殺違憲判決は，かなり遅れて1973年であったし（最判昭48・4・4刑集27巻3号265頁。刑法200条の削除はようやく1995年），薬事法の薬局開設制限の違憲判決は，1975年（最判昭50・4・30民集29巻4号572頁）であった。議員定数配分訴訟では，選挙無効の判断を避け続けている。他方で，政治献金には積極的な判断を示し（最判昭45・6・24民集24巻6号625頁），かえってこれを助長する政治的な影響を与えた。大審院との機能上の違いを自覚する必要があろう。

　(3)　ライヒ大審院の長官の在任期間は，かなり長い。10年以上にもなる例が多く，最初のSimsonは，12年，最後のBumkeは，16年にもなる。そこで，司法権は限定されていたものの，長官の権威はかなり高かったものと思われる。在任期間2年内外の者が2人いるが，それは死亡したからである（3代のGutbrodと5代のDelbrück）[15]。

　歴代のライヒ大審院の長官の在任期間は，以下のとおりであった。

1　Eduard von Simson（1810-1899）は，1879. 10. 1〜1891. 2. 1で，在任期間は12年。
2　Otto von Oehlschläger（1831-1904）は，1891. 2. 1〜1903. 11. 1で12年。
3　Karl Gutbrod（1844-1905）は，1903. 11. 1〜1905. 4. 17で，1年半であった。
4　Rudolf Freiherr von Seckendorff（1844-1932）は，1905. 6. 18〜1920. 1. 1で15年。
5　Heinrich Delbrück（1855-1922）は，1920. 1. 1〜1922. 7. 3で，2年半。
6　Walter Simons（1861-1937）は，1922. 10. 16〜1929. 4. 1で，7年。
7　Erwin Bumke（1874-1945）は，1929. 4. 1〜1945. 4. 20で，16年。

3　ライヒ大審院の解体

　ライヒ大審院は，第三帝国の崩壊とともに，1945年に連合軍によって解体された。その結果，訴訟の途中で最終審の判決が出ない場合が多数生じた。最後の裁判所長官Bumke（1929-1945）は，ライプチッヒへのアメリカ軍の進駐前に自殺した。そして，占領地の調整によって，ザクセンが東ドイツに組み込まれたことから，1945年8月25日以降，裁判官の3分の1以上の37人の裁

判官は，ソ連の秘密情報機関（NKWD）により逮捕され，裁判なしにライプチッヒの裁判所牢に収容された。さらに，裁判官は，その後，Nr. 1 Mühlberg/Elbe の特別収容所に，1948 年からは，Nr. 2 Buchenwald の特別収容所に移された。1950 年から 55 年に釈放されたときには，収容されたライヒ大審院の裁判官は，4 人しか生き残っていなかった。その他は，餓死したか病死したのである。その生き残りであるシェーファー (Schäfer, Reichsgerichtsrat, 1879–1958. 4. 28) は，のちに収容所時代の報告を書いた[16]。

戦後，旧ライヒ大審院の生き残りの裁判官は，1950 年に連邦〔通常〕裁判所が設置されると，その裁判官となった。日本では，大審院判事が当然に最高裁の裁判官になったわけではないから，こうした人的な意味での継続性はないといえる[17]。

第3章　連邦裁判所の再配置と管轄，刑事第5部の所在

1　連邦裁判所の再配置

連邦憲法裁判所と連邦〔通常〕裁判所は，現在南ドイツのバーデン・ヴュルテンベルク州のカールスルーエにあり[18]，1990 年の再統一後の連邦裁判所再配置の論議のおりに，ザクセン州はそのいずれかの移転を望んだが，機関の移転は州のみならず連邦全体のバランスにとっても重要事項であり実現しなかった。裁判官も社会基盤の遅れた東地区への移転を望まなかったのである。しかし，連邦の上告裁判所の一角の東ドイツへの移転は，再統一（Wiedervereinigung）の象徴として不可欠でもあったことから，連邦行政裁判所が移転したのである。現在，連邦行政裁判所は，旧ライヒ大審院の建物内にある。また，連邦労働裁判所も，1999 年にヘッセン州カッセルから東ドイツのチューリンゲン州のエルフルトに移転した。しかし，連邦財務裁判所はバイエルン州のミュンヘン，連邦社会裁判所はヘッセン州のカッセルに残された。

もっとも，連邦〔通常〕裁判所刑事第 5 部（5. Strafsenat des Bundesgerichtshofes）のみは，現在ライプチッヒにある。通常裁判所の最上級審である連邦〔通常〕裁判所は，南ドイツのカールスルーエにあるから，5 つの刑事部のう

ちの1つだけが，離れているのである。それは，もともと連邦行政裁判所と同様に，ベルリンにあった。東西分裂の時代に，西ベルリンは，必ずしも連邦共和国（いわゆる西ドイツ）と政治的に統合されていなかったことから，カールスルーエ（西ドイツ）の連邦〔通常〕裁判所の刑事裁判権に服するとされなかったのである。第5部のみは，東ドイツ（DDR）への移送を否定するために，特別区であったベルリンに特有な刑事の上告部と位置づけられた。東西の再統一後，連邦の諸機関の再配置のさいに，連邦行政裁判所とともに（2002年8月末），ベルリンから，もともと旧ライヒ大審院のあったライプチッヒに移転したのである。

なお，連邦議会と首相府のほか，政府機関の多くが，1999年にベルリンに移転したから（大統領府は，再統一翌年の1991年に移転），ベルリンにはもはや必要と考えられなかったのである。そして，ライプチッヒへの連邦裁判所の移転を求めるザクセン州の希望にも合致するものであった。

こうした沿革にもかかわらず，現在，第5部の管轄は，必ずしももとの東ドイツ地域だけを対象とするわけではない。西ドイツ地域のブレーメン，ハンブルク，ブラウンシュワイクと，東ドイツ地域のブランデンブルク，ベルリン，ドレスデンの高等裁判所からの上告事件を管轄している。この点から，第5部のみがライプチッヒにある必要性は乏しく，今日では，その配置の合理性に疑問もある。形式的には支部の扱いである。

2 連邦裁判所の管轄

1990年の東西の再統一に伴い，連邦〔通常〕裁判所の管轄地域も変更された。すなわち，連邦〔通常〕裁判所の刑事の管轄地域は，5つの部に割り当てられているが，もともと東ドイツ地域のみを対象としていた第5部は，ロシュトックOLG管轄地域とナウムブルクOLG管轄地域を，かつて第4部に属した西ドイツ地域のブレーメンOLG管轄地域，ハンブルクOLG管轄地域と交換し，またイエナOLG管轄地域を，かつて第2部に属した西ドイツ地域のブラウンシュワイクOLG管轄地域と交換したのである。これによって，東地域には，第5部のほか，第2部と第4部もかかわるようになった。東西の統合政策の一部でもある。

第3篇　ドイツの連邦裁判所の過去と現在

その結果，比較的まとまっているのは，第1部の管轄する南ドイツだけとなり，その他の各部の管轄地域は，かなりとびとびになり，わかりにくいものとなっている（下図参照）。

第1部　Bamberg, München, Nürnberg, Karlsruhe, Stuttgart　　南ドイツ
第2部　Frankfurt am Main, Koblenz, Köln, *Jena*
第3部　Celle, Düsseldorf, Oldenburg, Schleswig
第4部　Hamm, Saarbrücken, Zweibrücken, *Naumburg, Rostock*
第5部　Brandenburg, Dresden, *Braunschweig, Hamburg, Bremen*　（旧東ドイツ）

405

3　ラント高等裁判所（Oberlandesgericht）

(1)　OLG（高裁）は，全国24か所に存在する。このOLGとLG（ラント裁判所）は，州（ラント）に属し，連邦の裁判所ではない。形式的には，1877年1月27日の裁判所構成法（1879年10月1日施行）によって設立されたが，その起原は，1871年の統一前の分裂時代に遡り，諸邦（ラント）の君主の裁判所にあり，高い権威をもっている。諸邦は，1648年のウエストファリア条約以降，不上告特権（ius de non appellando, letztinstanzliche Entscheidungskompetenz）を有し，各ラントの最高裁だったものが多いからである。ラント高権のもとで，神聖ローマ帝国の最高裁である帝室裁判所（Reichskammergericht, 1495–1806, Frankfurt a. M.）のコントロールのもとにはなかったのである。その痕跡は現在でもみられる。すなわち，ベルリンの高裁は，旧プロイセン王国の王室裁判所が元になっており，現在でも，宮廷裁判所（Kammergericht）と呼ばれている。また，ハンブルクの高裁は，ハンザ都市高裁（Hanseatisches OLG）と呼ばれている。ザクセン州のOLGが，ライヒ大審院のあったライプチッヒではなく，州都のドレスデンにおかれているのも，旧ザクセン王国の，1835年の王立上級控訴裁判所（Königliche Oberappellationsgericht）に起原があるからである。

　もちろん，戦後の変更もあり，ザールは，戦前ケルンのOLGに属したが，ザールラントが，1956年のザール条約（Saarvertrag）まで独立の自治地域となったおりに，独立のOLGが設立されたのである。チュービンゲン（現在シュトットガルトの支部），フライブルク（現在カールスルーエの支部），アウグスブルク（現在ミュンヘンの支部），カッセル，ダルムシュタット（現在ともにフランクフルトの支部），コブレンツ，ブレーメンのOLGも戦後のものであり，これは，占領地域とOLGの領域の離齬から，はみだした地域に新たなOLGを創設したためである。シュレスヴィッヒのOLGは，キールのものが移転した。戦後，OLGの数が増加したのは，こうした歴史的経緯による。占領解消後に，もとのOLGの支部に格下げになったものもある（上述のかっこ内のもの）。

　もっとも，プロイセンやシレジアなどのオーデル河以東地域のOLGの数の

分は，減少している。また，細分化の結果，必ずしも旧ラントの最高裁にあたらない OLG が出現したことで，地位の低下がみられないでもない。

(2) OLG は，ラント裁判所と連邦裁判所の間に位置しており，家族事件と少年事件については，区裁判所と連邦〔通常〕裁判所の間にあり（労働事件でもこれに近い），また，刑事事件では，連邦〔通常〕裁判所の下級裁判所となっている(19)。労働事件でも，Arbeitsgericht は，区裁判所相当であり，二審は，Landesarbeitsgericht というが，三審は，連邦労働裁判所である。

こうして，OLG は，連邦〔通常〕裁判所の下部組織という性格の反面，各州の最高裁としての地位をなお有しており，その権威は基本的には高い（とくに沿革的に古い OLG）。たとえば，修習生の採用の実務にあたるのが，各州の司法省と OLG であるなど，人事に関する OLG の権限は，日本の高裁とは比べようのないほど強い。地域の実情にそくした対応の可能性，地方分権の一側面，あるいは官僚主義の排除などでも，参考とするべき点は多い(20)。

全国 24 の OLG の中でも，ハム (Hamm) の OLG は最大規模であり，人口 900 万人の領域をカバーし，刑事 5 部，民事 48 部を有する（そのうち，34 部は民事で，13 部が家族部である）。全体で，裁判官が 202 人，その他の職員が 333 人，316 人の司法専門官がいる（2009 年 7 月）。もとは，Jülich-Kleve-Berg 公国の最高裁であり，1817 年にプロイセンに併合された後は，Kleve の高裁であり，プロイセン領ラインラントの最高裁でもあった。現在，年間の新受件数は，16 万 0572 件，既済件数は 16 万 4485 件にもなる（2005 年）(21)。

ノルトライン・ヴェストファーレン州には，全部で 3 つの OLG があり，ハムのほかにデュッセルドルフとケルンの OLG があり，それぞれ 37 と 27 の民事部を有する。大きな OLG としては，ほかに，フランクフルト・アム・マインとミュンヘンの OLG は，それぞれ 34 と 35 の民事部を有する規模である。フランクフルトには，かねてそれが帝国自由都市であったことから，ハンザ都市であるリューベックをも含めた上級控訴裁判所があり (Oberappellationsgericht)，1866 年にプロイセンに併合された後は，プロイセンの高裁 (Appellationsgericht) があった。これが現在の OLG の起原となっている。民事 34 部，刑事 6 部を有する。また，ミュンヘンは，旧バイエルン王国の首都であり，OLG はその最高裁だったのである。民事 35 部，刑事 7 部を有する。前述したベル

第3部　法曹養成と司法

リンの宮廷裁判所（Kammergericht）は，民事 28 部，刑事 5 部であり，これに次ぐ規模である。

　小さいほうでは，人口 100 万人の地域を管轄するザールブリュッケンの OLG は，民事 7 部，刑事 2 部を有するのみである。また，ツヴァイブリュッケンとイエナの OLG は民事 8 部，刑事 3 部であり，ロシュトック OLG も，民事 7

24 高裁　　　　　　　　　　　　　　　　　　　　　（Statistisches Bundesamt, 2005 年）

所在地	州	人口 (×1000)	民事部数	新受件数	既済件数	BGH の管轄部
北ドイツ						
1) Schleswig	S-Hols.	2,833	16	43,922	45,200	③
2) Hamburg	Hamburg	1,744	14	47,138	48,486	⑤
3) Bremen	Bremen	663	12	12,827	13,216	⑤
4) Braunschweig	NiSach	1,392	11	20,232	21,268	⑤
5) Oldenburg	NiSach	2,475	15	34,175	35,243	③
6) Celle	NiSach	4,126	22	69,425	71,457	③
ライン沿岸						
7) Hamm	N-Westf	9,038	48	160,572	164,485	④
8) Düsseldorf	N-Westf	4,755	37	98,793	101,005	③
9) Köln	N-Westf	4,265	27	94,712	97,268	②
10) Frankfurt	Hessen	6,092	34	108,670	112,741	②
11) Koblenz	R-Pfalz	2,638	17	43,682	44,799	②
12) Zweibrücken	R-Pfalz	1,421	8	24,159	25,468	④
13) Saarbrücken	Saar	1,050	7	18,299	18,930	④
南ドイツ						
14) München	Bayern	6,968	35	105,491	108,003	①
15) Nürnberg	Bayern	3,057	17	40,954	41,822	①
16) Bamberg	Bayern	2,443	9	30,007	30,625	①
17) Stuttgart	Baden-W	6,198	24	78,900	81,447	①
18) Karlsruhe	Baden-W	4,538	22	64,967	66,834	①
東ドイツ						
19) Berlin	Berlin	3,395	28	109,102	114,043	⑤
20) Brandenburg	Brandb.	2,559	18	41,544	44,405	⑤
21) Dresden	Sachsen	4,274	19	60,962	63,832	⑤
22) Naumburg	S-Anhalt	2,470	11	34,820	37,232	④
23) Jena	Thüring	2,335	8	32,135	34,510	②
24) Rostock	M-VorP	1,707	7	25,236	26,941	④

部，刑事3部である。詳細は，前頁の表を参照されたい。また，OLGの支部はもっと小さく，たとえば，フランクフルトの支部であるカッセルやダルムシュタットでは，それぞれ民事6部（家族部を含む），5部（刑事部はない）を有するのみである。

4 連邦裁判所長官

歴代の連邦〔通常〕裁判所の長官の在任期間は，以下のとおりである。概して，ライヒ大審院長官よりも短い。50歳後半から60歳で就任することが多い。

1 Hermann Weinkauff（1894-1981）は，1950. 10. 1～1960. 3. 31で，10年。
2 Bruno Heusinger（1900-1987）は，1960. 4. 1～1968. 3. 31で，8年。
3 Robert Fischer（1911-1983）は，1968. 4. 1～1977. 9. 30で，9年。
4 Gerd Pfeiffer（1919-2007）は，1977. 10. 1～1987. 12. 31で，10年。
5 Walter Odersky（1931-）は，1988. 1. 1～1996. 7. 31で，8年。
6 Karlmann Geiß（1935-）は，1996. 8. 1～2000. 5. 31で，4年。
7 Günter Hirsch（1943-）は，2000. 7. 15～2008. 1. 31で，8年。
8 Klaus Tolksdorf（1948-）は，2008. 2. 1～。

第4章 むすび——連邦裁判所の現在

1 連邦裁判所の現代化

2002年に再配置を終えた連邦裁判所の現在の課題は，その現代化であり，その1つは，男女格差の克服である。この点に関しては，やや対象を広げて司法の全体の状況，とくに連邦司法省から考察する。

司法関係の人事では，1992年5月，コール政権の連邦司法相に，Sabine Leutheusser-Schnarrenbergerが就任した。これは，18年間外相をしたゲンシャーのあとをうけて，連立与党の一部であったFDPのキンケルが司法相から外相に就任したことによる。彼女が，初の女性司法相であった。

もっとも，FDPと連立与党のCDUとの見解の対立から，1994年12月14

日，Leutheusser-Schnarrenberger は辞任した。後任には，同じ FDP の Edzard Schmidt-Jortzig が司法相となったことから，彼女の任期はそう長くはなかった。

この 1990 年代は，1990 年の再統一をうけて，東ドイツ地域において，多数の所有権の返還請求事件が生じ，次々に新立法をするために多忙な時期であった。1992 年に最終報告書の出たドイツ民法債権法の現代化法も，その後，ほぼ 10 年間たなざらしにされることとなった。他方で，再統一を契機として，東西の登記簿の統一をめざしたその電子化事業が進展した[22]。

その後，1998 年 10 月に成立した SPD 首班のシュレーダー政権の司法相には，Herta Däubler-Gmelin が就任した。二代目の女性司法相である。債務法現代化法は，この時期に成立し，新債務法は，2002 年 1 月 1 日から施行された。しかし，Däubler-Gmelin が，2003 年 3 月のイラク戦争にさいし，アメリカ・ブッシュ政権を批判したことから，2002 年 10 月の第 2 次シュレーダー政権では，司法相は交替した。三代目の女性司法相は，Brigitte Zypries である[23]。この政権では，全 13 閣僚のうち 6 人が女性であった。

Brigitte Zypries が，2005 年 12 月に成立した大連立政権でも司法相にとどまったことから，現在まで，かなり長期にわたり，女性司法相が続いていることになる。〔2009 年 10 月末の CDU/CSU と FDP の連立政権では，FDP の Leutheusser-Schnarrenberger が，15 年ぶりに司法相に就任したことから，女性司法相の継続となった。〕

2　連邦裁判官の構成

(1)　この間，連邦裁判官にも，女性の進出が続いた。2004 年から 2009 年までの推移は，以下のグラフのとおりである。また，ラントの裁判官は，1 万 9931 人である。うち女性は，6424 人，また，2005 年の検察官総数は，5106 人（うち女性は 1741 人），2005 年の弁護士総数は，12 万 5015 人，公証人弁護士は，7554 人，公証人は，1616 人であった[24]。

連邦裁判官の任命は，毎年，15 から 30 人以上にもなる（08 年は 35 人，09 年はは 33 人）[25]。連邦裁判官を選任するのは，16 ラント（州）の大臣と連邦議会から選出された 16 人の委員からなる裁判官選任委員会（Richterwahlaus-

年ごとに任命される連邦裁判官の推移　　　　　　　　　　　　　　　　　　　　　（%）

	04	05	06	07	08	09	10	11			平均
女	8	3	4	9	10	6	8	3			31.5
男	10	13	10	18	25	27	13	15			68.5

連邦裁判所に任命された裁判官・各年の男女別

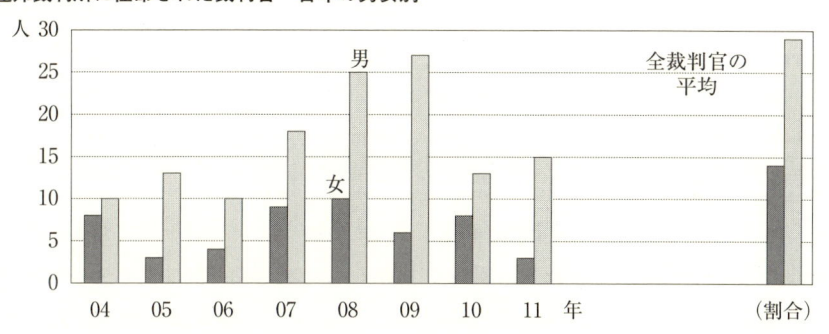

schuss）であり，秘密投票の方法で，有効投票の多数で決する。州と連邦議会の委員は，政党によって左右されることから，裁判官にも，政党色がないわけではない。しかし，任命手続は明確であり，また上述のように多数の者が任命されることから，過度に政治的ではなく，おおむね裁判官の昇進のルートに該当する。2004年は，とくに女性裁判官の選任される数が多数であった。

連邦裁判官だけではなく，2002年に，Zypries が司法相になった後，2005年には，連邦労働裁判所長官に，Ingrid Schmidt が就任し，2007年には，連邦行政裁判所長官に，Marion Eckertz-Höfer が就任した[26]。2007年には，Zypries に対し，連邦憲法裁判所の裁判官への打診があったが，彼女はこれを断った[27]。

債務法現代化には，EU の消費物売買指令が契機となったように，2000年代には，多数の EU 指令が発せられ，EU 加盟国の議会は，それの国内法化に忙殺された。ほとんど EU の下請になっているともいえる[28]。とりわけ消費者法と国境を超える経済関係法の進展がいちじるしく，民法典自体も，しばしば改正されている。

他の上告裁判所の裁判官がかなり多数なのに反し，連邦憲法裁判所の裁判官

は，2つの部の合計16人にすぎないことから，とくに高い権威を有している。ドイツの連邦憲法裁判所が，紛争を前提としない抽象的憲法審査権を有しているのは，旧ライヒ大審院を中心とする司法の地位が行政や立法に比して低かったのと異なる。連邦憲法裁判所の裁判官は，16人と数が少ないことから，比較的裁判官の個性が現れる。CDU/CSU（元のコール政権），SPD（前シュレーダー政権）といった選出基盤の相違により（2005年11月からは初の女性首相であるMerkel大連立政権，2009年にCDU/CSUとFDPの連立），憲法裁判所の2つの部が，黒い部，赤い部と称されたこともある[29]。

(2) 連邦憲法裁判所にも，女性裁判官が出現しており，Christine Hohmann-Dennhardtは，1999年に第1部裁判官となった。Lerke Osterlohは，1998年から，また，Gertrude Lübbe-Wolfは，2002年から，いずれも第2部裁判官である。元連邦憲法裁判所裁判官であるLenate Jaegerは，2004年からシュトラスブルクのヨーロッパ人権裁判所裁判官を務めている。Juriane Kokottは，2003年からルクセンブルクのヨーロッパ司法裁判所で，8人の法務官の1人である。法務官は，法廷で独立の立場から論告の形で判決を提案する要職である[30]。

裁判所だけではなく，2006年には，連邦裁判所検事総長（Generalbundesanwältin beim Bundesgerichtshof）に，Monika Harmsが就任した。わが大審院の場合と同じく，検事局は裁判所ごとに設置される。連邦〔通常〕裁判所の検事局では，たとえば，2007年には，13人が任命されたが，女性3人が含まれている（BGH-Anwältinnen und -Anwälte）。

連邦〔通常〕裁判所の検事は，裁判所の申請により，司法省で任命するが，あらかじめ連邦裁判所の弁護士選任委員会で指名された者から行われる。選任委員会は，連邦〔通常〕裁判所の長官と民事部の部長，連邦弁護士会の委員（Präsidiums der Bundesrechtsanwaltskammer），連邦〔通常〕裁判所の検事局の委員（Präsidiums der Rechtsanwaltskammer bei dem Bundesgerichtshof）から構成される[31]。

(3) 2009年5月18日の，近隣の司法大臣会合において（Darmstadt），出席した司法大臣は，ドイツのBrigitte Zypriesのほか，リヒテンシュタインのDr. Aurelia Frick，オーストリアのClaudia Bandion-Ortner，スイスのEveline Widmer-Schlumpfであり，いずれも女性であった。会合の目的は，経済法と家族

法の分野における，現在の法政策的テーマの情報交換であった。

会合の中心議題は，2008年以来の経済危機への対応であり，とくに破産法と投資者保護，知的財産権の保護であった。インターネットにおける子どもポルノグラフィー，家族法のテーマ，たとえば，国境を超える事項での扶養法や社会年金法の改正，世話法の改正なども議題となった。この会合は，今後定期的に行われる(32)。男女共同参画・国際化の時代を反映する会合であったといえる。

〔追記〕2009年9月27日の連邦議会選挙の結果，同年10月28日，CDU・CSUとFDPの連立政権が成立した。首班は，2005年の大連立と同じ，Merkelである。司法相には，かつて1994年にコール政権時に意見対立から辞任したLeutheusser-Schnarrenbergerが返り咲いた。およそ15年ぶりの復帰である。前任のZypriesに続き，女性司法相が継続することとなった。

同政権では，閣僚16人中5人が女性であった（MerkelとLeutheusser-Schnarrenbergerのほか，Ilse Aigner, Bundesministerin für Ernährung, Landwirtschaft und Verbraucherschutz；Ursula von der Leyen, Bundesministerin für Familie, Senioren, Frauenund Jugen；Annette Schavan, Bundesministerin für Bildung und Forschung）。

(1) これらの連邦裁判所の詳細については，以下を参照されたい。
　　連邦憲法裁判所 http://www.bmj.bund.de/enid/7 a 18009249 d 3 dd 955059 ebaa 0 c 9 e 4811,0/Links/Bundesverfassungsgericht_kv.html
　　連邦〔通常〕裁判所 http://www.bundesgerichtshof.de/
　　連邦行政裁判所 http://www.bverwg.de/enid/9545 a 2698 e 415 b 159793441 a 2 a 0 f 3 b 5 b,51519 f 6 d 6 f 6465092 d 09/BESONDERE_SEITEN/Startseite_2. html
　　連邦財務裁判所 http://www.bundesfinanzhof.de/www/index.html
　　連邦労働裁判所 http://www.bundesarbeitsgericht.de/
　　連邦社会裁判所 http://www.bsg.bund.de/cln_049/sid_5 C 6961 A 9 B 1 C 43 C 50098 A 824 E 33 CEC 685/DE/Home/homepage__node.html?__nnn=true
　　また，連邦特許裁判所 http://www.bpatg.de/
(2) 連邦労働裁判所の下級裁判所となる労働裁判所（AG）は，組織上，州裁判所（LG）の一種であり，連邦の裁判所ではない。ただし，戦前とは異なり，組織上は独立しており，たんなる部（senate）ではない。後述第2章2(1)のライヒ労働裁判所

第 3 部　法曹養成と司法

をも参照。
（3）　Statistisches Jahrbuch für Bundesrepublik Deutschland, 2007, S. 262.
　　　なお，2005 年の検察官総数は，5106 人（うち女性は 1741 人），また，2005 年の弁護士総数は，12 万 5015 人，公証人弁護士は，7554 人，公証人は，1616 人であった。
　　　また，2008 年の裁判官総数は，2 万 0101 人（うち女性 7195 人），2009 年の検察官総数は，5122 人（うち女性は 1983 人），2009 年の弁護士総数は，14 万 3647 人であった。Vgl. Statistischs JB 2010, S. 271（10. 1）.
（4）　2007 年に，裁判官 126 人（101 +25）である（Bundesgerichtshof Zusammenstellung des Personalbestandes ab 2007, Stand : 31. März 2008）。
　　　Personalübersichten des Bundesgerichtshofs und der Bundesanwaltschaft beim Bundesgerichtshof ab 2007（Akten 3004 IIIc des BfJ）.
（5）　このような割り当てのため，近時の最高裁では，判例の統一のために，しばしば 3 つの小法廷が同種の事件に同様の判断を示すという方法が行われる。比較的新しいものでは，たとえば，サブリースについて，借地借家法 32 条 1 項の規定を強行法規と解し，賃料自動増額特約による適用排除を否定した一連の判決があり（最 3 判平 15・10・21 民集 57 巻 9 号 1213 頁，最 1 判 15・10・23 判時 1844 号 54 頁，最 2 判平 16・11・8 判時 1883 号 52 頁ほか），利息制限法の関係でも，一連の取引，保証料に関するもの（最 2 判平 15・7・18 民集 57 巻 7 号 895 頁，最 1 判平 15・9・11 判時 1841 号 95 頁，最 3 判平 15・9・16 判時 1841 号 100 頁）や，期限の利益喪失条項に関する一連の判決（最 2 判平 18・1・13 民集 60 巻 1 号 1 頁，最 1 判平 18・1・19 判時 1926 号 23 頁，最 3 判平 18・1・24 民集 60 巻 1 号 319 頁）がある。これらの場合に，後の判決は前の判決を引用し，判決も，あたかもコピー＆ペーストのごとき内容となる。ときには，大法廷を開くべき場合も包含されている。
　　　事件の割り振りはほぼ機械的であり，割り振られた判事が判断するときには，決定事件となり（実質的には調査官の意見が重要である），小法廷に回すべきときに初めて，判決事件となる。たとえば，過払金と時効に関する①最 1 判平 21・1・22 民集 63 巻 1 号 247 頁，②最 3 判平 21・3・3 裁時 1479 号 1 頁，③最 2 判平 21・3・6 裁時 1479 号 3 頁では，時効を否定した 14 裁判官のほか，第 3 小法廷の田原睦夫裁判官の反対意見があった。これによって，時効を肯定した広島高松江支判平 19・9・5 金法 1837 号 58 頁につき上告不受理の判断をとした最 3 決平 19・12・25 金法 1837 号 56 頁の担当が，田原睦夫裁判官であったことが推認されるのである。
（6）　連邦行政裁判所とその移転については，拙稿「連邦裁判所の再配置」国際商事 31 巻 2 号（司法の現代化と民法（2004 年）414 頁にも再録。以下【現代化】と略する）。
（7）　これにつき，拙稿・消費者法ニュース 77 号 63 頁。
　　　わがくにでも，旧大日本帝国憲法は，行政事件処理のために行政裁判所を司法裁判所の外に設けるとともに，法律によって特別裁判所を設けることをも認めていた（大日本帝国憲法 60 条，61 条）。その結果，陸海軍の軍人・軍属の刑事事件を扱う軍法会議や皇族間の民事訴訟を管轄する皇室裁判所などが存在した。

414

（8）　明治5年（1873年）8月3日太政官布告218号による司法省裁判所がその起原である。同8年（1875年）4月14日太政官布告59号（元老院・大審院設置）。木下真弘・維新旧幕比較論（1877年。1993年・宮地正人校注）41頁, 68頁。Cf. Ono, Comparative Law and the Civil Code of Japan, Hitotsubashi Journal of Law and Politics, vol. 24, p.38 ; vol. 25, p. 41 注 39. (The court-system was under the control of the Ministry of Justice. Taishin'in [The former supreme court until 1947] was established in 1875 but it was under the substantial influence of Ministry of Justice until 1947. cf. Appendix III).

（9）　戦前の裁判所において，大津事件（1891年）が高く評価されるのは，一般に流布されているように，これを契機として司法権の独立が確立されたからではなく，行政権の優越に対抗しえた希有な事件であったからであり，司法部のその後の願望の表れとみることができる。大審院長児島惟謙（1837－1908）の法意識は，人権や司法権の独立というよりも国権主義にもとづくものであった。行政権への対抗も，むしろ維新時の志士的な気概によるものであり，その後の司法官僚にはみられないものである。また，翌1892年大審院判事の花札（弄花）事件を契機とする政府からの反撃も重要であった（責任をとって辞任）。これ以後，敗戦まで，大審院に対する司法大臣の優越，司法省においても検察の優位が継続した。拙著・大学と法曹養成制度（2001年，以下【大学】と略する）319頁注25参照。

（10）　1871年のドイツ統一後の裁判所の配置については，【現代化】414頁参照。
　　　ライヒ大審院の建物は，1888年から1895年にかけて建築された。建築家は，Ludwig Hoffmann と，ノルウェー人の Peter Dybwad であった。

（11）　1871年の統一時のラント（諸邦）は，プロイセンなど，25カ国であり，内訳は，4王国（Königreiche），6大公国（Großherzogtümer），5公国（Herzogtümer），7侯国（Fürstentümer），3自由都市（Freie Städte）。その前の1867年の北ドイツ連邦の加盟国は，プロイセンなど，22カ国で，その連邦参議院の票数は，プロイセンが17票，ザクセンが4票など，合計43票であった（1867年憲法6条）。1871年憲法との票差は，15票であり，その内訳は，バイエルン6，ヴュルテンベルク4，バーデン3の合計13が増加し，かつヘッセンの票が1から3に増加したことによる。最後の修正点は，ザクセンと，南ドイツのバイエルン，ヴュルテンベルク，バーデンの合計17票とプロイセンの17票が形式上釣り合うのに対し，実質的な北ドイツの票を増すためであった。

　　　1815年のドイツ連邦では，39カ国（1帝国，5王国，1選帝侯国，7大公国，10公国，11侯国，4自由都市）であった。その後，1866年のプロイセン・オーストリアの戦争で，オーストリア（帝国）が除外され，またいくつかのラントがプロイセンに併合されたのである。

（12）　ライヒ大審院とドイツ統一との関係についても，【現代化】414頁参照。

（13）　さらに，ライヒ大審院は，皇帝とライヒに対する反逆罪（Hoch- und Landesverrat）の初審かつ最終審でもあった。

415

第3部　法曹養成と司法

(14)　積極的契約侵害については，拙稿「不完全履行と積極的契約侵害」【現代化】175頁。

(15)　わが大審院長については，【大学】319頁注25を参照。南部甕男（明29・10・7〜39・7・3）が，10年の長きにわたる。横田國臣（明39・7・3〜大10・6・13）も，14年にわたるが，多くは2，3年である。

　　　昭和以後は，在任期間も短く，比較的小粒な者が多い。官僚的傾向が強まったと位置づけられる。司法に限らず，全般的な傾向の一部でもあり，よくいえば人材が豊富になったということであるが，個性的な者は少ない。

　　　アメリカの最高裁長官の在任期間は，長い。1953年からわずかに，4人のみである。しばしば15年以上になる。藤倉皓一朗「アメリカ最高裁の動向」法の支配153号5頁参照。

(16)　Buschmann: 100 Jahre Gründungstag des Reichsgerichts, NJW 1979, S.1966; Kelmmer: Das Reichsgericht in Leipzig, DRiZ 1993, S. 26 . Vgl. Schäfer, Das große Sterben im Reichsgericht, DRiZ 1957, 249. 単行本では，Lobe : 50 Jahre Reichsgericht. 1929.

(17)　日本では，戦後の最高裁は，アメリカ式になり，人員も15人に減少したので，大審院裁判官は，退官しないかぎりは，東京高裁判事となった。格下げといえ，退官する場合が多かったようであるが，現在考えるほどではない。大審院判事は50人近くもいたので，全国に9か所（札幌，仙台，東京，大阪，名古屋，広島，長崎，京城，台北。高松は戦争中短期だけであった）あった控訴院長のほうが，おそらく格上だったからである。年功からみても，大審院判事には，比較的若い者が任じられていた。

　　　初期の最高裁判事には，大審院判事の経験者もいるが，岩松三郎は，前職は福岡控訴院長であり，藤田八郎も，大阪控訴院長である。霜山精一も，大審院長の経験者であるが，貴族院の勅選議員が前職である。島保は，大審院部長であった。最高裁の，いわゆる裁判官枠が当初5であったから，ひらの大審院判事が横滑りするよちは，あまりなかったのである。

　　　ちなみに，大審院判事は1919年（大正8年）から1941年（昭和16年）までが47人，1942年（昭和17年）37人，1946年（昭和21年）31人であった。

(18)　カールスルーエの連邦〔通常〕裁判所の建物は，旧バーデン大公国の宮殿であるが，連邦憲法裁判所の建物は，ガラスを多用した近代建築である。刑事第5部は，ライプチッヒのVilla Sackにある。刑事部を有する連邦〔通常〕裁判所は，自動小銃をもった警官が立つものものしい警備をしているが，連邦憲法裁判所の方は，よりソフトな雰囲気である。

(19)　区裁判所の家族部（夫婦）と少年部（親子），相続部，後見部は，それぞれ，家庭裁判所（Familiengericht），少年裁判所（Jugendgericht），遺産裁判所（Nachlassgericht），後見裁判所（Vormundschaftsgericht）と呼ばれるが，独立した組織でなく，略称である。これに対し，労働裁判所は，戦後独立の組織となった。

(20)　【大学】201頁参照。

(21) 多くの OLG にも HP がある。ハムのものは，http://www.olg-hamm.nrw.de/ その他のものについては，いちいち掲載しない。

また，以下の OLG の部数は概算であり，たとえば，民事部が完全に家族部と分離している場合とそうでない場合があり，刑事部にも，罰金部（Bußgeldsachen）を含む場合とそうでない場合がある。また他の部と兼任している場合もあり，必ずしも厳格ではない。人口規模との比較という程度で理解する必要がある。

(22) 再統一後の，所有権返還問題については，拙著・土地法の研究（2003 年）11 頁以下参照。また，ドイツの登記簿の電子化については，専門家の責任と権能（2000 年）255 頁参照。債務法現代化については，【現代化】193 頁参照。

(23) 以上につき，【現代化】403 頁の注 6 参照。

(24) Statistisches Jahrbuch für Bundesrepublik Deutschland, 2007, S. 262.

なお，法曹の供給源である学生や大学の人的構成は，第 3 部 5 篇 2 章 4 グラフのとおりである。

まず，法律学の学生（2005/06 年の冬学期）は，8 万 2324 人（うち女性 4 万 1349 人），行政学では，3 万 9374 人である（ちなみに，経営学を含めた広義の経済学では，29 万 4019 人にもなる）。Vgl. Statistisches Jahrbuch für Bundesrepublik Deutschland, 2007, S. 144-145.

2005 年の教員構成は，教授は 1289 人（うち女性 170 人），講師，助手は 411 人（うち女性 101 人），研究補助者（Mitarbeiter）は，2220 人（うち女性 921 人），研究協力者（Lehrkräfte）は，41 人（うち女性 15 人）。Statistisches Jahrbuch für Bundesrepublik Deutschland, 2007, S. 149. ほぼ 15 年前の 1991 年の数字については，【大学】105 頁参照。

ちなみに，日本との比較では，1996 年の統計（文部省・学校基本調査）によると，女性の割合は，大学全体で 7.9% で，助手 11.9%，講師 10.2%，助教授 6.8%，教授 3.7% であった。

また，最初のロースクール卒業生からの 2008 年の判事補採用は，66 人，うち女性は 25 人で，割合は 37.9% であった。女性裁判官全体では，539 人となり，全裁判官約 3400 人のうち約 15% となった。女性弁護士の割合と女性検事については，第 3 部 1 篇 4 章お　よび注 45 参照。

(25) Vgl. BMJ, 33 neue Bundesrichter gewählt（14. 5. 2009）．

(26) BMJ, Rede anlässliche des Wechsels im Amt des Präsidenten des BundesVG（31. 5. 2007）．

(27) BMJ, Zypries geht nicht nach Karlsruhe（12. 3. 2007）．

(28) これにつき，拙著・契約における自由と拘束（2008 年）88 頁以下引用の多数の EU 指令を参照。

(29) 前掲・消費者法ニュース 77 号 63 頁。

(30) Zeitschrift Deutschland, 5/2007, S. 14.

その他の OLG やその長官については，いちいち立ち入らないが，たとえば，ベル

第3部　法曹養成と司法

　　　リンの Kammergericht の長官は，Monika Nöhre である。
(31)　BMJ, Neue BGH-Anwältinnen und -Anwälte zugelassen（26. 4. 2007）.
(32)　BMJ, Zypries empfängt Amtskolleginnen aus Liechtenstein, Österreich und der Schweiz（18. 5. 2009）.

第4篇　弁護士の責任と報酬

1　弁護士報酬の自由化と法曹人口の拡大

(1)　弁護士報酬と規制緩和

わがくにでは，弁護士報酬の制限は2004年に撤廃され，報酬は，依頼者との合意で自由に決定することができる。司法書士の報酬も，2003年に自由化されている。さらに，広告についても，弁護士は2000年に，司法書士は2001年に自由化されたことから，商業的な利用が可能となった。そこで，一部には，過剰な広告を利用して顧客を集めながら，十分な説明をしないまま高額の報酬をとることが行われている。とりわけ，利息制限法違反の過払金返還請求訴訟において，多額の過払金をえておきながら，それをほとんど債務者である顧客に返還しないなどの不適切な処理も目立つようになってきた[1]。サラ金問題の第二次被害ともいわれる。

1990年以降，継続的に行われてきた規制緩和が司法界にも及び，リーマン・ショック前の経済界と同様に，強欲主義による汚染が影響を与えているのである。不適切な人材は，自動的に市場から放逐されるとの楽観的な競争主義の欠陥が露呈している。経済学では，行きすぎた自由化から，主導的な経済学者の反省や転向も表明されているが，法律の分野は，なお遅れてきた規制緩和の中にある[2]。その反省から，再度の規制も検討されている。過剰な競争主義は，逆に不正の温床ともなりうるからである。

(2)　法曹人口の拡大

司法制度改革の目玉の1つが，法曹人口の拡大であった。その具体策の1つが，ロースクールの設置と，それによる定員拡大である。これにより，弁護士人口が拡大し，競争が生じ，訴訟の費用も下がるはずであった。しかし，実際

には，片寄りがみられ，一般的にはあまり下がってもおらず，弊害のみが増加している。一部とはいえ，特定の弁護士や司法書士が，取れるところから取るという風潮がみられるのである。いわゆる貧困ビジネスと同じ構図である。完全な自由競争は，神話にすぎない。たとえば，過払金があり，勝てるはずのところ，債務整理のような手間がかかる作業を避け，たんに事務軽減のために和解することもある（たとえば，神戸地伊丹支判決平22・12・15判時2107号129頁）。また，泣き寝入りの防止を超えて，紛争を拡大する場合もある。当事者になお迷いがあるのに，むりに弁護士が離婚にもちこむといった場合である。離婚事件は効率化だけが問題ではなく，手厚い心理的なケアも必要な分野である。

広告の自由化も，情報の増加よりも，かえって特定の，あるいは大規模事務所の寡占を招くことがある。独禁法は，たんに規制の廃止だけではなく，寡占の防止を伴う必要がある。

弁護士人口の拡大前には，不適切な弁護士は，自由競争によって自動的に市場から放逐されるとの楽観論があった。ロースクールの定員についても，同様の楽観論があり，これにもとづいて，多数のロースクールが創設された。しかし，2008年ごろから，司法試験への低合格率を理由とするロースクール批判が公然化し，2009年には，大部分のロースクールで，文科省主導による20％程度の一律定員削減が行われた。低合格率は，ロースクール創設時からわかっていたはずであり，そのさいには，自由競争の神話が生きていたのである。

さらに，司法研修後の就職難を理由として（いわゆる軒下弁護士や即独，自宅弁護士），2009年には，司法試験の合格者数も頭打ちとなった（2004年に1500人弱に達した後，2006年に新試験との合計が1500人前後で，2007年に2099人，2008年に2209人，2009年は減少して2135人であった。新試験のみでは，2009年に2043人，2010年に2074人，2011年に2063人。ほぼ定着したとみることができる）。これは，当初の予定である新試験の合格者数2010年に2900人，2011年に3000人に比して（いわゆるA案の場合），かなり少ない。つまり，司法制度改革の当初の，ロースクール相互の自由競争，弁護士の自由競争の理念は後退し，ロースクール数にも弁護士数にも，規制をかけることとなっているのである。

弁護士界は，弁護士の過剰から，司法試験合格者数の削減を主張し，これに

対して，ロースクール側は，当初の計画どおりの合格者数の拡大を主張している。合格者数は，司法研修の給与の無償化の論議とも関係しており，弁護士界は，数の削減による給与の維持をねらっており，他方，ロースクール側は，無償化なしには数の増加は見込めないであろうとしている。ドイツの司法研修の給与制は，大学の授業料の無償化の延長として理解され，司法試験の合格者数も，ほぼ1万人の多数になっているが[3]，わがくにでは，わずか3000人（当初の予定数）の修習生の給与が維持できないのである。

　質の維持のために一定の数が必要であることは当然であるが，数さえ多ければ質が維持されるとの見解には疑問がある。むだな紛争をことさらあおったり，取れるところから暴利をむさぼる可能性もあるからである。自由競争にも，一定の法的・倫理的前提が必要である[4]。

〔追記〕2011年9月に公表された新司法試験の結果（平23）では，合格者数は2063人（出願者1万1686人，受験者8765人）でも，合格者数が，ここ数年2000人程度に固定する傾向が定着した。受験者との比率による合格率は，23.5％にすぎない。出願しても受験しない者，出願もせずに受け控えている者もいることから，修了者総数からすると，合格率は，もっと低くなる。

　合格者数おおむね2000人は，ロースクール設計時の合格者予定数3000人（2011年の予定）からは，大幅に低く，不合格者が累積することによって（5年で3回の受験制限まで），合格率は毎年低下してきた。これに対し，社会的な批判が強まっており，とりわけ，未修者の合格率が低い点が問題である。未修者の合格率は，16.2％にすぎず（既修者で，35.4％），未修者の中にも，相当数の法学部の出身者がいることを考えると，純粋の社会人・他学部出身者の比率は，もっと低くなる。他の分野からも人材の参入をうながすという効果は期待できなくなり，司法改革の目的達成は，一過性の成果にとどまることになったのである。

　合格者の性別構成は，男性1585人（76.83％），女性478人（23.17％）で，この点では，例年といちじるしい差はないが，2009年の男性1503人（73.57％），女性540人（26.43％）に比較すると，女性比率はむしろ下がっている。

　また，2010年から1年延長された司法修習生への給与は，2011年11月から

始まる66期生から廃止になり，経済面からも，司法修習の魅力が失われた。

司法試験合格者と合格率の推移

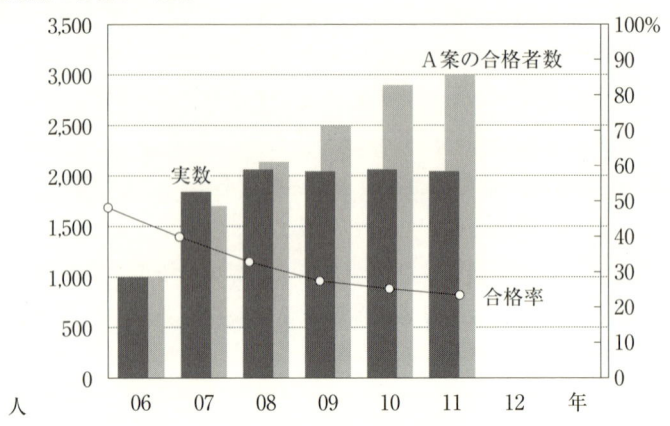

（新司法試験の創設時に，3000人の達成のプロセス，新試験の合格者と旧試験の合格者の配分をどうするかについて，いわゆるA案とB案があった。その後の経過は，A案に近かったが，2008年からは新旧試験とも合格者数は頭打ちとなり，2000人程度に停滞することになった。）

2007年と2011年の合格率の比較

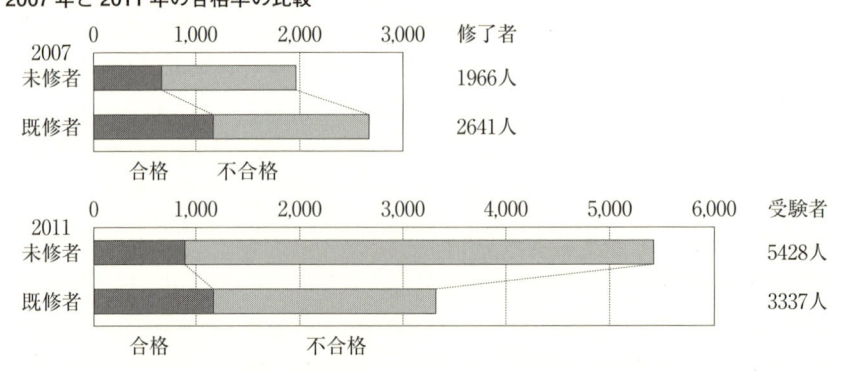

2007
未修者　修了者 1966人
既修者　　　　2641人

2011
未修者　受験者 5428人
既修者　　　　3337人

2　弁護士報酬の制限

(1)　ドイツ法上の制限

比較法的にみると，ドイツの弁護士の報酬は，弁護士報酬法（Rechtsanwaltsvergütungsgesetz, RVG）によって最高額を決定されている。同法は，2004年7月

に，旧弁護士報酬法（Bundesgebührenordnung für Rechtsanwälte, BRAGO）を承継したものである。個別の報酬の合意は，弁護士と依頼者の間で行われ，通常は，固定給と時間を基礎とする合意が行われている。この形態は，立法者の観点では，裁判外の活動についても原則である。

もっとも，弁護士報酬法の4条1項によれば，裁判外の事務では，法定の報酬以下で合意することができ，これは，弁護士の給付，責任，および責任のリスクと相当の関係であることを要するものとされる。民訴法の803条-863条，899条-915b条の裁判上の督促手続と強制執行手続についても，例外がある（同条2項）。また，合意においては，衡平な裁量により報酬を確定するとの弁護士会の委員会に委ねることができる。報酬の確定が契約当事者の一方の裁量にまかされたときには，法定の報酬が合意されたものとされる（同条3項）。報酬の制限は，あまりに高い報酬が定められると，実質的に訴訟の追行を躊躇させることによる。

また，同弁護士報酬法4a条によれば，(1)成功報酬（Erfolgshonorar，連邦弁護士規則49b条2項1）は，例外的に，依頼者が，自分の経済的関係を理由として，成功報酬なしには，権利の追行ができない場合に合意をしたときにのみ許される。その場合には，裁判上の手続において，敗訴の場合につき，法定の報酬を支払わないか少なく支払うものとし，また，勝訴の場合につき，法定の報酬に相当の付加が行われるのである。

(2) 成功報酬

その合意には，さらに，成功報酬の算定のための実質的な理由が必要である。そして，その合意は，依頼者の支払うべき訴訟費用，管理費用，および同人が支払うべき他の関係者の費用に影響しない旨の言及が必要である。

これに反し，アメリカでは，弁護士報酬の制限が緩く，とくに不法行為の分野において，損害賠償額の3分の1，あるいは半分以上を成功報酬として約束するような場合もある。弁護士の方から依頼者を探し，ハイリスクの訴訟にもハイリターンを求めることがある。たとえば，製造物責任の分野である（報酬の制限については，3(2)の共同研究参照）。

アメリカとは異なり，訴訟物を分割する（quota litis）ような成功報酬は，ドイツでは原則として認められない（連邦弁護士法の1994年改正の49b条2項）[5]。

連邦弁護士法は，49条において，弁護士の国選弁護のような義務的弁護を，また49a条において，相談応諾義務を定めている。弁護士の公的義務を定めたものである。そして，49b条において，報酬について定めた。以下のような厳格なものである。

すなわち，特段の事由のない限り，弁護士報酬法の予定するよりも少ない報酬や費用を合意することは許されない。個別の場合には，弁護士は，依頼者の人的な事由，とくに貧困を考慮して，事務処理後に，報酬や費用の軽減や免除をすることができる（1項）。

報酬やその額が弁護士活動の結果や目的物に依存する合意や，弁護士が争点となった額の一部を報酬として受領する合意（成功報酬）は，弁護士報酬法に特段の定めがある場合を除き（すなわち，前述の4a条である），許されない。弁護士が，裁判費用，管理費用，あるいは当事者の他の費用を負担する合意も，許されないのである（同条2項）。

(3) 憲法裁判

2008年6月の改正まで，こうした成功報酬の例外規定はなかった。これが設けられたのは，連邦憲法裁判所によって義務づけられた結果である。憲法裁判所の事件は，1990年に，アメリカの依頼者から，依頼者の祖父がナチスにより収用された不動産に関する請求権につき，訴額の3分の1が成功報酬として定められた事件である。訴訟の結果，31万2000マルクの賠償をえたことから，弁護士が10万4000マルクを求めた行為につき，区裁判所は，弁護士の義務違反として，2万5000マルクの罰金を課した。弁護士裁判所（Anwaltsgerichtshof）は，罰金を5000マルクに引き下げたが，これを不服とする女性弁護士からの請求を一部認容したものである。

連邦憲法裁判所は，2006年12月12日判決（BVerfG Beschluss vom 12. Dezember 2006, 1 BvR 2576/04/2006）によって，成功報酬の合意が，依頼者の人的な理由から権利の追行が成功報酬をすることにかかっているときには，これを認めるべしとする。禁止の例外を認めない当時の連邦法が，基本法上の職業の自由に反するものとした。成功報酬は，弁護士のほか，弁理士，税理士，会計監査人，年金相談士，法律相談法による他の許可人についても，禁止されている。

これをうけて，連邦政府は，部分的な法の改正をしたのである[6]。成功報

酬の合意は，依頼者の保護のために，詳細な説明義務を前提とし，成功時に生じる付加分を見積もり，書面により締結する必要がある。成功報酬によって，当事者にとってきわめて価値はあるが不安定な損害賠償請求権を主張しようとする場合や，慰謝料につき争いのある場合で，弁護士費用が捻出できないような特段の事情がある場合でも，訴訟の追行が可能となる。

　もっとも，成功報酬の禁止の原則そのものには，変更がない。成功報酬は一定の場合に，依頼者の費用のリスクを部分的に，弁護士にも分かつものである。しかし，弁護士と依頼者が，費用のリスクに関し同じ舟に乗っているときには，弁護士の職務の独立性が妨げられる可能性があること（たとえば，勝訴のために反倫理的行為に逸脱する可能性が高まる），係争の結果を判断し弁護士に特別な報酬を与える点で，原告が被告よりも有利であり，訴訟上の武器の対等(prozessuale Waffengleichheit) を害すること，過剰な報酬や利益からの防止，依頼者の保護にとって意義があることなどによる。

　2008年6月12日の成功報酬の合意の禁止法は，2008年6月に公布され(BGBl I Nr. 23, S. 1000 ff.)，2008年7月から発効した。同法により成功報酬が合意できない場合には，依頼者は，国家の訴訟扶助や訴訟費用扶助に頼る可能性があるだけである[7]。

3　報酬の制限と活動の公共性

(1)　弁護士の公共性と私益

　弁護士の公共性は，司法研修の給与制と関連しても言及されるところである。国選弁護の引受や種々のプロボノ活動にみられる。しかし，弁護士には，同時に，独立した職業人としての性格もある。一部の弁護士の高給はしばしば指摘されるところである。この高給を強調すれば，研修中の給与は廃止されやすくなる。借金も，自分のための投資にすぎないからである。逆に公益を強調すれば，貸与制が採用された場合に，公益を担う裁判官や検察官への任官者と区別して貸与額を免除する（あるいは，しない）とすることはアンバランスとなる。

　しかし，真理は中庸にあり，専門家には，多少とも公益と私益を担う性格がある。弁護士の報酬についても同様であり，公益を担い，参入制限がある限り（無資格はありえないであろう），無制約ということはできない。諸外国も同じで

あり，多少とも制限があり，分野によっても異なる。

　ただし，いわゆるグローバル化の結果，弁護士の商化現象がいちじるしく，また，ロースクールの設置による法曹人口の拡大によって，これがいっそう拡大する可能性がある[8]。その場合でも，公認会計士の粉飾決算にもみられるように，専門家は主人に弱いことから，反面で，報酬が倫理の代償となることを制限しておくことは，主人に強い専門家の保障ともなる。専門家は，専門の見地から，強欲な主人をチェックすることを要する。主人と同じ次元に立つべきではなく，より高い倫理感が求められる。強欲な主人に従うこと，あるいはみずから強欲にふるまうことを制限するには，なお十分な理由があるのである。

(2)　共同研究との関係

　本篇に関連する論点としては，ほかに，伝統的な弁護士の職務の独占性と公共性，近時の弁護士の商人性と報酬の自由化，諸外国における成功報酬の制限，成果給としての成功報酬の意義や禁止の論理といった一般的な問題がある。これについては，韓国の朴敬在教授の手による「弁護士の法的性格と成功報酬約定」があり，そこでは，韓国法の観点からみた詳細な検討がある（市民と法66号，67号）。比較法的検討の対象も広範囲にわたり，法曹養成との関係もふれられている。本篇とは，共同研究の関係にある。さらに，法曹養成について，2009年に発足した韓国のロースクールが扱われている。韓国のロースクールは，2010年にはまだ卒業生を出しておらず（2年型はなく3年型のみである），新司法試験の合格者数も未定であることから，比較的まだ楽観的な観測が強いようにもみえる。また，韓国の弁護士規制がなお強いことも指摘しておく必要があろう。

　さらに，韓国の特性，とくに弁護士の前官礼遇といった興味深い論点がみられる（同稿 III 1. (4)）。これは，裁判官から弁護士に転じた者が，裁判上優遇されることをいい，とくに，こうした転職が少なかった70年代までは，3年ぐらいそうした弁護士の判断は，かつての同僚のいる裁判所で尊重されたとされる。今日では減少しているが，なお存在するといわれる。たんなる法曹一元の話ではなく，身びいきによる訴訟の偏向である。裁判が人治によっていた中国の影響ともいわれる[9]。あわせて参照されたい。

（1）　たとえば，朝日新聞 2009 年 12 月 4 日，同 12 月 7 日（「全国クレジット・サラ金問題対策協議会」による批判），同 2010 年 2 月 24 日（司法書士会が報酬の上限設定の検討），同 2010 年 3 月 4 日（日弁連による指針の検討），そして，2010 年 3 月に，日弁連の新会長となった宇都宮健児弁護士も，報酬，広告規制に言及した。

　　日弁連は，2009 年 7 月に，債務整理についての指針を設け，また，2011 年 2 月に，弁護士に依頼人との直接面談を義務づける新たな規則を設け，任意整理の解決金も，貸金業者 1 社につき 5 万円を上限とし，過払金返還請求の報酬をも取戻額の 25% 以下とする規程を設けた。

（2）　これにつき，各種報道のほか，拙著・利息制限の理論（2010 年）419 頁以下，425 頁参照。

（3）　ただし，ドイツの司法研修時の給与は，月額 10 万円程度であり，給付水準は低い。1 万人が 2 年の研修をうけるから，総額は，およそ 240 億円となる。わがくには，2000 人で月額 20 万円程度であるから，総額は 50 億円弱となる。手当を加えると，100 億円弱といわれる。拙稿「法曹養成制度の長期化と多様化」契約における自由と拘束（2008 年）417 頁。わが司法研修の給費の廃止についても，同 427 頁参照。なお，給費制は廃止され，2010 年末の修習生からは，貸与制となるはずであったが，1 年間延期されることになった。〔2011 年 3 月には東日本大震災の影響もあり，再度の延期は行われなかった。〕

　　研修中の給与についての評価は，後述のように，就職後にもっぱら私益を追及するのか，公益にもかかわるかで異なる。一部の弁護士の高額報酬を前提にすれば，税金で負担する必要はないということになり（もっとも，アメリカには給付型の奨学金が多く，そうでない場合でも，大規模事務所が債務を肩代わりすることが多い），法テラスや国選弁護，法律扶助などを考慮すれば，その場合の返還免除ということになりそうである。ちなみに，こうした議論は，医師研修などにもあてはまろう。

（4）　拙稿「契約の自由と当事者の地位」前掲書（契約における自由と拘束）56 頁以下参照。

（5）　BGBl I, S., 2278, 2004 年改正法の 49 b 条 2 項 1 文。

（6）　Pressemitteilung des Bundesministerium der Justiz vom 19. Dezember 2007 ; Vgl. BT-Drs. 16/8384 vom 5. März 2008.

（7）　2007 年 12 月 19 日に，政府草案が出されている。Vgl. BMJ, Vereinbarung von Erfolgshonoraren künftig im Einzelfall zulässig Berlin, 19. Dezember 2007.

（8）　商化現象は，グローバル化に伴い，種々みられる。そのうち，近時の民法の商化については，かねて言及したことがある。拙稿「比較法（国際的統一法）の系譜と民法」民事法情報 282 号 22 頁以下，36 頁参照。商化と，これに対する専門家の責任ついては，拙著・契約における自由と拘束（2008 年）iv 頁，3 頁以下参照。

（9）　この前官礼遇は，30 年前には，判事から弁護士になる者の数が少なかったことから，退職後 3 年ぐらい行われたといわれるが，近時では，あっても 6 か月ぐらいに減少しているとのことである。また，中国法の人治主義も，西欧法の本格的な影響によ

第3部　法曹養成と司法

り減少しつつある。たとえば，EU・中国ロースクールの開設は，このような弊習の克服を目ざしている。前掲書（自由と拘束）482頁。

第 5 篇　人と業績

第 1 章　法令集の編纂者——Schönfelder, Sartorius

1　はじめに

　シェーンフェルダーとザルトリウスは，いずれもベック社から出版されているドイツの連邦法令集の別称である。前者は，私法を中心に編集され，公法を中心に編集されているザルトリウスと並び，もっとも詳細な法令集（Deutsche Gesetze）である。その別称は，創始者である法律家シェーンフェルダー（Heinrich Schönfelder, 1902-1944）に由来している。より簡易な法令集は，ほかにも存在するが，紙の法令集では，これ以上詳細なものはなく，ドイツの法律家にとって必須のものとなっている。ほぼ毎年行われる本体の改定とは別に，年度途中の追録により最新性が保たれるようになっている。追録は，1997 年に 93 版であったのが，2005 年に 125 版，2007 年には 130 版，2009 年半ばには 140 版（Ergänzungslieferung）に達している。重要法令には，別冊（Beilage）が付されることもある。
　1931 年の初版から 1943 年の 13 版までは，シェーンフェルダー自身によって毎年編集されたが，その後は，ベック社によって継続されている。78 版ごろまでは，その名称の由来が法令集の冒頭のはしがきに掲げられていたが，現在は言及がない。
　シェーンフェルダー法令集は，法令の集成であって，内容的なコンメンタールは含まれていない。形式的な法令の変更やシステム上の参照が行われているにとどまる。この点は，フランスの主要な法分野別の Dalloz 法令集が，判例

を要約してかなり解説的部分を含んでいるのとは異なる。

　シェーンフェルダー法令集には，民法のほか，民訴法，商法，刑法のほか100余の法令が含まれている（欠番や孫番号もあるが，親番号では，ナンバー120程度まで）。最近の版は，4000頁以上にもなる大部のものとなっている。目次（分野とアルファベット），民法とその付属法，商法，会社法，有価証券法，保険法，営業保護法，著作権法，労働法，刑法，刑訴法，裁判所構成法，法律職に関する法，民事手続法，執行の費用法，費用一覧表（Grbührentabelle），索引などである。法令集といっても，ナンバー35ａの道路交通法規則には，多色刷りの交通標識も多数あり，意外にとっつきやすいものとなっている[1]。

　再統一後の1990年には，シェーンフェルダーⅡ（Schönfelder Ⅱ）が出され，これには東ドイツ地域に関する民事，経済，司法に関係する法が含まれている（2009年に37版）。また，2002年からは，弁護士の実務版である補完版（Ergänzungsband）1巻が増加した。

　シェーンフェルダー法令集は，法律家の教育にとっても重要となっている。弁護士のみならず修習生にとっても，必携の道具である。もっとも，しだいに厚く10cm，重さは2.5kgにもなり，日常の持ち歩きには不便になったことから，より小さな版も作られている（文庫版 Taschenbücher）。こうした学生版の法令集は，シェーンフェルダー以外にも存在し，とくに第1次国家試験用の小さなものは，他の出版社からも多数出版されている。しかし，第2次国家試験にさいしては，より大きなものが必要であり，シェーンフェルダーは，なお唯一の包括的な法令集となっている。

　ザルトリウス法令集も，創始者である法律家に由来し，これは，シェーンフェルダー法令集よりも，およそ1世代も古く，1903年から国家法と行政法の法令集として編集されてきた。1945年の編者の死亡後，今日まで，この作業もベック社によって継続されている。複数の編者がかかわり，その中には，のちの連邦憲法裁判所判事，連邦大統領 H. Herzog も含まれている。公法に関するもっとも重要な法令集であり，教育と実務に役立っている（なお，Herzog は，Maunz/Dürig/Herzog/Scholz の憲法の大コンメンタールの共著者でもある）。

　ザルトリウス法令集は，のちに補完され，従来のものは，ザルトリウスⅠ（Sartorius Ⅰ）として，憲法，行政法を対象としている（Verfassungs- und Verwaltungsgesetz)。ザルトリウス II（Sartorius II）は，国際条約とヨーロッパ法を対象としている。ほかにも，個人名で呼ばれる主要な法分野の法令集としては，労働法（Hans Carl Nipperdey の創設。2009 年に 87 版），社会法（Friedrich Aichberger の創設。2009 年に追録で 100 版），税法（Georg Müller の編集。2009 年に追録で 159 版）などがある。いずれも，赤れんが色のルーズリーフ形式の姉妹本である。

　連邦法のほかに，州法集（Gesetze des Landes）も出されており，同じ方式で，赤れんが色のルーズリーフ形式のものが，各州ごとに 16 冊存在する。各州の司法試験法などは，これによらなければならない。

2　シェーンフェルダーとその生涯（Heinrich Schönfelder, 1902. 7. 16-1944. 7）

　(1)　シェーンフェルダーは，1902 年 7 月 16 日に，ザクセンのノッセン（Nossen, マイセン郡 Landkreis Meißen）で生まれた。彼は，ライプチッヒのギムナジウムの初等科ののち，1916 年 6 月に，マイセンの侯国の高等学校（Fürstenschule St.Afra）に転校し，そこで，1922 年 3 月に，アビトゥーア（大学入学資格試験）に合格した（卒業生 17 人中 5 番の成績）。この学校の卒業生には，18 世紀の啓蒙思想家であり劇作家でもあるレッシング（Lessing, 1729-81）もいる。この高校は，エリート校であったが，保守的な雰囲気であったことから，シェーンフェルダーは，歴史や語学に興味をもち，ギリシア語，ラテン語，ヘブライ語，イタリア語，フランス語などに才能を現わした。法学者では，かつて，Karl Salomo Zachariae（auch：Zachariae von Lingenthal；1769. 9. 14-1843. 3. 27. Handbuch des französischen Zivilrechts の著者）が通った学校でもある。

　法律学の勉学は，チュービンゲン大学（1922 年の夏学期から）とライプチッヒ大学で行った。チュービンゲン大学では，当時ザルトリウスが教授であり，シェーンフェルダーが法令の集成に興味をもったのは，その影響によるものと思われる。1922 年の夏から死亡まで，彼は，チュービンゲンの学生団体・同人会（Landsmannschaft Schottland）のメンバーであった。シェーンフェルダーには，旅行の趣味があり，1924 年には，イタリアを旅行し（フィレンツェ，イタリア半島中央部のアペニン，ローマ），これが，のちにイタリアについての学

位論文を書くきっかけともなった。

　シェーンフェルダーは，1926年に，イタリア・ムッソリーニ政権下の選挙法改正（Wahlrechtsreform）に関して論文（Dissertation）を書いて学位を取得した（Doktor juris）。そして，1929年に，第二次国家試験に合格した後，1934年に，ザクセンの区裁判所に入った（ドレスデン労働裁判所 AG に所属。ちなみに，戦前の労働裁判所は，独立した組織ではなく，形式的には区裁判所の一部であった）。もっとも，かなり文学的趣味をもっていたといわれる。1933年に，エレンと結婚し，婚姻後，2人の息子をもうけた。年少の息子，Christian Friedrich は，2005年に，66歳で死亡したが，子孫がいる。

　ヒトラーが政権を掌握した年である1933年に，ナチス（NSDAP）の大衆組織のメンバーとなった。当時，司法官に任官するには，事実上これが重要な要素であった。第二次大戦勃発の翌年である1940年に，空軍（Luftwaffe）に入った。イタリア語の能力があることから，1942年に，イタリアで，軍法会議の裁判官（Kriegsrechtsrat）となり，通訳としても活動した。1944年7月に，北イタリアのカノッサで，乗用車がパルチザンの攻撃に遭遇してから行方不明となり，戦後の1945年11月7日に，ドレスデン区裁判所から死亡宣告をうけた。およそ43年の短い生涯であった[2]。ちなみに，カノッサは，1077年に，のちの神聖ローマ皇帝ハインリヒ4世がローマ教皇グレゴリウス7世と争い，聖職叙任権闘争（Investiturstreit）の主要な舞台となった著名な地である（カノッサの屈辱）。

　(2)　シェーンフェルダーは，1931年に，ドイツ・ライヒ法令集（Deutsche Reichsgesetze）を編集した。それは，「ドイツ法令集」として現在まで継続しており，一般には，「シェーンフェルダー」（法令集）として知られている。シェーンフェルダー法令集は，最初は，綴じられた法令集（eine gebundene Gesetzessammlung）であったが，1935年の4版から，加除式のルーズリーフ形式（Loseblatt-Sammlung）となった。現在も，赤レンガ色のルーズリーフ形式であり，これによって，迅速に法令の改正にあわせることが可能となっている。法令にはナンバーが与えられ，ナンバーごとに追録（Nachlieferung）を差し替えていけば，つねに最新の版が維持されるようになっている（法令の一部だけの差し替えの場合もある）。更新性の点は，実務家向きであるが，加除の作業が繁

雑である上に，差し替えてしまうと，過去の部分がほぼ検索不能になるのが難点である。そこで，保管場所さえあれば，毎年買い直すほうが便利な場合があり（図書館など），2007年からは，ルーズリーフのほか，綴じられた版も出されている。また，IT化の影響をうけて，ザルトリウス法令集とともに，2000年ごろからは，CD-Rom，DVD版も登場している。また，オンライン（Beck-online）でも検索可能となっている。

シェーンフェルダーは，編集作業の軽減のために，改正のための上書きをおく方法（Überschriften）を編み出した。すなわち，あらかじめ条文の横にかっこ書きで，予定される改正法をおき，改正のさいには，それが法文となり，かっこがはずされる方法である。これは，現在の日本の六法全書でもしばしば用いられている。

1935年の4版からは，法令のナンバー1には，ナチスの党綱領が，2-19には，関連の基本法がおかれた（ナンバー5は，ワイマール憲法を停止する授権法Ermächtigungsgesetz, 12は，血統保護法Blutschutzgesetzなど）。そこで，現在は，それらが削除されたことから，20番目にあったドイツ民法典が，シェーンフェルダー法令集の実質的なナンバー1の法令となったのである。もっとも，戦後，憲法にあたる基本法（Grundgesetz, 1949. 5. 23）が形式的にナンバー1となっている。基本法が別巻に収録され民法典から始まった時期もあるが，現在では，また基本法がナンバー1となっている。2のあとは欠番のままで，民法も，形式的には，ナンバー20のままである。

本体は，ほぼ年に1回更新されてきたが（1961年に35版），しだいに，法の改正が増え，年に2回以上更新されることが多く，本体と追録の関係が複雑になった。たとえば，1997年10月の追録は，本体14版に対しては93版であるが，その年の本体91版に対しては1版となる。そこで，近時では（2002年の債務法現代化法の時期から），むしろ通し番号の追録版のみで版数を示すようになっている（最新版は，上述1の追録140版である）。〔2009年の記事である。その後，2011年に，147版である。〕

シェーンフェルダーは，法令集のほかにも，まだ司法修習生であった1919年に，ベック社から出され，今日まで継続している質疑形式の「知識の検証」（Prüfe Dein Wissen）シリーズの最初のものを出した。国家試験（司法試験）対

策本の1つである。そのような点からも，シェーンフェルダーは，学究というよりあくまでも実務家であった。

3 公法法令集とザルトリウス(Carl Friedrich Sartorius, 1865. 1. 29-1945. 10. 24)

ザルトリウスは，1865年1月29日に生まれた。父親は，Friedrich (1815-93) で，ギムナジウムの教授や校長をした。母親は，Caroline (Lina) (1825-?) である。彼は，バイロイトとエルランゲンでギムナジウム (Gymnasium Fridericianum) を出て，1882年に，エルランゲン大学で，法律学の勉学を始めた。のちに，ミュンヘン大学とベルリン大学に移り，さらにエルランゲン大学に戻り，1887年に，子の養育権に関する博士論文で学位を取得した(Die religiöse Erziehung der Kinder aus gemischten Ehen nach bayerischem Recht, 1887, 92 S.; Erlangen, Univ., Diss., 1888)。兵役と司法修習を終えた後，彼は，ボン大学に移り，Philipp Zorn (1850-1928) のもとで，国家教会法における行政裁判管轄に関する論文によって，1891年に教授資格をえた (Die staatliche Verwaltungsgerichtsbarkeit auf dem Gebiete des Kirchenrechts, 1891)。彼は，ボン大学で1895年まで私講師をした。

同年，ザルトリウスは，マールブルク大学で教授となった（この時期の著作として，Die öffentlichen milden Stiftungen zu Frankfurt a. M. und ihr rechtliches Verhältniss zur Stadtgemeinde: ein Rechtsgutachten, Marburg, 1899）。1901年から1908年，グライフスヴァルト大学で，教授となった。1903年から，彼は，国家法と行政法の法令集の編集をして（1944年に15版），この作業は，今日まで，ベック社の法令集として継続されている。こちらも，近時いちじるしく改定が増加している（1972年に34版であったものが，2009年には追録90版。約3900頁）。〔2011年に，追録98版〕。公法に関するもっとも重要な法令集であり，シェーンフェルダー法令集と同様に，教育と実務に役立っている。

ザルトリウスは，グライフスヴァルト大学で，1905/06年に学長となった。1908年に，彼は，チュービンゲン大学に移り，教会法，国家法と行政法で教授となった（1933年まで）。1910/11年と1921/22年に学部長をした。1919/21年，彼は，チュービンゲン大学でも学長となっている。イエナ，チューリヒ，

ボンの各大学とプロイセンの高等行政裁判所からの招聘を断っている。1911年に，ザルトリウスは，ヴュルテンベルクのラント議会第一院（Erste Kammer der württembergischen Landstände）の大学代表となり（1918年まで），1909年には，ヴュルテンベルクの行政裁判所の判事ともなり，行政法の立法にもかかわった。1920年には，ヴュルテンベルクの国家裁判官（das württembergische Staatsgerichtshof）となった。彼は，戦後の1945年10月24日に，80歳でチュービンゲンで死亡した。ルター派のプロテスタントであった。

彼は，リベラルで良識ある共和主義者であった（T. Eschnburg）。1929年から，Hans Kelsen (1881-1973) や Otto Koellreutter (1883-1972) とともに，ドイツ国法学協会（Vereinigung Dt. Staatsrechtslehrer）の理事であった（1922年の設立会員）。1933年のナチスの政権掌握後に，理事を辞任している。協会のナチス法曹連盟（Bund Nationalsozialistischer Juristen）への加入には反対であった（1938年に，協会は解散）。彼の活動の範囲は，南北ドイツからライン沿岸にまで及んでいる。シェーンフェルダーが，イタリアのほか，ザクセンと南ドイツにとどまっていたのと異なる。

ザルトリウスは，長寿であった上に，教授としての経歴も長いことから，多数の業績も残している (Kommentar zum Personenstandsgesetz in der vom 1. Januar 1900 an geltenden Fassung, 1902, 548 S.; Sammlung von Reichsgesetzen staats- und verwaltungswissenschaftlichen Inhalts, 5. Aufl., 1921, 684 S.; Der Einfluß des Familienstandes auf die Staatsangehörigkeit nach deutschen Reichsgesetz v. 1. VI. 1870 in der Fassung der Einführungsgesetzes zum BGB, 1899; Die öffentlichen milden Stiftungen zu Frankfurt am Main und ihr rechtliches Verhältnis zur Stadtgedenke., 1899; Kommentar zum Verwaltungsgesetz. 1902; Modernes Kriegsrecht, 1914; Modernes Völkerrecht, 1922 (mit H. Pohl); Erwerb und Verlust des deutschen Staatsangehörigkeit, Handbuch des Deutschen Staatsrechts, I, 1930, S. 258 ff.; Die Aktivbürgerschaft und ihre politischen Rechte, ebd., S. 281 ff.; Die Entwicklung des öffentlichen Rechts in Württenberg. in der Jahre 1925-1931, Jahrbuch für öffentliches Recht, 20 (1932), S. 168 ff. など)[3]。

第3部　法曹養成と司法

（1）　もっとも，2009年，連邦交通省は，交通標識が多すぎることから，削減することとした。実用性は，読みやすいこととは別のようである。Vgl. BMJ, Das Bundesverkehrsministerium will einige Schilder abschaffen. Davon gibt es ja tatsachlich mehr als genug auf unseren Strassen, 2009. 09. 02.

（2）　法律学者や法曹関係者でも，戦争中に死亡した者は，少なくない。シェーンフェルダーのほか，フライブルク大学のケメラー（Ernst von Caemmerer, 1908. 1. 17-1985. 6. 23）の前任者であるGroßmann-Doerth（1894. 9. 9-1944. 3. 5）は，1939年に招集され，陸軍中佐となったが，戦争末期の1944年2月東部戦線で負傷し，ケーニヒスベルクの野戦病院で死亡した。そして，ライプチッヒのライヒ大審院の裁判官の多くも，戦後ソ連による逮捕後，強制収容所で死亡している。そのうち34人は，エルベ河畔のMühlberg収容所で死亡した。生存して帰還した者は，わずか4人であった（第3部3篇参照）。

　　ほかにも，たとえば，行為基礎に関する著述で著名なクリュックマン（Paul Krückmann, 1866. 10. 25-1943. 10. 10）は，1943年10月に，ミュンスターに対する空襲のために亡くなった。同人は，事情変更の原則（Clausula rebus sic stantibus, Kriegsklausel, Streikklausel, AcP 116（1918），S. 157）の研究で著名である。内容的には，いわゆる経済的不能論に近い【研究】212頁，215頁参照）。

（3）　シェーンフェルダーとザルトリウスについては，vgl. Bibliographie Hans Wrobel : Heinrich Schönfelder – Sammler deutscher Gesetze 1902-1944. C.H. Beck, München 1997 ; Juristen im Porträt, Verlag und Autoren in 4 Jahrzehnten ; Festschrift zum 225 jährigen Bestehen des Verlags C. H. Beck, 1988, S. 26 f., S. 30 f., Otto, NDB Bd. 22 （2005），S. 440.

　　また，Trier大学のサイトに（Rechtshistorischer Podcast, http://www-neu.uni-trier. de/index.ph 4 p?id=1623），Schönfelderについての講演のオーディオデータ（Audiodatei）がある（MP 3形式で，14分30秒））。

第2章　女性法律家——Bettisia Gozzadini, Emilie Kempin-Spyri, Maria Otto

1　ベティシア・ゴツツアディーニ（Bettisia Gozzadini, 1209-1261）と最初の女性教授

ベティシア・ゴツツアディーニは，ボローニャの名家に生まれた。父は，Amadore Gozzadini，母はAdelasia（geb. Pegolotti）である。1250年ごろ活躍し，ボローニア大学（1070年創設で，ヨーロッパ最古の大学である。13世紀には，すでに1万人以上の学生を擁した）で法律を教えた。自分が講義をするときには，

その美貌によって学生の注意をそらすことがないように，カーテンの後ろからしたといわれる。大学においてポストをえた最初の女性となった。

　少女の時から学問にすぐれ，男に変装して教育をうけた。その知性によって，ボローニア大学の教授 Giacomo Baldavino や Tancredi Arcidiacono を驚かせた。そこで，彼らは，1236年6月3日に，彼女に博士の学位をとらせた。27歳であった。これは，彼女が当時もっとも高い評価をえられる地位であった。注釈学派の開祖であるアーゾ（Portius Azo, ca.1150-ca.1230）が亡くなったころであった。

　彼女は，家で，大学におけると同様のやり方で教えた。当時の大学には，とくに決まった建物があったわけではないから，これは他の教授の場合とさほど異なったことではない。雄弁術に長じたことから，ついに公式に大学のポストをえた。彼女は，最初これを拒否したが，のちに受け入れ，死亡するまで講義を行った。その講義が有名になったので，通常の教室では学生を収容できずに，講堂を使うまでになった。1242年に，雄弁であることから，ボローニアの司教 Enrico della Fratta の追悼講演を行った。彼女の同時代人には，注釈学派のアックルシウス（Accursius, ca. 1183-ca. 1263）がおり，死亡した時期は，2年しか異ならない。そこで，一説では，真の父親は，このアックルシウスだともいわれる[1]。彼女の活躍した1250年には，Heligen Ivo（Yves Hélory, ca. 1250-1303年）が生まれている[2]。

　彼女は，1261年11月に，ボローニァで亡くなった。Idice 川の土手の上にあった家の崩壊による事故が原因であった[3]。

　ただし，近代の大学では，ずっと遅れて，同じイタリアの Laura Maria Caterina Bassi（1711. 10. 31-1778. 2. 20）が，最初に大学で教えた女性科学者として著名である。その専門は，解剖学，物理学などであった。ベティシアと同じボローニアの生まれで，父親は法律家であった[4]。

　　　2　エミリー・ケンピン・シュピリ（Emilie Kempin-Spyri,
　　　　　1853. 3. 18-1901. 4. 12）と近代以降で最初の女性博士

1853年に，スイスの Altstetten（現在では，チューリヒの一部）で生まれた（geb. Spyri, verh. Kempin）。女流作家　Johanna Spyri の姪であった。1884年夏学期

に，スイスの法学部最初の女性としてチューリヒ大学に入学した。1887年に，学位をえて，近代ヨーロッパで最初の女性博士となった。しかし，女性に可能な司法研修に関する法（Aktivbürgerrecht）がなかったことから，弁護士資格はえられなかった。「スイス人」というのは男女をともに包含する概念であるとの連邦憲法4条の解釈をめぐって，1886年，連邦裁判所に訴えたが，珍奇な説として退けられた[5]。選挙権にも言及されているが，スイスの女性参政権は，1993年まで遅れた。その他の能動的市民権も同様とする。

チューリヒ大学では私講師となることもできなかったことから，家族とともに，ニューヨークに渡り，そこで，最初の女子カレッジを設立し，その学校で教えもした。しかし，夫のWalter Kempinがアメリカに順応せず，ホームシックになったことから，家族とともにスイスに帰国した。アメリカでは，1879年に，最高裁において女性弁護士が認められていた。

1891年に，彼女は，教授資格・ハビリタチオンを取得するためにチューリヒ大学に戻った。大学はこれも拒絶したが，例外として，教育学部から法の授業のための講義資格（Venia Legendi）を取得した。女性として最初に，ハビリタチオンを取得したことになる。しかし，経済的な理由から，これを実現させることはできなかった。生涯，彼女は，弁護士の資格を求めたが果たさなかった。1901年に，バーゼルで貧困のうちに亡くなった。死因は子宮ガンであった。最初の女権論者（Frauenrechtlerin）ともいわれる[6]。

彼女の努力によって，1898年に，女性の弁護士資格を認める新たな弁護士法が，チューリヒ州にでき，女性も，弁護士になれることになった。しかし，そのための研修に関する法律はできなかった。連邦全体で可能になったのは，1923年であった。近時，彼女の業績の見直しが行われている[7]。

3　マリア・オットー（Maria Otto, 1892. 8. 6-1977. 12. 20）と最初の女性弁護士

女性に法律職につく道が開けたのは，ワイマール期の1919年であった[8]。1922年7月11日法（RGBl. 1922, 573）が，裁判官職と弁護士職につくことを可能とした。これによる，ドイツで最初の女性の弁護士は，1922年に，バイエルンで弁護士になったMaria Otto（1892. 8. 6-1977. 12. 20）である。最初の女

性法律家の Emilie Kempin-Spyri（1853. 3. 18-1901. 4. 12）は，スイスで学位をうけ，教授資格もえたが，弁護士にはなれなかったのである。

彼女は，上ファルツの Weiden（バイエルン，ニュルンベルクの東 100 km）の工場主の娘に生まれた。1912 年に，アビトゥーアに合格し，ヴュルツブルク，ミュンヘン，ベルリン，ライプチッヒの各大学で学んだ。1916 年 7 月 10 日に，ヴュルツブルク大学の法学部で，大学修了試験によって勉学を終え，gut の成績をえたが（ドイツの国家試験の成績は，上から順に，①sehr gut，②gut，③vollbefriedigend，④befriedigend，⑤ausreichend，⑥bestanden nicht = mangelhaft であり，現在では，①と②の占める割合は，それぞれ 0.1〜0.2% と 2〜3% 程度である），当時の法律により，女性として司法研修を認められなかった。そして，司法研修は，第 2 次国家試験の前提であったから，裁判官の資格をえられず，法曹一元のシステムから，弁護士にもなれなかったのである。1916 年 8 月に，彼女は，裁判所と行政庁で彼女にも認められた情報的業務（informatorische Beschäftigung）を申請した。1916 年から 1919 年，この特別の司法研修を行い，1920 年に，ヴュルツブルク大学で学位をえた。ヴュルツブルク大学の学位論文，Der internationale Rechtsschutz gegen unlauteren Wettbewerb, Würzburg 1921 がある。

第 1 次世界大戦が終了し，ワイマール共和国が成立したことにより，ドイツのラントの法的体制が変動した。女性も，司法研修に参加できるようになった。彼女は，バイエルンで，1922 年 2 月 6 日に，例外として第 2 次国家試験の受験を認められた。しかし，合格しても，裁判官職につけず，また行政や財務の上級職にもつけないとの留保づきであった。彼女は，1922 年 6 月に，69 点，113 人中 63 番で合格した。1922 年 7 月 11 日の法律により，同年 11 月 23 日から女性が公務員になれるようになった。ミュンヘンで弁護士として活動し，1977 年に，ミュンヘンで亡くなった[9]。ドイツの中では，比較的保守的なバイエルンが女性弁護士の先駆けとなった点は興味深い[10]。

日本では，1893 年の最初の弁護士法では，弁護士は「男子タルコト」と規定されていた。しかし，1929 年に，明治大学に専門部女子部（法科）が設立され，1933 年には，弁護士法が改正され性別要件が削除され，1940 年に，最初の女性弁護士が誕生したとされている（久米愛，三淵嘉子・中田正子の 3 人で

あった)(11)。

4　近時のドイツの大学と法曹界における人的構成

以上の先駆者の時代を経て，現在では，大学においても，司法研修においても，男女に関する差別は存在しない。その結果，2008/09年の冬，法律の学生は，7万7023人，1年生は，1万0343人である。男女の割合は，おおむね50％ずつ，年によっては女性の割合の方が高いこともある。

大学においても，法学部の教育従事者の総数は，4308人（うち女性1433人）。教授1328人（うち女性215人），私講師と助手で293人（うち女性74人），研究補助者2624人（うち女性1114人。この中には，事務的な助手も含まれる），事務的な副手（Lehrkräfte）63人（うち女性30人）である(12)。ほかに秘書がいるが，これはこれらの数字には含まれていない。まだ，かなりの男女差がみられるが，この20年間に，差は着実に減少している。また，基礎となる学生や国家試験の合格者には，ほとんど差がないことから，長期的には，いっそう減少するであろう。

法曹界においては，2008年の裁判官総数は，2万0101人（うち女性7195人），2009年の検察官総数は，5122人（うち女性は1983人），2009年の弁護士総数は，14万3647人であった(13)。

(1)　Gozzadini, Bettisia Municipality of Bologna at the MEMO history site が比較的まとまっており，肖像画もある。小記事としては，Marriotti, A Celebration of Women Writers, Italy, 1894. p. 264 ; Zappi History, Part 5 Zappi Family Trust.
(2)　Vgl. Großfeld, St.Ivo : Europäischer Jurist, Europäisches Vorbild, ZEuP 1996, 75. アックルシウスの標準注釈書（Glossa ordinaria）は，この注釈が認めないものは，法廷も認めずといわれるほどの権威を有した。
(3)　ベティシアは，シェークスピア（1564-1616年）の1597年作「ヴェニスの商人」に登場するポーシャのモデルともいわれるが，当時すでに死亡から300年を経ていたことから，シェークスピアがどこからその話を聞いたのかは明確ではない。デカメロンにも，才色兼備の女性法学者，ノヴェルラ・ダンドレア（ca.1312-1366）が登場するが，そちらがモデルの可能性もある（野上素一訳編・ボッカチオ・デカメロン物語（1969年）71頁）。後者は，ボッカチオ（1313-75年）の1348/53の作とされるが，ノヴェルラと作者とはほぼ同時代人である。ノヴェルラについても，しばしば父の代

講をし，カーテンの陰から講義をしたといわれるが，100年前のベティシアと混同されている可能性もある。
（４）　Chisholm, Bassi, Laura Maria Caterina, Encyclopedia Britanica, 11 th.ed., 1911；Ceranski, Die Physikerin Laura Bassi（1711-1778）, 1996；（Kleinert）, Kurzbiographie, Uni-halle.de
（５）　BGE 13 I, S. 1 ff., 4. 判決文にも，彼女の経歴の記載がある。
（６）　Berneike, Die Frauenfrage ist Rechtsfrage. Die Juristinnen der deutschen Frauenbewegung und das bürgerliche Gesetzbuch, 1995, S. 81 ff.；Yashiki, Emilie Kempin-Spyri 1853-1901）. Eine Skizze des Lebens und Werkes der Ersten promovierten Juristin Europas, Hitotsubashi Journal of Law and Politics 33（2005）, S. 7 ff. 34（2006）, S. 45 ff.；Hasler：Die Wachsflügelfrau, Geschichte der Emily Kempin-Spyri, 1995.
（７）　Delfosse, Emilie Kempin-Spyri（1853-1901）. Das Wirken der ersten Schweizer Juristin unter besonderer Berücksichtigung ihres Einsatzes für die Rechte der Frau im schweizerischen und deutschen Privatrecht, 1994. これは，チューリヒ大学のDissertationである。
（８）　この年から女性の司法修習が可能となった。拙稿「法曹養成制度と世紀の転換点の大学」（契約における方式と自由）第3部2篇2章3参照。
（９）　Clemens, Die ersten Rechtsanwältinnen in München, Münchener Anwaltverein（hrsg.）, Festschrift, Deutscher Anwaltverlag, 2000, S. 19 ff.；Röwekamp, Juristinnen, Deutscher Juristinnenbund（hrsg.）, Lexikon zu Leben und Werk, 2005.
（10）　バイエルンは，現在でも保守政党であるCDU＝CSUの堅固な地盤である。
（11）　日弁連・2008年弁護士白書，特集1「男女共同参画と弁護士」，第1章「女性弁護士の歩みと日弁連の男女平等・男女共同参画の取組み」，第1節「平等と男女共同参画」1「女性弁護士の歩み」参照。
（12）　Vgl. Statistisches Jahrbuch für Bundesrepublik Deutschland, 2010, S. 154（6. 6. 10）.
（13）　Vgl. Statistischs JB 2010, S. 271（10. 1）. 以下に，2008年の状況，これと2005年，1991年の比較を示す。

大学の人的構成における男女の割合・法学部・2008年

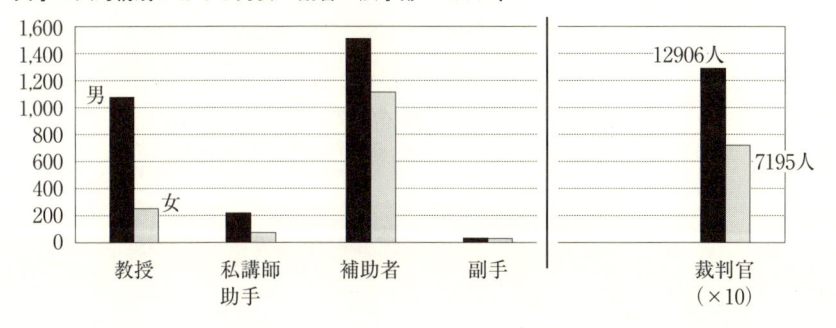

第 3 部　法曹養成と司法

大学の人的構成における男女の割合・法学部・2008 年（人）

	教授	講師	補助者	助手		裁判官
男	1077	219	1510	33		12906
女	251	74	1114	30		7195

大学の人的構成における男女の割合・法学部・2005 年（人）

	教授	講師	補助者	助手	裁判官
男	1119	310	1299	26	13971
女	170	101	921	15	6424

大学の人的構成における男女の割合・法学部・1991 年（人）　【大学】105 頁

	教授	講師	補助者	助手	学生	裁判官
男	752	227	1163	64	52222	13483
女	17	38	347	15	38495	3449

　なお，以下は，2008 年のアカデミック・キャリアの男女比のグラフである。このグラフは，法学に限らず，全領域のものであるが，大方の傾向は，法学の領域とも共通している。

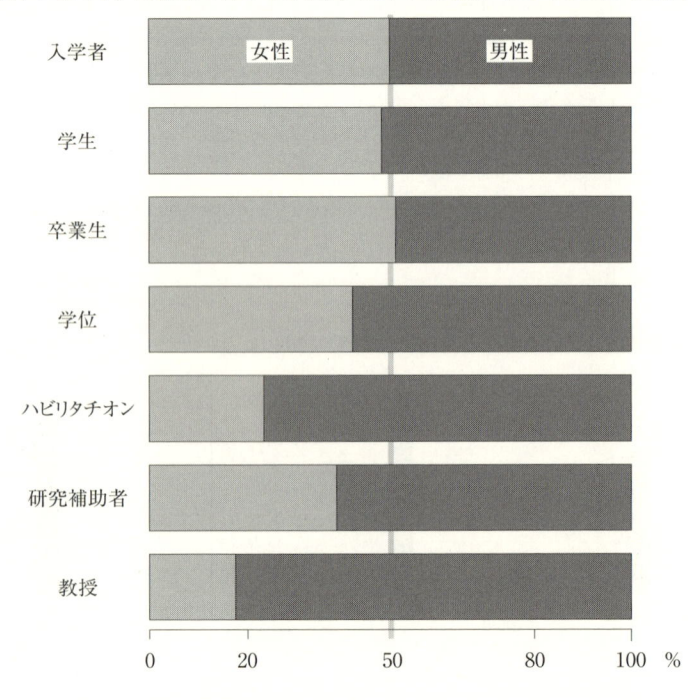

第3章　パーラント（Otto Palandt, 1877. 5. 1-1951. 12. 3）と
　　　　法曹養成，民法コンメンタール（Kurzkommentar）

1　人と業績

　パーラントは，1877年に，エルベ河口のStade（ハンブルクの西，今日ではほとんどハンブルクの郊外か衛星都市といえる）で生まれた。両親は，聾唖学校の教師のErnst（1848-1918）とその妻のCaroline（1854-1934, geb. Schneider. Hildesheimの評議員，名誉市民Friedrich Wilhelm Schwemannの庶子）であった。

　ハノーバーの南30kmの小都市Hildesheimで初等学校にいき，1896年に，大学入学資格試験・アビトゥーアをへたのち，パーラントは，ミュンヘン（1学期），ライプチッヒ（2学期），ゲッチンゲン（7学期）の各大学で法律学を学んだ。1899年に，彼は，ツェレ（ハノーバーの北東30kmほど）において，第1次国家試験をうけ，優秀（gut）の成績を修めた（ちなみに，ドイツの国家試験の成績は，上から順に，①sehr gut, ②gut, ③voll-befriedigend, ④befriedigend, ⑤ausreichend, ⑥bestanden nicht = mangelhaftであり，現在では，①と②の占める割合は，それぞれ0.1～0.2%と2～3%程度である）。同年，彼は，ハルツのZellerfeldにおいて，司法研修に入った（Gerichtsassesor）。1年間，兵役に服した。

　1902年に，パーラントは，博士論文なしに，ハイデルベルク大学で学位(Doktor jura)を取得した。1904年に，彼は，ツェレ高裁において，第2次国家試験をうけ，ここでもgutの成績を修めた。1906年から，東部のポーゼンのZnin区裁判所で，補助裁判官に（Hilfsrichter, 1か月後に，Amtsrichter），1912年に，ニーダーザクセンのカッセル地裁で裁判官となった。

　第1次大戦（1914-19年）で召集され，占領地のワルシャワにおかれた上級帝室裁判所（Kaiserliches Obergericht）の裁判官となり，1916年には，ポーゼンの高裁の裁判官となり，同年，ベルリン高裁に移った。1919年に，彼は，カッセルの高裁で裁判官となった。1920年から1924年の間，彼は，財務省との抗争に巻き込まれ，部長に昇進することができなかった。

第3部　法曹養成と司法

2　法曹養成へのかかわり

1914年以前から，彼は，司法修習生の教育の問題に関わり，プロイセンの司法試験庁のメンバーとなった。彼は，早くにナチスの影響をうけ，ナチスが政権を掌握した1933年の5月1日には，党に加入した。その積極性と，ナチスの司法大臣のHanns Kerrlとその次官のRoland Freislerによるプロイセンの司法行政の改革によって，その地位は，急速に上昇した。1934年に，法曹養成はライヒの管轄となり，同年に，彼は，Roland Freisler (1893-1945，ナチス時代の政治犯や刑事司法の最高裁である民族裁判所Volksgerichtshofの長官。1945年に，自分が長官をしていた民族裁判所への爆撃により死亡）から，ライヒ司法試験委員会（Reichsprüfungsamt）の委員長に任じられ，またライヒ司法省の養成部門の責任者となった。これにより，第三帝国でもっとも影響力のある法律家の1人となったのである。関係する立法にも強い影響を与えた。なお，司法機関の国家試験は，もともと独立の各ラントによって行われ（たとえば，プロイセンなど），現在でも各州によって行われる（内容的な同質性は担保されているが，連邦の固有の事業ではない）。1942年に退職し，戦後はハンブルク大学で講師をした。

彼は，法曹養成の責任者として，法曹養成の現場にナチスの世界観をもたらした。彼の主導のもとで，プロイセンとライヒの法曹養成は，ナチスのイデオロギーに染め上げられた。彼の世界観は，司法大臣のケールのいう，ナチス的な思想の鍛練のための修習生の労働共同体や民族協同体の精神とも一致した。また，1939年に，彼は，Gustav Wilke (1889-1938) の後任として，BGBコンメンタールにも携わっている（後述3参照）。

パーラントは，ライヒの法曹養成法のコンメンタールも書いており，そこには彼の思想が反映されている。1935年に，第1次国家試験に必要な知識につき述べた部分に，ナチス的な世界観が見出される。それによれば，「とくに，ナチズムとその世界観への真剣な関与や，血統，人種，民族 (Blut und Boden, von Rasse und Volkstum) への見解が必要である。口述試験では，新しい国家の民族的な基礎，歴史，世界観が，法学的知識のほかに，ふさわしい課題となる」とする。

ナチスへの傾斜とともに，司法職における女性の役割についてのパーラントの見解についてもふれておく必要がある。彼が委員長をしている間に，1934年7月22日，新たな法曹養成法が公布され，その少しあと，1934年12月20日には，弁護士法の改正も行われた。同法では，国家の男性性（Männlichkeit des Staates）という神聖な原則への侵害として，女性は弁護士となれないこととなった。パーラントは，新法の制定のおり，法を守ることは，男の仕事（Sache des Mannes）であるとしている。これは，ヒトラーの，女性は家へという思想と合致していた。ナチス期の法曹養成の改革に（人種主義，不平等），パーラントは，大きな影響を与えたのである。

ちなみに，女性に法律職につく道が開けたのは，ワイマール期の1919年であった（この年から司法修習が可能となった。「法曹養成制度と世紀の転換点の大学」（契約における方式と自由）第3部2篇2章3参照）。1922年の7月11日法（RGBl. 1922, 573）が，裁判官職と弁護士職につくことを可能とした。これによる，ドイツで最初の女性の弁護士は，1922年に，バイエルンで弁護士になったMaria Otto（1892. 8. 6-1977. 12. 20）であった。最初の女性法律家のEmilie Kempin-Spyri（1853. 3. 18-1901. 4. 12）は，スイスで学位をうけ，教授資格もえたが，弁護士にはなれなかったのである。ドイツの司法における男女同権は，12年ほどで中断することになった。

パーラントは，戦後の1951年に，ハンブルクで亡くなった。ルター派のプロテスタントであった。今年（2011年）は，その死後60年にあたる。芸術家のRalf Palandt（1965. 10. 1-）は，このオットー・パーラントの曾孫である。

3 パーラント・BGBコンメンタール

パーラントは，現在では，ベック社のBGBコンメンタールによって知られている。むしろ，パーラントは人名というよりも，同コンメンタールの別名となっている。彼は，10版までは，このコンメンタールの共同編著者であった。もっとも，自分ではほとんど書かなかったし，パーラントが創設者だったわけでもなかったのである。

最初の編者は，Gustav Wilkeであったが，彼は，初版が出るまえに，1938年5月17日に，ウィーンの近郊（Erlaa）で，自動車事故のために死亡した。

ベック書店は，1933年に，ユダヤ人の書店主 Otto Liebmann から，簡約コンメンタール (Kurz-Kommentar) のシリーズの版権を買っており (ZPO, 1924; UWG, 1929; HGB, 1932など)，商業的理由から，パーラントの名声と編集者としての価値が活用されたのである。パーラントは，当時もっとも著名な法律家の1人だったからである。企画は，司法省の次官 (Staatessekretär) Franz Schlegelberger の支持によるものであった。ちなみに，著名な法律雑誌である DJZ (Deutsche Juristenzeitung, 現在では, JZ) も，この時に，ベックの手に入った。もともとは，ユダヤ系法学者である Laband と Staub が，1886年に創刊したものである。

パーラントは，同コンメンタールでも，最初の10版までのはしがきと序において，自分のナチス的な見解を述べている。もっとも，彼が加わったことで，他の編者，たとえば，Bernhard Danckelmann (1895-1986) の活動にあまり影響を与えてはいない。そして，このことによって，戦後も生き延びることになった（はしがき以外にナチス的なところが少ない）。パーラントは，はしがき (Vorwort) と序 (Einleitung) しか書かなかったからである（もっとも，18頁もある）。しかし，この作業によって，戦後も，このコンメンタールは，パーラントを編者として著名にしているのである。初版5000部は，数日で売り切れたといわれる。2000年ごろの印刷数は，平均してその10倍といわれ，ドイツの書籍としては，現在でも破格の部数を重ねている。

民法の全領域を1冊におさめたコンメンタールとして，法律家のみならず，学生にも利用されている。1990年に，コンメンタールの50周年を記念した記念式では，パーラントを知らざる者は，民法を知るものではない (Wer den Palandt nicht kennt, kennt nicht das BGB) といわれている (Rainer Wörlen)。これが，注釈学派の Accursius (ca.1183-ca.1263) のもじりであり（「Accursius の注釈をもたない者は，法廷に入るべからず」），この種の式の献辞であることを割り引いても，その影響力には否定できないものがある。1938年の初版から，ほぼ毎年改訂され（1949年から。また，債務法改定のあった2001/02年に2度改定された），情報の新鮮なことも人気の1つである。ただし，頁数の圧縮のため，略語が多用されている点はわかりにくい。

2011年には，71版が出ている。執筆者には，学者のほか，かなりの実務家

が入っている。現在の編者は，以下の者である。Dr. Peter Bassenge, Vors. Richter am LG Lübeck a.D., Prof. Dr. Dr. h.c. Gerd Brudermüller, Vors. Richter am OLG Karlsruhe, Prof. Dr. Uwe Diederichsen, Göttingen, Dr. Jürgen Ellenberger, Richter am BGH, Dr. Christian Grüneberg, Richter am BGH, Hartwig Sprau, Vizepräsident des BayObLG a.D., Prof. Dr. Karsten Thorn, LL.M., Hamburg, Walter Weidenkaff, Vors. Richter am OLG München, und Dr. Dietmar Weidlich, Notar in Roth. おおむね学者と裁判官が半々である。70 版から，Diemar Weidlich が加わった。

(参考文献)

　Thier, Palandt, Otto, NDB 20（2001), S. 9 f.；Slapnicar, Der Wilke, der später Palandt hieß, NJW 2000, S.1692.；Wrobel, Otto Palandt zum Gedächtnis 1.5.1877 - 3.12.1951, Kritische Justiz 1982, S. 1 ff.；Verlag C.H.Beck, Juristen im Portrait, 1988, S.232 f. また，Trier 大学のサイトに (Rechtshistorischer Podcast, http：//www-neu.uni-trier.de/index.ph 4 p?id =1623)，Palandt ついての講演のオーディオデータ（Audiodatei）がある（MP 3 式で，22 分 12 秒))。

本書に登場するおもな人物の年譜（基準となる著名人を追加してある）

```
1183                         Accursius
1209   Bettisia Gozzadini         イタリア・注釈学派
              法学者  （1312？-1366）Novella d'Andreae
1564                    Galileo Galilei
1699                                    Pothier
1711          Laura Bassi
1779                      Savigny
1841                      Gierke
1851                      Jellinek*
1853   Emilie Kempin-Spyri 学位
1855                                Saleilles
1856                    Staub*
1864                            Seckel    形成権
1865                  Sartorius・公法法令集
1874                  ┌─Rabel*
1876                              Lehmann          コンメンタール
1877                  Kantorowicz*               Palandt
1878                              Hedemann
1879                  Schulz*     Koschaker          ↑
1882                  └─Pringsheim*
                                            ナチス理論
1888                                    Carl Schmitt
1891                              Heinrich Stoll       ↓
1892    Maria Otto 弁護士
1895                        Nipperdey        キール学派

1901                                        ┌──────────┐
                                            │ Eckhardt │
1902                  Schönfelder・私法法令集 │          │
1903                                        │ Larenz   │
1904                                        │ Haupt    │
                                            └──────────┘
```

（＊亡命法学者とユダヤ系法学者）

i

事項索引

あ 行

アーゾ ……………………………437
アイスランド噴火 ………………303
悪意の受益 ………………………219
悪意の受益者 ……………………184
安全配慮義務 …………300, 319, 338
イェリネック ……………………10
幾代通 ……………………………13
石坂音四郎 ………………………12
意思主義 …………………………134
一段階法曹養成制度 ……………353
一身的事由 ……………106, 129, 338
一般平等法 ………………………163
委任と信頼関係 …………………174
委任の解除 …………………132, 174
委任の任意解除 …………………172
インターネット・オークション ……288
ウィーン条約（統一国際動産売買法）
　……………………54, 84, 85, 159, 162
ヴィントシャイト …………24, 101, 107
ウェーバー，M ………………66, 322, 339
ヴェニスの商人 …………………440
ウォーターゲート事件 …………385
営業譲渡 ………………154, 208, 278
エルトマン ………………………66
遠隔売買の特則（危険）…………160
エンデマン ………………………10
エンネクツェルス ………………53
オーストリア一般民法典 ……15, 154
大津事件 …………………………415
オーバーブッキング ……306, 308, 315
オットー，マリア ………………438
おとり勧誘 ………………………282
オプション（権）…………5, 41, 45, 57

か 行

会員権契約 ………………………79
悔悟権 ……………………………27
会社更生 …………………………263
解除権 …………6, 15, 19, 41, 60, 172, 205
解除権の消滅 ……………………45
解除権の不可分性 ………………62
解除条件 …………………………14
解除と損害賠償 …………………18, 175
ガイドライン ……………………339
開発危険の抗弁 …………………342
回復説 ……………………………49
買戻権 ……………………………5, 57
確認説 ……………………………251
格安航空 …………………………304
隠れた担保 ………………………153
貸金業者の会社更生 ……………186
貸金業法旧43条 ………181, 190, 224
貸手責任 …………………………284
瑕疵担保解除 ……………………15
瑕疵担保責任 ………………105, 131
貸付額が変動した場合の制限利率 …186, 256
過失責任主義 ……………………162
加　　重（形成権の要件の）……60
家庭裁判所 ………………………416
カノン法 ………………321, 322, 343
過払金請求権の失権 ……………262
借主の告知の自由 ………………285
過量販売のクーリングオフ ……95
川井健 ……………………………13
川島武宜 …………………………13
環境責任法 ………………………328
完済後の再貸付 ……………182, 206
間接目的 …………………………88

事項索引

キール学派	ii
ギールケ	ii, 84, 103
帰還させる義務	311
企業改革法（アメリカ）	347
企業内大学	376
企業の社会的貢献	348
企業の社会的責任	340
期限前の弁済	285
期限の利益	198
期限の利益喪失条項（特約）	182, 185, 199
危険責任法	296
危険負担	16, 158
危険負担への解除権の転用	15, 158
規制緩和と民法	160
基礎利率	215
北川善太郎	13
キップ	61, 66, 326
既判力	38, 39
基本権	165, 300, 313, 318, 336
宮廷裁判所	401, 406, 408
給付障害の一元的体系	55
行政権限の融合	123
共同体的な請求権	315
キルヒマン	70
近郊交通	298
禁酒法	333, 335
金銭口座の所有者	271
金銭債務の不履行	229
クーリングオフ	283, 287
区裁判所	407, 416
苦情処理	299, 310
繰り上げ返済	291
くりかえされた合意	224
グレードアップ	309
グレードダウン	309
グローバリズム	163, 300, 313, 316, 319, 337, 343
クローメ	52
クロメ	345
クロス・デフォルト条項	204
軍刑事裁判所	395
クンケル	68
軍務裁判所	395
経済的不能	92
形式主義	134
刑事第5部（BGH）	403
形成権	3, 4
形成権と先占権	5
形成権の期間制限	32
形成権の行使	36, 45
形成権の行使の効果	39
形成権と時効	33
形成権の譲渡性と相続性	26
形成権の消滅事由	31
形成権の発生と存続	25
形成権の保護	45
形成訴訟	7, 11, 43
形成判決	10, 37
契約から地位へ	300, 313, 319
契約上の地位の移転	27
契約前の情報提供義務	293
契約の結合	83
契約の個数	82, 103
契約の「前提」	107
厳格責任	158, 161, 164
厳格訴権	321
現代化法 → 債務法現代化法	
ケンピン・シュピリ，エミリー	437
権利の失効	32
権利保護請求権	52
合　意	164, 183, 207, 275
合意解除	14, 18
行為規範	326, 335
行為基礎の喪失	49, 64, 129, 131, 401
効果の破棄（形成の）	39
航空旅客の補償と保護	303
広告規制	284
広告の自由化	420
口座振替	282, 287

iii

事項索引

公正証書	136
拘束預金	258
公的な資金競争	378
抗弁権の永久性	46
合有的な関係	146, 198
高利であることの隠秘	241, 270
コーポレート・ガバナンス	341, 346
コーポレート・ガバナンス委員会	345
コーポレート・ガバナンス準則	330, 345
コーポレート・ユニバーシティ	375
国際司法裁判所	398
告知権	6, 172
小作料の減免請求権	47, 63
国家試験	353
国家試験の沿革	360
ゴッツアディーニ，ベティシア	436
誤振込	271
混同	34
コンプライアンス	161, 385
コンメンタール（BGB）	444

さ 行

債権譲渡	208, 210
債権侵害	124, 278
債権の帰属と契約上の地位の帰属	197
債権の消滅原因	55, 82
債権の流動化	162
再交渉義務	63
催告権	33
財産引受	154, 156
裁判規範	326, 335
裁判所構成法	398, 400
債務完済後の再貸付	164, 182, 206
債務と責任	153
債務引受	156
債務法現代化法	20, 45, 106, 172, 316, 401, 410
詐害行為	154
先買権	5, 45, 57
先取特権	153

ザクセン民法典	16
ザルトリウス	429, 434
三面契約	93
シェーンフェルダー	429, 431
自己拘束	320
敷引特約	164, 226
事実的契約関係論	230
自主規範	334, 335
事情変更の原則	48, 172, 436
自然債務	189, 223
私的自治	337
四宮和夫	13
支払サービス	286
支払サービス契約	294
支払サービス指令	282
司法研修時の給与	380, 421, 425
司法法	61, 326
社員権	5
社会契約説	336
社会貢献の棲み分け	349
自由競争の神話	420
重厚長大（法曹養成の）	359, 368
重大な契約違反	72, 84, 226
集団訴訟	289
充当合意	183, 275
充当理論	187
授業科目の分割	373
授業料の無償制	380
受験対策	358
シュタウブ	72
シュトットガルト・モデル	365, 368
循環経済	327
準則の引用	330
使用危険	89, 118
使用利益	107, 118, 166, 230
条件	14, 44
条件と期限	36
商事法定利率の適用	216
状態債務	155
消費者消費貸借	283, 284

iv

消費者破産 …………………………288	大学ランキング …………………376
消費者保護法規 …………………162	戴冠式事件 ………………73, 89, 100
情報提供義務 ……………293, 309	大審院 ………………………………398
女性の参加 ………350, 410, 438, 440	大審院判事 ………………………416
除斥期間 ……………………………32	諾成契約 ……………………………153
自力救済 ……………………………10	多重債務 ……………………………279
自　律 ………………………………334	建物の合体 ………………………146
自律的な思想 ……………………323	他律的な規制 ……………………323
人格権 …………………………………4	単独行為 ……………………………41
信用取引に関するひな型 ……282	ダンドレア, ノヴェルラ ………440
信頼関係 ……………………………176	チーテルマン ………9, 24, 52, 53, 56
信頼関係の破壊 ……………92, 226	地役権 ………………………………139
鈴木禄弥 ……………………………13	地代増減請求権……………………48
スタンダード ………318, 326, 337	遅滞と不能の二元体系……………20
誠意訴権 ……………………………321	中間省略登記 ……………………137
請求権と形成権……………………47	駐車場事件 …………………217, 274
請求の不法行為性 …………185, 247	朝鮮民事令 ………………………134
成功報酬 ……………………………423	直接目的 ………………………88, 118
成功報酬の合意の禁止法 ……425	賃貸借法現代化法…………………51
政治献金 ……………………………402	追　認 ………………………………32
製造物責任法 ……………………328	通信販売法 ………………………301
セーフティネット ………………280	定期金売買 ………………………104
責問義務 ……………………………283	定期賃貸借 ………………………161
ゼッケル ………………………9, 50, 66	帝室裁判所 ………………………406
説　明 ………………………………284	抵当引受 ……………………………155
説明義務 ………………41, 61, 284	撤回権 ………………………6, 283, 287
世話給付 ………306, 308, 312, 315	鉄道〔営業〕法 …………………296
前官礼遇　→　弁護士の前官礼遇	典型強制 ……………………………229
専修コース ………………………366	ドイツ鉄道（DB）…………301, 314
先占権 ……………………………5, 7, 42	ドイツの監査役会 ……………346
選択権 …………………………………5	ドイツの司法研修 ……………427
専門家の責任…300, 319, 324, 325, 337, 338	ドイツの法曹養成 ……………353
相続人間の開示義務 ……………197	ドイツ民法典 ………18, 134, 282, 401
損益相殺 ………………184, 233, 241	統一的な消費者信用法 ………289
損害軽減義務 ……………………127	統一的法律家 ……………………373
損害賠償の予定 …………………307	動機の不法 ………………………123
	東西の登記簿の統一 ……………410
た　行	搭乗拒否 …………………………303, 306
大学の独自の試験 ………………359	透明性（企業の）………………341
大学の変容 ………………………374	トーン ………………………………53

v

事項索引

特別責任説 …………………185, 251
特別法の一般化 ………………289
富井政章………………………11
取消権 ……………………35, 41
取引口座の保護 ………………288
取引終了時説 ………………184, 208
取引の一連性 …………………192
取引履歴の開示 ………………196
ドレスデン草案 ………………17, 55

な 行

中島玉吉………………………12
ナチス的な関係論 ……………230
二元体系………………………92
二重効…………………………61, 228
二段階法曹養成制度 …………353
日賦業者の貸付 ………………182
任意性 …………………………191, 202

は 行

パーラント ……………………443
背信的悪意者 …………………142, 151
売買の危険負担 ………………159
破産法 …………………………263
破産免責 ………………………262
パック旅行 ……………………310
発生時説 ………………………184
鳩山秀夫………………………12
花札（弄花）事件 ……………415
バルトルス……………………68
ハンザ都市高裁 ………………406
反差別法 ………………………163
反対権…………………………42
非債弁済 ………………………189, 223
広中俊雄………………………13
貧困ビジネス …………………161, 195, 420
貧困民法 ………………………161
夫婦財産制 ……………………103
不可分性 ………………………35, 45
付合契約 ………………………318

不上告特権 ……………………406
付随義務 ………………………84, 103
不正会計事件 …………………347
不正競争防止法 ………………288
普通商法典 ……………………17, 55, 400
普通取引約款 …………………318
普通法 …………………………9, 332, 342, 360
普通法における形成権 ………13
不当利得の運用利益 …………217
不　能 ……………82, 99, 106, 117, 129
不能の一元的体系 ……………20, 55
フライトのキャンセル ………303
フラストレイション …………64, 107, 158
フランス民法典 ………………14, 360
古き良き法 ……………………343
プロイセン一般ラント法典 …15, 360
プロテスタンティズム ………322, 343
プロフェッショナリズム ……324
プロボノ活動 …………………425
文化の多様性 …………………349
分離モデル（Spaltes Modell）…365, 368
ベッカー ………………………52, 53
ヘルヴィッヒ …………………24, 52
ベルリンの高裁 ………………401, 406
ベルリン法曹協会 ……………50, 69, 70
返還権 …………………………287, 292
弁護士の商化現象 ……………426
弁護士の前官礼遇 ……………426, 427
弁護士報酬 ……………………419
弁護士報酬法 …………………422
弁済後の再貸付 ………………182, 206
忘恩行為 ………………………129
放　棄 …………………………32
方　式 …………………………36
法人実在説 ……………………161, 222
法曹人口の拡大 ………………419
法定の告知事由 ………………44
法定利息 ………………………235
法と経済学 ……………………340
法の独占（国家による）……336

事項索引

法務修士 …………………… 384
法務博士 …………………… 384
暴利行為 …………………… 233
暴利の制限 ………………… 320
法令集の編纂 ……………… 429
保険契約 …………………… 288
保護義務 …………………… 103
保護法規の一般法化 ……… 289
星野英一 …………………… 13
保証料 ……………………… 181
ホテルの宿泊 ……………… 306
ボローニア宣言 ……… 354, 364
ボローニア方式 …………… 364

ま 行

マンハイム・モデル …… 364, 369
ミッタイス，L ……………… 66
身分から契約へ ……… 300, 318
民事再生 …………………… 267
民事法定利率 ……………… 216
民族裁判所 …………… 401, 444
民法704条後段の不法行為 … 251, 253
民法の商化 ……………… 162, 427
無過失責任立法 …………… 296
無償原因の競合 ………… 74, 101
無体財産権 ………………… 4
無方式の合意 ……………… 224
目的到達 …………… 33, 73, 102
目的不到達 ……… 71, 85, 108, 129
モデル法 …………………… 342
モムゼン …………………… 55

や 行

ヤミ金 ……………… 184, 236
有料駐車場 ………… 217, 274
要物契約 …………………… 165
ヨーロッパ契約法原則 …… 54
ヨーロッパ司法裁判所 …… 397
ヨーロッパ人権裁判所 …… 397

ら 行

ラーベル ……………… 66, 162
ラーレンツ ……… 4, 104, 384
ライヒ行政裁判所 ………… 400
ライヒ司法試験委員会 …… 444
ライヒ労働裁判所 ………… 400
ライヒ大審院 ………… 398, 400
ライヒ大審院の解体 ……… 402
ライヒ大審院の長官 ……… 402
ラント高等裁判所 ………… 406
リーマン・ショック … 222, 262, 301, 316, 347, 419
リステイトメント ……… 229, 332
立証責任 …………………… 61
利息制限法の改正 …… 181, 279
利得の現存性 ……………… 213
利得の喪失（脱落） … 55, 213, 228
リボルビング払い ………… 182
領域説 ……………………… 338
旅客（鉄道交通）の権利・義務 … 295
隣地通行権 …………… 139, 147
倫理 …………………… 320, 323
類型論 ………… 221, 229, 232, 253
レーヴィ …………………… 68
列車の遅延や運休 ………… 297
連邦行政裁判所 …………… 394
連邦憲法裁判所 …………… 394
連邦裁判官 ………………… 410
連邦裁判所 …………… 394, 413
連邦裁判所長官 …………… 409
連邦裁判所の管轄 ………… 404
連邦裁判所の再配置 ……… 403
連邦財務裁判所 …………… 395
連邦社会裁判所 …………… 394
連邦上級商事裁判所 ……… 400
連邦特許裁判所 …………… 395
連邦労働裁判所 …………… 394
労働裁判所 …………… 416, 432
ローマ法 ………… 321, 332, 360

vii

わ　行

ワイマール憲法 …………………………400
和　解 …………………………………269
我妻栄……………………………………12

欧　字

Accursius ………………………………446
Auflassung ………………………37, 59, 134
Code sharing …………………………307, 316
COE 計画 ………………………………379
Crome……………………………………29
EU 消費者信用指令 ………………282, 295
EU 旅客法 ………………………………303
Hinschius ………………………………68
Jus ad rem……………………………3, 50
Lutter …………………………………345
Maine ……………………………300, 318
OLG　→　ラント高等裁判所 …………406
REACH 指令 …………………………329
RoHS 指令 ……………………………328
Schollmeyer …………………………29
WEEE 指令 …………………………329

〈著者紹介〉

小野 秀誠（おの　しゅうせい）

　1954年　東京に生まれる
　1976年　一橋大学卒業
　現　在　一橋大学法学部教授

〈主要著作〉

　逐条民法特別法講座・契約Ⅰ〔契約総論，売買〕，担保物権Ⅱ〔物上代位ほか〕（共著，ぎょうせい，1986年，1995年），危険負担の研究（日本評論社，1995年），反対給付論の展開（信山社，1996年），給付障害と危険の法理（信山社，1996年），叢書民法総合判例研究・危険負担（一粒社，1999年），利息制限法と公序良俗（信山社，1999年），専門家の責任と権能（信山社，2000年），大学と法曹養成制度（信山社，2001年），土地法の研究（信山社，2003年），司法の現代化と民法（信山社，2004年），民法総合判例解説・危険負担（不磨書房，2005年），民法における倫理と技術（信山社，2006年），契約における自由と拘束（信山社，2008年），利息制限の理論（勁草書房，2010年）

　債権総論（共著，弘文堂，1997年，補訂版2000年，2版2003年，3版2006年，新装版2010年），ハイブリッド民法・民法総則（共著，法律文化社，2007年），実務のための新貸金業法（共著，民事法研究会，2007年，2版2008年）

学術選書
102
民　法

❀❀❀

民法の体系と変動

2012年（平成24年）8月28日　初版第1刷発行
6702-0：P 480 ¥12000 E-012：050-015

著　者　小野秀誠
発行者　今井 貴　渡辺左近
発行所　株式会社　信山社
〒113-0033　東京都文京区本郷6-2-9-102
Tel 03-3818-1019　Fax 03-3818-0344
henshu@shinzansha.co.jp
笠間才木支店　〒309-1600　茨城県笠間市才木515-3
笠間来栖支店　〒309-1625　茨城県笠間市来栖2345-1
Tel 0296-71-0215　Fax 0296-72-5410
出版契約2012-6702-0-01010　Printed in Japan

©小野秀誠, 2012　印刷・製本／亜細亜印刷・牧製本
ISBN978-4-7972-6702-0 C3332
6702-0101：012-050-0150《禁無断複写》

JCOPY　〈㈳出版者著作権管理機構委託出版物〉
本書の無断複写は著作権法上での例外を除き禁じられています。複写される場合は，そのつど事前に，㈳出版者著作権管理機構（電話03-3513-6969，FAX 03-3513-6979，e-mail : info@jcopy.or.jp）の許諾を得て下さい。

小野秀誠 著
反対給付論の展開　　　　　　　　　12,000 円

小野秀誠 著
給付障害と危険の法理　　　　　　　11,000 円

小野秀誠 著
利息制限法と公序良俗　　　　　　　16,000 円

（本体価格）

――――――― 信 山 社 ―――――――

小野秀誠 著
専門家の責任と権能　　　　　　　　9,000 円

小野秀誠 著
大学と法曹養成制度　　　　　　　　12,000 円

小野秀誠 著
土地法の研究　　　　　　　　　　　10,000 円

（本体価格）

――――――――― 信 山 社 ―――――――――

小野秀誠 著
司法の現代化と民法　　　　　　　　12,000 円

小野秀誠 著
民法における倫理と技術　　　　　　12,000 円

小野秀誠 著
契約における自由と拘束　　　　　　14,000 円

（本体価格）

―――――― 信 山 社 ――――――